国家社科基金
后期资助项目
GUOJIA SHEKE JIJIN HOUQI ZIZHU XIANGMU

技术与国家地位：1200～1945年的世界经济

Technology and Status of State Power:
The World Economy from 1200 to 1945

王　珏　著

社会科学文献出版社
SOCIAL SCIENCES ACADEMIC PRESS (CHINA)

国家社科基金后期资助项目
出版说明

　　后期资助项目是国家社科基金设立的一类重要项目，旨在鼓励广大社科研究者潜心治学，支持基础研究多出优秀成果。它是经过严格评审，从接近完成的科研成果中遴选立项的。为扩大后期资助项目的影响，更好地推动学术发展，促进成果转化，全国哲学社会科学规划办公室按照"统一设计、统一标识、统一版式、形成系列"的总体要求，组织出版国家社科基金后期资助项目成果。

全国哲学社会科学规划办公室

序　言

　　本书是关于英国工业革命对于经济增长的意义的思考。在人类漫长的历史中，英国工业革命是经济增长的分水岭。工业革命使人口、人均GDP、生产率等重要指标摆脱了稳态，世界经济进入现代增长模式。从历史的角度看，英国工业革命前，没有任何一个国家因为技术上的卓越脱颖而出；工业革命后，由于在技术上没有成功追赶和超越，落后国家比工业革命前更落后，世界体系因为技术创新和技术扩散不均而加剧了分化。

　　英国为什么是首先爆发工业革命的国家？回答这个问题也就是要解答著名的"李约瑟之谜"。工业革命首先在英国爆发很大程度上缘于从中世纪以来西北欧逐渐与欧洲其他地方以及东方的分流。这个分流的过程伴随着欧洲现代国家形成中的不同制度，也伴随着欧洲商人征服世界的贸易大发展。与中国相比，欧洲最特殊的地方在于经过启蒙运动后对有用知识的探求和积累。英国特殊的高工资、低价格能源的禀赋特征，受清教影响的勤勉、节俭、守纪等文化特征以及创新的社会氛围和社会网络成为英国脱颖而出的原因。

　　蒸汽机、火车、纺织机等既是工业革命的表象，也是其他国家争相向英国学习的本质内容，也就是说，工业革命的本质和表象都是技术革命。最先进行工业革命的英国和19世纪引进英国技术的工业化国家获得了快速发展，不仅将非工业化国家远远抛在后面，还将非工业化国家以殖民地或者其他不平等的方式纳入了它们构建的国际体系中。后进国家能否实现成功赶超很大程度上取决于在国际技术扩散中的承接意愿和承接能力。成功实现经济超越的美国是因为创新而产生了适合本国的独特技术，才避免了陷入"去工业化"和"资源诅咒"的全球化陷阱。

　　在很大程度上，一个国家技术水平决定了该国的国际地位。凭借第一个工业革命国家取得的技术和经济上的超然地位，英国按照自由主义精神建立了自由贸易和金本位制度，主导欧洲国家瓜分了非洲，并在亚

洲划分了势力范围 。随着英国技术和经济地位的相对衰落，美国于 19 世纪末 20 世纪初在技术和经济上超越了英国，也造成了以英国为主导的国际贸易和金融体系向以美国为主导的国家体系的转变。美国在一战后的赔款问题、两次世界大战的物资供给和资金融通方面发挥了越来越大的作用，最终建立了以美国为中心的布雷顿森林体系。德国技术和经济超越英国后，虽然历经两次世界大战战败的打击，德国还是凭借技术在二战后重新回到了领先国家的行列。

　　尽管本书强调技术对国家地位的重要性，但是在充满各种机缘巧合、路径依赖和复杂反转的历史进程中，战争、地理大发现、启蒙运动、瓜分殖民地、20 世纪 30 年代大危机等历史事件也产生了长期而深远的影响。这些历史事件并不仅仅是经济学意义上的外生冲击，而且是历史本身的一个部分，国家的地位也在这样的历史中被塑造。

　　全书分为四个部分。第一部分引论，主要从理论上回顾了关于经济增长动力的技术决定论、自然禀赋差异决定论、文化决定论、制度决定论和市场决定论。第二部分到第四部分是全书的主要内容，包括第一篇东方与西方的差异，第二篇工业革命与大英帝国的辉煌，第三篇工业革命后更加分化的世界。

　　第一篇东方与西方的差异主要探究为什么欧洲，特别是西欧是现代经济增长的发源地。本篇包括四个东西方差异明显的部分：现代国家形成的区别、得自对外贸易的差异、一些指标显示的分流和知识积累等文化上的不同。第一章主要阐述在现代国家的形成中，欧洲的主要特征及其与中国的区别。战争和由此引发的征税问题在欧洲国家形成中扮演着重要的角色。至于欧洲国家不同的特征则在于教会、国王、贵族、商人的利益权衡机制的不同。首先，欧洲特殊的宗教传统使现代国家在形成中面临着教会民族化、国家化的问题。其次，现代国家还需要建立一支不依赖于贵族的军队，把对法律和税制的控制权从贵族手中转移到没有独立权力来源的官僚体系手中。最后，国家利益要与商业利益结盟。国王、贵族和商人哪一方的势力过于强大都会造成国家在竞争中落败。法国和西班牙失败于王权过于强大，波兰、意大利和德国的各个城邦国家则由于贵族或者商人势力过强而延迟了统一国家的形成，只有英国，因为在教会、国王、贵族和商人之间达成了妥协，通过议会有效制衡了各方势力而使国家胜出。公元 1000 年前后，欧洲国家和中国有了完全不同的政治制度。中国和欧洲国家形成的动力可能都是相同的，但是因不同的参与角力的阶层和利益集团、自然禀赋、偶然因素、路径依赖和外部竞争压力的不同而呈现出不同的国家形成过程。从国家现代功能的角度看，中国的官僚机构、中央权威和救灾等比欧洲国家更具现代性，但欧洲的议会制、民主、公民社会等是在中国历史上没有的概念。

　　第二章得自对外贸易的差异，主要分析东西方国家在地理大发现中的不同表现和对东西方的不同影响。虽然中国在东亚、东南亚贸易中的地位依然稳固，但是葡萄牙、荷兰等西方国家控制贸易路线和香料等重要贸易产品产地的做法，改变了所谓的"朝贡贸易体系"的性质。东亚和东南亚贸易被卷入全球商品和白银流动的体系中，融合为世界市场的一部分。而在这个新市场中，欧洲人占据了主动地位。地理大发现还是欧洲人摆脱阿拉伯人，重建世界经济秩序的前奏。欧洲人在开拓世界市场的过程中，不仅使欧洲乃至世界金属货币存量增长，而且从哥伦布交换中增加了福利，欧洲商人获取了高额利润。当然并不是所有欧洲国家都获得了同样的收益，国家规模小、初始获得金银最多的西班牙、葡萄牙等国家增长明显，但是市场扩张带来的收益是递减的，再加上各国资源禀赋、制度差异、偶然因素等原因，最终荷兰和英国逐渐成为世界市场的中心。

　　第三章试图用量化的指标描述东西方的大分流，这些量化指标是 21 世纪经济史研究取得的重要成果。人均 GDP 的估算显示，从公元 1200 年左右到 1700 年，中国人均收入从高位跌落，一直处在下降通道中；相反的欧洲国家和日本反而从低位爬升，一直处于上升通道中。白银工资、实际消费工资、技能溢价和利率等指标也显示工业革命前东西方经济增长已经出现了分流。但是，较早突破了中国人均 GDP 历史高位的荷兰并没有延续继续增长的道路，在 18 世纪中后期出现衰退，在工业革命之前一直没有重回增长道路。如果工业革命没有爆发，英国是否会重蹈荷兰的覆辙，是否能突破传统的马尔萨斯式增长或者斯密式增长，还是未知数。在欧洲内部存在增长差异，从经济指标来看，大致可以将其划分为西北欧、中东欧和南欧几个部分。黑死病之后的 1350 年是欧洲小分流的关键年份。南欧的意大利诸城邦在 15 世纪晚期达到经济高点，16 世纪开始衰落，西班牙开始衰落的时间晚于意大利半个多世纪，但在其经济最高点时的水平与西北欧还有一定的差距。中东欧是这段时期整个欧洲最不发达的地区。亚洲国家中日本起点比较低，大概从 16 世纪经济才开始增长。

第四章为李约瑟之谜：有用知识和精英的文化选择，主要讲述启蒙运动积累了能促进现代经济增长的有用知识，开启社会精英热衷于探索现代科学知识的风气，提高了科学家和发明家的社会地位与威望。同时，培根提倡的实验方法可以有效地验证知识正确性，保障科学研究不受权威思想和经典思想的束缚。相比之下，中国人对入仕的追求将选拔官员的科举制度代替了培养人才的教育制度，随着明清科举考试科目和内容越来越狭窄和程式化，科举考试制度将社会精英的精力和时间消耗在非有用知识上，造成了人力资本的极大浪费和错配。中国文化的特殊性决定了中国的知识创造是不同于现代科学的。中国人相信世界是一个有机存在，其中的因果关系和运行机制不是可以用公式或者理论机械证明的，而伽利略和牛顿用公式表达的机械力量系统正是现代科学的基础。所以，现代科学只能产生于西方。

第二篇主要研究工业革命的意义在于寻找到了经济持续增长的动力——技术，试图解释工业革命为什么首先在英国爆发，以及英国如何领导了国际体系的建立。第五章英国工业革命的表象，是基于现在对经济增长的理解对英国工业革命的现象描述。本章特别将煤和蒸汽机单列，是因为它们作为工业生产的动力源和动力机器的重要性。纺织业、冶金业、机器制造业和交通运输业都是发生了重大技术变革的部门，也是对经济增长贡献越来越大的部门。

第六章英国的优势在哪里，一方面基于理论，选择人均 GDP、生产率等指标说明工业革命的标志性意义；另一方面是从当时其他国家对英国的态度来分析英国的优势在哪里。以今天的标准来看，英国工业革命似乎微不足道，但是与工业革命前相比，英国经济取得的成就就是革命性的。工业革命后英国摆脱了马尔萨斯式增长，进入现代增长模式。英国创造出了截至 19 世纪下半期最辉煌的经济成果，成为世界工厂。当时其他国家被英国的成就所震惊和吸引，纷纷到英国学习，而学习的主要内容就是英国的技术。所以，技术是英国的优势。

　　第七章为工业革命为什么发生在英国，分析了技术创新需求和供给两方面的原因。从需求看，英国高工资、低能源价格的要素禀赋特征，在不断扩大的市场需求和城市化刺激下，创新出了高能源消耗和节约劳动力的技术。在技术创新中，供给应该起到更加重要的作用。通过分析技术发明人群的阶层，发现发明者基本来源于中等阶层和上等阶层，如果对比各阶层人数占总人口的比例，那么上等阶层发明家所占比重更高。而且，进行发明创造和建立工厂的是社会中的少数人，而不是普罗大众。这些少数精英对识字率和计算能力等一般概念的有用知识积累得更多，而且英国的清教有利于形成热爱科学研究、崇尚实践的社会氛围，再加上英国皇家学会、各种咖啡馆等正式组织和非正式组织的存在，为技术与科学相结合从而实现创新提供了独特的条件，这可能是英国首先爆发工业革命的主要原因。

　　第八章大英帝国的辉煌，主要讲述英国凭借领先的经济地位，输出了自由贸易的价值观，让世界很多国家在考虑到网络外部性的情况下，自愿采用了金本位。英国在世界经济中的领导地位，让英镑享有了和黄金同等的地位，但这也为后来金本位的崩溃埋下了伏笔。19 世纪末 20世纪初，欧洲工业化国家因为各种原因掀起了瓜分非洲的狂潮，将世界非工业化国家几乎都纳入了其殖民体系。尽管殖民地并不能被看作发达国家的原料产地、产品倾销地、剩余资本谋取高额利润的投资地和剩余人口的移民地，但是广大的殖民地是英国辉煌历史的见证者。

　　第三篇主要研究工业革命后技术扩散不均造成的国家增长差异，重点关注了后进国家的追赶和超越。第九章为国家分化的描述，采用常见的 GDP 和人均 GDP 指标，说明 19 世纪后国家增长差异加大的原因是工业化国家发展远远快于非工业化国家。而且从长期来看，世界经济增长有加速趋势。人类发展指数因为加入了预期寿命和教育年限，比 GDP 更全面地反映国家福利水平。1870 年后的人类发展指数反映出国家的差距并不像 GDP 所表现出来得那么大。劳动生产率、全要素生产率和 CHAT数据库更直接地解释了技术差距对经济增长差距的影响。这些指标都显示，工业革命后趋同并不是主流，分化才是常态。

　　第十章为技术扩散和技术超越，主要分析社会能力和资源禀赋在国家实现技术追赶中的作用，说明技术扩散并不是一个自动的过程，在很大程度上要求接收方必须具备接纳能力和学习能力。同时，全球化和丰富的自然资源对于后进国家的影响是复杂的，并不能一概而论。美国在技术上成功超越英国得益于技术创新需求和供给两方面的因素，丰富的自然资源和高昂的人力资本在国内庞大市场的支撑下，催生出了适应大规模标准化生产的、高能耗和节约劳动力的技术，以及适应这种技术的生产方式。在美国技术创新的过程中，正规教育、R&D 的投入才开始发挥作用。

第十一章为危机、战争与英美霸权更迭，主要阐述了 19 世纪末 20 世纪前半期的贸易保护复兴、大危机、金本位崩溃、两次世界大战等历史事件和国家地位之间的关系。英国凭借结盟、外交和惯性在技术领先地位丧失后仍保持很长时间领导国的地位。在先进国家发展不平衡和担忧国家安全的情况下，金本位赖以成功的国际协调机制失败了，要求以外部平衡优先的金本位有可能加剧了大危机的严重程度。第一次世界大战遗留的赔款问题成为第二次世界大战的经济根源，而在战争期间的计划经济实验也为战后实行宏观管理政策打下了基础。两次世界大战促使美国从债务国变为债权国，英国在第二次世界大战中彻底丧失了霸权国家的地位。基于布雷顿森林体系的凯恩斯计划和怀特计划的竞争是美英角逐世界领导地位的缩影，怀特计划的胜出标志着美国领导地位的确立。

目　录

第一篇　东方与西方的差异

第二篇　工业革命与大英帝国的辉煌

第三篇　工业革命后更加分化的世界

引　论

一　现代国家地位的讨论

近现代以来的重大历史事件几乎都与国家有关，现代国家有很多层面的含义，"由此使民族与民族国家成为人类历史上最强大的观念之一"（陈晓律，2001：4）。第一，现代国家意味着与基督教世界普世主义的断裂，每个国家都为了自己的利益而不是上帝的或罗马教会的利益相互竞争。第二，现代意义的国家是与碎片化的封建体系相对的，欧洲国家的形成历史是支离破碎的政治单位转变为相互竞争的规模较大的民族国家的过程。"国家"是在确定的地理疆域范围内合法且持续拥有统一的暴力垄断权的组织。对暴力的垄断使得国家能够让疆土内的其他组织团体服从其制定的规则和法律。第三，现代意义的国家是与"公共服务"概念相伴随的，需要建立官僚体系以代替贵族对地方的治理，建立税收体系以保证中央政府而不是地方贵族能够提供军队、司法等公共服务。第四，现代国家还是公民社会的崛起，以及各种权利关系的公民权扩大和大规模官僚机构建立时权威关系的变革（Teichova，2003：I）。

"国家"还是动态化的历史过程，是包括各种权力关系在内的、高度复杂的相互作用过程（Held，1989）。在欧洲历史上，"国家"在5世纪随着罗马的陷落而灭亡，11~13世纪"国家"在欧洲重新兴起，14世纪因为黑死病和经济衰退，很多国家解体了。15世纪重新建立的国家最终演变为现代意义的国家。借鉴马克思的阶级理论、韦伯的社会学，以及维克多·李·伯克①对权力关系因果层次的划分，本书认为教会、国

① 维克多·李·伯克（Victor Lee Burke）将影响欧洲国家形成的权力关系划分为四个因果层次：普世、超宏观、宏观和微观。文明间冲突是普世的权力关系；民族国家间冲突、城邦间冲突、部落间冲突、氏族间冲突等是超宏观的权力关系；宏观的权力关系包括社会内部的各种社会组织、阶级冲突、制度竞争、社会运动等；微观的权力关系涉及个人行为的相互作用。因此，在伯克看来欧洲国家体制兴起时资本主义国家之间相互作用的方式，应与文明和国家之间相互作用放在一起考察。

王、贵族、农民、市民（后来发展为资产阶级）是欧洲国家形成时期相互作用的权力主体。战争和争夺全球市场是这五种权力主体相互作用的推动力。查尔斯·蒂利和吉登斯强调战争在国家形成中所起的重要作用，战争推动了现代国家的产生，战争也是大多数国家的主要工作。伊斯兰教与基督教的战争、各种王位继承战争、各个王朝争霸战争、新教产生后的宗教战争、抵抗侵略的民族战争等构成了近代史的主体。战争划定了具有领土属性的国家地理边界，建立了对个人、社会、国家和国际体系都非常重要的民族认同感。新大陆为欧洲提供了征服世界的硬币，新航线将欧洲变成世界的中心。战争和扩大了的全球市场，为这五种权力主体提供了角逐的舞台，他们之间的结盟和反叛、斗争和妥协、臣服和暴动，左右了权力关系的变革，最终形成了各个国家的不同特征，也决定了国家的强弱。

由于国家的领土特性和具有明确地理疆界的特征，很多学者认为国家形成是国内经济、社会和政治积累的结果，特别是政治家或者军事家在国家形成中发挥了特殊作用，是国家的缔造者；国内政治和军事斗争中的阶级或者权力集团塑造了现代化的国家。这些因素在国家形成中固然重要，但是不应该忽视的是超越国家地理疆界的其他因素，权力关系的相互作用和过程并不局限于国家的明确地理疆界内。西欧民族国家在形成阶段，各国君主都通过强调伊斯兰世界或者其他国家的威胁来塑造自己权力的合法性。

韦伯（2006）在《经济通史》中认为政治首先并且主要是与外部世界的各种国际关系联系在一起的，不能为了便于分析而把各个社会单独地理解为具有独立功能、文化或者空间的单位。兰德·柯林斯（Collins，1986）强调国家内部政治和国家外部空间之间是相互影响的。资本主义的兴起应与罗马教皇和基督教的命运联结起来，欧洲各国政府的变革源于它们之间在政治、经济、军事和文化上的各种相互作用。"欧洲、古罗马、伊斯兰、维京、拜占庭、各种斯蒂匹武士、奥斯曼、美洲土著、亚欧大陆交界以及蒙古诸种文明之间的冲突与斗争，导致了欧洲国家的建成和国家的变迁转型"（维克多·李·伯克，2006：23）。欧洲、北非等各个政治单位（包括帝国、城邦、主教领地、公国和王国等）通过各种各样的结盟、孤立、战争、商贸等，在 1700 年以后逐渐形成了相互竞争的民族国家。欧洲国家在形成过程中充满竞争的国际体系，迫使正在形成的国家必须增强经济能力，国民经济增长成为增强国家权力的关键因素，也决定着国家自主性和国家在国际体系中的相对地位。同时，西欧民族国家形成的过程也影响了国家在世界经济体系中的行为方式和地位（约瑟夫·格里科、约翰·伊肯伯里，2008）。

但是不同国家对这些调整国家间行为的权力和规则的影响力是不同的，占支配地位的国家（有时也称为"霸权国家"）通常会使国际秩序更能体现自己的权力和利益。尽管无法量化"影响力"和"支配地位"，但是学者和普通人通常都能区分出对国际秩序和国际经济秩序影响力比较大的国家。19世纪中期到20世纪中期，能够称为大国，并对国际经济秩序产生重要影响的国家主要有英国、法国、德国、美国、俄国、日本、意大利。"崛起"一词的含义则对国际经济秩序产生越来越重要的影响，更有能力在权力和规则制定中更好地维护和谋求本国利益，削弱原来占支配地位的国家的影响力，从而改变国际秩序。在这一时期美国是成功崛起的国家，取代英国占据了国际经济秩序的支配地位，德国和日本的崛起不仅改变了战争法规，更改变了国家间的贸易和金融规则，重新定义了自己的国家利益和对外政策。英美霸权交替和大国间力量改变是19世纪中期到20世纪中期国际经济秩序研究最引人注目的主题。

大国之间的权力分配及权力架构形成了国际体系的不同模式，莫顿·卡普兰（1989：21）把国际体系划分为6种基本模式：均势体系、松散的两极体系、牢固的两极体系、全球体系、定向性和非定向性体系、单位否决体系。K. J. 霍尔斯蒂（1988：121）在研究了中国周王朝、希腊城邦国家、文艺复兴时期的意大利、18～19世纪的欧洲以及当代世界这几个不同历史时期和不同地理、文化背景之下的国际关系之后，提出了五种一般的国际体系模式，即等级统治体系、分散型体系、分散集团体系、两极体系和多极体系。20世纪70年代提出了霸权体系，在国际体系的权力和威望结构上，国际系统中的各个国家所处的地位和层次是完全不同的，国际体系更多地表现出由一个权力超强的国家占据整个体系的统治或主导地位的霸权状态（Mayall，1990），这个国家就是霸权国家（也称为占支配地位的国家、领导者、带领者等）。在霸权国家之下，存在着若干势力基本均衡的第二等级大国以及它们所主导的次级霸权，甚至还有"第三等级"大国的共谋格局。1815 年拿破仑战争结束时，奥地利、法国、俄国、普鲁士都是势力仅次于英国的大国，这四国结成的"神圣同盟"发挥了重要作用。

国家的影响力或者霸权都是在与其他国家的互动时体现出来的。霸权发挥作用的表现是："一个起支配作用的国家如果领导着主权国家体系朝着预想的方向迈进，它便行使着霸权职能，而且在此过程中被认为是在追求共同的利益。正是这种领导权才使得起支配作用的国家具有霸权地位"（杰奥瓦尼·阿锐基，2001：35）。霸权国家对系统的影响、主导或统治之所以能够成为可能，主要原因是霸权国家与其他国家相比，拥有绝对优势的国家权力，而这种权力又从根本上依赖于霸权国家的政治、经济和军事实力（Kaohane，1984：39－40）。在政治方面，霸权国家享有很大的主导权，甚至在某种程度上可以说，是霸权国家控制了霸权系统中的许多成员以及这些成员相互之间的关系和作用（Gilpin，1983：30－31）。在军事方面，霸权国家的军事力量大大超出霸权系统中的其他成员，而且能够根据自己的战略需要，随时将军队投放到全球的所有战略要地。在经济方面，霸权国家在生产效率、商业能力、金融活动等领域都占有极大的优势，尤其是在领先工业和高技术领域处于优势地位。

基欧汉和吉尔平认为，一个在国际经济体系中占统治地位的霸主可能维持自由贸易体制，而霸权衰落将导致保护主义政策在全球蔓延。这一立论源自一个基本的理论假设，即在国际体系中占支配地位的大国（或霸主）偏好自由贸易（Gibson，2000）。吉尔平在经验研究中举出了霸权保证自由经济和平发展的例子，这样的例子在近现代史上只出现过两次。第一次是 19 世纪"英国治下的和平"（Pax Britannica），拿破仑战争结束后，具有自由主义意识形态的英国崛起成为霸主，世界进入自由贸易时代，这个时代延续了近一个世纪之久，直到第一次世界大战爆发。第二次是 20 世纪中叶"美国治下的和平"（Pax Americana），美国在战后主导建立了以关贸总协定（GATT）和国际货币基金组织（IMF）为主体的国际自由经济秩序（Gilpin，1983）。

经济实力的决定性作用和外交、战争等其他非经济因素的重要作用在决定国家地位时是无法分割的。"经济决定论"和"伦敦学派"的争论更好地说明了英美霸权交替的时间期限。"经济决定论"认为第一次世界大战后，美国从债务国成为债权国，而英国正好相反，再加上人口、国土以及资源方面的优势，到 1918 年，美国取代英国成为世界最强国。吉尔平强调"权力分配本身最终取决于经济基础。如果由于经济效率、工业场所或者贸易区的变化，财富的源泉基础也发生变化的话，必定会相应发生群体间和国家间权力的重新分配"（吉尔平，2007：67）。"伦敦学派"则认为经济实力最强并不意味着美国在国家权力架构上自动占据了支配地位。"伦敦学派"的代表人物 McKercher（1999）详细说明了英国在一战后仍然拥有一流的海军、最庞大的殖民地、最大的对外贸易量和以英镑为基础的国际货币交换体系。在外交上，施展传统的结盟等外交手法（特别是与法国和日本的结盟），通过在国际联盟中的斡旋，以维持自身在欧洲均势中最有利的地位，扩大全球影响。因此，"伦敦学派"和支持"伦敦学派"观点的学者都认为，截至第二次世界大战前夕，英国仍然是国际体系中的霸主国家。英国最早丧失霸权国家地位应该是在1940 年夏天（法国沦陷标志着英国传统均势外交的失败，英国同时与德国、意大利和日本作战，美国成为唯一可以拯救英国的国家）。Joshua（1988）把英国的霸权时代划定为 1815～1945 年。

二　经济增长中的技术决定论及其衡量

《不列颠百科全书》是这样定义技术的[①]：技术一词出自希腊文techne（工艺、技能）与 logos（词、讲话）的组合，意思是对造型艺术和应用技术进行论述。当 17 世纪在英国首次出现时，仅指各种应用技艺。20 世纪初，技术的含义逐渐扩大，涉及工具、机器及其使用方法和过程。到 20 世纪后半期，技术被定义为"人类改变或控制客观环境的手段或活动"。在《韦氏大辞典》中，"技术"是完成一项任务的方式，特指使用的技术过程、方法或知识。"技术进步"或者"技术创新"就是对这些知识、工具、机器、方法和过程的改进与创新。

在本书中，技术的含义远比这个定义要更丰富和"更经济学化"。

[①]《不列颠百科全书》第 16 卷，国际中文版，修订版，中国大百科全书出版社，第 513 页。

技术进步主要表现为创新发明和人力资本提高的两种方式：前者体现为经济中的新产品、新工具不断发明，称为"物化技术创新"（Materialized Innovations），其传承主要依靠"物"；后者则体现为劳动者技艺的不断提高，称为"人力资本增进型技术创新"，其传承主要依靠"人"。在传统社会，物化技术创新提高了人力资本的边际产出，带来工资率的上升。在发明者从创新发明中获益并不充分的情况下，这一效应激励人们投入更多的时间来提高个人技艺，而不是进行物化创新活动。长此以往，投入到创造发明的时间将越来越少，最终物化技术创新活动将趋于停滞。因此，传统社会不会选择以"物"为载体的技术传承。

在本书中，还需要借鉴 Nelson and Wright（1992）关于"国家技术"的概念。由于技术是复杂的，涉及不同种类的机器和各种学习技能，往往需要协调和管理，例如，工程师、经理、机器操作员和投资人需要进行大量的互动试错学习。技术还是为了解决地方性问题，在技术发明和技术改进中都带有明显的地方特征。技术体现了一种网络外部性（Katz and Shapiro，1985），通过路径依赖，即连续依赖事先发生的事态进行发展（David 1975，1988；Nelson and Winter，1982），以及特定系统在一定程度上"锁定"的趋势（Arthur，1988）。因此技术的发明和改进通常是地理上相近的同一个领域的发明家和改进者彼此互动的结果。而且，技术交流网络建立在语言文化同质的基础上，具有民族认同感，为了解决共同性的问题而产生，形成了独特的对科学和技术非常重要的常用术语、测量方法和性能标准。因此，技术很大程度上可以用国界来界定。本书中经常会采用英国技术、美国技术这样的"国家技术"称呼。

哈罗德（Harrod，1948）在 1948 年将技术进步率精确地定义为劳动生产率的增长。如果最终产品的总产出是有效资本和有效劳动的一次齐次函数，哈罗德中性技术进步就表示为总量生产函数 $Y_t = F[K，A(t)L]$ 中 $A(t)$ 增大，技术进步增加了有效劳动的数量。新古典增长模型建立了技术决定经济增长的理论框架。20 世纪 80 年代，罗默（Romer，1986）将内生的技术进步看作经济增长的唯一原因。他假定知识是追逐利润的厂商进行投资的产物。生产性专业知识的积累是长期增长的决定因素，它不仅自身具有递增的边际生产力，而且能够使资本和劳动等投入要素也产生递增收益，进而使整个经济的规模收益递增，从而保证了经济长期增长。罗默模型的结论意味着，知识资本是规模报酬递增的，而且干中学的知识外溢效应产生了规模经济。这使得初始产出水平高、经济发达的国家，有更多的知识资本存量，容易获得更高的产出水平，从而有更多的资金投入技术研究，进而产生更为丰富的知识资本，最终推动整体经济更快的增长。反之亦然。后来，韦尔（2011：209）认为不管这种技术进步是内生的还是外生的，从长期看，技术进步是经济增长的主要源泉。

内生增长理论强调内生生产力增长作为长期经济增长率决定因素的重要性（Aghion and Howitt，1997；Grossman and Helpman，1991a，1991b）。它认为生产率的增长取决于技术进步，而这又取决于将资源分配于创新的利润驱动。因此，创新者的激励在于从成功中获得高额回报。利润更大的市场、人力资本的供给改善、研究中劳动力的生产力提高，以及知识产权保护都是重要的激励。此外，依靠知识积累支撑的创新活动可以避免要素报酬递减。因此，创新激励的增加能够导致一个永久的更高的内生生长速度。

（一）古典增长理论和内生增长理论的技术决定论及其衡量

如果生产函数是柯布－道格拉斯生产函数 $y = Ak^{\alpha}h^{-\alpha}$，其中 y 是人均产量，A 是生产率，k 是人均物质资本，h 是人均人力资本。k 和 h 都是投入的生产要素，可以将 $k^{\alpha}h^{1-\alpha}$ 看成一个整体（有的称之为综合生产要素），那么人均产出就由两个部分组成，一部分是生产率［在很多时候被称为全要素生产率（以下简称 TFP）或者索洛剩余］，另一部分是生产要素。国家间人均产出的差异也受生产率和生产要素这两部分的影响。这种衡量收入差异的方法被称为发展核算（韦尔，2011：151）。

20 世纪 50 年代初，学者们发现"全要素生产率的增长"在所测算的人均产出增长中占有绝大份额。20 世纪 80 年代以来的测算发现国家间全要素生产率的差异非常大（Hall and Jones，1999；Klenow and Rodriguez-Clare，1997；韦尔，2011）。全要素生产率对国家收入水平差异的解释是多层面的。

首先，全要素生产率可以解释国家间收入差距。韦尔（2011：155）通过研究 78 个国家 1970～2005 年的数据，发现不同国家生产率水平差异相当大。由于生产要素积累的核算、国家不同的发展水平等因素，生产率差异尽管不能解释所有国家间收入差异，但是具有一定的说服力。韦尔（2011：155－156）发现生产率是说明世界上最富裕国家间收入差异的主要因素，这些最富裕国家的要素积累平均是美国的94%，生产率却只有美国的86%。而生产率却不是造成最贫穷国家与美国之间差距的主要原因，要素积累的差距则更具有说服力。最贫穷国家的生产率平均为美国的24%，生产要素只有美国的16%。从1997年到2005年，不论最贫穷国家还是最富裕国家，要素积累和生产率都以大致相同的速度上升，但是最富裕国家和最贫穷国家的要素积累差异要大于生产率差异，国家间人均产出差异的56%由要素积累造成，44%由生产率差异造成。

其次，生产率可以解释国家间人均产出增长率的差异。韦尔（2011：159－161）认为生产率的差异更能解释国家间人均产出增长率的差异。增长最快和最慢的国家，两者生产率的增长率相差2.53个百分点，要素积累增长率相差1.45个百分点。最终，产出增长率差异的65%由生产率增长的差异引起，35%由要素积累差异引起。

1. 体现在全要素生产率中的技术

通常技术进步被认为是促进生产率增长的主要力量。按照柯布－道格拉斯生产函数，技术进步表现为 A 的增加，表明在物质资本和人力资本给定的情况下，技术进步改善了生产要素结合生产的方式，提高了产出。由于生产要素的增长是报酬递减的，不管是资本积累、对外贸易的收益、规模经济还是制度都将增加产出，但是最终这些要素的增长都受限于报酬递减。而技术是报酬递增的，所以技术是经济增长的源泉。

实际情况下，在分析不同国家生产率差异时，国家间的技术差距并不能完全说明生产率的差距，生产率并不一定完全由技术变化引起。造成生产率差异的另一个可能原因是效率。效率是生产产品时生产要素与技术结合的有效性。这样生产率就分解为技术和效率：$A = T \times E$。效率也直接影响了生产率。无效率的情况有以下几种：第一种，非生产性活动，也就是无经济价值地使用资源。第二种，闲置资源，资本或劳动完全未被使用。第三种，部门间要素配置不当，资源被用于生产不适当产品。第四种，企业间要素配置不当。第五种，技术阻塞（韦尔，2011：230－233）。

此外，测算全要素生产率的一些问题可能会影响技术进步对经济增长的贡献。

第一，对资本的估算问题。传统的做法是用永续盘存法估算的资本存量乘以资产的价格得到资本的投入价值，理论上更恰当（但是更需要数据）的方法是利用租赁价格为权重估算资本服务价值。这两种估算方法得到的结果在 20 世纪中叶之前并没有什么差异，差异是从信息和通信技术（ICT）革命以后表现得越来越明显。通常来说，使用资本服务方法能提高资本的增长贡献并降低 TFP 的增长贡献。

第二，无形资本核算问题。无形资本投资包括研究和开发、知识存量、品牌投资等。R&D、知识存量现在都被公认为资本投入，但是品牌投资、组织资本投入等是否纳入无形资本投资还有争议。在知识经济的今天，美国、英国等发达国家在无形资本上的投入规模几乎与有形资产持平。如果这些投入在增长核算中被当作最终投资而不是中间产品，那将意味着资本的贡献率大大提高，并且会明显地降低全要素生产率对增长的贡献。21 世纪初无形资产投资对 GDP 增长的贡献率是 20 世纪 50 年代的 3 倍（Crafts and O'Rourke, 2014）。

第三，关于生产函数的问题。新古典主义经济的增长通常是用柯布-道格拉斯生产函数来计算的，但是当出现更偏好资本的技术时，用 CES 生产函数（固定替代弹性生产函数）会更合适。例如，对美国用柯布-道格拉斯生产函数核算的话会低估美国 19 世纪技术进步的贡献率，得到技术对 19 世纪美国经济增长不显著的结论（Crafts and O'Rourke, 2014）。但是基于 CES 生产函数的衡量，则说明技术进步的作用是显著的（Abramovitz and David, 2001）。在讨论"东亚奇迹"（Rodrik, 1997）、20 世纪 70 年代苏联增长放缓（Allen, 2003）时也存在这个问题。

第四，传统经济增长核算不考虑成本调整、固定成本（Fixed Factors of Production）和规模经济等因素，这可能会高估技术进步的作用。Morrison（1993）认为 20 世纪 70 年代美国制造业全要素生产率增长的放缓很大程度上是因为规模经济的削弱而不是技术进步的放缓。Crafts and Mills（2005）发现英国和德国在 1950~1973 年发生的成本调整意味着技术进步速度要比全要素生产率的增长高约 2 个百分点。

第五，与前面的例子一样，传统的全要素生产率的跨期比较是不可靠的，因为测量偏差的程度随着时间的变化会有很大的差异。

第六，技术变革的重要性因资本类型的不同而改变（Barro，1999）。例如，信息通信技术和新的通用交通工具最初对整个劳动生产率增长的贡献是非常小的，信息通信技术和交通工具方面的技术进步主要体现为资本的深化，而不是对全要素生产率增长的贡献。所以，Abramovitz（1993）总结到：技术进步由两个独立的方面构成，一方面是技术变革的轨迹；另一方面是物质和人力资本的形成。虽然一些内生增长模型强调人力资本的相互依存，但实际上是物质资本的相互依存。

用 TFP 衡量技术进步的贡献有以下缺点（Crafts and O'Rourke，2014）：（1）使用传统的增长核算方式来估计全要素生产率对潜在的技术变革来讲并不总是一个好的方法。正如我们所见，TFP 增长可以低估或高估技术进步对经济增长的贡献。（2）偏差的大小和方向在新古典增长核算中的不同时期或不同类型经济中会有很大的不同，这会使历史比较变得十分困难。（3）当增长核算方式引导它的使用者将资本和技术变革的发展视为一种独立的要素和添加剂时，这种假设可能具有很大的误导性，并且可能有损于我们对于增长来源更深层次的理解。

2. 体现在要素积累中的技术

技术进步还会物化在物质资本中，同时也会物化在人力资本中。这种物化的方式很难将技术从要素积累中分离出来。技术进步如果体现在新的机器设备上，只采用全要素生产率来衡量的话，新技术对经济增长的贡献可能被低估（Barro，1999）。例如，英国工业革命时期许多形式的技术进步只能体现在新的资本货物上。比如旋转的珍妮机、蒸汽机、高炉就是工业革命的"化身"（Feinstein，1981：128 – 142）。一个高投资率的国家，通常资本比较新，包含着更多新技术，比低投资率国家更先进。同样，一个老龄化比较严重的国家很难处于技术前沿，因为大部分劳动力都是在过去很长的时间里接受教育的。在标准增长模型中，生产率和资本、劳动力等投入要素都受到技术进步的影响。技术进步对要素积累的物化体现在以下几个方面

首先，技术进步可以增加产品的种类，也会改进产品的质量。前者类似于基础创新，后者类似于改进创新。对于种类增加型技术进步的 D – S 指数（Dixt and Stigilitz，1977），Romer（1990）、Helpman and Krugman（1985）、Grossman and Helpman（1990，1991）都做过研究。同时技

术进步在产品种类和产品质量上的扩增和改进，不仅体现在最终产品上，也体现在中间产品上（Barro and Sala-i-Martin，1997；Grossman and Helpman，1990，1991）。

其次，考虑了人力资本后，生产函数修正为

$$y = Ak^{\alpha}(l \cdot (hk/l))^{1-\alpha}$$

其中 hk/l 是劳动力质量的平均值，通常估算为上学的年数。这样就可以明确地分解出人力资本的贡献，估算出上学年数增加所增加的收入。

不同国家教育水平差异很大。韦尔（2011：126 – 142）研究了1960～2000 年 73 个发展中国家和 23 个发达国家的教育水平情况，认为教育上的差异可以解读部分的国家收入差距。具体来说，平均教育程度（成人平均上学年数）基本反映了国家贫富程度，平均教育程度低的国家也是比较贫穷的国家。但是有一些例外的情况，如新加坡、中国、韩国、新西兰。如果按照新加坡的平均教育年数，它在这些国家中排名第 25 位，但是其人均 GDP 排名为第 5 位。而中国、韩国和新西兰的平均教育程度排名高于其人均 GDP 排名。另外，教育质量的高低也大致反映了国家贫富的程度。通常发达国家在教育上的投入更多，学生教师比更小，教师受教育程度更高，学生的数学和自然科学课程成绩更好。2005 年发达国家学生教师比为 16、发展中国家为 42、非洲为 48。但是也有例外的情况，例如美国学生的考试分数非常低，而中国学生的考试分数非常高（Hanushek and Kimko，2000）。

最后，干中学与要素积累。在阿罗（Arrow，1962）之前的经济增长模型中，技术进步是独立于资本积累的。技术进步在出现时就实现了全部的生产潜力，并且优于其所替代的老技术。阿罗认为技术进步是"干中学"，是对物质资本和技术投资的副产品。技术进步是学习知识的结果，学习是经验的不断总结，经验使生产力递增。经验对生产率的这一正向影响被称为"干中学"。知识来源于投资过程中的"干中学"。在干中学的情况下，技术进步体现在扩大资本投入的同时，知识水平也随之变化，作为整体，经济具有递增收益。随着经验知识的积累，单位产品成本随生产总量递减，体现了技术进步的新资本的边际产品小于社会边际产品。

　　Valdes（1999）认为干中学促进生产率增长主要源于以下三个方面：学习使用新机器所带来的生产率提高；为适应新的资本品而使用新的生产组织形式；在使用新机器过程中寻找改进与修理机器的方法。也有一些经济学家认为"干中学"促进了人力资本积累。"干中学"和学校教育一样是提升人力资本的重要途径。此外，还有学者遵循斯密的说法，认为资本积累加深了分工，由此提高了劳动生产率。

　　总的来说，在增长模型中，技术的作用不仅体现在生产率上，还体现在要素积累上。尽管效率也影响生产率，但是技术进步的作用仍然是决定性的。

　　3. 技术的长期影响

　　Comin，Easterly and Gong（2010）研究了以现在边界定义的国家和地区在公元前 1000 年、公元 1 年以及公元 1500 年技术引进率。他们发现，公元前 1000 年和公元 1500 年的技术引进，对当今人均收入和技术的采用有明显影响。当控制住大陆虚拟变量和其他地理因素时，过去的技术影响一直对现在有影响。过去技术对现代技术有影响的渠道则是代际传递，而不是通过地理因素。Putterman and Weil（2010）的研究结论与 Comin，Easterly 和 Gong（2010）很相似：早期的历史发展很重要，并且传导机制是代际传递。

（二）统一增长模型和技术进步的产生

　　在内生增长模型中，技术就这样出现了，而且并没有说明在什么样的情况下会产生新技术。20 世纪 90 年代以后，学者们开始寻求一种总括性的理论，既能解释技术的出现也能解释技术的作用，既包含马尔萨斯式增长又包含向现代增长转型两方面内容的统一经济增长理论（Unified Growth Theory）。统一增长理论以经济增长理论为核心，整合了宏观经济学、经济增长理论、人口经济学、发展经济学以及经济史等多学科领域，以一个系统的研究方法来分析工业化的起因和经济转型过程中的人口、技术水平、人均收入、教育水平等变量的变化过程，以及引起这些变量变化的根源，更加完整地解释了工业革命前后的经济社会变迁的动态过程。

　　克莱默（Kremer，1993）模型是早期的统一增长模型，刻画了经济从长期停滞到逐渐加速的过程。他认为个人的聪明才智是有限的，所以更多的人口意味着更快的技术创新。此外，知识增长率是社会团体大小的函数，与越多的人接触，就越容易产生新思想。当人口规模和技术同步提高时，稳态被打破。超过一定的收入水平后，生育率会出现下降，从而人均收入增加，实现现代增长。克莱默的理论解释了前工业化社会，人口较多、人口密度较大的亚欧大陆比美洲、澳洲的技术水平要高。而且他提出了随着人口增长技术水平也会增长的观点。但是，如果技术进步率与人口增长率成正比的话，工业革命应该发生在中国。而且用人口增长率来解释技术进步的话，也不能完全说明技术进步不连续的特点和为什么是在18世纪下半期19世纪初出现了工业革命。

Hansen and Prescott（2002）则认为从马尔萨斯式增长向现代增长转型的关键在于工业部门超过了农业部门。他们假定农业与非农业部门不同，非农业部门的生产增长率高于农业部门。这意味着不管经济从哪里起步都会实现工业革命，那么工业革命为什么发生在18世纪后半期的英国呢？同样不能解释为什么英国工业革命期间农业和工业等部门一样实现了生产率的增长。

Becker at al.（1990）的模型提出了家庭生育决策和人力资本投资决策是经济增长的关键，为宏观经济增长理论奠定了微观基础。但是他们认为父母增加对孩子的人力资本投资源于外生的冲击，包括技术冲击，如煤炭的采用、铁路等运输工具的改进等，也包括制度或者市场的因素，如放松价格和国际贸易管制等。

Lucas（2002）借鉴了Becker at al.（1990）的研究成果，采用了增长理论中两部门模型的思路，认为人力资本投资在农业部门和非农业部门遵循着不同的原则。在农业部门产出依靠土地，人力资本投资几乎为零，土地有限的情况下，经济增长就是马尔萨斯式的。在非农部门，需要进行人力资本投资。而父母在选择是多生孩子还是提高孩子的质量时，主要考虑父母养育孩子的效用函数和父母自己的效用函数。Lucas（2002）强调了必须有足够的人力资本才能逃离马尔萨斯式增长，但是并没有给出具体的条件和路径。

在以上研究的基础上，统一增长模型把人力资本积累、人口增长所带来的技术创新联系在一起。它认为在向现代经济增长的转型过程中人力资本起了非常重要的作用（Becker and Barro, 1988；Lucas, 2002；Becker at al., 1990）。戈勒和威尔（Galor and Weil, 2000）构建了人力资本与技术变化之间的纽带，并且把这一纽带作为向现代经济增长转型的基石。

Galor-Weil（G－W）模型中假设家庭效用函数为：

$$U^t = (c_t)^{1-\gamma}(n_t h_{t+1})^\gamma$$

即个人不仅关注自身消费 c_t，还关心后代的数量 n_t 和质量 h_{t+1}。假设个人拥有一单位时间禀赋，用于抚育后代或者参与劳动。抚育一个后代的固定时间成本为 τ，对后代教育的时间投入为 e_{t+1}，且

$$\tau, e_{t+1} \in (0,1)$$

记家庭的潜在收益为 z_t，定义

$$Z_t \equiv w_t h_t$$

w_t 和 h_t 分别为工资率和人力资本水平。家庭的预算约束可以写为：

$$w_t h_t n_t(\tau + e_{t+1}) + c_t \leqslant w_t h_t \equiv z_t$$

人力资本积累方程取决于教育投入 e_{t+1} 和技术进步率 g_{t+1}，即：

$$h_{t+1} = h(e_{t+1}, g_{t+1})$$

此外，假设存在生存水平约束，个人必须首先满足基本消费。因此，家庭的最优化问题可以归结为：

$$\{n_t, e_{t+1}\} = \arg\max\{w_t h_t [1 - n_t(\tau + e_{t+1})]\}^{1-\gamma}\{(n_t h(e_{t+1}, g_{t+1}))\}^\gamma$$

$$\text{s.t.} \quad w_t h_t [1 - n_t(\tau + e_{t+1})] \geqslant \tilde{c}$$

$$(n_t, e_{t+1}) \geqslant 0$$

解得

$$n_t = \begin{cases} \dfrac{\gamma}{\tau + e(g_{t+1})} & \text{当 } z_t \geqslant \tilde{z} \\[3mm] \dfrac{1 - (\tilde{c}/z_t)}{\tau + e(g_{t+1})} & \text{当 } z_t \leqslant \tilde{z} \end{cases}$$

$$e_{t+1} = e(g_{t+1}) \begin{cases} = 0 & \text{当 } g_{t+1} \leqslant \tilde{g} \\[2mm] > 0 & \text{当 } g_{t+1} > \tilde{g} \end{cases}$$

此外，模型假设，技术进步 g_{t+1} 是人口 L_t 和上一期教育投入 e_t 的函数，记作：

$$g_{t+1} \equiv g(e_t, L_t)$$

且，对于任何 $e_t \geq 0$，以及足够大的 L_t，必有 $g(0, L_t) > 0$，$g' > 0$，$g'' < 0$。

因此得到以下 3 个结论：

第一，当生存约束紧时，即 $z_t < \tilde{z}$ 时，潜在收入的增加会提高后代数量，但对后代质量并无影响，而当生存约束不紧时，即 $z_t > \tilde{z}$ 时，潜在收入的增加对后代的数量和质量都没有影响。

第二，只有当技术进步率 g_{t+1} 超过一定阈值 $\tilde{g}$ 以后，父母才会对后代进行教育投入。

第三，即便没有教育投入，一定的人口规模也可以推动技术进步。

根据以上三个结论，他们认为逃离经济停滞这一过程包括两个步骤：首先是从马尔萨斯阶段向后马尔萨斯阶段的转型，其次是向现代经济增长转型。戈勒和威尔假设当技术进步加速时人力资本将更有价值。在马尔萨斯阶段，人口越多新想法越多，技术变化加速。因为人口增长相对于收入增长的滞后反应，人均收入出现了增长，尽管这种增长非常缓慢。当增长达到一定程度时，父母将增加对后代人力资本的投资，面临着质还是量的生育决策。这一行为加速了知识的增长，而人力资本的上升刺激父母选择提高后代的质量而减少后代数量。这个过程类似于收入效应和替代效应的问题。在现代经济增长起步的初始阶段，收入效应起到了决定性作用，从而导致了人口数量的上升；而在稍后的时期，由于替代效应变得更为重要，生育率出现了下降。在 Galor-Weil 模型中，较大的人口最终导致足够高的人均收入，从而引发人口转型。这允许低生育率和较高的生活水平，与之相伴的是高水平的生产增长率。当收入达到一定的门槛时，家庭最终选择更高质量的后代，而不是更多的数量，因为人力资本的投资回报率很高，抚养孩子的机会成本也随着收入提高而增加。

Cervellati and Sunde（2005）与 de la Croixand Dottori（2008）也论证了人口－创新互动机制。他们认为随着生产率的上升和预期寿命提高，对人力资本的投资会增加。即使技术变革仅仅是略微有点技能偏向的，都会带动更多的技术进步、更长的预期寿命以及人力资本上更高的投资，这个自我强化的机制就会将经济拉出马尔萨斯陷阱。鲍克金、德·拉·克洛伊科斯和皮特斯（Boucekkine, de la Croix and Peeters, 2008）证明了人口密度上升会导致学校教育费用下降，从而提高人力资本。

统一增长模型遇到的最大挑战是有的论断与史实不符。按照 Galor-Weil 模型进行模拟（Lagerlöf, 2006），1200～1800 年，世界应该处于后马尔萨斯阶段，这时人口增长率和技术进步率都在加快，明显高于马尔萨斯阶段。但是 Clark（2007）的研究表明，1200～1800 年，世界人口、收入和技术进步率并没有明显增加。而且，统一增长模型所预测的人力资本上升伴随着生育率下降的现象，在英国并没有得到印证。

三　自然禀赋差异决定论

从自然禀赋差异来解释国家发展差异有直觉上的可行性。在人类发展的早期阶段，地理气候差异和自然资源差异的影响更加显著。对于现代国家来说，这些影响还是决定性的吗？

（一）地理气候差异与增长差异

地理气候论认为国家经济发展差异主要归因于地理气候差异，而且地理气候差异的持续性影响要大于当期影响（Nunn, 2014）。细小的地理环境差异通过历史事件被放大，结果对长期经济发展产生了巨大的影响（Engerman and Sokoloff, 1997, 2002）。地理因素影响生产率和经济发展的假说有着很长的历史，可以追溯到 Machiavalli（1531），Montesquieu（1748），Marshall（1890）。现代的实证研究说明了当前的人均收入和一系列地理的、生物的变量之间有很强的相关性（Spolaoreand Wacziarg, 2013），比如天气和温度（Myrdal, 1968；Kamarck, 1976；Master and Mc-Millan, 2001；Sachs, 2001）、疾病环境（Bloom and Sachs, 1998；Sachs, Mellinger and Gallup, 2001；Sachs and Malaney, 2002）、自然资源（Sachs and Warner, 2001）、交通条件（Rappaport and Sachs, 2003）。

许多贫穷国家都在南北回归线之间，多数富裕国家都在温带。18 世纪，法国政治哲学家孟德斯鸠对此的解释是：热带气候的人倾向于懒散、缺乏求知欲、不努力工作、没有创新精神。懒散的人容易被暴君统治。Sachs and Warner（1995）不仅强调了气候对工作努力程度和思想过程的影响，而且提出两个观点：首先，热带疾病，特别是疟疾对人的健康，进而对劳动生产率有极大的负面影响。其次，热带土壤不适合高产农业。因此，温带气候比热带和亚热带更有利于经济增长。

但是，前现代的许多文明都在热带，例如，柬埔寨的吴哥文明、印度南部的维查耶纳迦尔王朝（Vijayanagara）。在欧洲人到达美洲之前，美洲热带地区比温带地区繁荣得多。现在，南非是撒哈拉以南最富裕的国家。新加坡、马来西亚和博茨瓦纳近年的快速增长也不能用气候原因来解释。更重要的是地理气候差异无法解释朝鲜南北经济增长差异、东西德差异，也无法解释阿西莫格鲁和罗宾逊（2015）举出的经典例子：南北诺加里斯。

贾雷德·戴蒙德（Jared Dianmond，2016）还提出了地理气候假说的另一版本。戴蒙德（Diamond，1997）认为欧亚大陆和其他大陆发展不同的根源在于欧亚大陆居民从狩猎采集经济向农业和牧业生产过渡时所享有的一系列环境优势。大约从公元前10000年开始（新石器时期）所形成的环境优势包括欧亚大陆的广阔、原始生物条件（多样的动植物资源供驯化和放牧）以及东西方农业发明的传播。基于这些地理优势，欧亚大陆经历了一个人口爆炸期，以及早期技术发明的快速升级，产生长期的结果。根据 Diamond（1997）所说，欧洲经济和政治成功的近似决定因素是更深的地理优势在史前时期运行的结果。一些欧亚人（欧洲人）的后裔在新石器时期优势的基础上，能够利用他们的技术领先（枪支和钢铁）和他们对旧世界疾病（细菌）的免疫力，支配现代的其他地区，包括没有享受欧亚大陆的原始地理优势的地区。例如，中东新月沃土地区，有大量的物种可以驯化，而美洲则没有。结果，新月沃土地区比美洲地区更早地进行了农业生产，人口密度随之增长，使得中东新月地区更适合贸易、城市化的发展和政治制度的形成。在前工业化时代，在农业生产占主导的地区，技术革新也比世界其他地区快。

一些经验研究支持了 Diamond（1997）的想法。Olsson and Hibbs（2005）发现，生物和地理环境更好的国家都较早地实现了向农业社会的转变，并且在 1997 年拥有更高的人均 GDP。地理环境的变量是用包括大陆的延伸方向、农业的气候适宜度、纬度、国家所处大陆的大小这些因素所组成的指标来进行衡量的。生物环境的衡量指标则包括：已知的一年生或多年生的、拥有超过 10 毫克内核的史前野生植物的数量，在史前就已经存在，体重超过 45 千克的可驯化动物的数量。Ashraf and Michalopoulos（2011）证明了气温的年变化率和早期农业产生呈现出"倒 U 型"的关系。Ashraf and Galor（2011a）论证了新石器时期农业的传播受地理条件（天气、陆地大小和方向）和生物地理条件（可供放牧的植被和大型哺乳动物）的影响。他们还论证了马尔萨斯式增长的特征：工业化社会前，技术进步会对人口密度产生影响，但不影响人均收入。

　　但是戴蒙德的理论不能解释为什么物种相同的地区有不同的发展水平。野猪和野牛这两种重要的可驯化动物广泛分布于欧亚大陆和北非，粳稻广泛分布于南亚和东南亚国家，大麦和小麦的野生品种分布于黎凡特（Levant）、伊朗、阿富汗、土库曼斯坦、塔吉克斯坦和吉尔吉斯斯坦的广大地区。显然这些地区的发展水平并不相同。而且，美洲大陆内部的情况则在地理大发现之后出现了逆转。1492 年之前，墨西哥中部山谷、中美和安第斯山脉地区比北美、阿根廷、智利等地技术水平和生活水平都更高。然而，地理大发现之后，美洲各地区的地理位置没有变化，但是技术和生活水平发生了根本性的"逆转"（阿西莫格鲁、罗宾逊，2015：38）。所以，地理、气候等自然条件与国家经济成败不存在简单的或持久的联系。地理假说无法解释技术中心和创新中心的更迭以及技术扩散路径的不同，也解释不了为什么有的国家经济会出现长时间的停滞或者突然的增长。例如，中国经济经历了长时间停滞后又开始迅速增长。

　　此外，地理气候假说还是要借助地理条件对技术扩散的影响来说明地理条件对经济增长的影响效应。地理气候假说认为欧亚大陆的地形特征更适合物种和技术的传播。历史学家 William McNeil（1985）认为，欧亚大陆东西走向的地形能够将种植作物和养殖家禽的生活方式在欧亚大陆的东部和西部迅速广泛传播，而向南扩散到非洲大陆的速度相比之下则要慢许多。当向东或向西传播时，昼长并没有改变，气候通常也没有发生很大的变化。而当向南或者向北传播的时候，情况便不再相同：昼长发生了变化，气候也发生了显著的改变。更一般的，对于诸如美洲或者非洲这样呈南北方向延伸的大陆来说，种植作物、驯化家禽的程度以及技术的进步并没有东西方向延伸的欧亚大陆快。因而美洲大陆南北走向的地形解释了奥尔梅克、提奥提华坎、阿兹提克和玛雅文明为什么没有扩散到安第斯山脉地区和北美（Sachs，2012）。对比 20 世纪 90 年代玻利维亚和越南的经济发展状况，说明由于相对恶劣的气候环境、崎岖的地形、低人口密度，以及相对远离国际市场，玻利维亚通过直接投资引进的先进技术比越南数量少、速度慢。玻利维亚是个内陆国家，环山，大部分地区处于 3000 多米高的地方，但是越南有很长的海岸线和深水港口，且连接日本、韩国等东亚先进国家，因此发展速度快于玻利维亚。

综合来看，地理变量对人均收入的直接影响值得商榷，但是地理因素会通过非地理变量如技术等产生间接的长期影响。

（二）资源诅咒论

资源诅咒论（Williamson，2011）直观地描述了 19～20 世纪自然资源丰富的国家经济发展反而落后的现象。基于要素禀赋的原理，丰富的自然资源使得对工业部门的投资减少，进而着重发展具有比较优势的非工业部门，这降低了长期增长的能力。而且从丰富的自然资源中获取的高额租金大部分集中在富有的精英阶层手中，导致争夺租金的冲突频发。同时，依赖于特定资源的国家更容易受到国家贸易的冲击，引起贸易条件的变化。工业投资水平低下、社会动荡、人力资本积累不足、国际贸易冲击等共同作用，使资源丰富的国家反而经济表现不佳。而自然资源相对贫乏的国家，积极推动工业发展，反而取得了长足的经济增长。

墨西哥的发展（Catão，1998）验证了资源诅咒论。19 世纪晚期，墨西哥是初级产品出口导向型增长的早期代表，银、铅、铜和石油的出口占总出口的 80% 以上。但是只有大约 5% 的墨西哥矿产总产量是在国内冶炼或精炼的。铅被运到了纽约冶炼而不是在墨西哥本土冶炼。墨西哥不能掌握和生产龙舌兰纤维产品的生产技术和生产设备。虽然墨西哥有大幅贸易盈余，矿业表面上是高度资本密集的，但是积累的资本更倾向于消费外国奢侈品而不是投资于国内工业，矿业和其他工业部门之间没有关联，墨西哥的出口部门是独立于现代部门的。

不支持资源诅咒论的例子也有很多。加拿大、澳大利亚和美国的长期增长很大程度依赖于自然资源的比较优势（Keay，2007；McLean，2004；Wright，1990）。挪威在 20 世纪晚期的石油发现并没有像西非国家一样受到资源诅咒的影响。智利在 20 世纪中后期通过农业和资源出口稳步经营，提升了自身的经济地位。

Robinson et al.（2006）和 Mehlum et al.（2006）研究了具有自然资源优势国家长期的经济发展，认为更多投资于技术研发和基础设施建设、产权制度完善、政治稳定和有效的国家并不会陷入资源诅咒中。美国政府支持了大规模的地质勘察，将勘察结果和相关的技术手段提供给企业家。美国还研发出了很多应对气候和虫害的物种，提高了农牧业生产率（Olmstead and Rhode，2008）。

四　文化决定论

马克斯·韦伯阐述了新教伦理对资本主义兴起的决定性作用之后，"文化"在经济增长中的作用受到普遍关注，一些实证研究也证明了文化的重要性和持续性。

1871 年，英国人类学家泰勒将文化定义为全部的知识、信仰、艺术、道德、法律、习俗和个人作为社会成员所必须掌握和接受的任何其他能力及习惯（泰勒，1992）。1952 年，美国人类文化学家克罗伯和克拉克·洪认为："文化是包括各种外显或内隐的行为模式：它通过符号的运用使人们习得及传授，并构成人类群体的显著成就，包括体现于人工制品中的成就；文化的基本核心包括由历史衍生及选择而成的传统观念，特别是价值观念；文化体现虽可被认为是人类活动的产物，但也可被视为限制人类作进一步活动的因素。"（冯天瑜，2005）当代澳大利亚经济文化学家索罗斯比认为，文化包括两个含义：第一个含义是以文化产业为主的活动的总和；第二个含义是社会的价值和习惯（Throsby，2001）。

文化的概念非常庞杂，目前并没有统一和规范的定义。如果将文化与经济增长联系起来，本书认为 Mokyr（2016）对文化的定义更为贴切。他认为文化是信仰、价值观以及偏好。文化是一套能够影响人类行为的信念、价值观以及偏好的组合，它们通过社会（而非基因）传播，它们也被社会中的不同子集所共享。"信仰"一词囊括了关于世界中的实际的（真实的）自然的观点，范围包括实体环境、超实体环境和社会关系。价值观属于关于社会和社会关系的规范性陈述（通常是类似于伦理及意识形态等的想法），而偏好则是关于个人事务，如消费等私事的规范性陈述。一个独立的个体不会拥有一种不被他人所拥有的文化特质，但是每个人又都是独特的，因为很难有两个人会拥有一模一样的文化要素组合。此外，这个定义强调了文化与社会学习相关，所以一个人的信仰、价值观和知识是通过学习他人而形成的。这种学习又关系到态度与天赋，隶属于更广义上的文化范畴。文化是共享的，但每个个体所相信的又都是不同的，文化是一个选择的问题。个人可以明确地选择是接受从他们出生起就存在的默认的文化特征，抑或是拒绝这些默认特征，并从他们自己的文化菜单中选择其他的文化特征来替换。在选择中，偏好和信念起了决定作用。

　　注意到文化对经济增长有重要作用的学者很多。亚当·斯密（1972）提出市场良好运行应该建立在"节约""勤勉""尊重"等道德伦理共同认可的基础上。穆勒（2009）认为各国的经济状况依赖于人类的本性，即取决于伦理道德或心理的因素，从而依赖于各种制度和社会关系。North（1990）认为文化作为非正式制度的一部分，不仅对塑造正式规则起作用，也对其他非正式制度起到支持作用。在长期经济增长中，意识形态等文化因素和制度都对经济绩效有显著影响。福山（2001），强调决定经济竞争力的主要因素是由文化构建的社会信任和合作制度，文化差异成为导致经济和社会差异的关键性因素。

　　但是，将文化看作经济增长源泉的学者并不多。早期产生较大影响的是马克斯·韦伯。他认为，现代经济增长最先开始于西欧，是源于伴随着"资本主义精神"产生的以勤奋工作、节俭为主要内容的新教伦理。他说新教伦理是西方资本主义兴起的重要因素，中国正是因为没有新教，所以没有发生工业革命。熊彼特（1990）认为，创新是经济发展的源泉，而创新的能力则取决于企业家精神这一文化心理因素。而Mc-Closkey（2006，2010，2016a）对文化的作用进行了深刻的分析。还有的学者在探求现代经济增长现象中的文化根源（Spolaore and Wacziarg，2013）。近年来，Mokyr（2009，2016）多次阐述了文化的重要性，得出文化是现代经济增长源泉的结论。他认为文化的改变催生了现代经济增长方式，工业革命是信仰、价值观和偏好改变的结果。文化变革使得西方所经历的技术爆炸成为可能。"文化"直接影响了技术发展，改变了人们对于自然世界的看法，同时，它创造及培养出了能够刺激并支持"有用知识"积累和扩散的制度。

对文化的实证研究主要依赖于世界价值观调查（World Values Survey）和盖洛普世界民意调查（Gallup World Poll），同时用移民存量、方言、宗教和基因距离等指标来解释家庭行为、女性劳动力参与度、腐败以及移民等问题（Hatton and Williamson，1994；Barro and McCleary，2003；Ashraf，Quamrul and Oded Galor，2013a，2013b）。这些实证研究表明，文化会以很多方式来影响人们的行为（Guiso，Sapienza and Zingales，2006；Tabellini，2008，2010；Deaton，2011）。经济学家对文化的研究主要关注社会态度、信念和偏好对于促进有效的非正式制度和正式制度的作用（Guiso，Sapienza and Zingales，2008；Bowles and Gintis，2011）。对于纪律、教育、工作、时间、自我控制等方面的态度是近期研究的热点（Mokyr，2016）。Doepke and Zilibotti（2008）和克拉克（2007）解释了勤奋工作和推迟享乐等这些独特的文化特征是工业革命首先在英国爆发的原因，并阐释这些特征是如何在代际间传递的。不同程度的信任也被证明可以用来解释国家之间的收入差异（Zak and Knack，2001）。克鲁格曼（1999：51～52）等人就认为儒家文化崇尚节俭、重视储蓄、仁义以及诚信的理念对"亚洲四小龙"的经济腾飞起了重要作用。

Mokry（2016）更关注文化的起源和发展，他试图解释为什么文化会变化？为什么不同的社会会产生不同的文化？哪些人的文化和为什么这些文化中的某些特质是重要的？比辛和维迪尔（Bisin and Verdier，1998，2011）将文化人类学和人口动态学引入经济学中，以研究文化演变的机理。Mokyr（2016）则讨论了人们对探索自然知识的态度的转变过程。人们对于获得、传播和利用这些知识的意愿和能力本身就是文化的一部分，从而决定了对于自然知识的探索强度、研究议程安排、关于管理研究机构的制度、获取及审查知识的方法、如何判定知识是否有效的惯例，以及将知识传播给其他可利用它的人的途径。欧洲在启蒙运动时期经历了这种态度的转变，这决定了现代科学知识的增加和累积，这也是经济增长转变为技术驱动的根本原因。

五　制度决定论

制度决定论认为，经济发展取决于技术创新和技术扩散，比如蒸汽机开启了工业革命。对于制度差异的历史经验研究有 North and Thomas（1973）、North（1981，1990）、Jones（1988），以及更近一些的 Engerman and Sokoloff（1997，2002）、Sokoloff and Engerman（2000）、Acemoglu，Johnson and Robinson（2002，2005，2012）。19 世纪以来，收入差距与技术扩散的不平等密切相关，现代世界的不平等很大程度上源于技术的不平等传播和应用（阿西莫格鲁、罗宾逊，2015：36 - 37；戴蒙德，2016）。而技术创新和技术扩散会受到制度的激励或者束缚，所以经济增长的源泉是制度。制度是有关人类行为的约束以及执行机制的规则（诺斯，1981；格雷夫，2006）。这些规则有些是通过公共过程产生的，有些则是通过私人化的不断接纳才确立起来的；有些是较为明确的（成文的法律和合约），而有些则是隐含的。执行这些规则可以依赖政府的强制、私人化的第三方或者声誉。关于制度的本质和意义，有以下几种看法：制度是经济问题的有效解决方案（North and Thomas，1973）；制度可能是意外的结果，有路径依赖的特点；制度是一种文化信仰体系；制度是分配冲突（Ogilvie，2007）。

（一）政治制度、经济制度与经济增长差异

制度决定论认为穷国和富国的产生在于完全不同的激励，无论是政治制度还是经济制度对产业、个人或政治家们的激励方式造成了这种不同（阿西莫格鲁、罗宾逊，2015：25）。每个社会都是由国家和公民共同形成和实施的一系列经济和政治制度推动的。

政治是社会赖以选择治理规则的过程。政治超越于制度之上，它决定了制度的选择。选择哪种制度取决于哪些人或者集团赢得了政治博弈——谁能够得到更多的政治支持、获得更多的资源以及形成更有效率的联盟。总之，谁会胜出取决于政治权力在社会的分配。而一个社会的政治制度是这场博弈的一个重要决定因素。政治制度决定了激励因素的规则，决定政府如何选择、政府的哪一部分有权力做什么。政治制度决

定谁在社会中有权力、权力被用于实现什么目标（阿西莫格鲁、罗宾逊，2015：55）。政治过程决定了人们生活在什么样的经济制度下，政治制度决定了这个过程如何运行。例如，一个国家的政治制度决定了公民限制和影响政治家如何行事的能力，这又决定了政治家是不是公民的代理人。政治制度包括但不限于成文的宪法，也不限于社会是不是民主社会。政治制度包括国家管理和治理社会的权力与能力。还有一些更广泛的因素决定了政治权力，特别是不同集团追求自己的目标，或者阻止其他人追求其目标的能力（阿西莫格鲁、罗宾逊，2015：25）。政治制度不仅影响消费者和生产者行为，还决定国家的成败。

　　政治制度决定了一个国家有什么样的经济制度。经济制度形成经济激励：受教育的激励、储蓄和投资的激励、创新并采用新技术的激励等。美国良好的经济制度源于 1619 年之后逐渐形成的政治制度。世界不平等是政治制度和经济制度相互影响的结果。当前的制度模式深深根植于历史，一旦社会以一种特殊的方式组织起来，它就倾向于一直持续下去。这解释了为什么很难消除世界不平等及让穷国变富裕。只要有一种制度对于控制者政治和政治制度的人来说可能更好，这个国家就不觉得有必要采用对经济增长和公民福利最好的制度。一个社会的权力阶层和其他阶层经常在保留哪些制度、改变哪些制度上无法达成一致，社会最终采取哪些规则是由政治决定的：谁拥有权力以及这种权力如何运行（阿西莫格鲁、罗宾逊，2015：30）。

　　阿西莫格鲁和罗宾逊区分了包容性政治制度、汲取性政治制度、包容性经济制度和汲取性经济制度。如果权力的分配是狭隘的、不受限制的，那么政治制度就是独裁的。在社会中广泛分配权力并使其受到约束的政治制度是多元的，政治权力不属于既定的某个人或某个狭隘的集团，而是属于广泛的联盟或多元集团。同时集权和强有力的国家也是包容性政治制度的另一个要件。马克斯·韦伯定义国家是社会中"合法暴力的垄断者"。如果没有这种垄断及其必要的集权程度，国家就不能成为法律秩序的实施者，更不能提供公共服务、管理或监管经济。所以足够集权和多元化的政治制度是包容性政治制度，只要不满足其中一个条件，就是汲取性政治制度（阿西莫格鲁和罗宾逊，2015：56）。

　　"包容性经济制度，如韩国和美国的制度，允许和鼓励大多数人参与经济活动，并尽最大努力发挥个人才能和技术，能够让个人自由选择。既然是包容性的，经济制度必须具有保护私有财产、提供公正的法律制度和公共服务的特征；它还必须允许新企业进入，并允许人们自由选择职业"（阿西莫格鲁、罗宾逊，2015：52）。包容性经济制度促进经济活动、生产增长和经济繁荣。安全的私人财产权是核心，而且，这些权利必须是社会上大多数人都拥有才行。包容性经济制度创造包容市场，提供自由就业和自由选择职业的机会。包容性市场不仅是面向精英的自由市场，还是面向尽可能多的人的自由市场。包容性经济制度是经济增长的发动机，同时也促进了另外两个发动机的运行：技术和教育。

阿西莫格鲁、罗宾逊（2015：56－57）用经济制度和政治制度的各种组合来解释国家的差异。第一，汲取性政治制度通常与汲取性经济制度相伴。二者的互促关系形成强反馈循环：汲取性政治制度让精英控制选择经济制度的政治权力，几乎不存在约束或反对力量，也能够让精英建构未来的政治制度并影响其演进变化。汲取性经济制度则让精英阶层致富，他们的经济财富和权力又帮助他们巩固自己的政治优势。而且，汲取性政治制度有新成员闯入时，新成员很可能也只受到极少的约束。因此，他们会有动力去保持这种政治制度以便建立相似的经济制度。第二，包容性政治制度通常与包容性经济制度相伴并相互促进。第三，包容性政治制度和汲取性经济制度的结合是不稳定的，通常，汲取性经济制度不可能在包容性政治制度下长期存在。第四，汲取性政治制度和包容性经济制度的结合也是不稳定的。包容性经济制度可能会转变为汲取性经济制度，也可能会为包容性政治制度开辟道路。

批评阿西莫格鲁和罗宾逊的学者（Sachs，2012）认为，掌握着汲取性政治制度的精英并不必然会阻碍经济增长。历史上很多"独裁者"为了国家的富裕和强大积极推行改革，而不是制定不平等的规则和更高的市场进入壁垒，将权力集中在少数人手中，阻碍国家经济发展。普鲁士在1806年耶拿战役败给拿破仑后，其独裁者采取了积极的经济改革和行政改革，为普鲁士转变为现代国家奠定了基础。日本19世纪后期的明治维新、20世纪60年代的韩国工业化、20世纪80年代的中国改革开放等，都是由阿西莫格鲁和罗宾逊所认为的汲取性政治制度的精英来领导和推动的，这些改革学习了先进国家的体制和技术，缩短了与先进国家的经济和社会差距，使大多数人获益。

　　同时，包容性政治制度并不会必然产生经济增长。1588～1795 年的荷兰共和国已经建成了一种包容性的政治制度。在包容性的共和国体制下，荷兰确实取得了辉煌的成果。荷兰规模小、国内自然资源匮乏，但它在一段时间内拥有着世界第一流的海军部队，在 17 世纪世界贸易中处于支配地位，征服了很多东方国家。荷兰先进的金融和财政体系为国内交通运输系统的建设和发展提供了大量借款，支撑了城市化的进程。但是，1650～1795 年荷兰生产力水平停滞不前。政治上、制度上取得的成就最终没能带来持续的经济增长，也没能带领荷兰在前工业化时代取得技术性突破。同样的，汉萨同盟的 Lübeck 在 1226 年成为自由贸易城市，建立了一套贸易规则，被称为 Lübeck 法。Lübeck 法在中世纪影响力很大，传播到了很多汉萨同盟的波罗的海沿岸城市，比如 Hamburg、Kiel、Danzig、Rostock 和 Memel。Lübeck 法规定，城市由 20 人议会治理，这 20 人由商人协会成员和名人组成。因此，这个城市商业利润的所有者就成为了政府的领导者（Lindberg，2009）。这种政府与商业利润紧密相关的组织结构，使得城市商业和制造业有了空前的发展。在这样的法律秩序下，汉萨城市变得富庶、强盛。造船业、服装制造业等企业如雨后春笋般涌现，贸易也迅速发展起来。但是 Lübeck 法并没有带来技术水平的发展（Clark，2014：226 – 227）。

（二）民主与经济增长差异

　　对民主的测量存在着很多争议。Schumpeter（1947：269）说，民主是一种政治决策的制度安排，即个体获得权力的渠道是通过竞争获得选票。亨廷顿（Huntington，1991：6）认为，民主的主要过程是被统治的人们，通过竞争性的选举选出统治者。在很多文献中，"民主"被狭义地定义为选举权。20 世纪末以来，Gastil（1991）等自由之家（Freedom House）学者编辑的选举权分级指标被广泛使用。自由之家认为政治权力是实质性参与政治过程的一种权力。在民主社会中，这意味着所有成年人都有选举权和被选举权，对于公共政策有着有效的投票机制。此外，如果少数派别的影响非常小，那么民主程度也不高。他们每年都将国家分成 7 个级别。民主程度最高为 1，最低为 0。美国和 OECD 大部分国家在 20 世纪 90 年代以来的大部分年份为 1.0。1995 年为 0 的独裁国家包括印度尼西亚、伊拉克、叙利亚、扎伊尔和一些非洲国家。获得 0.5、介于独裁和民主之间的国家有：哥伦比亚、多米尼加、加纳、危地马拉、马来西亚、墨西哥、尼加拉瓜、巴拉圭、塞内加尔和斯里兰卡。

也有一些研究采用自由之家的公民自由这一指标。公民自由是言论自由、组织自由、示威自由、宗教自由、教育自由、旅行自由等个人权利。公民自由指数在 0 到 1 之间，0 代表最少的公民权利，1 代表最多的公民权利。公民自由指标与选举权指标是高度相关的（Inkeles，1991）。

"李普塞特（Lipset）命题"是关于民主与经济增长关系的著名论断。1959 年，李普塞特首次从社会学和行为主义的视角出发，提出了关于民主社会条件的理论假设，并通过实证数据加以验证，他发现"民主程度高的国家，财富、工业化和城市化程度，以及教育水平的平均值要高得多"（Lipset，1959）。在随后出版的代表性著作《政治人：政治的社会基础中》中，李普塞特（2011：23）又进一步明确提出，"把政治系统与社会其他方面联系起来的最普遍的概括或许是，民主关系到经济发展的状况。一个国家越富裕，它准许民主的可能性就越多"。李普塞特关于经济发展与民主之间存在积极联系的论断，被学术界称为"李普塞特命题"或"现代化理论"（Diamond, L. 2008：95 - 96）。

半个多世纪以来，"李普塞特命题"经历了众多学者的反复检验。Dalmond and Coleman（1960：56）、布鲁斯·鲁塞特沿袭了李普塞特采用交叉列表的方式，将现代化国家的政权分为竞争性、半竞争性和专制政权三种类型，直观地证明了经济发展水平高的国家大都是民主国家。Cutright 采用多变量回归方法分析了 77 个独立国家民主与经济发展的关系，二者的相关性达到 0.82，Olsen（1968）对 115 个国家大样本的实证研究得出了与 Cutright 相似的结果。

但是，民主与人均收入之间的因果机制却没有定论。民主对经济增长的作用是无法判断的。Robert J. Barro（1997，1999）的跨国实证研究发现，民主对增长的影响是非线性的。在选举权指数（Index of Electoral Rights）刚开始提升时，民主会促进经济增长。但是当选举权指数达到中等程度之后，民主会阻碍经济增长。也就是说，过度民主对经济增长有阻碍作用。这可能是由民主本身所具有的双重性特征决定的。政治自由的扩张——更多的民主——对经济增长有反作用。好的方面，民主制约了政府的权力、限制了公职人员无底线地谋取私利以及通过损害大众利益的政策。坏的方面，过度的自由民主会造成财富的再分配，强化和固化利益集团的力量。民主的双重性使得民主对经济增长的作用是不明确的。

另外，经济增长对民主的作用也备受争议。亨廷顿（2013：54）强调，"经济因素对民主化有着深远的影响，但并非决定性的因素"，"没有任何一种经济发展模式或水平，本身就是促成民主化的必要条件或充分条件"。但是，亨廷顿并未完全否认经济发展在民主化进程中的积极作用。Barror（1999）对 100 个国家的历时性分析（1960～1995）表明，较高的生活水平有利于促进民主，两者之间的关联性非常显著。"生活水平各类指标的提高可以预测民主的逐步提高；相反，那种没有经济发展基础的民主政体往往不能持久"。但是，Barror 发现，在特定生活水平上，民主与城市化、对自然资源的依赖性之间呈负相关关系，城市化与民主的相关系数为负。相反，O'kane（2004）在比较欧洲各国民主化道路时发现，工业化很难以一种清晰的方式与国家走上或保持民主道路之间发生联系。如 19 世纪的法国和英国在工业化和城市化水平上差异显著，而德国与英国的相似程度远高于法国。20 世纪，德国的工业化导致了纳粹主义，在教育方面，其民主制度发生崩溃时也正处于识字水平最高的时候。Arat（1988）和 Acemoglu（2005）研究发现，经济发展与民主之间的相关性仅存在于某个跨国横断面上的特定时间点，而不适用于特定国家的历时性变化。而且，民主和经济增长之间并非简单的线性关联，经济增长水平的提高并不能自动增加民主发生的可能性（罗伯特·达尔，2003：79）。此外，学者们发现教育水平、社会不平等程度、在国际社会中的地位、地缘政治、殖民历史等因素与民主的关联度更高。

（三）产权制度与经济增长差异

在各种类型的制度中产权制度备受关注，被认为对经济增长有重大影响。"产权"一词涵盖了各种各样的安排，其中一些安排对经济增长有利，一些安排对经济增长不利，这造成了不同国家经济增长的差异。

对经济增长有利的产权制度满足以下条件：第一，为资产的最优化配置提供激励。第二，为资产保值和增值提供激励。第三，产权可以使所有者用资产来抵押贷款，从而可以用于投资。相应地，有利于经济增长的产权需要有以下三个特点：第一个特点是产权是明确的，谁拥有一份资产，如何使用，如何转让，会签怎样的合同，都是明确的。明确的产权可以保证所有者重视产权，激励所有者投资，确保所有者能将它用来抵押。第二个特点是产权必须是私人的，就是说一份资产被单独的实体所拥有，并且有权让别人不能使用它。私有产权给私人所有者提供一个好的激励，让他有效使用资产、投资来保值增值、买卖或租给他人。第三个特点是产权是需要保护的。产权的保护至少包含三个部分：对所有权的保护、对使用权的保护、对转让权的保护。这三个部分对于确保资产能被转让到最优使用者手上、被有效地投资和使用、被用作抵押品是很重要的。

此外，能够促进经济增长的产权应该覆盖面比较大。经济中的所有代理人都有可能得到所有权、使用权和转让权，而不仅仅是一部分人。广泛的产权能确保资产流动到可以最有效地使用、最可能重视这些资产的人手上。所有权、使用权和转让权必须对每一个人都开放，不管他们的人格怎样、团体隶属如何。交易涉及的资产必须在开放和竞争的市场中进行客观地、自愿地交易，而无关个人特征和强制手段。同样的，广泛的产权能更有效地激励投资。如果产权使用范围受限，产权的转让或出租就会被限制在一个小圈子里，这会降低所有者通过有效使用达到保值的激励作用。而且，有限的产权也会限制资产作为抵押品的功能。只针对一部分人的产权制度实际上会损害经济增长。

在讨论产权与英国工业革命的发生时，产生了两种对立的观点（Ogilvieand Carus，2014）。一种观点认为，在欧洲的中世纪或者近代前期缺乏有效的私人财产所有权，保障私人财产的制度安排在1688年光荣革命以后才出现在英格兰，这项制度安排是英国最先爆发工业革命的原因（North and Weingast，1989；Olson，1993；Acemoglu et al.，2005；Acemoglu and Robinson，2012）。相反的观点认为，早在1688年以前英国就拥有了保障私人财产权的制度安排。Clark（2007）列举了12世纪的英格兰私人财产权制度，认为其保障已经比较完备，并且土地市场已经实现了自由化交易。根据世界银行和国际货币基金组织的相关标准，中世纪英格兰的私人产权制度达到当今很多发展中国家的水平。McCloskey（2010：25）也指出，英格兰 11 世纪时就拥有了保障私人财产的所有权制度，18 世纪的英国财产制度并不比 11 世纪时更有保障。并且很多欧洲或欧洲以外的社会在中世纪和近代前期已经实现了保障私人财产权（McCloskey，2010）。这种观点意味着产权（以及广义上的制度）与经济增长没有相关性（Clark，2007：148；McCloskey，2010：318）。

六　市场决定论

（一）市场规模与经济增长的复杂关系

市场规模的扩大作用可以用斯密的分工理论进行解释。斯密认为人类经济增长有赖于劳动分工和专业化所带来的劳动生产率的提高以及市场的深化和扩展，而分工受市场规模大小的限制，市场扩大会加速和深化劳动分工，从而促进经济增长与市场的深化扩展，这种劳动分工和市场扩展的相互促进，就构成了任何社会经济增长的动力，这也被韦森（2006a，2006b）称为斯密动力。"新贸易理论"或者说"新地理经济学"（Crafts and Venables，2001）认为，因为经济活动存在的集聚效应（或者说经济规模报酬的外溢性），微观层面的市场缺陷会激发加总的经济报酬的上升。像工业革命这样的经济增长实际是由规模报酬递减向规模报酬递增转变的过程，市场空间扩大和空间交互活动本身的变化起到关键作用。从这一角度来看，市场扩张本身对经济发展存在累积效应。

按照教科书中的模型，静态的小型开放经济体，在自由贸易下，消费者福利高于自给自足的情况。在标准模型中，消费者从相互贸易中获得了好处。贸易的增加往往与更高的福利和收入相联系。1965~2000 年的数据表明，越开放的国家越富裕（Sachs，1995；Wacziargand Welch，2003）。但是当所有资源已经得到充分运用，或者有巨大的国内市场时，消除国际贸易壁垒得到的好处就不太明显。开放程度通常由关税水平、外汇管制程度及政府对出口的垄断程度来衡量。

很多研究从多样化角度强调国际贸易对福利和经济增长的提升作用。对消费者而言，由于贸易增加了消费者篮子里的品种，从而带来了福利的增加。Feenstra（1994）得到结论，贸易增加使消费者价格指数下降，从而带来实际收入的增长。Romer（1994）认为，从国际一体化中产生的各种中间产品的生产者的收入也可以用同样的方法来衡量。Desmet and Parente（2009）认为贸易带来了更高价格弹性。对外市场（或国内市场的开拓）会导致产量扩大，盈利能力上升，企业更能够承受技术变革带来的固定成本的增长，从而提高技术变革速度。

国际贸易所产生的多样性和包容性对经济增长也是有利的。Jha（2008）研究了中世纪印度的情况后得到结论，在印度的一些城市，参与海外贸易，与19世纪末20世纪初宗教冲突的减少有关。通过将自然港口是否存在作为判断沿海城市是否为贸易港口的工具，Jha（2008）利用倾向得分匹配法提出了中世纪港口选择的内生性。根据他的估计，成为中世纪贸易港口的城镇，其在后来经历印度教－伊斯兰教骚乱的可能性减小。在历史数据的支撑下，Jha（2008）提出，因为伊斯兰教提供了进入中东市场的途径，所以在发展海外贸易的城镇，印度教与伊斯兰教合作机制下的回报更高。因此，促进贸易、印度教与伊斯兰教和平共处的制度出现了。

但是市场并不见得能带来经济增长。1223～1797年，威尼斯的共和制政体中平民和贵族相互制衡，建立了贸易和商业帝国。达尔马提亚Dalmatia（南斯拉夫东部）、克里特岛、塞浦路斯等成为其殖民地和从属国。但是威尼斯的市场扩张并没有催生出工业革命。同样的，西班牙、葡萄牙是最早从事大西洋贸易的国家，这两个国家也拥有众多的殖民地，但是最早开始工业革命、最先出现经济增长的是英国和荷兰。如果说贸易与经济增长存在必然联系的话，为什么西班牙一直到很晚才出现现代经济增长呢？市场扩大与经济增长之间的关系是复杂的。因为很多影响贸易量扩大的因素同时也会对经济增长产生影响。

推动全球贸易扩大的深层次力量也许是工业革命。因为工业革命使得欧洲的产出（刚开始是英国的工业制品）急剧扩大，产出的扩大增加了对世界原材料的需求（Findlay，1990）。Findlay（1990）曾经针对大西洋经济体构建了一般均衡模型，英国工业产出的增加导致其对美洲原材料需求的上升，对原材料需求的上升导致美洲原材料价格的上升，从而改善了美洲的贸易条件。这一模型预测，为了支付增加的进口原材料的成本，英国工业制造品的出口将有一个扩张过程。这种预测与史实相符。
而且，19 世纪欧美国家产出的增长本身就可能导致贸易数量的上升。确
实，英国在制造业上专业化程度的提高意味着英国开放程度的提高，其制
造业（特别是棉纺织业）在国际贸易中的地位越发凸显。从 18 世纪 20 年
代至 1851 年，英国工业制品出口占工业总产出的比例一直保持上升趋势。
Crafts（1985）的相关统计数据表明，1780 年，英国出口占其 GDP 总额
的 9.4%。而到 1851 年，英国出口占其 GDP 的比例上升到 19.6%。

　　工业革命对贸易的促进作用还体现在交通通信成本的下降上。Eaton
and Kortum（2002）在李嘉图的贸易模型中加入地理特征，求解一般均
衡，这一结构方程的参数估计表明：尽管按照比较优势理论参与贸易可
以获得潜在的收益，不过，在现实的贸易交往中，这一潜在收益会被潜
在的地理阻碍所削弱。Jacks，Meissner and Novy（2010）在国际贸易的
一般均衡模型中分析不同商品的双边贸易成本，引力模型的理论结果表
明，贸易成本拉大了不同地区间贸易数量的差异。通常情况下，贸易量
与地理距离有关，随着地理距离的扩大，贸易量通常会锐减。而且，地
理距离与价格收敛变化有关，在距离不同的地区之间，价格的变化程度
不一致。19 世纪商品价格存在显著的收敛趋势，但是地区之间的价格差
别确实会随着距离的远近出现一定程度的变化。因此，工业革命中出现
的交通、通信等技术和产业的革命，降低了贸易成本。

　　贸易成本的下降（交通运输成本以及平均关税水平的下降）是 19 世
纪国际贸易总额急剧扩大的一个重要因素（O'Rourke and Williamson，
1999）。总体而言，1870~1913 年，贸易成本下降了 10%~16%，这一
时期贸易成本的下降可以解释 44% 左右的贸易增长，其他 56% 左右的贸
易增长可以归因于生产率的上升（Jacks，Meissner and Novy，2010）。此
外，关于贸易成本的 1870~2000 年跨国（包括欧洲、美洲、亚洲及大洋
洲的 130 个国家）面板回归的实证结果表明，双边贸易的成本以及产出
的变化对国际贸易的流动具有显著的影响（Jacks，Meissner and Novy，
2011）。具体来说，一战之前贸易的繁荣在很大程度上归因于贸易成本的
下降，而二战之后全球贸易的再次增长主要是由产出的增加所导致的，
两次世界大战期间的贸易破坏则可以归因于贸易成本的上升。还有一些
个案研究也支持这种观点。Donaldson（2010）证明在 19 世纪晚期和 20

世纪早期，印度的铁路建设极大地提高了农业生产力和真实收入。Rosés（2003）表明，在19世纪中期，西班牙贸易成本的降低使得产业更集中，并且会像新贸易理论预测的那样导致收入增高。

不过，这一时期的计量研究结果没有表明贸易条件的改善会对人均收入增长产生积极或者说正向的影响（Blattman，Hwang and Williamson，2003；Williamson，2011），这与新古典理论不符。工业革命期间，英国在海外贸易中的贸易条件实际上恶化了，贸易条件一直到19世纪中期才发生改变。当时，交通成本的下降改善了所有国家的贸易条件，同时也使英国的贸易条件出现明显改善（Findlay and O'Rourke，2007）。

就19世纪60年代的欧洲国家来说，贸易与工业化扩散存在含混不清的关系。贸易的扩大可能是工业革命本身的结果。工业革命意味着生产效率的上升，在交通成本、通信成本等出现下降的前提下，快速增加的工业产出有可能出口到世界其他任何地区。从这一意义上来说，贸易的扩大是经济增长的结果。然而，贸易的扩大也有可能是工业化扩散的必要前提。贸易的扩大促进工业生产的专门化，一方面，贸易的扩大缓解了工业革命过程中面临的资源约束；另一方面，贸易的扩大为工业产出提供了十分广阔的国际市场。

除了工业革命的原因，有的学者把19世纪世界贸易总额的急剧上升归因于各国充分利用各自所具有的资源禀赋（O'Rourke and Williamson，1999）。有的学者则认为19世纪贸易的扩大是李嘉图比较优势理论的实验田（Temin，1997）。还有的学者认为，19世纪世界贸易总额水平的上升不仅源自参与贸易的国家和地区充分发挥各自具有的比较优势，而且与那些异质性企业的经营活动密切相关（Eaton and Kortum，2002；Melitz，2003）。有的学者则认为，19世纪英国贸易的扩大同时还伴随着英国军事实力的强大，为了建立起符合自身利益的贸易体系，仅凭工业产出上的巨大优势地位也许是不够的。

在实证研究中，同样很难确定市场与经济增长之间的因果关系。特别是当市场用贸易量来衡量时，贸易的内生性问题比较难处理。通常的OLS回归结果缺乏解释力，Frankel and Romer（1999）尝试去寻找一些工具变量。有些国家的贸易活动之所以更为频繁，原因可能在于这些国家更为邻近那些人口更多的国家或地区。另外一些国家的贸易活动更少，可能是因为它们所处的地理位置更为偏僻。国家所具有的地理特征并不是人均收入或是政府政策所能改变的，从计量经济学角度来看，一国所具有的地理化特征具有外生性。在引入具有地理化特征的工具变量之后，Frankel and Romer（1999）发现贸易确实对经济增长具有巨大的而且稳健的正向影响，但是这一影响在统计上只具有适中的显著性。贸易量与GDP 的比例每提高 1 个百分点，都会使收入提高 0.5%～2.0%。Irwin and Tervio（2002）关于 20 世纪的面板回归结果在很大程度上与 Frankel and Romer（1999）的研究结果相一致。Irwin and Tervio（2002）针对一战之前、两次世界大战期间、二战之后的跨国数据进行面板回归的结果表明：在控制住贸易与经济增长的内生性问题之后，贸易占 GDP 比例更高的国家通常具有更高的人均收入水平。OLS 的估计结果显示，贸易对人均收入的影响是显著的，但是在回归中去除地理纬度这一解释变量之后，这个结果并不稳健。

近年来利用自然实验的方法，证明了某些经济体在由闭关锁国状态转入自由贸易之后，出现了符合比较优势理论预测的情况，但是，这并不能推导出自由贸易必然导致经济增长。19 世纪中国开放口岸通商证明了国际贸易的有利影响。清政府在《南京条约》（1842 年）后被迫开放了五个通商口岸：广州、上海、福州、宁波、厦门。1896 年，又开放了16 个通商口岸。1896～1911 年又增加了 28 个。Jia（2014）考察了中国1776～2000 年 11 个时期 57 个地区的对外贸易和人口增长情况，控制了地区固定效应和时间固定效应，双重差分模型的估计结果显示：1949 年前和 20 世纪 80 年代改革开放后，通商口岸的人口增长速度更快。1958～1980 年，通商口岸的人口增长速度并不快。

（二）市场扩张影响经济增长的技术路径和制度路径

市场扩张对经济增长有两条影响路径：一是技术，二是制度。

大市场对技术创新者的激励具有补偿效应（Grossman and Helpman，1991a，1991b）。在技术创新过程中，发明家们需要花费一笔不小的费用，创新者们需要承担高额的固定成本。一旦失败，这些投入科技发明的费用将很难收回。一个更大的市场则有助于发明家们获得利润，以补偿创新过程中产生的高额的固定成本。Romer（1994）也认为，从国际一体化中产生的各种中间产品的生产者的收入增加，导致盈利能力的提高。这从内部提高了技术变革的速度。因为更有利可图的企业可以承受技术变革的固定成本。新增长理论的一般观点是，更大、更综合的市场可以更容易地涵盖创新的固定成本。如果创新是知识积累型的，市场扩大同样具有重要意义。

一方面，技术的创新和进步取决于经济体本身对贸易的开放程度。另一方面，即使经济体中存在新科技发明或者技术创新等因素，国际贸易仍然为这一经济体的收入增长提供潜在的机会。与不存在国际贸易的情形相比，国际贸易的存在有助于这一经济体摆脱资源约束，从而使得技术进步能转化为持久的经济增长（Findlay and O'Rourke，2007）。Jones and Romer（2009）解释说，创新的速度伴随的是一体化程度的提高，或者更一般地说，创新的激励提高。同时，经济增长速度对市场规模起到了积极的作用。Romer（1996）认为，19 世纪美国经济的发展是建立在规模经济基础上的，美国的规模也有助于提高全要素生产的比率。创新和市场规模之间存在相互作用。

市场影响经济增长的另一个途径是制度。Acemoglu et al.（2005）通过探讨大西洋贸易与西欧国家长期经济绩效之间的联系，发现贸易不仅直接对西欧国家的经济产生影响，更为重要的是，大西洋贸易还间接地通过诱导制度变迁对长期经济绩效产生影响，这些制度变迁对这些国家后来的经济增长至关重要。他们首先指出 16 世纪后西欧的发展是被那些卷入大西洋三角贸易的城市（和港口城市）经济增长所推动的。贸易所带来的利润将政治权力转移成商业利益并推动了刺激经济增长的制度的发展。他们制定了衡量国家"对行政机构的限制"的指数，说明大西洋贸易促使国家建立了更好的制度。

但大西洋贸易造成了非洲的落后。在非洲，参与大西洋贸易意味着战争、掠夺，大量的黑人被卖到美洲当奴隶。Nunn（2008a）、Nunn and Wantchekon（2011）指出参与奴隶贸易具有长期的不良影响，卷入奴隶贸易的非洲地区现在更穷、国内制度更加糟糕，整个社会信任水平低下。大宗商品专业化生产也导致了美洲长期发展停滞（Bruhn and Gallego，2012）。这都是由坏的制度造成的。

Greif（1993，1994）通过研究国内组织制度的特征，认为国际贸易对一国的长期发展具有重要的作用。他描述了马格里布和热那亚这两个以签订交易合同为起源的远距离贸易组织的发展路径。在马格里布，商人依赖于集体执行策略，即商家集体对有欺诈行为的代理人进行惩罚；而在热那亚，执法是通过个体惩罚策略实现的。这些合约制度促进了贸易环境之外其他机构的发展。热那亚开发出一个正式的法律体系和促进交易的体制，而马格里布仍然依赖团体惩罚这样的非正式集体执法体系。

　　在不同的初始条件和环境特征下贸易会对制度产生不同的影响。Acemoglu et al.（2005）通过实证分析说明了在参与大西洋贸易的国家中，只有那些最初（15 世纪和 16 世纪）是非专制制度的国家，才会产生贸易改进制度的现象。如果君主制太强大，起初它只会垄断贸易，就像在西班牙和葡萄牙那样，这会限制商业阶级获得的利润，从而限制制度的改革。在 1500 年之前，这些国家的初始制度更倾向于限制王权，那么，随着大西洋贸易的发展，通过进一步地限制王室任意征收税收、任意剥夺财产的权力等，强化商人们的政治权力，更容易确立财产保护制度。结果是，贸易通过制度作用于经济增长。两个多世纪之前的伏尔泰就指出，英国在贸易上的成功与其在制度上的自由相互加强并且形成了良性循环："贸易使得英国的居民变得更为富有，从而有助于他们获得更多的自由，而反过来，自由又将促进贸易的繁荣"（Findlay and O'Rourke, 2007：347）。Puga and Trefler（2012）研究了公元 800～1350 年中世纪威尼斯的贸易，认为贸易改变了初始的力量均衡，使新商人推动了更大程度上的政治开放：结束了总督的世袭制、建立了威尼斯议会、采取了合伙制这样的有效合约制度等。这些制度促进了经济的增长。然而，随着时间的推移，财富更多地集中于极少数商人手中，他们限制圈外人进入，阻挠制度进步。因此，国际贸易先是促进经济增长和制度改革，后来又限制了包容性制度的建立和经济增长。

第一篇

东方与西方的差异

第一章 现代意义的国家：宗教、战争、财政和制度差异

一 教会、王权和欧洲现代国家的形成

在地理上，欧洲有一些容易形成国家的特殊地区，如法国的法兰西岛、英格兰的伦敦盆地、苏格兰的洛兰兹低地、西班牙的卡斯蒂亚高原、俄罗斯的莫斯科平原、意大利的皮埃蒙特、德意志的莱茵河到坎尼斯堡等普鲁士国家、瑞典的马拉尔湖区等。但是直到 1400 年，欧洲政治单位的规模不论与同时代的中国相比，还是与后来民族国家形成后的规模相比，都是细碎的。当时欧洲各国的平均领土面积为 9500 平方英里，人口约为 30 万。

中世纪早期西欧政局混乱，基督教会建立了独立的、超越国家的管理体系，这种管理体系因为宗教使命而显得至高无上。莫洛温王朝的建立者克洛维统一了法兰克各部并皈依了罗马天主教，这种联盟制衡了拜占庭对欧洲的权力扩张，同时为王权和教权创造出一种文化模式，即通过传统的宗教权威使世俗王权的权力合法化，而法兰克国家成为教皇对抗其他日耳曼部落、拜占庭、穆斯林和伦巴德人的利器。克洛维还将对天主教的信仰作为发动对异教徒兼并战争的依据，查理大帝把基督教信仰强加给了被征服地区的人民，对不皈依基督教的人处以死刑。查理大帝的法兰克王国囊括了法兰西、巴伐利亚、萨克森以及意大利半岛大部和西班牙东部，还向德意志西北地区和斯拉夫人统治地区扩散。公元800 年，查理大帝帮助被驱逐的教皇利奥三世重返罗马，利奥三世作为回报，让查理大帝加冕成为罗马人的新皇帝，这标志着查理大帝与罗马教廷的联盟达到顶峰，基督教化也成为后来所有欧洲国家构建的基础。

尽管查理大帝后欧洲的中央集权在外族入侵的情况下演变为分权的封建领主（贵族）制度，但是，到 1100 年，维京人和马扎尔人被同化进

了基督教文化统治的西欧，单一并且根深蒂固的基督教信仰仍然是把欧洲凝聚在一起的重要力量，而且罗马天主教会和欧洲各个王室依然遵循着克洛维时代创建的联盟模式：王权禁止领主（贵族）侵占罗马教廷的世俗领地，教会使王权合法化，对挑战王权的贵族予以开除教会的惩罚。体制化的基督教会强化了分散和众多的封建领主政治单位的联系。通过牧师、教区和各级主教，宗教认可和世俗权力紧密结合，领主（贵族）、国王和教会三种权力或互相争斗，或互相联合。

中世纪，内部政治分立、军事冲突不断的欧洲在面对东方威胁时，在宗教神圣的召唤下迅速地统一对外。11 世纪时，与高度发达的伊斯兰世界相比，欧洲就是穷乡僻壤的小地方，伊斯兰世界的地域面积比西欧大两到三倍。伊斯兰世界从西方的安达卢西亚和摩洛哥延伸到北印度平原和今天的印度尼西亚。尼罗河和幼发拉底河的新月带和伊朗高原是伊斯兰世界的双心脏。欧亚大陆的中心是伊斯兰王国。1071 年塞尔柱突厥人在曼兹吉尔特战役中打败了拜占庭后，拜占庭不断受到塞尔柱突厥人的侵扰。拜占庭皇帝科穆宁王朝的阿里克塞一世向罗马教皇求救。教皇乌尔班二世认为这是把东正教会重新纳入罗马天主教会的好机会，而且在世俗层面上还能增强自己的权威。作为欧洲当时唯一的国际性组织，罗马教廷在欧洲各国君王和贵族之间谈判斡旋，将西欧组织起来，发起了反对异教徒的第一次十字军圣战（1096～1099 年）。"与罗马教廷命运息息相关的十字军战争最初的成功和最后的失败，是促发欧洲国家建设的发动机。"（维克多·李·伯克，2006：115）十字军的历次圣战一方面使基督教的国际神权结构进一步集权化，罗马教皇成为西方基督教世界的首脑。另一方面，十字军圣战强化了王权。因为欧洲各国国王渐渐地承担起协调配合实现罗马教皇拟定的军事计划的工作，这项工作不仅强化了王权的合法性，而且强化了国王在战场上对贵族和骑士的控制，贵族和骑士远征在一定程度上削弱了他们在家乡的势力，王权得以相对扩张。

十字军在伊比利亚半岛上的征战促成了西班牙的王权和贵族的联盟。13 世纪，基督徒在伊比利亚半岛取得了军事胜利，伊比利亚的两个基督教国家阿拉贡和卡斯蒂尔已经成为军事强国，西班牙的各个城市贵族承认了西班牙王权而不是伊斯兰领主的领导地位。14 世纪中叶，伊斯兰在伊比利亚半岛的势力只剩下半岛东南端的格拉纳达。1492 年，格拉纳达被攻陷。

十字军在中东的征战没有取得预期的成功。1291 年伊斯兰军队把最后一批欧洲人赶出了基督教圣地。十字军的失败大大削弱了罗马教皇和教会的权威性和合法性，为宗教改革铺平了道路。罗马教皇一直宣称基督徒在与伊斯兰的战争中必将取得光辉的胜利，十字军的失败使教皇的说法受到质疑。罗马教廷的腐败堕落也大大降低了其信誉度。最重要的是在文艺复兴期间，天主教的教义受到挑战。欧洲的宗教改革部分源于以圣礼为基础的罗马天主教与以圣经为基础的路德教派之间的斗争。教义上的论战在某种程度上导致了王权和教会地位的改变。文艺复兴运动对人，特别是作为世俗的人的强调，弱化了教会的作用。天主教认为人类最终的归宿在天国，地上国家或者其他政治单位都是暂时获得了上帝的授权，教会可以行使世俗权力管理地上的一切，即使君主、贵族也应该服从教会和上帝的安排。更强调世俗生活和世俗权力的路德教派的学说则认为国家有监督教会的权力，教职人员可以被看作国家统治的行政工具。各种新教教派的出现为现代国家提供了更多的选择机会，再加上长期以来天主教与伊斯兰教的竞争，所以现代国家的建立实际上也是世俗权力与教会和宗教相互作用的过程。西班牙是现代第一个试图将天主教的地理边界与世俗权力的地理边界合二为一的国家，在这一过程中，民族精神和民族利益超越了宗教成为组建新政治单位的核心力量，伊斯兰教、新教和天主教逐渐沦为现代国家争夺本国利益的工具，宗教信仰和世俗权力在现代国家中实现了分离。

王权对抗教权的斗争从一开始就有。查理大帝通过任命主教和创建新的主教区扩大政治影响，同教皇争权。早在第二次十字军战争时，欧洲各国君主就企图争夺对十字军的控制权。后来，德皇菲特烈二世不相信罗马教皇的精神权威，十字军的第五次战争差点因为他的不配合而失败。罗马教皇开除了德皇的教籍，德皇则未经教皇批准，于 1229 年加冕成为"耶路撒冷国王"。1248 年罗马教皇和意大利北部城市国家联手，在帕尔玛城外击败了企图占领意大利的德皇菲特烈二世，德皇因此失去了对德意志内部的控制，德意志内部政治分裂严重。德皇对罗马教皇的挑战可以说是失败的。

　　15 世纪，阿拉贡的斐迪南和卡斯蒂尔的伊萨贝拉的政治婚姻是西班牙现代民族国家的开端。西班牙王室借助宗教战争、以宗教名义的对外探险以及高超的外交政治技巧，与罗马教廷密切配合，利用宗教法庭，以异教徒的名义清洗政敌。伊萨贝拉成功地解散了由大贵族组成的御前会议。同时，西班牙王权轻松获取了其他欧洲君主艰苦斗争才能获取的教职任免权，侵蚀了教皇的权力。斐迪南的外孙查理继承了西班牙王位，统治着西班牙极其庞大的殖民地，同时还占有波希米亚、德意志、匈牙利、低地地区，以及意大利半岛南部那不勒斯等哈布斯堡家族的领地，史称查理五世。查理五世坚决反对宗教改革，试图使欧洲重新统一于罗马天主教，以对抗奥斯曼土耳其的进攻。在哈布斯堡－瓦洛瓦王朝战争爆发之前，西班牙与罗马教廷的军事战略基本相同。罗马教廷和哈布斯堡王朝联合把新教徒赶出了意大利，发起了著名的反宗教改革运动。但是 16 世纪 40 年代哈布斯堡王朝和瓦洛瓦王朝争夺意大利时，教皇克莱门七世支持法兰西斯一世，结果查理五世洗劫了罗马城，迫使克莱门七世放弃了所有的世俗国家领地。

　　西班牙和哈布斯堡王朝面对着威胁最大的奥斯曼土耳其，不得不与新教妥协。1453 年宣称忠于逊尼派传统的奥斯曼人终结了拜占庭帝国，1477 年奥斯曼人陈兵威尼斯，在 1499～1502 年的战争中，威尼斯丢失了很多贸易据点。要不是因为逊尼派和什叶派的冲突，奥斯曼人在亚洲、欧亚大陆和欧洲的扩张能力可能更强。16 世纪，什叶派的萨菲王朝始终威胁着奥斯曼帝国。1520 年即位的苏里曼大帝认定哈布斯堡王朝是他在欧洲的主要敌人，开始与威尼斯和法国建立友好盟邦关系，向查理五世的敌人瓦洛瓦王朝的法兰西斯一世赠予特许贸易权，向哈布斯堡王朝控制下的低地国家和路德派王公贵族提供大量的军事援助。奥斯曼的巨大威胁迫使查理五世与路德派达成了妥协。1532 年 5 月，曾经试图以武力镇压宗教改革的查理五世签订了《纽伦堡条约》，保证不经过专门委员会的调查，不判处任何宗教行为或信仰有罪。查理五世据此组织了由天主教徒和新教徒组成的欧洲有史以来规模最大的军队。

　　查理五世的儿子和继承人菲利二世与查理五世一样，梦想创建一个天主教帝国。1571 年菲利二世与威尼斯和罗马教皇的军队组成了神圣同盟，在勒班多战役中以少胜多击败了奥斯曼的舰队，签订了《布达和约》，成功遏制了土耳其人在地中海的扩张。但是建立一个包括英格兰在内的天主教帝国的做法失败了。1580 年英国与奥斯曼帝国建立了合作关系以阻止哈布斯堡王朝在欧洲的扩张。17 世纪对于英国来说，奥斯曼的贸易地位与印度同样重要。菲利二世认为英国应该恢复玛丽一世统治时期的天主教，但是伊丽莎白一世支持新教，菲利二世派遣西班牙无敌舰队去解救英格兰人民。1588 年西班牙无敌舰队惨败，很多天主教徒因此离开英格兰。

欧洲其他国家王权与罗马教廷的关系并不融洽。法国王权在扩大的过程中与罗马教廷的关系一直很紧张。16 世纪，法国瓦洛瓦王朝建立了强大的君主制国家，法兰西斯一世和亨利二世通过夺取教会教职的任命权，限制了罗马教廷的权力。即使红衣大主教黎塞留任路易十三的首相时，对天主教会也是时而支持时而反对，一切的变化都是出于法国利益的考虑，他的目标是法国王权的扩大。英国的宗教改革则是由亨利八世的婚姻引起的。当罗马教皇拒绝了亨利八世的离婚请求后，亨利八世与罗马教廷决裂，宣称自己是国家和英国教会的领袖，没收了罗马天主教会和信奉天主教贵族的地产。虽然，"血腥玛丽"使天主教有短暂的复辟，但是伊丽莎白签署的《一致法令》规定新教为英国国教。伊丽莎白一世明确了王权是世俗和宗教事务的唯一仲裁者，剥夺了罗马天主教在国家事务中的权威地位。西属尼德兰的贵族因为新教支持他们反抗西班牙征税，转而信奉了卡尔文教。1567 ~ 1568 年，菲利二世对卡尔文教的镇压激起了荷兰人对西班牙人和天主教的敌视。1571 年增设的销售税终于使尼德兰爆发了解放运动，在民族主义领袖奥伦治威廉的领导下，17个省联合在一起（后来只剩下东北各省）建立了新国家，新国家允许宗教自由。意大利则因为与教皇联合导致罗马教皇实力增强，以及由贵族精英掌握的各个城市之间的混战，阻碍了统一的政治单位在意大利的形成。

二　国王、贵族和议会

查理大帝后，维京人、伊斯兰和马扎尔人等外部势力的入侵破坏了中央集权的权力结构。当时在法兰西、英格兰、中王国和德意志的中央集权都无法组织力量有效抵御入侵，而能够组织反击和进行有效防卫的是地方贵族。法兰克人不得不把封臣制度作为一种防御性的机制。国王，或者上一级领主通过给封臣封地，换取获得封地的领主在国王或者上级领主的军队中服役，为国王或者上级领主而战。在典型的封建领主制社会中，直接从国王处得到土地的领主被称为"主要承租人"（Tenants in Capite），获得主要承租人转授土地的被称为"中间承租人"，获得中间承租人转授土地的被称为"次承租人"。大大小小领主所构成的地方分权化的社会结构遍布德国、法国和英国，厚重城墙护卫的城堡成为地方分权政治组织形式的象征，庄园成为最基本的政治单位，封建领主制成为欧洲普遍的政治组织形式。贵族在自己的领地内建立了完整的经济（向农奴征收租税和劳役）、司法（庄园法庭）和军事（骑士）体系。拥有一个或者多个庄园的领主将现代意义的国家领土分割成不同的领地，再加上拥有自治权的城市，国王的权力被分解得支离破碎。

国王一般通过出卖权力获取资金，比如授予封地、出卖贵族头衔、出卖商品或者某个地区的贸易垄断权等。国王也会通过没收贵族或者商人（特别是犹太人）的财产和任意征税来获取更多的财政收入。贵族则通过选举国王、是否为国王服兵役和筹集资金来约束王权。在中世纪初期，血统决定了是不是贵族，骑士通常是领主的长子，土地贵族的一项重要职责是对子弟进行骑士的训练，训练从 10 岁左右开始，20 岁左右正式授予骑士。到中世纪晚期，各个王朝会因为地产、财富或者军功授予贵族头衔，一些雇佣兵被加封为骑士从而成为贵族。对抗国王是否成功取决于贵族实力、是否有外敌入侵和其他因素。

起初国王的大宗收入来源于皇家领地。1202～1203 年，法兰西卡佩王朝的领地收入"包括皇室森林、农庄、耕地的收益，司法、市场的利润，牧师的特别税等。另外，国王还得到一定数目的、与突发战争直接相关的特别费用——其下属和非贵族人士为找人代服兵役而缴纳的费用，领地上征收的人头税，领地上城镇、教堂和犹太的高利贷商人缴纳的特别税——总计大约 63000 里帕"（爱德华·米勒，2002：256）。16 世纪，粮食价格上涨，皇家领地收入的重要性增强。16 世纪尼德兰和波兰皇家领地的收入（还包括出租皇家领地的收入）在财政收入中占很大的份额。同样的，贵族的收入也来自其领地。在国王急需用钱时，皇家领地的管事需要将收入提前支付给国王，有时还为国王提供无息垫资，管事成为国王的银行家。查理五世经常从尼德兰领地获得无息垫资。

提高农业生产率是国王和领主提高收入的可能方法之一，但是欧洲农业剩余增加的时期晚于国家形成时期，农业剩余在中世纪一直停滞不前。到15世纪时世界人口中80%～90%的人是农民，直到19世纪末期农业依旧是全球经济的绝对支柱。除了英国和荷兰在16世纪实现了农业革命外，欧洲很多国家到1820年时粮食作物收获量和种子之比基本没有改变。1600年左右，大多数欧洲国家要预留25%～33%的粮食产量作为来年的种子。再扣除农民、贵族、家畜的消费后，剩余的农产品能够供养的人口就非常有限了。1500年依赖于周边农村提供粮食作物的城市人口为400～1000人，整个欧洲拥有1万人以上的城市不到100个（赫尔曼·M·施瓦茨，2008：61－63）。16世纪荷兰和英国才发生了农业革命，改良型耕种和轮作提高了亩产量，生产了更多的奶制品和肉类。这些新技术大概在1820年左右扩散到了波兰和匈牙利。

扩大领地面积成为增加收入可行和直接的办法。战争、国家权力的联合、联姻、阴谋等是扩张领地的手段。13世纪，勃艮第公爵通过购买、交换、接受转归领主土地等方式逐步扩大自己的领地，并简化和合理化了农村地区所缴纳的地租。十字军东征时，国王趁着大贵族参加圣战的时机，悄悄扩张领土。同期法国皇室显著地扩大了自己的领地，获得了诺曼底、朗格多克、普瓦蒂埃的阿方斯和香巴尼省伯爵的领地。圣路易及其继任者又通过购买、没收、转归和交换等方式进一步扩大领地，并改善管理。1238～1260年，"鲁昂地区征收的地租从15000里帕增加到了18000里帕"（爱德华·米勒，2002：257）。当国王财政状况紧张时，可以转让皇家领地获取资金。尼德兰革命期间，菲利普二世卖掉了他的大片领地；1627～1628年，斯图亚特王朝为偿付公债将大片王室领地卖给了伦敦公司。13世纪后，大多数欧洲国家来自皇家领地及其相关权利的收入不断萎缩，中世纪末期只占到了财政总收入的一小部分，尼德兰皇家领地的收入也在16世纪后出现大幅下滑。

贸易和市场规模的扩大提供了更多的收入来源，而且这些收入来源是超越庄园边界，更适合在更大的地理范围内收取。对收入、财产或者商品征收的税收也是君主收入来源的一部分。16世纪，尼德兰对动产和不动产征收 1% 的税；17 世纪后半期，尼德兰南部对动产征收 5% 的税。法国还征收继承税。16～17 世纪，欧洲大陆的酒税或者盐税等消费税增长迅速。这些税收有的是直接征收，有的通过包税人或者金融家征收。欧洲很多国家实行包税制，包税人负责在指定区域内收税并且占有固定税额的税款。通常，包税人将税负转嫁给农民和进行海外贸易的商人。中世纪，由于人口自然增长，出现了边疆运动，地方贸易也因为荒地的拓垦而日渐繁荣。11 世纪以后，商品交换活动受到拓殖运动的大力推动，长达数百年的拓殖运动创造了大量"非封建地产"，地区分工也扩大起来。人口增长还使市场扩大，促进了手工业及服务业的建立。例如，织布业繁荣的佛兰德用布匹换取谷物、食品、酒以及东方的奢侈品。中古时期，国内贸易和国际贸易大幅增长，在 13 世纪达到最高峰。兴起的贸易超越了庄园的界限。通行税和关税成为国王财政的重要来源。通行税采取包税制的办法委托包税人代收。16 世纪，安特卫普承包了布拉班特水道通行税，1604 年，英国斯图亚特王朝的包税人还组成了"大关税承包团"。关税则随着贸易的兴盛、宗教战争和重商主义的流行成为王室一项重要的收入来源。

　　战争是国王支出最大的一项，同时也是国王增加收入的有效手段。获取领地、抵抗其他国王的竞争、在更大范围内收税通常都依赖于战争。战争的融资取决于国王的财政能力。16 世纪，哈布斯堡王朝的战争都依靠银行家的融资，查理五世用国家的财政收入作担保进行贷款。16 世纪最富有的银行家是奥格斯堡的富格尔家族。与意大利富有的银行家族一样，都热衷于向欧洲王室贷款，为战争融资。西班牙王室用从新大陆攫取的黄金和白银还款。富商为王室提供战争贷款，风险和收益同样巨大。查理五世最初用金矿开采权换取了富格尔家族的战争贷款，但是后来他的违约直接造成富格尔家族破产。16 世纪，意大利著名银行家族的凯瑟琳·德·美第奇实际统治法国 20 多年。法国 1562 年支付的贷款利息是当年预算的 1/4。1557 年宣布破产。西班牙 1575 年、1576 年、1607 年、1627 年和 1647 年都不得不拖延支付利息、降低利率、提高金价。18 世纪时，每年国内税收筹集到的资金只约占英国总收入的 10%，在法国则只约占 5%，欧洲各国统治者被迫向外国借贷。英国等国从外国银行获得资金相对比较容易，另一些国家则不成功。国王还将皇家领地作为抵押品发行终身年金和世袭年金，以获得民众贷款。国王通常还用土地抵押，寻求贷款，贷方通常是教会。13 世纪，政府贷款次数明显增多，君主以税收或者关税做抵押，贷方则是意大利人（通常是弗莱芒人）和宗教组织。国家本身的可靠性，即履行财政义务的信誉，是其财政能力的决定性因素，并最终决定了其在军事上的成败（约瑟夫·格里科、约翰·伊肯伯里，2008：96）。

国王的财政能力也决定了贵族的资金和军事支持在战争中作用的大小。国王通过封地来换取贵族服兵役。国王分封给封臣的封建地产按照所尽义务不同分为五种类型：一是服军役的地产（Knight's Service），向国王或领主提供士兵，通常士兵每年服役 40 天；二是不服军役只交租的地产（Socage），向国王或领主提供劳役、货币、产品和出席领主法庭；三是提供军事武器和运输工具的地产（Serjeanty）；四是神职人员地产，提供宗教服务；五是提供租金和劳役的地产，这是数量最多的将农奴固定在土地上进行生产的地产。封臣每年为国王或者上一级领主服 40 天军役，在这种情况下，不可能出现大规模和经常性战争。

另一方面，贸易和市场规模的扩大为骑士役的货币化、国王用货币购买军队、不再依赖贵族提供了可能性。随着市场经济的发展，13 世纪军役可以由货币支付。"以服军役为条件的承租人往往用一笔钱（常常是 2 马克，在英国为 1 镑）来代替每人应服的兵役。这笔钱相当于一个骑士一年服役 40 天，每天 6 便士的报酬。一个骑士代偿的价格逐渐按这一比率固定下来"（道格拉斯·诺斯、罗伯特·托马斯，2009：60～61）。服军役的地产与不服军役只交租的地产一样了。国王可以根据财政能力雇用常备或者临时的军队，雇用军队的现象越来越多。

14 世纪和 15 世纪武器和战术发生了变革。在 1302 年的库尔德累战役中，法国贵族的重甲骑士败给了弗莱芒雇用的长矛方阵。百年战争中英国的大弓箭和经过训练的长毛方阵都重创了法国的重甲骑兵，法国不得不改变战术，采用游击骚扰、在大炮周围修建壕沟等方法最终挫败了英国人。1453 年土耳其用火药成功突破了君士坦丁堡的城墙，15 世纪末火炮和手枪等改变了战争对骑士的依赖。从 15 世纪到 18 世纪，欧洲国家统治者大多通过契约关系雇用士兵，热那亚的大弩手、英国的弓箭手、瑞士和德国的长毛手替代了骑士，成为雇佣军中的主力。和平时期，雇佣军为了生计四处抢掠，给国王的统治造成了不小的麻烦。为了更好地控制雇佣军和以备不时之需，1445 年法国查理七世发布了贡巴涅敕令，建立了 1.2 万人的常备军，配备了大炮，每人自备武器，月薪为 10 土尔内里弗尔，其随从为 4 土尔内里弗尔或 5 土尔内里弗尔（道格拉斯·诺斯、罗伯特·托马斯，2009：120）。16 世纪西班牙的军队从 2 万人扩到 10 万人，1520～1600 年，西班牙预算增加了 80%，其中军事支出占到总支出的 80%（约瑟夫·格里科、约翰·伊肯伯里，2008：27～28）。

13 世纪中期，欧洲君主战时的支出已经超过了正常收入。14 世纪后期，频繁的战争和维持雇佣军，都导致国家支出增多，开支超过了收入。财政收支问题和军费筹措成为国王和贵族、农民、商人斗争的焦点。13～14 世纪时，国王和贵族建立了互相扶持又互相制衡的制度——议会。议会可以限制国王任意征税或没收贵族地产，议会也是各国国王召集贵族进行征税的一种制度。当发生财政危机时，尤其是战争需要筹款时，欧洲的君主就召开议会，西班牙和葡萄牙召开的大多数议会都是这一目的。议会明确了"土地贵族作为一种法律和立法的实体……不是单单凭借强大武力就可以制服的力量"（维克多·李·伯克，2006：150）。议会逐渐将贵族转变成一种国家性的政治力量，在解决财政问题的过程中，与国王的力量对比、偶然事件的历史进程决定了各个国家议会的权力大小。随着雇佣军的发展，战争越来越不依靠骑士的作战技巧和武器装备了，但是征税问题左右了国王和贵族的关系。每个国家的国王和贵族力量对比不同、斗争方式不同，形成了不同的解决机制，也造就了每个国家不同的政治特征。

西班牙王室的三大收入来源是：羊主团（牧羊人同业行会）缴纳的税金、王室领地（特别是低地国家）的贡赋和新大陆的财富。加泰罗尼亚是西班牙经济发展比较快的地区。13 世纪免除了贵族的土地税，羊主团的岁入是王室财政收入的主要来源和增长最快的部分。1723 年阿方索十世将各个地方的羊主团合并成一个行会，称为卡斯蒂尔荣誉羊主团大会。国王对牲畜征税，牧羊主以此为交换获得了对所有羊群的管理权。西班牙加泰罗尼亚议会和英国议会相似，具有一定的财政自主权，限制了王权。1516 年查理五世继位后是其兴盛时期，西班牙帝国在欧洲称霸。这时羊主团缴纳税金的重要性下降，只占到帝国收入的 10%，低地国家缴纳的税负和来自西印度群岛的收入是羊主团税金和销售税的 10 倍。西班牙充沛的外来收入使西班牙王室不会为了让贵族交税而削减自己的权力，由此建立了一个相对"专制"的中央集权，贵族在抵抗伊斯兰世界在欧洲的扩张、建立美洲和西印度群岛的霸权时都臣服于国王。另外，西班牙也没有注重国内税源的培养和税收体系的建立，再加上西班牙现代国家本身就始于卡斯蒂尔和阿拉贡的联合，没有形成一个统一的国家权力中心。卡斯蒂尔有一个现代的、官僚化的税收机构，而阿拉贡、加泰罗尼亚和巴伦西亚并不隶属于这一体系，而且卡斯蒂尔不能向这些地区派遣军队。西班牙在斐迪南和伊萨贝拉的统治下，国家的财政收入由 1470 年的 80 万马洛维蒂斯增加到 1504 年的 2200 万马洛维蒂斯。1480 年后，卡斯蒂尔的议会只召开过一次，西班牙"专制"的君主制形成了（道格拉斯·诺斯、罗伯特·托马斯，2009：126）。

　　低地国家的独立运动和北方七省获得独立都严重影响了西班牙王室的收入。1556 年查理五世退位后，西班牙和奥地利哈布斯堡王朝分离，进一步加重了西班牙的财政压力。西班牙王室增加通行费、任意没收贵族财产、强制贷款、强行对一些产品征收销售税等应急行为并没有能阻止 1557 年的破产。后来，西班牙不得不调整对葡萄牙和加泰罗尼亚的税收政策（这些地区原先免税）。征税水平高，向贵族征税过多，则容易激起贵族反叛，向领地的管家筹款则受限于土地收入不断下滑。17 世纪 30 年代起新大陆金银流入中断，西班牙重新陷入政治分裂的困境。

　　法国缺乏像西班牙那样的国外收入来源，也没有成功地对贸易征税，农民和商人是国家最重要的税收基础。法国国王用对贵族的税收豁免权换取了征税权。1370 年查理五世开征的人头税只针对平民，贵族和教士免于征税。贵族和教士可以从所在地的税款中截留一部分，也会向国王索要津贴，贵族不通过三级会议争取权利。查理七世的地位随着百年战争的节节胜利不断提升，获得了征收固定货币税的权利，同时使贵族臣服。1430 年不经三级议会同意就可以征收的税收有食盐专卖税和销售税。1439 年三级议会为了资助查理七世进行反英战争和平定内乱，召开了最后一次议会，批准了人头税以供养国王的军队，国王免除贵族阶层缴税的义务，这标志着国王控制了征税权。到路易十一统治终结时，三级会议丧失了征税权，在政治上不具备约束力。16～17 世纪，法国形成了强大的君主制度，压制了议会的权力，建立了中央集权的税收制度。所以，这个时期的法国被称为"专制主义"时期。

查理五世在 1370 年成功地向平民征收了人头税，后来开征了销售税和食盐专卖税。这三种税收在查理七世统治中期成为固定税收，并超出了传统岁入的 33 倍，人头税从 14 世纪中叶的 120 万土尔内里弗尔增长到 1481 年的 460 万土尔内里弗尔，再到 17 世纪初的 1100 万土尔内里弗尔（道格拉斯·诺斯、罗伯特·托马斯，2009：121，175），作为一种直接税成为了法国财政的重要组成部分。16 世纪宗教改革、与哈布斯堡王朝的战争使法国陷入长期内战，再加上百年战争、三十年战争等，平民税从 1515 年约占农业总产值的 6.5% 上涨到 1607 年的 8.0%，1641 年上涨到 14.6%，1675 年更高达 19%。路易十一统治期间税收增长了 4 倍。三十年战争使军队从 1.5 万人扩充到 10 万人，路易十四时军队扩充到了 40 万人。1610～1640 年，税费增加了 250%（赫尔曼·M·施瓦茨，2008：29－30）。法国 6 个大的港口城市和许多农业区发生叛乱，从 1625 年到 1675 年，农民的斗争都没有停止过。

为了获取税收，国王不得不卖官。17 世纪 40 年代，卖官所得的收入已经占到王室收入的 35%。获得官职的人可以免交人头税、销售税和盐税。法国王室卖官筹资不仅挤占了从事生产活动的资金，而且无法建成有效的官僚体系。施瓦茨甚至认为，因为卖官，法国只有发展纯粹由国家经营的商业模式以替代缺乏活力的民间经济，说明"法国在较早时期未能与本国商业群体达成妥协"（赫尔曼·M·施瓦茨，2008：30）。

在被诺曼底征服之前，英国的土地贵族因为能有效抵御维京人而独立性很强。1066 年，法国诺曼底公爵威廉打败了盎格鲁－撒克逊的骑士，动摇了英国土地贵族的地位。威廉占有了英国 20% 左右的土地，当地贵族为了保有地产必须向王室提供兵役。威廉还将他的旧臣任命为地方郡守，郡守又任命下级官员，建立了控制英国的官僚体系。这一官僚体系的征税能力强于以往分权的体系。亨利一世（1100～1135）和亨利二世（1154～1189）进一步完善了税收体制。

过去大贵族的权力及收入来源于庄园法庭制度，大贵族利用其把持的庄园法庭合法地收取各种税费及惩罚封臣。亨利二世创建了皇家上诉法庭。对庄园法庭裁决不服的当事人可以向皇家上诉法庭提出上诉，皇家上诉法庭有权否决庄园法庭的裁决，并向败诉一方收取罚金。这一制度削弱了庄园法庭的统治效力。亨利二世时期，英国皇家上诉法庭扩大了对自由持有农的裁判权。过去英国世袭自由持有农的土地和自由持有农本身的裁判权归属并不明确，国王和领主享有同样的权力。13 世纪，王室法庭明确了对自由持有农的裁判权。1217 年大宪章规定自由人持有的土地必须保障缴纳劳役税，这意味着自由持有农不能转让或出售自有土地的大部分。13 世纪，皇家法庭颁布了一系列法令，逐步允许不经领主的同意，自由持有农可以用置换的方式（买主代替卖主履行义务）转让土地。领主失去了对自由持有农土地财产的控制。1300 年，英国自由持有农受到皇家法庭的保护，但是农奴依然受制于庄园法庭。

约翰王时期（1199~1216），贵族借由诺曼底失利和农奴反对沉重税负的机会压制了约翰王的势力，通过了 1215 年《大宪章》。《大宪章》保障了贵族反抗王权的权利，规定国王不能没收贵族的地产、确认国王雇用雇佣军是违法的、贵族有权不支付战争费用、限制王权对教会的控制权、国王未经由大贵族领主组成的"大会议"批准不得随意征税。爱德华一世（1272~1307）再次振兴了王权，并与贵族达成了妥协。贵族重新为国王服军役，并供养王室军队。在兵力不足时，爱德华一世还可以招募雇佣兵。同时贵族有权监督政府管理机构中的税吏武装，而且爱德华一世通过召开首届英国全国代表大会，给予了贵族在国家事务方面更多的权限。

14~15 世纪，英国贵族势力在百年战争和红白玫瑰战争中受损，但是议会依然起到了限制王权的作用。都铎王朝（1485~1603）是英国王权达到权力顶峰的时期，但仍有一半的贵族和 4/5 的教士反对亨利八世没收教会土地的宗教改革措施（道格拉斯·诺斯、罗伯特·托马斯，2009：210）。亨利八世不得不小心翼翼地培育了由新贵族组成的下议院，试图制衡上议院的贵族势力。控制议会而不是取代议会，是英国王室和其他国家王室的不同所在。1628 年斯图亚特王朝查理一世承诺未经议会批准不予征税。1639~1641 年，苏格兰和爱尔兰发生叛乱，查理一世召开议会要求征税，遭到议会拒绝。查理一世违背承诺强行征税，议会转而资助叛军。内战后王权进一步受到限制，1688 年光荣革命后，贵族和资产阶级结盟通过议会有效地限制了英国王权的扩张，威廉三世接受了由议会控制开支的《权利法案》。

16 世纪后英国的新贵族不是传统意义上的贵族，与法国和西班牙贵族相比更加商业化。15 世纪末，英国西南部、中部和东部农村中的大贵族往往把土地全部出租，收取固定货币地租。16 世纪的价格革命中，农产品价格上涨最快，而实际工资下降，支付固定货币地租的租地农场主，靠赚取地主和雇用工人的利益而致富。到 16 世纪末，英国出现了租种 200 英亩、300 英亩、500 英亩或更多土地的大农场主。1640 年，英国发生经济危机，随后爆发革命，战争使赋税大幅度增加。1680～1720 年，农产品价格发生剧烈波动之后下跌。越来越多的土地所有者迫于竞争将大片土地长期租给大农场主经营，大租佃制经营在英国农村中已经居于统治地位。大租佃制经营引起了贵族的进一步分化，产生了资产阶级化的新贵族，其力量日益壮大，到英国资产阶级革命前夕，已成为英国土地所有者的主体。这包括一部分有爵位的贵族和没有爵位的乡绅，即一般的领主，以及来自商人、手工工场主和自耕农的租地农场主。新贵族成为英国资产阶级革命中的领导者之一。

英国贵族还因为离市场的远近发生了分化，沿海或临江 15 英里范围内的贵族（能够利用水运参与市场）同 15 英里以外的内陆贵族（更依赖于传统的庄园封闭经济）处于对立状态（赫尔曼·M·施瓦茨，2008：33）。1640 年，许多地主为伦敦市场生产产品。还有一些贵族和国王因商业利益结盟从国家海外扩张中获益。英国富有的纺织品制造商、银行家、贸易商、奴隶贩子利用财富游说议会，或者以提供贷款给王室和贵族以及馈赠礼物甚至行贿，换取政治利益和政治地位。英国银行家和大商人等资产阶级与贵族的界限越来越模糊，而同期法国、普鲁士和奥地利等中央集权国家的人们更愿意成为只有贵族才能担任的官僚，而不是富有的资产阶级。

英国贵族操纵的议会与国王的斗争焦点是征税权，而法国和西班牙贵族与国王的斗争焦点是税负的豁免权。英国与欧洲大陆国家的不同之处还在于，贵族和国王的冲突一直在议会制的框架下解决，贵族对国王的猛烈攻击是在议会中进行的，贵族和国王通过议会对怎样资助和由谁资助战争达成了妥协。在英国和低地国家，议会规定税金，国王通过出卖特权获取更多收入。

英国是成功的对贸易征税的国家。1202 年，英国国王约翰成功征收了贸易税，1275 年对羊毛、羊皮、皮革征收出口关税，1203 年和 1207 年对动产成功征税，这几项税额达到了 57000 英镑，而 1204～1205 年度约翰的总收入为 20000 英镑（爱德华·米勒，2002：256-257）。13 世纪英国对进口的酒、一般商品和羊毛织品的征税都增加了财政收入，特别是随着羊毛贸易繁荣增加的羊毛税成为最重要的增收来源。14 世纪，英国建立了全面的关税体系。到 15 世纪下半叶，羊毛税一年的关税收入达到 3 万英镑。从 1500 年到 1700 年，海外贸易和国家收入都翻了 1 倍（赫尔曼·M·施瓦茨，2008：31）。

英国的地理位置与西班牙和法国不同，英国周围并没有什么强权国家势力。与英格兰临近的苏格兰和威尔士实力很弱，因而维持英格兰军队的花费不高。多次战争经费都是临时筹集而来的。例如，都铎王朝的亨利八世入侵法国的资金来源于没收的教会土地，伊丽莎白一世统治时期（1558～1603）英国的军队没有超过 1 万人。同时，英国利用海盗抢劫的西属美洲白银建立了海军。相比西班牙、法国，英国的军事支出比较小，由此英国国王能够抵挡得住贵族阶层免税或者大规模卖官的诱惑（赫尔曼·M·施瓦茨，2008：32）。

强势的议会是不是经济成功的制度基础？North and Weingast（1989）、Acemoglu and Robinson（2005，2012）都给出了肯定的答案。North and Weingast（1989）认为，1688 年的光荣革命因为强化了英国议会的力量而有利于经济增长，原因在于：首先，议会比君主制政府有更多样化的视野，议会中更多样化的特殊利益群体会确保国家制定有利于各自的政策，从而有助于多层次的经济增长（Ekelund and Tollison，1981：149）。包含多个利益集团的议会比独裁的君主更具有政治包容性，而政治包容性是经济增长的基础（Acemoglu and Robinson，2012）。其次，代表财富持有者的强势国会能有效地执行代表他们利益的政策。"财富所有者"很多时候是指 18 世纪时英国社会中的大地主、商人、实业家和国家债权人。这些财富持有者通过更强大的国会控制行政机关，制定了保护产权的制度，这使英国超越法国等欧洲国家，首先爆发了工业革命（North and Weingast，1989）。

同时，中央政府重建税收立法权和监督权对经济增长的意义不容低估。研究制度和国家集权的学者发现，中央政府有必要采用暴力垄断，使得疆域内其他组织团体服从其制定的规则和法律，建立税收体系，保证为中央政府而不是地方政府提供军队、司法等公共服务。相关结论认为，某种程度的政治集权是实现经济增长的先决条件（Acemoglu and Robinson，2012；Epstein，2000）。否则，资源将消耗在地方之间、地方和中央之间的纷争上，削弱经济发展的动力和能力。在前工业经济时期，国民生产总值与财政预算之比通常在 10～20，也就是说预算占国民生产总值的 5%～10%。16 世纪威尼斯的税负比大多数国家高，突破了 10%，达到 14%～16%。从 18 世纪起预算开始增加。1715～1800 年，法国预算与国民生产总值之比大多不低于 10%，1715 年为 11%、1735 年为 17%、1770 年为 9%、1775 年为 10%、1803 年为 10%。英国的税负比法国高，1715 年为 17%、1750 年为 18%、1800 年拿破仑战争期间达到 24%、1850 年降为 10%（费尔南·布罗代尔，2002：350）。从大趋势来看，国家预算在国民生产总值中的比例越大，国家财政能力越强，经济增长的可能性也越大。

三　庄园、城邦国家和领土国家的竞争

庄园和城市是 1300 年时欧洲最普遍的两种政治单位。贵族拥有庄园，城市对更高的权威只有很弱的从属关系。将要出现的国家，面临着取代庄园和城市的斗争。

（一）政治单位扩大

美国历史学家约瑟夫·斯特雷耶（2011：6）认为，欧洲人所缔造的现代国家被证明比其他的政治组织形式更为成功。而 1100 年之后形成的欧洲国家结合了帝国和城邦的力量。"它们足够大并足够有力量，以获得生存的巨大机会。而且它们成功地使很大一部分居民参与到或至少是关注政治活动过程，并成功地在地方团体里建立了共同身份的理念。"这样，斯特雷耶从现代国家比其他政治组织形式更能满足社会公共需要的视角来解释国家的起源，其理论视角主要是功能主义的。在 1100 年左右，英国和法国的国王仍然是相当弱小的统治者。面对着内部和外部的

和平扰乱者，两个国家的统治者努力建立提高内部安全的法律制度以及可以为抵抗外部侵略者袭击提供必要资金的财政制度。随着皇家法庭和财政部的建立，英国和法国在 12~13 世纪已经出现了构成现代国家的基本元素。尽管 14~15 世纪的瘟疫与战争阻碍了国家建设的进程，1450 年以后随着压力的缓解，西欧各国的君主把时间、金钱和精力投入到现代国家建设中。"到 1700 年，西欧国家已经发展形成了它自己独特的政治模式，这种模式决定了今天普遍实行的国家结构。"这样，欧洲出现了第一批现代国家。

交通条件是阻碍政治单位扩大的原因之一。通常情况下，粮食通过陆路运输的半径是 20 英里，所以内陆上一个有效的政治单位实际是以方圆 20 英里左右为界限的。即使通过人的迁移而不是粮食的流动，政治单位的活动半径也非常有限。贵族和骑士骑马出行，一天能走的里程也只有 50 英里左右。从某种意义上来说，"直到运河和铁路的时代来临，也的确是在完全进入那个时代之后，才有'国家经济'这种事物存在"（赫尔曼·M·施瓦茨，2008：8）。水路和贸易扩张更直接和更迅猛地推动了更大政治单位的建立。赫尔曼·M·施瓦茨认为，几乎所有居民数量突破 1000 人大关的城镇都是因为便利的水运条件为他们提供了本地经济之外的部分食品供应。利用水路运送粮食或者发展贸易都能够在更大的地理范围和行政规模上构建政治单位，这种利用水路获得海外谷物、鱼类和其他非食品类产品来支持更大规模政治单位的路径被称为"沃勒斯坦式路径"。城邦国家一般都坐落在海边和河边等水运比较发达的地区。

以诺斯为首的新经济史学派特别强调了贸易规模扩大（市场扩大）对打破分权的封建领主制、建立统一国家所起的重要作用。市场秩序的建立和维护、生命财产的安全保障是贸易顺利进行的重要保障，这种保障一般由政治单位提供，因此而支出的费用是贸易成本的重要组成部分。由于贸易规模不断扩大，贸易范围超过了传统社会中基本的政治经济组织——庄园的管辖范围。贸易的发展要求政治单位在更大的地区规定、保护和实施所有权。由此，传统的政治单位面临着抉择：或者将它们各自分割的特权扩大到相邻的庄园，和其他庄园联合行使这一权力，打破封闭的庄园对市场的分割；或者放弃它们传统的政治特权，拱手让给其他竞争者。无论哪一种选择，都意味着不断发展的贸易使市场联合成一个整体，分割的特权越来越需要改进，市场希望成立区域性和全国性的政治单位，实现规模优化。随着贸易的增加和扩大，固定区域的城堡不可能为贸易路线上的商人提供足够的保护。提供保护的组织逐渐从单个庄园向地区法院、较大地区领主和国王转移。

资本和商人的流动性也鼓励更大的政治单位。商品和资本在不同国家领土之间流动。道格拉斯·诺斯和罗伯特·托马斯在《西方世界的兴起》中强调成功的国家将为流动的资本和商品创造一个安全稳定的政治环境，并对自身在经济活动中的强制和专横角色做出限制，有效产权的建立能吸引商品和资本聚集在一定的区域范围内，使资本家和企业通过促进经济增长的活动和革新获得了大量利润，这是成功国家的保障。正在形成的国家向来去自由的资本家提供必要保护、财产权利和规则，以换取资本家承诺将生产活动放在该国疆界范围内进行。蒂利将这种国家行为比作向有组织犯罪收取保护费（约瑟夫·格里科、约翰·伊肯伯里，2008：94）。"贸易的潜在收益越来越大地鼓励了在较大范围内健全秩序。……对远程贸易商品的私有权的保护便对较大政治组织的发展起了有力的推动作用。"（道格拉斯·诺斯、罗伯特·托马斯，2009：95）

但是经济地域的范围总是大大超过政治地域，单纯依靠市场的力量和为经济活动提供有效保护就自然形成国家是不现实的。借助战争才能实现政治上的统一，明确领土疆域，战争是现代民族国家建立的主要手段。通过政治和军事强制力量建立的国家能在一个更广阔的经济领域内划定自己的地理疆界。14～15 世纪众多的庄园、地方公国和小王国合并为西班牙、法国、英国、尼德兰等现代国家。

英国现代国家的形成是在百年战争（1337～1453）后。诺曼底征服英国之后，英国王室是欧洲最强大的王朝，威廉的孙子亨利二世通过和阿奎那的艾莲娜结婚，控制了整个英格兰和法国的诺曼底、阿奎那、安茹、缅因、波亚图等广大地区。尽管英国国王在财富、疆域和军事实力上都超过法国国王，英国国王却仍是法国国王的公爵。百年战争中的英法冲突被认为是"省际冲突"。百年战争结束后英国逐渐形成了与欧洲大陆隔开的政治区域格局，英吉利海峡、加来海峡和北海将英国与欧洲大陆隔开。1529～1533 年，英国宗教改革切断了与罗马教廷的联系。英国成为一个"岛国"。在经济上英国逐渐被作为一个整体看待。意大利商人和安特卫普商人串通起来故意压低英镑。16世纪英国排挤意大利商人和银行家、1556年英国剥夺了汉萨同盟商人的优惠待遇、1595年没收了汉萨同盟商人的斯塔尔会馆，格雷欣为了与安特卫普对抗，在1566~1568年创立了皇家交易所的前身；股份公司也是在与西班牙和葡萄牙的竞争中产生的；1651年的《航运法》针对荷兰；18世纪的殖民政策与法国为敌。

法国在百年战争期间，不仅被英国入侵，国内贵族的争斗也持续不断，再加上雇佣军扰民，国家处于四分五裂中。1422年，英法的亨利五世和查理六世同年去世，两方新王亨利六世和查理七世为争夺法国王位继续进行战争。1428年10月，英军围攻通往法国南方的要塞奥尔良城，形势危急。1429年，法国女民族英雄贞德率军击退英军，解奥尔良城之围。法国人民组成抗英游击队，袭击敌人。因此，对法国来说，争夺王位的战争已转变为民族解放战争，法国人民抗英运动声势继续高涨，法国在名义上成为一个国家。1429~1453年，法国人民不堪英军压迫，各方纷纷反抗，游击队经常捉拿英格兰的征税者，牵制英军部队，相助法军。1429年7月，王子查理在兰斯加冕，称查理七世。不久，19岁的圣女贞德便被英军捉住，1431年以女巫罪处死。这激起法国的民族义愤。同时由于勃艮第背弃英王，重新与法联合（1435年），促使法军最终将英国人赶出了法国领土。

尼德兰，特别是北方七省是最早摆脱马尔萨斯陷阱的地区。14世纪末到16世纪，勃艮第的四个公爵为了获得更多的经济利益，鼓励国际贸易、削减行会的势力。16世纪安特卫普成为葡萄牙香料的集散地和国际金融中心。农村中的分料到户制使纺织业摆脱了行会在产量、雇佣条件、工资等方面的限制，安特卫普还成为了纺织业中心。由于不堪忍受哈布斯堡王朝的沉重税负，尼德兰进行了独立战争和宗教战争，安特卫普因此衰落。北方七省的独立又造就了阿姆斯特丹在17~18世纪前25年的繁荣。尼德兰垄断了欧洲的运输，成为国际商业中心。荷兰是由中世纪形成的大大小小的城镇组成的联邦。资产阶级最早取得政治权力是在尼德兰，所以尼德兰也被认为是第一个真正的资产阶级国家（维克多·李·伯克，2006：151）。16~17世纪，荷兰形成了地方分权统治的体制，资产阶级拥有强大的发言权。

（二）城邦的生命力

古代世界的帝国和城邦都是不完美的。近代最早和最成功的国家是城邦。中世纪的城市被称为 "burgus"，意为由围墙圈围之地。城市在庄园以外，通常都是自治的，与领土国家统一的权力相抗衡。城邦的优势在于市民对城邦的忠诚，不像帝国虽然在军事上是强大的，但由于多数居民对帝国缺乏忠诚，帝国往往走向分裂和瓦解。

很多城市兴起于集市，随着集市的繁荣，贵族常常为其提供安全保障以换取税收收入，或者将集市纳入庄园，或者贵族迁入城市。12～13 世纪，法国中央政府设立了香槟集市，连接了欧洲南北贸易，成为西欧重要的商业中心。香槟集市一年中有六个集市轮流开市，商品数量不断增加，逐渐成为国际信用中心。前往香槟集市的商人由香槟伯爵和法国国王提供的重甲武装进行保护。13 世纪勃艮第伯爵大力支持肖蒙、奥顿、夏龙地区定期集市的发展，与其他领主竞争。贝德福德公爵、勃艮第公爵约翰、法国王国查理为了争取臣民的效忠，纷纷减税让利。1418 年，勃艮第公爵约翰大胆免征销售税，瓦洛亚国王查理也不得不免除了销售税。

还有一些城市则因为海上贸易和十字军东征而繁荣起来。热那亚和比萨是十字军的物资补给站，威尼斯在 1099 年也因此而繁荣。13 世纪是意大利港口城市的兴盛时期。威尼斯最繁荣，热那亚、比萨、阿马尔菲和巴勒莫都因贸易而兴盛，地中海成为意大利商业帝国的内海。地中海贸易网络连接了君士坦丁堡、北非海岸、马赛、巴塞罗那、佛罗伦萨等城市。16 世纪初期在西北欧出现了两个专门从事海上贸易的城市群，一个是北德意志城市组成的汉萨同盟，另一个是尼德兰的一些港口。安特卫普是 16 世纪北欧首要的商业港口，16 世纪末，阿姆斯特丹取代了安特卫普的地位。

在后加罗林王朝，城市居民逐渐获取了一些政治自由，将城市建成了一种类似于法人的组织。在英国、弗兰德尔和法国，很多城市虽然摆脱了领主和教士的控制，却无法摆脱王权的影响，城市依然要向国王缴纳赋税和尽其他义务。《大宪章》同时保障了城市的自治权，特别是伦敦享有经济自由权，市民拥有一定的权利遏制王权。中世纪城市复兴时，城市居民之间几乎不存在阶级界限。商人、银行家和手工业者都是市民（Burghers）。后来最富有的市民开始变成今天我们所说的"资产阶级"（Bourgeoisie）。11～13世纪，从十字军战争中获利的市民越来越富有，富有的市民已经能够雇用军队以对抗教会和贵族，财富也可以使其获取贵族头衔。佛罗伦萨、威尼斯、奥格斯堡、乌尔姆和热那亚的大银行家垄断了国际汇兑和信贷业务。

但由于无法解决吸收新领土新居民的问题，城邦在军事上的弱小使其要么成为一个帝国的附庸，要么迟早成为征服者的牺牲品。领土国家在竞争中逐渐战胜了城邦。城邦和领土国家都在国际经济体系中谋求发展，都依靠舰队、军队等暴力手段进行扩张，威尼斯在勒旺地区、英国在印度、荷兰在南洋群岛都建立了殖民地。城邦和领土国家的不同之处在于城邦更依赖对外贸易提供生活必需品和一些原材料。威尼斯、热那亚、阿姆斯特丹的小麦、食用油、盐和肉类等生活必需品，木材等原材料都来自城邦领土之外。在城邦境内生产的是商品价值高的产品，佛罗伦萨进口西西里的小麦，而自己种植葡萄和橄榄。领土国家则必须扎根于发展缓慢的农业，在农业、商业、工业、运输业之间平衡发展。所以城邦国家通常发展得比较早，伦敦作为民族国家的首都花了很长时间才赶上更灵活、更敏捷的阿姆斯特丹。但是有深厚基础的领主国家比城邦更具竞争优势，英国取代阿姆斯特丹成为世界霸主。

巴黎和里昂也是国家与城市较量的典型。法国相对英国和荷兰来说，国土面积更大，更难以有效地连接起来形成中心。里昂位于罗讷河畔，由水路连接邻省和国外，是意大利商人主宰欧洲时的一个重要据点。在全盛时期，里昂的影响力覆盖了从纽约到纽伦堡，从墨西拿到巴勒莫、从阿尔及尔到里斯本，再从里斯本到南特和鲁昂的大片地区。1608年巡按署的报告显示，有300年历史的交易会每年4次，从上午10点到12点在汇兑广场的长廊下进行。佛罗伦萨人是里昂的开埠者，热那亚人、皮埃蒙特人和瑞士人都曾参与交易。在里昂市内和四周的圣埃蒂安、圣夏蒙、维里欧、那夫维尔发展了丝织业等工业，黑丝塔夫绸和金银线绸缎闻名遐迩。里昂最大的贸易伙伴是意大利，热那亚是里昂与西班牙贸易的中转站。1781年里昂是法国最大的进出口商埠。而巴黎远没有里昂这样的国际经济地位，它只是法国的政治中心，是国王的税金和有钱人的财富集中的地方。与伦敦相比，巴黎距海比较远，河道不能通行大吨位海船，无法建成对外贸易的重镇，巴黎的进出口额只相当于里昂的 1/10 强（1781 年左右）（费尔南·布罗代尔，2002：374 - 376）。但是，随着西班牙建立一个天主教国家梦想的破裂、哈布斯堡王朝包围法国的领地解体、意大利一直处于城邦国家割裂状态和法国国家的建立，巴黎而不是里昂成为西欧大陆的政治和金融中心，影响力辐射西班牙、意大利、南德意志、西德意志和尼德兰。巴黎战胜里昂夺取了法国经济的领导权。

　　相比英国和法国建立了中央集权的国家，在日后成为德意志和意大利的地区，存在着很多自由城市。这些城市与贵族精英联手，有力地阻止了统一民族国家的建立。意大利一直是各方利益争夺的焦点，历史上早期的伦巴德人、拜占庭帝国、奥斯曼帝国、中东的各个伊斯兰教政权以及北方的各大帝国，如德国都想染指这片土地，教皇的权力又过于强大，再加上各个城邦国家的混战，意大利的中央集权体制一直没有建立起来。意大利的城市反对宗教权威，城市居民从高级教士和领主手中夺取了政治领导权，并收买军阀，获得了独立的城市国家地位。13 世纪，意大利北部的城市有独立的政治和军事系统，也会在面临同样威胁时结成松散的联邦，这些城市统治了很大一片区域。14~15 世纪，意大利城市普遍采用雇佣军的方式保护自己，贵族有时就是豪商巨贾的雇佣军，豪商巨贾和贵族结成利益共同体，共同反对教会和王权。1540 年，哈布斯堡王朝控制了米兰和伦巴第地区，瓦洛瓦王朝则控制了萨瓦和皮埃蒙特地区，威尼斯和热那亚保留了城市贵族的寡头统治。历史上德国皇帝都是大贵族推选的，大贵族为了保障自身权益通常会推举能力最差的当皇帝。而当选以后的德皇会一直试图摆脱贵族的钳制，用天主教会的官员代替贵族成为皇家行政管理者，负责贯彻帝国的各种法规。但是很多教士本身就是德国贵族的孩子，而教皇对主教的任命权使贵族和教会很容易结成同盟。同时，自 10 世纪起德皇就一直试图夺取意大利北部地区，这激起了罗马教皇和意大利贵族的激烈反抗。罗马教皇和意大利贵族的联盟粉碎了德皇对意大利的野心，同时也使德皇无法对德意志的贵族建立起权威。

四　欧洲经验与中华帝国①的现代性

1800 年以来，非西方地区越来越深地卷入由欧洲扩张所开创的国际政治经济网络。从欧洲国家形成的经验来评价其他地区和国家的发展就成为一种学术自然，并且存在了很长时间。20 世纪，以欧洲为标准评判中国的做法遭到了加州学派的批驳。王国斌（1998）发现，当视欧洲经验为规范而非西方经验为异常时，便会错误地寻找世界其他地方走错路的原因。如果以欧洲现代国家形成过程为标准，同时期中国历史或者乏善可陈或者完全扭曲；如果将"西方"等同于"现代"，则未西方化的"东方"就是"传统"或者"落后"的。西方国家形成的过程包含了地方精英和中央政府权威关系的演变、宗教与世俗的争斗、"市民社会"和"公众领域"的成长、战争和国家之间的竞争、财政能力和官僚机构建立和发展等基本特征。遗憾的是，无论是公民权扩大和官僚机构形成，还是战争与征税的过程，似乎都与明清时期的中国无关。在中国，中央的权威地位一直得到尊崇，精英和民众通过科举考试和儒家教育已和中央政府形成了共同的关系，宗教早已被中央政府成功地纳入国家意识形态体系，公民权在 19 世纪前完全是个外来文明概念，而大规模的官僚机构则已存在了上千年。中国虽然有被外族入侵和占领的历史，但是长期保持了国家的统一。国家的财政状况有好有坏，当财源不足时，国家征税能力比欧洲强大。欧洲的国王、贵族、商人、民众为了应对财政危机形成的议会等制度在中国没有出现过（王国斌，1998：92）。若对国家完成特殊任务的具体能力进行比较，则明清时期的中国超越欧洲（王国斌，1998：139）。

加州学派的观点同样引起了争议，有人批评他们仍然没有走出欧洲中心论的窠臼，有人认为他们陷入了"中国中心论"。王国斌提出了对称性的观点，从欧洲的视角来评估中国和从中国的视角来评估欧洲。王国斌（1997）在比较中欧国家形成时，不仅从欧洲的角度看中国，还以

---

① 本书采用了芬纳（塞缪尔·E·芬纳：《统治史》第一卷，王震、马百亮译，华东师范大学出版社，2014：32）对中华帝国的定义，时间期限从公元前 221 年秦朝统一到 1912 年资产阶级共和国的建立。

中国为标准看欧洲。这种对称比较的方法既承认了相对性，又做了更深入的比较。中国与欧洲，每一方都并不比对方更普遍或更特殊，因而承认了国家形成方式和途径的多元性。本书在借鉴王国斌对称性方法的同时，更关注国家形成的基本特征和主要功能的因果机制，而不是普世法则，以避免陷入"欧洲中心论"或者"中国中心论"。中央政府的权威、完整的官僚体系、明确的领土界限等是现代国家的基本特征，征税赋税、抵抗外来威胁、保障社会稳定和民生是现代国家都需要履行的职责和具备的功能。但是中国和欧洲形成这些特征和功能的历史进程和动力是不相同的，这些特征和功能对中国和欧洲的意义和重要性也是不同的。

（一）中国的国家权威、官僚组织和统一的意识形态

当欧洲在解决中央政府和地方精英之间的关系问题时，中国很早就解决了贵族要求独立并挑战中央权威的问题。查尔斯·蒂里（Charles Tilly, 1990：1）将国家定义为"强制执行的组织"，这种组织不同于家庭和宗教，并且在某些方面比其疆域内任何其他组织更为重要。在欧洲国家形成过程中，地方政府急于保护本地集团的利益以便于控制当地资源和市场。民族国家则与单个的经济行动者结盟，以消除地方政府控制资源和市场的权力。因此，民族国家与地方当局的对抗，个人权利和财产的问题，交织形成了欧洲新的政治经济形态（王国斌，1998：102－103）。欧洲国家形成时，公民权扩大，大规模官僚机构也随之建立。权力基础的改变，使得某些社会集团成为主要角色，能够定义政治权威的可接受与否。定义国家权力基础的过程，也定义了政治原则。政治原则的倡导者，是那些要求其呼声不仅能被听到，而且能以具体的方式受到重视的社会精英。早在近代之前，中国已经建立了中央集权化的官僚机器和军队，科层制的官员制度表明中国很早就具备了现代国家的特征（马克斯·韦伯，2006：736）。福山（2012：145）在考察了欧洲、中国、印度和中东等不同地区政治发展的历史后得到结论，在时间上，中国的国家形成比埃及和美索不达米亚略晚，但是，"依马克斯·韦伯的标准，中国出现的国家比其他任何一个更为现代"。

在春秋战国时期漫长而激烈的争霸中，诸侯国开始设立常备军、配备科层化机构来征税执法并兴建大规模的公共工程，特别是秦国的商鞅

变法在这些方面取得了显著的成功。正是在诸侯国争霸的推动下，现代国家的元素在中国逐渐出现。自秦朝以后，中国建立了统一的中央集权国家。李侃如（2010：12）说："发端于秦朝的官僚制度，经历几个世纪，呈现出近代西方官僚制度的特点：界定清晰的职位、基于功绩的任命、明确的报酬结构、职能的专业化、高度发达的正式沟通体系、行使权力的详细规章、定期的报告职责、正式的监察组织、等等。"在 8～10 世纪时，豪强势力被摧毁。到了宋代，已经没有地方精英能够挑战中央的权威，也没有精英要求政治代表制度。由于中国的国家巩固发生在社会中其他力量建制化地组织起来以前，世袭贵族、教会或僧侣群体、组织起来的农民、商人团体和军队等社会中的其他力量都无法抵消和约束这个早熟的现代国家。而这些社会力量在欧洲、印度和中东地区的政治发展中曾发挥了支配性的作用（福山，2012：92）。孔飞力（2013：121）虽然认为中国从 19 世纪开始才启动了从传统国家向现代国家的嬗变，但他承认"中国作为一个统一国家而进入现代"是"显而易见的事实"。更为特殊的是，外来征服者都采纳了汉族的统治原则和机构，中国反复驯化了征服者。满族人采用汉族的政治意识形态和制度，建立了行之有效的管理人民（包括汉族人）的手段，将帝国疆域扩大到中亚。中国在与朝鲜、越南和日本等周边国家的交往中有至高无上的地位。历经两千年的修补和完善，在历史上相当早熟的中央集权体制为今天中国的国家建设提供了丰富的制度遗产。

欧洲现代国家的形成过程伴随着议会制度和民主意识形态的形成。欧洲国家，特别是英美地方自治的传统，被有意识地表述为人民参与政治的民主形式，中央政府则被视为中央集权的机器，地方和中央是截然分离和对立的。甚至当地方也归入国家统一的治理体系时，地方治理还被认为是自下而上的，与中央政府自上而下的统治相对立。相对于这些现代国家，西方意义的选举民主、法治等政治发展的其他要素在中国几千年的历史上则几乎没有什么痕迹。儒家思想中的"民本"并非西方意义上的"民主"，即使是在儒家先哲中强调"民贵君轻"的孟子也没有选举民主的思想。正如萧公权（1998：87）所言："孟子贵民，不过由民享以达于民有。民治之原则与制度皆其所未闻。"此外，法家思想的倡导者和践行者也从来没有试图以"法"来约束统治者。"法家并没有主张西方意义上的法治，他们并没有法律可以用来挑战他们统治的信念。"
（韩森，2007：86）尽管儒家和法家思想之间存在相当的紧张关系，但自
秦朝确立中央集权国家后的 2000 年间，两者都或明或暗地成为巩固国家
而非限制国家的思想工具。实际上，直到 20 世纪，民主和法治等限制国
家权力的思想与制度才开始从外部世界被引入中国。

在 19 世纪以前，没有一个欧洲国家形成了一种相对统一的社会舆论
和文化实践。而在中国，政府内外的人都有某些共同的政治理想（王国
斌，1998：99）。儒家学说是中华帝国进行地方治理的重要策略和手段，
"科举制"、兴办学校和建设 "乡约" 成为贯彻儒家学说、教育精英与平
民、完成思想统一的重要手段。和西方国家相比，中华帝国更重视 "教
化" 的作用，中国把道德说教作为统治的基本方法之一。国家会根据自
己的偏好，规制对精英的教育内容，左右大众的信仰。为了树立积极信
仰和消除异端思想，国家鼓励地方精英进行公共训导，讲解儒家思想，
对普通民众加以劝导。国家通常也把拥有大量信徒的神灵纳入官方承认
的神灵系统。在中世纪的欧洲，教育精英和民众的任务是由天主教会来
承担的。"这不仅意味着其（国家）责任较中国国家为轻，而且也意味
着其能触及人民的办法较中国国家为少。"（王国斌，1998：95）新思想
对中世纪教会的挑战比对中国官方正统思想的挑战更大。

中华帝国对精英和大众的道德教化都有安排，重视社团组织在道德
教化中的作用。明代正统年间（1436～1449），官方在绝大多数县都兴办
了社学。清代则是 "义学"。"义学" 在边疆地区由政府兴办，在内地则
由地方精英响应官方号召兴办。未来的官员在学校学习和钻研儒家经典
及其注疏。这样的精英教育创造了一种将国家和精英连为一体的世界观。
"乡约" 则是国家教化民众的社团组织。清代的 "乡约" 是宣扬官方思
想的大众宣讲机构（Freedman，1966：87）。康熙皇帝在圣谕中倡导正
学、劝导人民要勤俭、善待邻居、及时完税及组织起来防御盗贼。通过
乡村宣讲系统，"乡约" 生员会对这些圣谕进行讲解（萧公权，1960）。
18 世纪统治者控制下的乡村宣讲制度成为专门从事道德灌输的垂直
机构。

中国的精英阶层并不像欧洲的贵族一样需要有代表权，通过议会限
制国王的权力。中华帝国的精英，大部分出身于科举。在诵读经典准备

考试的过程中，培养了儒家的意识形态，促进了地方精英维持社会安定和增加大众福利。中国的帝王借助精英治理和统治国家。而欧洲的精英是贵族，他们有相对独立的领地，他们的权力膨胀会威胁到国王的统治，所以欧洲国家的形成过程是限制精英政治参与程度的过程。欧洲民族国家的形成，也与地方自治的观念发生了冲突。18 世纪欧洲国家创立了各种特有的机构来保障国家能够维持地方社会秩序。这些机构是垂直结合的和功能具体的。这些机构明确了地方精英参与管理的行为规范，尽管各地参与的水平和范围并不一样。

中国国家与地方精英之间形成了复杂的关系。国家一方面防范地方精英对其权力的威胁，扶持小土地所有者成为社会的基础。另一方面，由于国家官僚机构人数有限并且只到县一级单位，国家不得不吸收地方精英从事一些非正式的工作，也在县以下的广大农村地区依靠地方精英维持社会秩序，委托地方精英代行管理社会福利的职能。18 世纪，中国国家还建立了保甲制度。保甲制度要求人民相互监视、相互保障安全。精英的利益与国家的利益有许多方面是相符的，精英也承担了某些国家委托的责任，为国家节省了开支。如 19 世纪办团练。南宋时的"乡约"是组织救火、御寇和救助病残贫民的组织。明太祖 1388 年号召建立"乡约"，作为一种教育机构。王阳明和吕坤也倡导"乡约"，将其作为一种被 20 世纪学者视为自治或者地方精英控制地方的组织机构。当国家利益和地方利益发生冲突时，精英通常会反对国家，如明清时期的抗税案。国家因此一再努力绕过精英，同广大小农建立更直接的关系。国家尽量直接统治个人，同时并不排斥地方精英作为中介集团以维持地方秩序（王国斌，1998：105）。

19 世纪后随着国家实力的萎缩，中国地方精英的活动和作用日益加强并成为研究的焦点。费孝通（F. Hsiao-Tung, 1953）将士绅看作 20 世纪 30 年代官员和农民之间的中介，在地方治理中发挥了重要作用。G. William Skinner（1977：19 - 20）指出，中国官员的规模，相对于中国人口来说，一直在萎缩，这说明明清时期地方精英的力量在壮大。王国斌（1998）考察了中国士绅治理地方的利益和动机，描绘了士绅控制地方社会的理论。还研究了长江中下游地区，强调在地方社会治理方面士绅的作用侵蚀了中央权威。William Rowe（1984）在对 19 世纪华中内河港口城市汉口的研究中指出，城市社会秩序的管理严重依赖于商人和其他精英组织。
Mary Rankin（1986）研究了太平天国以后数十年长江中下游地区的地方
精英活动在社会重建中的重要作用。

运用西方"公众领域"和"市民社会"的范畴来分析明清时期中国
国家建设是十分困难的。"市民社会"是英国国家形成的一部分，在一
般国家活动的范围之外。在市民社会中，有"私"的个人范畴、"公"
的范畴和宗教的范畴。欧洲国家相对于中华帝国来说有一个强大的市民
社会，基本可以做到自治。同时，宗教组织还掌控着慈善事业等诸多领
域。欧洲中央政府的作用相对比较小，且很少插手经济。欧洲国家的差
异体现在国家与市民社会的关系差异上。在欧洲国家中，英国被认为是
市民社会强大，国家弱小；德国则是社会弱，国家强；法国介于二者之
间（王国斌，1998：106）。中国则没有类似的市民社会。地方精英通过
善行巩固社会安定，并弥补政府的一部分职能，而不是替代政府。

（二）战争和财政对中国国家形成的意义

查尔斯·蒂里（1975，1990）认为战争与征税推动了欧洲民族国家
的形成。战争产生对资源和人力的需求，而资源和人力又是通过发展正
式的国家机能来动员和组织的。中国在公元前 5 世纪到公元前 3 世纪的
战国时代，政治家们的政治进取心已经促进并部分地推动了主要的社会
与经济变化。这些变化包括农业技术的改进、商业的扩张以及新的军事
与政治精英阶层的出现。1700 年后的欧洲，正是由类似的动力，将欧洲
从一个支离破碎的政治单位变为相互积极竞争的民族国家。欧洲在 1300
年时存在着上千个独立政治单位，随着战争和争霸，政治单位数目减少，
形成了近代早期欧洲体系的大国（Levy，1983），包括法国（1495～1815）、
哈布斯堡奥地利/奥地利/奥匈帝国（1495～1519，1556～1815）、西班牙
（1495～1519，1556～1808）、哈布斯堡联合体（1519～1556）、英格兰/
大不列颠（1495～1815）、荷兰（1609～1713）、瑞典（1617～1721）、
俄国（1721～1815）、普鲁士/德国（1740～1815）。在许田波和福山关
于中国国家形成的探讨中，都重申了蒂利关于"战争缔造国家"的命
题，并通过春秋战国时期的中国历史来说明战争在中国国家形成中的关
键作用。在蒂利所阐述的因果机制下，许田波（2009：7）视春秋战国为

"任何合理理论必须能够圆满解释的重要案例"，而非一个偏离了欧洲范围的"反常案例"。福山（2012：93）虽然批评了西方政治发展史对中国在现代国家创新上的忽视，但认为蒂利的理论逻辑可以用于对中国历史的解释。"中国国家形成的主要动力，不是为了建立壮观的灌溉工程，也不在于魅力型宗教领袖，而是无情的战争。……就像蒂利在评论后期欧洲时所说的，战争缔造国家，国家发动战争。这就是中国。"之所以中国与西方走上了不同的政治发展路径，并不在于国家形成的不同因果机制，而是国家形成的不同时间序列。

许田波在《战争与国家形成：先秦中国与早期近代欧洲之比较》中论述了国家采取不同战略导致国家不同的形成历史。秦国实行了自我增强型改革，这种改革极大扩张了国家的行政管理能力（郡县制）、资源汲取能力（统一税制）和军事作战能力（普遍义务兵役制），从而保证了秦国不但为战争提供了充足的人力和物质资源，而且解决了扩张过程中面临的成本上升问题。在早期近代欧洲，哈布斯堡帝国和法国实行的是自我弱化型改革，采取了包括出售公职、借贷和大量使用雇佣兵等措施。这种改革只能解决短期内的资源汲取问题，而从长期来看存在极大的缺陷，不能有效支撑长期的争霸战争。因此，哈布斯堡帝国和法国都在争霸中失败。反观英国，由于实行了自我增强型改革，国力迅速上升，最终为其称霸海上、建立大英帝国打下了基础。法国直到拿破仑时代才实施了自我增强型改革，而拿破仑亦借此几乎称霸欧陆。但由于其改革并不彻底，历史遗留问题较多，拿破仑亦因此在霸权触手可及之时跌落。

国家的财政危机通常都是由战争引起的，但是中国战争时期的财政需要并没有像欧洲那样兴起了议会等政治代表制度的变革。欧洲中央集权国家通过财政征收不断增强其对社会资源的要求。欧洲的国王和贵族、教会都有资源动员的权力，并相互竞争，加剧了财政紧迫的局面。而明清时期的中国，中央政府通常已经掌握并明确了对资源的动员权力。国家的主要权力是对土地的权力。在16世纪赋税改革以前的数百年，中国已经经历了一个相对有效的组织机构以征收田赋，有时个体农户直接向地方官员或其助手纳税，有时则组织起来，集体纳税。这两种纳税方式尽管各有利弊，但是中央政府征税的权力从未丧失，而且中央政府可以应付不时之需。欧洲国家则没有完备的官僚机构从土地上征税，只能开辟新的税种和收入来源。欧洲的国王都依赖商业税和公债，而中国却不是这样。中国中央政府通常考虑节流而非开源，官员考虑财政改革时，通常竭尽全力去解决赋税负担的轻重和征税的公平性问题，而不是以新的方法增加额外的收入。

从中华帝国的漫长历史来看，中国的正规赋税并没有人口增加得快，但在国家有需要的时候，国家有能力获得更多的赋税。例如，国家力量极度衰落的清末仍有强大的征税能力。1849 年中国国家的财政收入为4250 万两白银，其中 77% 来自农业，其余来自商业。到了 1885 年，财政收入上升到了 7700 万两以上，这主要归功于商业税收增加了 3 倍。1911 年，财政收入接近 30200 万两，其中农业税从 1885 年的 3000 万两增加到 5000 万两，各种杂税约为 4500 万两，商业税超过 20700 万两（王国斌，1998：125）。清末的税收应付了对日赔款（相当于一年的财政收入）和庚子赔款（相当于一年半财政收入）。相比之下，欧洲国家获取资源的能力长期不足，国王的财政能力和财政需要之间的缺口是长期性的。王国斌（1998：125）认为，正是这种长期的财政缺口才引发了制度变革，明清时期中国政府偶发的财政缺口可以被强大的征税能力所弥补。中国朝代更迭的根本原因不是财政问题，中央无法控制新军和各省议会才是清朝灭亡的直接原因。

（三）民众福利和中国的粮食储备制度

中国的政治哲学把维持大众福利置于最优先的地位，这与现代国家保障人民物质利益的目标是一致的。中国重视农民的物质福利，关注农业，积极促进农业经济的稳定和扩张，推行仁政，保障人民安居乐业。国家权威依赖于"天命"，洪水和饥荒是统治者失误的表现。为此，政府和官员有必要治水和建立粮食仓储制度。中华帝国的历朝政府几乎都进行过土地重新分配。分配土地的目的是再造一个人人纳税的小土地所有者的社会。中国国家采取了一系列促进农业生产的措施：开垦荒地、兴修水利、扩大和稳定农作物生产。商业在经济中的地位并不高，但国家重视商人在粮食储备和税收方面的作用。国家对市场经济活动进行调节，如盐的专卖制度和粮食储备制度。

粮食储备制度的兴衰从某种程度上显示了政府保障人民福利的能力

大小。18世纪时，中国有完整的粮食管理制度，每一个府州按月向朝廷报告粮价、天气和收成情况。官员们在全国范围内统一筹划如何使用粮食储备，并调动粮食运输，以平衡全国各地的粮食供求。欧洲国家从没有建立过粮仓网络以减轻粮食歉收和市场变化造成的冲击。在中国的粮食储备管理中，分散的农村粮仓账目需要收集、核查，集成报告逐级上报。这些手续和规定，需要地方官员认真、细致和耐心地完成，组织这项工作也考验着地方官员的才干。18世纪末，随着各地普遍设立了粮仓，粮食储量增多，完成这些工作的工作量也在增大。而官员数量和经费并没有相应增加，管理粮仓和筹集粮仓资金越来越困难。而且在数据收集和整理中如果有差错，日后查账很难发现。再加上用兵增多，军队对粮食的需求增大，使筹措粮食资金的难度加大。随着粮食仓储制度的普及和军队粮食需求的增加，有效精确的管理已经不可能了。另一方面，由于担心地方官员挪用资金和粮食，又无法建立有效的监督机制，所以嘉庆朝在1799年终止了国家对地方农村粮仓的监督，取消了地方社仓必须向地方官员报告的规定，地方官员也不必再向省里报告。全国的粮仓储量全面下降，由官方管理并协调省内和省际粮食仓储管理和调动的制度衰亡了。19世纪，地方精英逐渐取代官员来管理和筹集地方粮食仓储。地方精英在道义的驱使下，更有能力和更有积极性主动地关心地方事务。而地方官员仅仅是将粮仓制度作为其众多责任中的一个，而且由于人力不足，实际上无力履行。19世纪中期后，叛乱、国外入侵迫切需要动员人民。这时逐渐式微的中央政府更依赖地方精英，而较少地对这些功能具体的活动做垂直管理。王国斌（1998：117）认为18世纪后期到19世纪初，官员对粮仓的管理逐渐力不从心和仓储制度的衰落，是传统帝国衰亡和近代国家兴起的标志之一。

现代欧洲国家则更多地关注经济增长，意识到政府应该在工业化和财产权方面有所建树。按照欧洲的经验，国家是一种为克服封建经济中的交易和信息障碍而产生的制度解决方案，国家应该致力于制定激励经济活动的规则和制度，如确立私有产权（North，1981）。同时，政府对待市场应该从积极的干预主义向自由放任转变。对经济活动的放手在欧洲国家的经验中却是现代国家建立的重要步骤。近代早期的欧洲国家给予了商人越来越多的自由，规范了政府的行为方式，建立了相对独

立和自由的市场。在中国史研究中，国家操纵经济能力减退，是国家
虚弱的象征。1100 年时的宋朝是中国历史上比较虚弱的王朝。在军事
上远不如唐朝强大，处于女真、契丹和金的威胁中。在 1100 年后不到
30 年的时间里，宋朝丢掉了半壁江山。宋朝放弃了直接控制土地分配和
直接管理市场的权力。宋代以后，国家简化了对经济的管理，放弃了直
接控制手段。

五　小结

　　战争在欧洲国家形成中扮演着重要的角色。近代早期成功国家的一
个重要特点就是军队按照新的权威原则和方针组织及指挥，军队更加官
僚制度化。欧洲长期战争导致了国家经常性的财政危机，欧洲国家又没
有完备的官僚体系从土地上征税，为此需要开辟新的税种和税源，新的
税收制度出现了。各种商业税和公债成为国家解决财政危机的主要办法
（王国斌，1998：94）。可以说，近代欧洲国家是在战争和征税过程中形
成的。

　　欧洲特殊的宗教传统还使现代国家在形成中面临着教会民族化、国
家化的问题。独立于世俗政权之外的天主教会成为民族国家发展道路上
的严重障碍。在教会与王权的斗争中，十字军的失败、王权扩张、教会
腐败无能、宗教改革等因素将教会置于王权的控制之下，欧洲各国逐渐
摆脱了罗马教廷的控制。

　　至于各国国家不同的特征则在于国王、贵族、商人、农民，特别是
"国王、贵族和商人之间的三方冲突"（赫尔曼·M·施瓦茨，2008：4）
下形成的各种制度。在新国家中首先需要建立一支不依赖贵族的军队，
其次把对法律和税制的控制权从贵族手中转移到没有独立权力来源的官
僚体系手中，第三国家利益要与商业利益结盟。国王、贵族和商人哪一
方的势力过于强大都会造成国家在竞争中落败。法国和西班牙失败于王
权过于强大，波兰、意大利和德国的各个城邦国家则由于贵族或者商人
势力过强而延迟了统一国家的形成，只有英国因为在国王、贵族和商人
之间达成了妥协，通过议会有效制衡了三方势力而使国家胜出。

　　公元 1000 年左右，欧洲国家和中国有了完全不同的政治制度。中欧

国家形成的动力可能都是相同的，但是由于参与角力的阶层和利益集团、自然禀赋、偶然因素、路径依赖和外部竞争压力的不同而呈现出不同的国家形成过程。从国家现代功能的角度看，中国的官僚机构、中央权威和救灾等比欧洲国家更具现代性，而欧洲的议会制、民主、公民社会等是中国历史上没有的概念。

第二章　得自对外贸易的差异

一　东亚朝贡贸易体系和西方的冲击

东亚贸易圈是古代世界的一个主要贸易圈，包括中国、日本、朝鲜、南洋和印度支那地区。

中日之间的交流始于秦汉，隋唐时发展到极盛。当时，中日之间建立了遣隋使、遣唐使制度，不仅进行政治文化交流，贸易也是重要的内容。唐代的中日航线一般是从日本难波出发，船行到今福冈市，然后沿朝鲜百济海岸西行，至唐朝辖境辽东海中，再沿着中国海岸南行到山东的登州或今江苏的扬州、楚州，然后再到汴州，走黄河南道去长安。日本来华的商船主要停泊在扬州、明州、楚州诸港。扬州当时是中国南北交通要冲，长江、运河交汇之处，商货荟萃，日本从中国进口大量货物。在平京城的东市、西市两处市场内，出售的丝绸、服饰、陶瓷、铁器、笔、墨、纸张等各类物品，不少来自中国。日本向中国出口硫黄、漆器、木材、玉器、银、麻布之类。

到了宋代，中日贸易进一步扩大。由于日本经济水平提高，所以日本向中国的出口大大增加了，如黄金、沙金、硫黄、珍珠、刀剑、漆器、扇子、木材等。日本学习中国的技术，不少商品已经替代进口，个别商品反而向中国出口，如漆器、刀剑。另外，日本从中国大量进口铜钱。由于商品经济发展，货币需求大大增加，铜钱需求量增加，但日本不铸铜钱，通过从中国进口以满足需要。不少日商到中国将货物卖掉，不进货只收铜钱。这主要是为了增加日本市场上的通货。到明代，由于明政府实行"贡舶制度"，日商获利极大，官民两方都积极同中国进行贸易往来。当时日本政局混乱，武士阶层兴起，他们到中国沿海进行贸易往来，同时也从事海盗活动，使中日贸易大受影响，但是民间的正常贸易仍在进行。到了清代，日本人不愿与中国有贸易交往，来华的商船减少，但中国去日本贸易的商船增加了。中国向日本主要出口丝和其他制造品，而中国从日本进口的则主要是铜。后来日本实行"锁国政策"，限制中国商船到日本，但中日贸易一直没有中断。

中国与朝鲜的贸易也可谓源远流长，到唐代发展到一个高峰。当时，朝鲜与日本一样，采取了"遣唐使"制度，大量派留学生到中国学习文化，同时也积极进行贸易。中国的文化、技术和产品大量向朝鲜出口。例如，中国向朝鲜出口的商品除了丝绸和陶瓷外，还有书籍、活字、服装、茶等。中国从朝鲜进口人参、熟铜、乐器、扇子等。到宋代，朝鲜引进中国技术后发展自己的制造业，不少产品反而向中国出口，如陶瓷、活字、漆器等。到明代，中朝贸易商品结构的基本情况是，中国出口丝绢、瓷器、药材、书籍、茶叶、硝磺等，朝鲜向中国出口人参、麝香、牛、马、笔、墨、折扇和漆料等。

南洋地区是中国与西方贸易的必经之地，中国很早就与这一地区有贸易往来。三国时，吴国与南洋诸国交往甚多。南北朝时，由于中国与西方陆上贸易通道遭到破坏，而造船技术不断提高，贸易转向海路。因而与南洋地区的贸易也发达起来。这就是著名的南海丝路。中国出口的商品主要是南朝的丝、绢、绫、锦等，进口商品主要是明珠、香料、玳瑁、琉璃等。这些进口品除供给统治者享受外，还进一步输出到边镇与北朝进行贸易往来，促进南北之间商品的交流。

到了唐代，南海丝路迅速发展。一方面，当时中国的南部处在比较安定的环境中，江淮一带已成为全国丝绸的重点产区，就近水路输出极为方便。当时的造船业发达，航海技术进步，海运成本大大低于陆路运输成本。中国上层统治阶级对南洋各国所产香料的需求量很大，出口丝绸等商品换回南洋香料的贸易非常繁盛。与此同时，印度、罗马等国来中国直接采购丝绸的商船也不少，这就促进了中国与南洋的贸易。宋代全国的丝绸中心已转移至南方，海外贸易进一步兴盛。据《诸蕃志》记载，当时与中国发生贸易关系的国家有50多个，包括南亚、东南亚、东非和远东各国。当时的贸易方式，一种为"朝贡贸易"，即外国商人以呈献当地物产为主，宋王朝以回赐丝绸等贵重物产作为答谢，所得回赐的价值往往远超贡物的价值。来贡的地区，远至波斯湾和非洲东岸的一些国家。另一种为"市舶贸易"，即正式的交易，中国在泉州、广州、明州（宁波）、杭州、温州、秀州（嘉兴）、江阴、密州（山东诸城）和澉浦等九处设立市舶司管理进出口贸易，政府征收商税，并鼓励中国商人出海贸易。

马来半岛很早就是东西方贸易的中转站和集散地。公元 607 年，隋炀帝曾派使者前往南海的土木图（今马来半岛南部），将 5000 段丝绸赠送给了当时的赤土国王，并进行贸易活动。到了元代，由于东西方贸易的发展，马来半岛的新加坡和马六甲成了东西方航线的要冲，也是东西方商品的集散地。除了中国和南洋商人，还有来自开罗、麦加、亚丁、拜占庭、土耳其、亚美尼亚等地的商人。在马来半岛，中国商人还开辟了到印度尼西亚的航线。唐宋期间，中国与印度尼西亚的贸易往来已经十分频繁。中国商人从广州或泉州出发，利用东北信风，月余抵达凌牙门（今林加），进入三佛齐（今苏门答腊）。中国出口到三佛齐的商品主要有瓷器、锦绫、糖、铁、酒、大黄，而三佛齐对中国的出口品主要是香料，以及从印度转口的货物，如珍珠、乳香、象牙、珊瑚等。中国商人以铜钱支付这些进口品，所以印度尼西亚地区也流通中国铜钱。许多到印度尼西亚经商的中国人留居下来，对中国与印度尼西亚的贸易和当地的经济发展做出了重要贡献。明朝的郑和船队曾到达爪哇，亲见这里的大批中国人，他们大多来自广东和福建，估计在宋末明初就在这里定居了。菲律宾是太平洋商路的中转站。中国商人从唐代起就与菲律宾有贸易往来，当地的居民用黄蜡、珍珠、玳瑁、药槟榔等换取中国的瓷器、铁釜、乌铅、铁针等。

中国与印度支那地区的贸易起源也很早。宋代中国与越南李氏王朝的贸易主要限于边境贸易，在永平、横山、钦州等地进行。越南出口的货物主要是香料、角、象牙以及鱼、盐等产品。中国出口的主要是丝绸、瓷器、铜铁器皿、文房四宝等。另外，占城发展成为印度支那国际贸易中心，并且是中国与南洋、印度洋贸易的中间环节，具有重要地位。从占城运到中国的货物主要是香料，而中国向占城出口的商品种类繁多，包括丝绸、瓷器、漆器、草席、扇子、铁、铅等。15 世纪初，郑和船队曾访问占城，并进行贸易。明朝政府给予占城最优惠的贸易待遇。此外，中国与泰国、柬埔寨、缅甸等国的贸易也都很发达。

很多学者认为，东亚贸易关系是建立在以中国为中心的朝贡关系上的一种贸易体系。滨下武志（2004）认为"以中国为核心的与亚洲全境密切联系的朝贡关系，以及在此基础上形成的朝贡贸易关系，是亚洲而且只有亚洲才具有的唯一的历史体系"。朝贡贸易体系的一个显著现象是中国国力强盛、对外开放时，朝贡就频繁。宋朝时期，海外诸国朝贡不绝。据《宋会要辑稿·蕃夷》部分有关资料统计，与宋朝建立朝贡关系的国家共有 26 个，入贡次数为 302 次（李金明、廖大珂，1995：104）。入贡比较频繁的东南亚国家是交趾、占城、三佛齐、真腊等，反映了这些国家与宋朝保持着比较密切的贸易关系。若从入贡的次数来考察，北宋前期太祖、太宗和真宗三朝最为密集。正如史载："二圣（太祖、太宗）以来，四裔朝贡无虚岁。"（李焘《续资治通鉴长编》卷八五，大中祥符八年九月庚申条）而到清朝时，朝贡的海外国家数量明显减少。

滨下武志（2004）强调朝贡体系的经济作用和不平等关系。他认为，朝贡关系从政治方面看，是中国统治者将中央与地方的统治关系扩大到外围和四边，按中央—各省—藩部（土司、土官）—朝贡诸国—互市诸国的顺序排列，按邻接的中心—周边关系的同心圆的方式交错产生的一种体系，这种体系在 16～17 世纪逐渐成熟。这个朝贡体系的重要之处更表现在它的经济方面，在这个由朝贡关系促发和推动的亚洲各国各地区的交易活动中，产生了连接亚洲各地的交易网络、交易中心地、汇兑渠道和金融中心地等，这些因素"形成了朝贡贸易关系的交易网络"。这个交易网络对亚洲和中国市场的价格动向发挥了一定的制约机能，成为西方国家面对东方时不能不受到制约的"冲击"。而且，日本工业化的发生也与朝贡体系有着密切的关系。黄枝连（1992）一方面承认朝贡体系是一个礼仪体系，是 19 世纪西方文化、西方国家、西方殖民帝国主义兴起之前，东亚特有的区域秩序，以中国封建王朝（所谓"天朝"）为中心，以礼仪、礼义、礼治及礼治主义为其运作形式；对中国和其周边国家地区之间双边和多边关系起着维系与稳定的作用，是"天朝礼治体系"。另一方面，他认为朝贡制度体现的是主导和被主导的一种不平等关系，作为一种观念、一种文明一直存在于东亚国际体系之中。

东亚贸易圈的朝贡体系并不仅仅只有经济意义，还体现了中国古老的邦交理念和礼仪。古代中国实施朝贡制度时一贯奉行"厚往薄来"的原则，并不注重经济利益的得失。对所有朝贡使臣，无论是"慕义"还是"慕利"而来，中国统治者常常厚加赏赐，以彰显天朝之君"以德怀远"的胸襟。中国的强大和繁荣稳定是朝贡制度建立的前提条件。费正清（1985：4）也认为，"献礼朝贡为中国朝廷的一项礼节。它象征着接纳夷狄来沐受中华文化。这是赐予的一种恩典和特权，并非耻辱"。朝贡制度是儒家主张用于对外事务的一种办法，体现了仁君能以德感召吸引化外的夷狄到中国的朝廷上来的思想，"当古中华帝国的影响在几百年的过程中扩散到东亚其余各地时，朝贡关系的礼节就发展成为一种手续，借此让帝国以外的番邦在泽被四海的以华夏为中心的天下，取得一定的地位"，"在清政府的心目中，纳贡的地位就是给外国人在特定条件下的经商权，使皇帝对外国朝靴者的权威合法化。但是这并非附庸关系，也并不表示要求清朝保护"。

近代欧亚贸易的开拓者是葡萄牙。自中世纪以来，葡萄牙人就在探险、捕鱼和殖民三方面动力的结合下，沿着西、南、北三个方向扩展其势力，其在通往东方的远洋航运中的垄断地位维持了近 100 年。随后荷兰、英格兰、法国、丹麦和挪威等国成为葡萄牙强有力的竞争者。荷兰人的贸易势力在 17 世纪达到高峰，其贸易势力扩张到了整个亚洲海域，从日本经由中国台湾到达东南亚各个贸易站。爪哇岛的巴达利亚是其在亚洲的中心，并由此推进到印度、锡兰、波斯和阿拉伯，最后到达非洲南部。

欧亚贸易的一个普遍特征是，欧洲明显偏爱进口，进口商品的种类逐渐增多。在 16 世纪，香料，特别是胡椒是最重要的进口货。17 世纪晚期，亚洲同欧洲的贸易逐渐由胡椒和香料转向其他奢侈品：印度的纺织品，中国、孟加拉和波斯的丝绸；中国的手工艺品（真漆、瓷器等）；17 世纪，印度东部的纺织品代替香料成为欧洲进口商品中的支配商品，占 1700 年前后荷属东印度公司进口额的 40% 以上。18 世纪二三十年代，咖啡和茶，特别是茶在欧洲非常受欢迎，约占 1740 年前后荷兰进口额的 1/4。欧洲向亚洲出口的商品主要是武器、弹药和金银。18 世纪欧亚贸易重要的变化是这些奢侈品成了普通商品。原先欧亚贸易的商品分为两部分：传统的、缓慢的、高回报的昂贵的商品和直接的、快速的、低回报的廉价的商品。地理大发现之前，欧洲与东方的贸易，由于运输困难、风险较大，所以商品价格昂贵，是只有少数贵族和富人才能享用得起的奢侈品。从亚洲进口的奢侈品使欧洲人享受美食和华贵的衣着。新航路开辟后，随着进口量的增长，价格下跌，砂糖、咖啡、茶叶以及各种香料成为大众商品。茶叶的贸易最具典型色彩，茶叶曾经是欧洲药剂师专用的一种昂贵药材，新航线开通后，任何欧洲国家都可以开船直接进入广州采购，而不必再支付数额巨大的中间费用，于是参与这项贸易的企业增多，竞争加剧，竞争很快带来好处，价格迅速下降，茶叶成为大众日常饮品。

在欧亚贸易中，由于历史和自然禀赋的原因，亚洲各个贸易区与欧洲交易的商品都有所不同。西亚（更恰当地说，是分散在奥斯曼帝国和波斯萨非帝国以及毗邻地区的许多地区和城市）有一系列相互紧密联系的生产和商业中心。奥斯曼人是地中海贸易网的参与者，从某种程度上说，他们是地中海贸易的主宰者。他们的帝国从贸易网中产生，奥斯曼人的国家以商人的方式追逐利润，确立、宣扬和推进其政治目标。这些目标包括占据和剥削商业中心与生产基地。葡萄牙人首先来到波斯及其周边进行贸易活动，接着来的是荷兰人。欧洲主要需要波斯的丝绸和一些毛织品，用东亚或东南亚的香料、棉织品、瓷器、各种日用品以及欧洲的金属制品乃至黄金来进行交易。欧洲人与波斯国王和普通商人之间长期反复的商业冲突，不断地引起外交冲突，偶尔也会发生军事冲突。但是，在近代，欧洲人没有足够的商业竞争力量和政治军事力量，所以无法取得突破性的进展。

印度在与欧洲的早期贸易中有巨大的顺差，与西亚的贸易也有一些顺差。这主要是因为成本低廉的棉纺织品以及可供出口的铜。印度也出口食品，如稻米、豆类和植物油。由于顺差通过进口贵金属来平衡，因此印度从西方获得大量白银和少量黄金（这些金银或直接绕过好望角运来，或间接通过西亚贸易转手），也获得西亚本身的金银。

与东南亚的贸易，特别是马来亚和印度尼西亚的贸易是欧洲人在亚洲最大规模和影响最深远的活动。欧洲人用印度的布匹、美洲和日本的白银来交换东南亚的胡椒、香料、香木、松香、漆、龟壳、珍珠、鹿皮等。由于东南亚的商品在欧洲特别受欢迎，而且利润很高，所以欧洲人多次试图控制甚至垄断当地的生产和贸易。1511 年，葡萄牙人夺取马六甲，他们试图垄断马六甲贸易并进而垄断其他贸易。荷兰人也想垄断香料的生产和贸易，1641 年，荷兰人从葡萄牙人手中夺取了马六甲。荷兰人使生产仅限于某个岛屿的弹丸之地，通过牢牢控制该岛屿而占有市场。荷兰使安汶专门生产八角茴香，班达生产肉豆蔻，锡兰生产桂皮。在土地面积过大和驻军开支颇高的锡兰，桂皮种植园也只准许占据较小的地面，以便限制桂皮的产量。有组织的单一种植使这些岛屿的食品和织物仰仗进口。东南亚其他国家和地区也具有类似的殖民地经济特征，它们的日常生活用品（如布匹、瓷器、用具和钱币等）都依赖进口。即便在 1570～1630 年的经济扩张时期，对外贸易在东南亚国民收入中仍占有相当大的份额，同时，荷兰人阻止别处种植这类作物，他们将马鲁古其他各岛的丁香树统统都拔掉，必要时甚至向地方首领按期支付赔偿金。荷兰还用武力占领西里伯斯群岛的望加锡，以免其成为香料自由贸易的中继站。印度的科钦也同样被占领，虽然占领该地对东印度公司得不偿失，但这阻止了科钦生产廉价的次等桂皮与上等桂皮进行竞争。东印度公司依靠暴力和严密监视有效地维持了垄断，使得其从细香料中赚取的利润始终很高。

中国的生产和出口在当时世界上具有领先地位。瓷器和丝绸在世界市场上鲜有对手，是中国最大的出口产品。1600 年以后还出口茶叶。直到 19 世纪中期为止，在与欧洲的贸易中，中国长期保持出口顺差。长期的顺差主要通过欧洲人用白银来偿付，使白银每年源源不断地运往中国。

二 皮雷纳命题

阿拉伯人的突然兴起，对西欧产生了重要的影响。历史学家亨利·皮雷纳说"没有穆罕默德就没有查理曼"（Pirenne，1939：234），这被称为皮雷纳命题。该命题强调了伊斯兰扩张征服与中世纪西方形成的密切关系。在皮雷纳看来，匈奴和日耳曼各民族的入侵虽然直接导致了西欧在政治上脱离罗马帝国，但是在经济、社会和文化等层面上蛮族统治并没有造成西欧与罗马帝国的分离。古罗马世界最基本的特征在于地中海的统一性，这种统一性在蛮族被征服后依然存在，并决定着西方社会的基本结构。但 7 世纪以后，阿拉伯人狂飙般地扩张，决定性地改变了西方的历史命运。它打破了古典传统，导致地中海世界的分裂，穆斯林控制西地中海，拜占庭占据东地中海。在这种局面下，传统的地中海贸易中断，商品经济日益萎缩，墨洛温王朝在西欧衰落，随后加洛林王朝兴起，查理曼的国家退回到一种自给自足的自然经济中。

在阿拉伯人扩张的年代，特别是中世纪早期，西欧的市场化程度比罗马帝国和梅罗纹加王朝要低很多。罗马帝国是一个由2000多个城市组成的"城市网络"（Devroey，2001：105），城市是统治精英和宗教精英的聚集地，财政收入不仅依靠农业税，还依靠对商业活动收税。罗马时代，罗马人经过三次布匿战争，取得地中海的统治权，并且建立了一个环地中海的贸易区域，把南欧、非洲和亚洲联系起来。在所谓的"罗马和平"时期，由于罗马帝国完全控制了地中海地区，罗马与各行省之间不存在严格的国界，环地中海的贸易实际上是帝国的内贸，所以在这个区域内关税甚低。在帝国强大的海军威慑下，商业不受海盗的侵扰，海上航行十分安全。帝国为维护贸易，精心设计了道路网，建设了有灯塔的港口等，这就使地中海贸易获得空前的发展。罗马城作为贸易中心，100万人口的食物大部分来自西西里、非洲和埃及，小部分是通过市场购买到的谷物和西班牙油类。罗马大规模建筑所需要的石材以及观赏用的动物也都来自遥远的地方。驻扎在边境各省军队的供给大多是通过河流从海上输入的。帝国殖民地城市对外来物品也有需求。西欧各省和巴尔干也通过贸易获取大量体现罗马生活方式的商品，如酒、橄榄油、武器、工艺性的金属器皿、精美的陶器和玻璃器皿。另外，还有来自东方的丝绸等。而加洛林王朝则由修道院和乡下的庄园组成，是一个"去城市化"的社会。加洛林王朝的武装力量也不再是罗马帝国时期的常备军，而实行服兵役的制度。

四个消失是皮雷纳命题的四个经验证据（Lopez，1943）：第一，草质纸的消失。西罗马帝国时期，进口的草质纸在教会、政府、商业等部门用于记录、保存资料、书写商业契约等。但是677年之后，梅罗纹加王朝就不再用草质纸书写皇家公文了，不久后高卢修道士和商人也停止了使用草质纸。第二，是奢侈纺织品的消失。梅罗纹加王朝时期，皇宫贵族还穿着丝绸和锦缎，但在加洛林王朝时期就是简朴的弗兰德毛纺布了。第三，金币的消失。第四，东方香料的消失。

皮雷纳命题在学术界引起了争论。洛佩兹（Lopez，1943）质疑了四

个消失。他认为草质纸仍然在意大利使用。高卢地区是因为罗马法限制
了草质纸的使用，而不是伊斯兰世界切断了草质纸的供给。奢侈品和香
料的消失是因为人们消费偏好的改变（洛佩兹并没有说明为什么会改变
偏好），而不是阿拉伯人限制供给。金币的消失则是因为西班牙的阿拉伯
政权采用了银本位制。丹尼特（Dennett，1948）更理论性地批判了皮雷
纳命题。他认为阿拉伯人既没有限制西欧贸易的动机，也没有限制西欧
贸易的能力。一方面，阿拉伯人与各色异教徒都开展了贸易，包括中亚
的游牧异教徒、印度和东南亚的印度教徒和佛教徒，甚至拜占庭的基督
徒。同时，阿拉伯人不仅与他的政敌——西班牙的倭马亚王朝通商，也
与依附它的意大利基督徒缔结商贸协议。阿拉伯人没有理由专门针对西
欧的法兰克人实行禁运。另一方面，阿拉伯人在 827 年占领西西里之前
是不可能对西欧实行禁运的。丹尼特重申了传统观点，西欧贸易出现衰
落是因为蛮族入侵和经济衰退。支持皮雷纳观点的阿歇特（Ashtor，
1976）反驳说，正是阿拉伯人的扩张造成了地中海地区连绵不绝的战争，
战争又阻碍了贸易的发展。所以，即使没有刻意地进行地中海地区的禁
运，阿拉伯人的征服和扩张在客观上也造成了该地区贸易的衰退。Find-
lay and O'Rourke（2007：73）进一步引申了皮雷纳命题，将伊斯兰世界
的崛起看作一股逆全球化的力量。因为年代久远，缺乏史料，关于皮雷
纳命题的争论至今仍没有结束。

三　哥伦布交换[①]

对消费者而言，由于贸易增加了消费者篮子里的品种，带来了福利
的增加。哥伦布交换就是个很好的例子。地理大发现为新世界带去了致
命的疾病，为旧世界带来了大量适应各种气候、可以广泛种植的植物和
农作物，包括西红柿、马铃薯、红薯、木薯、玉米、红辣椒、胡椒、可
可、香草、烟草等。此外，欧洲人还发现了含有可预防疟疾的金鸡纳碱
（奎宁）的金鸡纳树。新大陆还为旧世界农产品，如糖和棉花等的种植

---

①　哥伦布交换指的是 1492 年哥伦布发现美洲之后，农作物、疾病、观念和人口在新旧大
　　陆之间的传播与扩散。.

提供了大量肥沃的土地。[①]

　　大量文献记录了从美洲传入世界各地的新食物所带来的影响。Nunn and Qian（2011）估计了马铃薯引入到欧洲、亚洲和非洲的作用。马铃薯的热量和营养高于旧世界的主食如小麦、大麦、黑米和大米等，并且很多地方可以种植马铃薯，这极大地提升了旧世界的粮食产量和粮食生产率。Nunn and Qian 通过双重差分模型，比较了引入马铃薯前后、引入和未引入马铃薯地区[②]的人口增长状况、城市化进程和成年人身高平均水平。从国家层面上看，马铃薯的引入对总人口、城市化率和身高有积极的影响。法国引入马铃薯地区的成年人平均身高比未引入地区高 0.5 ~ 0.75 英寸。Chen and Kung（2012）发现玉米引入中国对促进人口增长的作用非常明显，但是没有证据表明它提高了城市化率。Jia（2014）研究了红薯在中国传播所具有的影响。红薯比中国原来的主要农作物大米和小麦更加抗旱。她的分析表明，在红薯引入之前，干旱和农民起义之间有着密切的联系。红薯在中国大面积种植后，这种联系明显减弱。

　　哥伦布交换不仅将新世界的作物带到旧世界，也将旧大陆的作物带到了新大陆。美洲的土壤和气候比旧世界更适合甘蔗等作物的生长。Hersch and Voth（2009）计算了欧洲因美洲大规模种植糖作物后获得的福利，也计算了欧洲引入美洲烟草后获得的福利。到 1850 年，糖和烟草可用量的增加分别使英国人的福利增加了约 6% 和 4%。这些结果对我们理解欧洲人随着时间推移不断改变的幸福观有着重要的意义。一般认为，如果不考虑新产品的引入，基于实际工资数据来看，英国人的福利水平直到 1800 年以后才开始改善（Clark，2005）。但是，根据 Hersch and Voth（2009）的研究，1800 年以前，哥伦布交换下"新"产品可用量的增加已经使得英国人的福利水平显著提高了。

　　美洲还向旧世界提供了黄金和白银。16 世纪中期，大量白银开始输出。金和银主要是从西班牙占有的中美洲矿山流入塞维利亚和加的斯，然后再流入欧洲其他地区。随后，巴西的黄金也通过里斯本加入了这股

---

① 详见 Grennes（2007）、Nunn 和 Qian（2010）以及 Mann（2011）对哥伦布交换的进一步描述。

② 测量某个地区是否可以种植马铃薯使用的是 FAO（世界粮农组织）可视化气候和土壤的数据。

洪流。其他大宗的货物还有巴西的木材、糖、烟叶、棉花，纽芬兰的鱼和北美的皮革。糖和烟草像茶一样，在 17 世纪时由昂贵的奢侈品变为大众消费品。这两种商品成为堆栈贸易的基础。堆栈贸易在 17 世纪后半期的荷兰和英格兰得到发展，殖民地商品的再出口在它们的对外贸易中所占份额稳定增长。

在大西洋贸易圈中人口是比较特殊的一种商品，人口贸易很快成为大西洋贸易的特征。最早西班牙和葡萄牙鼓励妇女移居殖民地，渐渐地随着制糖作物的种植方法从葡萄牙传到新大陆，蓄奴制也随着甘蔗种植园的扩展而遍布葡萄牙、大西洋各岛屿、巴西以及整个新大陆。从非洲往巴西与西印度群岛贩运奴隶构成了大西洋贸易的重要部分，葡萄牙首先开始了这种贸易。在 17～18 世纪，奴隶贸易发展到顶峰，形成了三角形的贸易路线，如欧洲、非洲和西印度群岛之间的三角贸易，北美洲、非洲和西印度群岛之间的三角贸易。在美洲、非洲和西印度群岛的三角贸易中，西印度群岛的糖浆进入北美殖民地，而北美殖民地的糖制甜酒和零碎小商品被运往非洲，非洲的奴隶则被贩到西印度群岛。在奴隶贸易初期，一些不值钱的小玩意儿，如玻璃珠子、颜色鲜艳的布匹、少量葡萄酒、废铁和钉子等都能轻易换得黑奴。后来运往非洲换取黑奴的货物主要是印度棉布、斜纹塔夫绸、铜制器、锡盆锡罐、铁条、带鞘的刀、帽子、玻璃制品、假水晶、火药、手枪、步枪、烧酒等。在非洲海岸起锚的葡萄牙、荷兰、英国或法国的船只全都从事三角贸易，奴隶贸易的巨额利润引起了激烈的竞争。17 世纪时，有 8 个欧洲国家参与瓜分西非，争夺向西班牙殖民地提供劳动力的垄断地位。

在 17 世纪，对于欧洲制造业来说，加勒比海地区和非洲也变成了越来越重要的出口市场，包括向非洲出口枪支，以用于围捕奴隶。此时欧洲也向非洲、加勒比海地区以及拉丁美洲的西班牙殖民地大量转口输出亚洲商品，尤其是印度的纺织品。在欧洲主导的大西洋贸易圈中，欧洲、非洲和美洲之间有了清楚的劳动分工，这是荷兰在 17 世纪中期创造的。在这个贸易圈里，欧洲人用布匹、金属产品、武器和其他工业品在西非换取奴隶，并将其运送过大西洋，卖到西印度群岛和美洲大陆的种植园。种植园生产白糖、烟草、棉花、大米和其他农业产品，这些农产品在收获后会运到欧洲进行加工。同时，美洲的许多殖民地，被迫专门从事商品农业，并依赖欧洲的工业品。次级的三角体系也产生了，涉及欧洲在北美洲北部的殖民地。北美殖民地向南部和群岛的种植园供应食品（特别是粮食、肉和鱼），向欧洲供应皮毛、木材和鱼，同时消费欧洲的工业品。新英格兰的一些商人把酒运到西非换取奴隶，把奴隶卖给西印度群岛的甘蔗种植园，然后把糖浆运回到新英格兰，进行蒸馏并酿制成酒。这些分工带动了航运、金融服务等的发展，著名的大西洋"三角贸易"发展成非洲－欧亚贸易和世界经济分工的一个重要附属部分。但拉丁美洲的大宗商品专业化生产导致了该地区长期的发展停滞（Bruhn and Gallego, 2012）。大西洋贸易对非洲长期经济增长的影响也是灾难性的。在非洲，参与贸易意味着战争、盗窃和贩卖奴隶（Nunn, 2008a；Nunn and Wantchekon, 2011）。参与奴隶贸易程度越高的地区越贫穷、人与人之间的信任度越低。

对新大陆的殖民拓殖是发生贸易的原因。欧洲人移民到美洲，欧洲向美洲出口的商品种类繁多，包括马匹、家具、各种工具、酒类和其他消费品，这些都是殖民地移民必需的生活用品。17世纪下半叶至18世纪，迅速发展的北美殖民地对各类制成品的需求直接刺激了英国工场手工业的发展。北美殖民地对英国制成品的需求除了表现在和英国的直接贸易往来上外，还表现在各种形式的三角贸易中。在北美、英国和西印度群岛的三角贸易中，北美殖民地的粮食和木材被运到西印度群岛，西印度群岛的糖和烟草被输入英国，而英国的加工制品则被贩运到北美殖民地（或在英国出售北美殖民地的船只）。在北美、南欧和英国这个规模较小的三角贸易中，北美殖民地的小麦、鱼、木材进入南欧；南欧的酒、盐和水果被运到英国；英国的加工制品则再次被贩到北美殖民地。北美对各种工业制成品的需要促使英格兰的对外贸易在1700年前后首次摆脱了对纺织品出口的单方面依赖，使其出口建立在给殖民地提供更广泛的商品和再出口殖民地商品的基础上。

四 赚钱的欧洲和分化的欧洲

15世纪末16世纪初，伊比利亚半岛上的葡萄牙、卡斯提尔和阿拉贡主导了一系列通往东方和美洲的航行，开辟了东西方交通的新航路，在世界各地发现了大片前所未知的土地。到 16 世纪末，欧洲人对世界陆地面积的了解，比 14 世纪时增加了 5 倍。欧洲从一个相对孤立的大陆发展起了跨洋贸易，当时的跨洋贸易东达亚洲，西至美洲。这使得欧洲与外界经济联系的范围空前扩大，商业资本获得了无比广阔的活动场所。

地理大发现后的 300 年间，欧洲商人奔走于世界各大洲，把欧洲原有的区域性市场同亚洲、美洲、非洲、大洋洲的许多国家和地区的地方性市场联结起来，贸易扩大到全球范围。以荷兰控制的香料贸易为例，香料是一种无可比拟的交换商品，是打开许多市场的钥匙。荷兰长期垄断香料的生产和交易，利用香料，沟通了欧洲区域市场和亚洲区域市场。荷兰人在苏拉特、科罗曼德尔沿海和孟加拉大量收购质地不等的各种印度织物，用这些织物在苏门答腊换取胡椒、黄金、樟脑；他们在暹罗出售科罗曼德尔的布匹、香料、胡椒和珊瑚，带走专门为他们生产的锡，一直运往欧洲倒卖；他们还从暹罗带走鹿皮、象牙和许多黄金。他们把鹿皮带到日本高价卖出，把象牙运到孟加拉。帝汶的檀香木在中国和孟加拉十分畅销。深受荷兰人剥削的孟加拉出产蚕丝、大米和硝石。硝石、日本的铜以及各地的糖是返航欧洲时最好的压舱货。荷兰商人还到勃固王国收购生漆、黄金、白银和宝石，在当地出售香料、胡椒、檀香木以及戈尔孔达和孟加拉的布匹。

大西洋贸易圈和太平洋贸易圈之间有多方面的联系。首先，金属货币在全球范围内流通。大量的美洲金银经由欧洲到达亚洲。莫卧儿王朝时期流通的货币数量与流入西班牙的美洲财富有一定的相关性，这表明流入欧洲的白银在 16 世纪晚期和 17 世纪初期流通到了印度。其次，印度纺织品流通到了非洲，被用作黑奴的缠腰带。再次，来自印度洋深海的玛瑙贝作为货币在非洲一些地方使用。荷属东印度公司是玛瑙贝主要的供应者，西印度公司和其他从事非洲与美洲贸易的公司是主要的需求者。贝壳产于马尔代夫群岛，在南亚和非洲被当作货币使用，用于交换象牙、黄金和奴隶。

利润是促使商人开拓世界市场的原动力。14～18 世纪，由于交通和通信的落后，同一种商品在不同地方的差价很大。即使扣除高昂的运费后，仍然有很大的利润空间。1500 年前后的德国，1 磅意大利或者西班牙产的番红花价值 1 匹马，1 磅糖等于 3 头乳猪。胡椒和香料等印度产品在罗马的售价比生产价格高百倍。那些穿过辽阔的巴西腹地或者抄布宜诺斯艾利斯近道偷偷来到波托西或利马的葡萄牙商人，所得利润之高令人难以置信。英国商人通过海路用加拿大北部的皮毛和中国商人交换，赚了大钱。17世纪的前几十年，每年都有一艘大船载着200多名葡萄牙商人，扬帆从澳门起航，驶往长崎，他们在日本逗留七八个月，其间挥霍无度，支出可达25万到30万银两，然后携带货物穿越大洋到达欧洲，产品在穿越大洋后，身价陡然增长百倍，少数人利用价格差异，发了横财。在1695年，将水银从中国运往新西班牙可有300%的赚头（布罗代尔，1993：436）。由于距离遥远和不确定性很大，这些商业活动全都是高风险的，因此获得高回报是正常的。在巨额利润的刺激下，总有人愿意走遍世界各个角落去开拓市场。

早期商业殖民活动的利润率也非常高，利润率超过了200%或300%，几乎相当于海盗行径。这样高的利润率有两个原因：一是在殖民地区的"买主独家垄断"局面，即在"购买"土地和劳动力时买主独家垄断，这是国家授予的特权。英国、荷兰的东印度公司就拥有这样的特权。垄断还表现在资金的供给上，资本的来源是有限的，各种国家机构都是大规模的借款人，商品贸易的利润不仅仅落入直接参与交易的人手中，还要落入那些更先进的欧洲经济组织手中，他们既能提供最初的资本，又为工业品提供销路。垄断还表现在一些大的商行和组织控制了产品在欧洲地区的销售，使其在市场上缺乏竞争对手，抬高价格。垄断使远洋贸易的商品最后掌握在少数人手中，这些商品有中国或波斯的丝，印度或苏门答腊的胡椒，锡兰的桂皮，马鲁古群岛的八角茴香，安的列斯群岛的蔗糖、烟草和咖啡，基多地区或巴西内地的黄金，新大陆的银块、银锭和银条。当然，垄断还表现为一些技术上的因素，如航海技术、香料保鲜技术等。如果市场机制发挥了作用，超额利润在某条路线上消失，那么总有可能在别的路线上，通过别的商品，重新实现超额利润。二是这些初级产品在西欧地区缺乏有效竞争。之所以缺乏竞争，一部分是因为技术不发达，一部分是因为贸易的联系链是垂直的，宗主国直接向殖民地倾销它的商品。殖民活动的高利润率促使宗主国和殖民地贸易大发展。西班牙在16世纪建成了一个庞大的美洲帝国，使跨大西洋贸易闪电般增长。1510年至1550年，贸易总额增长8倍，1550年至1610年，又增长 3 倍。国家垄断机构掌握着跨大西洋贸易，跨大西洋贸易的主要商品是金银。

创造巨额利润的商品，基本都是奢侈品。1 公斤胡椒在印度产地值 1～2 克白银，在亚历山大港的价格达 10～14 克白银，在威尼斯达 14～18 克白银，在欧洲各消费国则达 20～30 克白银（布罗代尔，1993：435）。纺织品类的奢侈品随着时尚而变化。15 世纪末，富人爱好丝绸，丝绸成为某种社会身份的标志，这使掌握这种贸易的意大利商人赚了大钱，并促成了意大利的最后一次繁荣。在 17 世纪的最后几十年里，英国呢绒是主要的奢侈品。到 18 世纪，印花布取而代之。其他奢侈品还有香料、茶、咖啡等，这些都是当时时尚的宠儿，是有着巨额利润的商品。

在贸易方面占首要地位的不是香料和胡椒，而是小麦、羊毛、食盐等大量利润微薄的产品贸易，超额利润贸易在整个贸易活动中只占了很小的份额。虽然存在超额利润的贸易在整个贸易中所占的份额很小，但是它所引起的商业冲动对社会的影响很大。普通贸易由于利润微薄，只有很少的资金可供积累。如小麦，在自给自足占主导的生产方式下，生产的小麦只有小部分通过市场出售，绝大部分由生产者自己消费掉了。出售小麦所得的利润，在正常年份很微薄，而且还要分散在农民、地主和转售商手里，几乎所剩无几。而有超额利润的贸易的经济影响不容低估。在地理大发现以前，欧洲大约消费了 10000 公担胡椒和 10000 公担其他香料，这要用 65000 公斤白银换取，这些白银约等于 30 万吨黑麦，能养活 150 万人（布罗代尔，1993：434）。

过去，没有一个大国或它的商人能够同时在所有的市场展开活动，或者说能够把自己在这些市场之间的活动组织成这样一种实现利润最大化的连贯系统。欧洲人之所以能够做到这一点，关键在于他们控制了巨大的金银供给来源。在近代初期，欧洲的货币（主要是金银）存量并不大。"1500 年欧洲的货币总存量约为 3500 吨黄金、37500 吨白银"（卡洛·M. 奇波拉，1988：450）。由于人口的迅速增加、新兴工业的产生、土地利用程度的提高以及贸易的发展，对货币的需求量也在提高。但是，金银的供给量是有限的。在新大陆被发现和开发以前，欧洲商品经济的发展就是因为缺乏货币而陷入窘境。

从 15 世纪 50 年代到 17 世纪，欧洲的货币存量有了显著的增长。首先

是从非洲和美洲进口的金银构成了欧洲货币增量的大部分。"在 1485～
1520 年间，每年从葡属西非运抵里斯本的黄金在半吨以上，在整个近代初
期，欧洲不断从非洲获得黄金——在 17 世纪，从莫桑比克的莫诺莫塔帕
的金矿中平均每年就可获得 1 吨以上的黄金"（卡洛·M. 奇波拉，1988：
451）。从美洲进口的金银数量更加巨大。16 世纪西班牙人在美洲发现
贵金属矿之后，驱使当地的印第安人，以后又从非洲贩入黑奴进行开
采。殖民者将开采出来的金银用军舰护送回西班牙。16 世纪后半叶是
银进口量最大的时期，当时最大的舰队由 94 艘船组成，最小的舰队也
有 56 艘船。根据官方估计的数字，1521～1600 年从美洲运到西班牙的
白银有 1.8 万吨、黄金有 200 吨（米歇尔·博德，1986：8）。如果加
上走私、直接贸易和海盗等因素，流入西班牙的金银估计是此数的 2
倍。西班牙国王用这些贵金属偿还了巨额外债，发动了殖民战争，并
从意大利、法国、荷兰、英国的市场上采购商品，大量的贵金属就从
西班牙向欧洲其他国家扩散。到了 17 世纪后期，美洲再次发现黄金，
美洲的黄金又一次流入欧洲，并且持续了大半个 18 世纪。据估计，
1500～1650 年，仅由美洲流入的金银就使得欧洲黄金的总存量增加了
5% 左右，白银的总存量几乎增加了 50%（卡洛·M. 奇波拉，1988：
451）。除了从美洲和非洲进口的金银外，欧洲本土的蒂罗尔银矿和萨克
森银矿也获得了开发，1526～1535 年其产量达到了顶峰，每年大约生产
70 吨白银（卡洛·M. 奇波拉，1988：451）。尽管由于与东方贸易的入
超流失了一部分金银，尤其是白银，但毫无疑问，16 世纪欧洲的贵金属
存量显著增加了。

　　金银流量和存量的增加使欧洲在 16 世纪经历了持续不断的、规模空
前的通货膨胀。价格绝对水平的提高和工资落后于其他价格的巨大差距，
使这次价格上涨被称为"价格革命"。价格革命席卷了整个西欧，1600
年的价格总水平比 1500 年高 200%～300%。同期，西班牙价格上涨 2.3
倍，法国为 2.2 倍，英国为 2.6 倍，荷兰的纺织城市莱顿为 3 倍，阿尔萨
斯、意大利和瑞典的价格近乎翻了一番（高德步、王珏，2001：174）。但
是，16 世纪的价格革命并没有使所有价格同样上涨。在英国，地租是所有
价格中增长最迅速的，农产品价格的上涨快于工业品价格的上涨，实际工
资水平却在缓慢下降。英国价格革命的这种特点大体上也存在于整个西欧。

据估计，16 世纪实际工资下降了 50%（米歇尔·博，1986：8）。

　　价格革命对欧洲的社会经济结构产生了巨大的影响。在农村，采用租佃制的地主因为地租上涨最快而获利最大；相反，按照传统方式征收固定货币地租的封建地主却因此受到损失。租地经营的农场主和一部分农民不仅因为工资低廉和农产品价格高昂获得利益，还因为向地主缴纳固定货币地租而享有价格上涨的好处，经济实力大大增强。到 16 世纪末，英国已形成了一个富有的大租佃农场主阶级。工业品价格上涨虽不及农产品价格上涨的幅度大，但由于实际工资的下降、产品销路的扩大，手工工场主和商人成了新兴的经济贵族。雇佣工人和被夺去剩余产品的贫苦农民在价格上涨中不得不降低生活水平。这样，价格革命加速了社会分化——新兴农场主和工商业者壮大，旧式封建贵族衰落，城乡劳动者进一步贫困，从而有力地推动了资本主义的发展，加速了封建社会的解体。

　　在世界经济的结构中，有四个主要地区长期保持着商品贸易的逆差。它们是美洲、日本、非洲和欧洲。前两个地区靠白银出口来弥补它们的赤字。非洲出口黄金和奴隶。从经济角度看，这三个地区都生产世界经济中其他地方所需要的"商品"。第四个贸易逆差地区是欧洲，特别是西欧。西欧与波罗的海、东欧、西亚有直接的贸易赤字，与印度有直接的或间接通过西亚的贸易赤字，与东南亚有直接的或间接通过印度的贸易赤字，与中国有间接的通过上述所有地区和日本的贸易赤字。欧洲人能向东方销售的产品很少，因此把大量白银和一些黄金转手输出到这些地区。在总出口中，黄金和白银从未少于 2/3。1615 年，荷兰东印度公司全部出口物中实物只占 6% 的价值，金银则占 94% 的价值。实际上，1660～1720 年，贵金属占该公司向亚洲输入总值的 87%（安德烈·贡德·弗兰克，2000：118）。出于同样原因，代表制造业和出口利益集团的英国政府，在授予英国东印度公司的特许状上要求，英国出口产品至少要占该公司出口总值的 1/10。但即使这样少量的出口产品，该公司都难以找到市场，它们大部分最远只能出口到西亚。后来，少量的细绒呢运到印度，但不是做衣服，而是被当作家庭和军事用品，如地毯和鞍垫。欧洲大部分出口物是金属或金属制品。1500～1800 年，欧洲所能生产和出口的最重要商品，实际上也是唯一的商品，就是金银，而金银得自于欧洲在美洲的殖民地。欧洲弥补这种赤字主要是靠"经营"其他三个贸易逆差地区的出口：从非洲出口到美洲，从美洲出口到亚洲，从亚洲出口到非洲和美洲。欧洲的利润主要来自于众多市场之间，尤其是在整个世界经济范围内进行金银、货币和商品的多边交易。

1500 年左右，欧洲传统的地中海贸易区仍十分兴旺。新航线的开辟并没有马上使欧洲发生翻天覆地的变化，因为新航线上不确定的因素仍然很多，而且新航线比旧航线耗费时间，这会影响欧洲与东方最赚钱的贸易品种——香料的质量，所以直到 16 世纪末荷兰人开始从海外进口香料之前，意大利商人都在与东方的贸易中占据着垄断地位。当时意大利人控制的地中海区域流通的商品有食物、原料和一些制成品。大宗的食物有粮食、盐、咸鱼、橄榄油、葡萄酒等。大宗的原料有羊毛、生丝、棉花、皮革、铜、铅和锡等。制成品主要是意大利北部城市的手工织品、米兰的丝织物和盔甲、威尼斯的肥皂和玻璃器皿、热那亚的纸和西班牙的皮革制品等。最赚钱的香料贸易由威尼斯商人把持，热那亚人和比萨人也分得了一杯羹。

新航路开辟后，特别是 1501 年葡萄牙人把第一批香料运到安特卫普之后，完全依赖优越地理位置进行转运贸易的意大利诸城邦受到了竞争者的挑战。西欧国家不仅可以向南经过非洲西海岸到达东方，也可以向西越过南美洲前往亚洲。这些新航线连同另一条驶往北美的航线，都是从欧洲大陆西海岸或英国出发。这样，欧洲与外界的联系，也就由地中海转移到大西洋。地中海变成了交通闭塞的内陆海，意大利也失去了原有的重要地位，经济逐渐衰落。与意大利商业联系较为紧密又邻近地中海区域的德意志南部诸城市也遭到了同样的打击。而大西洋沿岸国家的经济地位大为提高。其中，葡萄牙的里斯本、西班牙的塞维利亚、尼德兰的安特卫普和英国的伦敦等重要港口尤为突出。世界的贸易中心随着新航线的开辟从地中海转移到了大西洋，相应地，继意大利诸城邦后，16 世纪中期的安特卫普、17 世纪的阿姆斯特丹成为欧洲经济中心。

自从地中海贸易衰落以后，首先是安特卫普成为各路商人的汇集点。16 世纪时中欧的金属贸易，尤其是银和铜的贸易已经十分发达。久负盛誉的富格尔家族控制着中欧的金属和地中海商品之间的过境贸易。后来中欧的商人逐渐把德意志的银和铜运到安特卫普，葡萄牙人也从东方运来香料，西班牙人从新世界运来贵金属，进入这一地区贸易的货物还有毛纺织品、亚麻帆布、粮食等。安特卫普成为南德意志、汉萨同盟、葡萄牙、意大利、西班牙以及英国等各路商人的会集点，也是横贯欧洲大陆贸易（白银和铜从德国南方向意大利北方的低地国家，尤其是向布拉特扩展）与海上贸易的结合点。安特卫普成为 16 世纪中期繁荣的商业中心，被称为"世界商业之都"。后来，海上贸易逐渐占据了主导地位，横贯大陆的贸易解体了。原因之一是地中海地区贸易的衰落对德国经济造成了严重危害，汉萨同盟衰落，再加上宗教战争，国内严重分裂。原因之二是 1585 年安特卫普被帕尔马占领，荷兰人对斯海尔德河进行了封锁，至此陆路贸易被削弱，安特卫普的历史上留下了 3/4 个世纪的辉煌篇章。

随后，荷兰成为世界贸易的中心。新航线的开辟对荷兰越来越有利，荷兰人开辟了从北海绕过丹麦的最北端，穿过松德海峡进入波罗的海的航路。15 世纪 90 年代，丹麦在松德海峡征收通行税的记录表明，通过松德海峡的大部分船只是荷兰人的。在随后的一个半世纪中，这个比例不断增大（彼得·马赛厄斯、悉尼·波拉德，1989）。在这条航线上荷兰人掌握了大宗和混合货物的运输，尤其是谷物和鱼类，控制着法国与北欧之间的所有贸易运输以及英国的绝大部分贸易运输。海盐和谷物的运输在当时国际海上运输中居于关键地位，它们在 17 世纪几乎被荷兰运输商垄断。在北欧与地中海的货物交换中，荷兰人也发挥着重要作用。例如，里斯本与但泽之间的盐、香料、谷物的交换为荷兰人独揽。荷兰由于其所处的地理位置特别适合从中控制两地之间的交往，使相距遥远的里斯本和但泽的不同商品在荷兰进行交换，每年里斯本的香料与波兰的谷物都可以在冬季到来之前运抵荷兰。总之，17 世纪荷兰控制着波罗的海地区、大西洋地区乃至地中海与北欧地区的贸易，阿姆斯特丹是世界上最繁忙的港口。直到 17 世纪末，当各国农业的发展和人口下降使谷物需求减少时，荷兰在商业上的地位才遭到打击，英国也是在 18 世纪之后才能够真正向荷兰挑战。

五　马尔萨斯式增长、斯密动力和地理大发现的外生冲击

18 世纪前的经济增长方式是马尔萨斯式的，这一结论基于马尔萨斯

人口论。马尔萨斯的人口理论分别被表述为两种形式，一种是作为经济增长方式的马尔萨斯人口模型，一种是人口增长方式中的马尔萨斯陷阱。如果将马尔萨斯人口论作为一个经济增长的概念，它实际上预测了稳态消费水平的存在（Lucas，2003；卢卡斯，2005）。人类历史在 18 世纪之前，经济增长基本是平缓的，人口也相对增长缓慢，因而存在着相对稳定的特征。从人口增长方式来说，马尔萨斯人口论描述了一种现象：一国的人口会不断超过食物的供给，为了防止人口超过可得到的食物供给，人口增长就会被周期性的战争、灾难和疾病打破，出现人口急剧下降的现象，这被称为马尔萨斯陷阱（迈克尔·帕金，2001）。马尔萨斯对人口增长总是掉到"陷阱"里的原因做出了解释，他认为这是关于总产出与人口增长二者速度的问题，总产出增长慢于人口增长从而抑制人口增长。马尔萨斯人口模型预测了稳态消费水平的存在，说明了人均产出增长停滞这个基本现象。所以，摆脱马尔萨斯陷阱通常被看作一个国家经济增长方式发生转变的标志。

斯密动力表现为市场扩大带动了分工的扩大，而分工的扩大带动了产出的增加，产出的增加又带动了市场的扩大，实际上就是一种以分工为媒介的产出自我增长的过程。斯密认为分工能"鼓励大家各自委身为一种特定职业，使他们在各自的生意事业上，培育并发挥出各自的天赋资质或才能"（Smith，1776/1930）。具体来说，分工可以减少劳动之间转换等劳动浪费，同时还可以使人们专心于一种或少数几种工作并使技艺更加纯熟；分工也是机器发明的重要原因，分工使得原来模糊不清的工序得到分解，从而使人们更容易观察出整个劳动过程是由哪些简单机械运动组成的，从中发现用机器替代人工的方法。而且分工之后也更便于将简单的机械加入到劳动工序之中，并且改进每道工序的工具使之更适应劳动。在《国富论》中，分工的好处不仅表现在劳动生产率的提高上，还表现为市场的扩大。同时市场的发展会强化分工，从而进一步促进经济增长。此外，分工也促进了资本的积累。① 总之，分工使有用劳动与总的劳动付出的比值增大，增加了人力资本的积累，促进了中性技

---

① 黄有光分析了劳动分工、资本积累和技术进步这三个因素是相互作用的，它们之间复杂的和多方向多联系的互动作用促进了经济增长（Ng, Yew-Kwang, 2005）。

术进步，促进了资本存量的增加。简而言之，分工促进了劳动生产率，从而促进了经济增长。

但是分工的边际报酬是递减的，在社会中分工作为增长动力的作用会受到约束。社会在部门一定的情况下不会无限地分工下去；而且刚开始分工的时候，可以大幅度减少工序转换的时间，人们专一于一项工作之后会变得更加专业，也可以发现各道工序之间的组合从而发明机器。但是随着分工越来越细密，工序转换的时间越来越少，已经到了无法压缩的地步，人们只会少数几项工作，工作能力已经达到人们所能达到的近乎机械化的最高水平，分工作为技术发明灵感的来源渐渐枯竭，分工对于资本积累的作用也逐渐减弱。因此分工对于经济的促进作用是边际报酬递减的。

15 世纪地理大发现后，市场规模的扩大可以被看作一种外生的冲击，依然属于斯密动力的范畴，单纯的市场冲击也就是地理大发现造成的市场规模突然扩大无法使经济走出马尔萨斯陷阱。但是，在短期内会造成国家之间发展的不平衡。

地理大发现后，非洲和美洲的黄金白银流入西欧是阶段性的，因为金矿和银矿的发现和开采不会是连续的，但也都持续了一段时间。例如，16 世纪后半叶是西欧进口白银数量最大的时期，这个情况持续了半个多世纪；17 世纪后期，美洲发现黄金，又促使黄金大量流入西欧，并且持续了大半个 18 世纪。因此，金银流入对资本形成的冲击有可能是单次的，也有可能是连续的。根据索罗的经济增长模型，由于资本存在折旧而资本的边际报酬递减，所以资本在折旧等于新增资本时达到稳态，如果在稳态的基础上再增加资本，会由于资本折旧过高而增加的产量太低，从而使新增储蓄和新增资本量太低，导致资本入不敷出，从而回到稳态。因此，新增资本这一事实自身不可能让经济走出马尔萨斯陷阱，但是在一个以分工为媒介的经济自我增长模型中，在储蓄率不变的情况下，外部新增的资本可以脱离旧的稳态，为总产量做出贡献。

地理大发现作为外生冲击刺激了经济增长，增长的程度由两种因素决定：原始冲击的大小和冲击衰减速度的快慢，原始冲击的大小受衰减速度快慢的影响。经济体初始规模越小，衰减速度越慢，受到地理大发现的影响越大越长久。冲击导致的规模报酬递增程度越高，衰减速度越慢，冲击越有力，对经济增长贡献越大。

受到地理大发现冲击越大的国家经济增长越明显，这解释了 16 世纪欧洲经济中心从地中海转移到大西洋，大西洋沿岸国家比地中海国家更接近新开辟的市场，更容易获取利益的现象，意大利、德国经济衰落在很大程度上是航线西移造成的。而且，冲击越大效果越大的结论还解释了欧洲国家从 16 世纪以来对新航线和殖民地争夺的结果，表 2－1 说明在大西洋沿岸哪个国家掌握着新航线和占据着新大陆，哪个国家就成为繁荣的中心。然而，市场扩大再凶猛、资本积累再多也只起到次要的作用，其影响是衰减的，没有哪个国家能够长久地享受地理大发现带来的好处，因而，16～18 世纪，欧洲经济中心从西班牙转移到荷兰再转移到英国。而且，规模越小的国家在面临同样冲击时，增长幅度越大。表 2－2 中，17 世纪没有摆脱马尔萨斯陷阱的经济体的规模都比较大，如法国、意大利和德意志等，而实现人口持续增长的国家规模相对比较小。从冲击的衰减速度看，西班牙和葡萄牙很有可能规模报酬没有增加或者增加得不理想，造成了经济的落后。

表 2－1　16～18 世纪欧洲经济中心在西班牙、荷兰和英国的先后交替

16 世纪	15 世纪末，葡萄牙人最早打通了从欧洲绕过非洲好望角到达印度洋的航线。西班牙人发现了新大陆，随后西班牙兼并葡萄牙及其属地，大量的金银、象牙、珍宝、香料、劳动力等资源流入西班牙，使西班牙的繁荣维持到 16 世纪末
17 世纪	17 世纪，荷兰成为海外掠夺的主角。1588 年荷兰联合英国击败西班牙的"无敌舰队"，垄断了东方的香料等产品，到 17 世纪中叶时，荷兰所占有的殖民地超过欧洲任何一个国家，是当时最强盛的国家
18 世纪	18 世纪初，英国赢得了海上贸易和殖民霸权。17 世纪中后期，英国通过航海条例打击荷兰对海上运输和殖民地市场的独占，通过对葡萄牙、荷兰、法国的战争夺取了这些国家的海外殖民地。18 世纪中期爆发工业革命，其世界霸主的地位持续到 20 世纪

表 2－2　摆脱马尔萨斯增长方式的条件与 17 世纪西欧国家的人口增长

	西班牙、葡萄牙	意大利	法国	比利时、荷兰、卢森堡	不列颠	斯堪的纳维亚	德意志	瑞士
受益航线西移	√		√	√	√	√		

续表

	西班牙、葡萄牙	意大利	法国	比利时、荷兰、卢森堡	不列颠	斯堪的纳维亚	德意志	瑞士
经济规模较小				√		√		√
占领殖民地多				√	√			
17 世纪人口增长率（%）	- 0.123	0	0.08	0.17	0.37	0.17	0	0.20

注：①法国包括洛林和萨瓦。

②航线西移和占领殖民地表示冲击的大小，17 世纪中叶，荷兰是占领殖民地最多的国家，17 世纪后半期，英国和荷兰发生了三次战争，英国抢到了荷属北美新尼德兰殖民地，并排挤了荷兰在印度的势力，到 18 世纪初英国就赢得了殖民霸权。

③经济规模是以 1600 年人口数量衡量的，比利时、荷兰、卢森堡、瑞士和斯堪的纳维亚国家的人口明显少于表中其他国家。

④经济规模和 17 世纪人口增长率的数据来源于：卡洛·M. 奇波拉：《欧洲经济史》第二卷，商务印书馆，1988，第 29～31 页。

六　农奴制解体的可能原因

通常情况下，市场发展是农奴制解体的重要原因。由于市场的存在，领主和农奴有了供给和消费各种商品的可能。原先农奴按契约向领主提供的劳役生产出来的单调的消费品，已经不能满足领主多样化的需求，领主渴望得到金钱，以便到市场上消费，农奴的劳动所得逐渐用货币来计量。庄园经济的基本特征——劳役制和自然经济逐渐被动摇。

市场的发展使庄园中庄园主和农奴利用市场进行交易的成本降低、可选择性增多，而且在 14 世纪人口持续急剧下降的情况下，劳动力价格提高和农奴希望摆脱人身依附的愿望加大了领主实行强制劳役制的成本。领主和农奴越来越愿意将劳役折算成实物地租或货币地租，13 世纪，英国称这种折算劳役的办法为"折算地租"，14 世纪"折算地租"更为流行。13 世纪末 14 世纪初，货币地租在英格兰已占优势。货币地租的盛行，又使一部分领主为获取更多的货币收入把自用地交给自由农民耕种，或者雇工自行经营；当时甚至有一部分农奴也加入了承租领主土地的行列。在英国，农奴制实际上在 14 世纪末期已经不存在了。到 1300 年，货币经济已大体上取代了以前的自然经济（詹姆斯·W. 汤普逊，1992：8）。

　　但是，市场需求并不一定都会造成农奴制的解体，波兰就是一个证明。波兰和丹麦的谷物养活了荷兰的城市人口。1622 年阿姆斯特丹的居民数量超过了 10 万人，莱顿和哈勒姆超过 3 万人，另有 7 个荷兰城市超过 1 万人。16~17 世纪，50%~70% 的荷兰人口在城市居住，其消费的谷物中大约有 15% 来自波罗的海地区。1460~1560 年，经由但泽的粮食出口从 1.25 万蒲式耳增加到 30 万蒲式耳，1560~1660 年又翻了一番，达到 60 万蒲式耳，这是 75 万人一年食用的粮食。波兰的贵族从粮食出口中获利，但是贵族面临着劳动力短缺的问题。为了阻止农民向边防松懈的东部荒地迁移，从 1493 年起颁布了一系列限制农民自由并强制农民在贵族土地上劳作的法律。1520 年通过的法律强迫农民每周为贵族工作 1 天，1550 年增加到每周 3 天，1600 年变成每周 6 天（赫尔曼·M·施瓦茨，2008：74）。正是市场需求的扩大造成了农民更牢固地被束缚在土地上，扩大出口依靠的是增加农民数量和劳动的时间。

　　为荷兰提供牛和谷物的丹麦却与波兰不同。相对稀缺的劳动力固定在国王所统领的国家领土而不是贵族领地上，而且国王阻止贵族进一步侵占自耕农的土地。农民生产产品后直接出口，增强了经济实力。国王通过扶持农民来平衡贵族势力，实现了丹麦人均收入的提高。19 世纪，丹麦的人均收入与工业化程度与德国和比利时差不多。

　　同样面对市场需求扩大的英国将农民从土地上赶走，形成了自由劳动力和租地农场主，养更多的羊、剪更多的羊毛以满足荷兰发展的毛纺织业。诺曼底征服英国以后，英国与欧洲大陆的联系日益紧密，佛兰德斯飞速发展的毛纺织业需要大量的羊毛供给，从而带动了养羊业的发展。最初参与到羊毛交易中的英国人获得了丰厚的收益，这刺激了更多的领主和农民卷入市场，专门从事羊毛的生产。在许多庄园里，牧场已占整个面积的 1/3 至 1/2，纽卡斯尔、波士顿、伦敦、布里斯托尔等地都成为羊毛出口的主要基地。1300 年，英国羊毛出口总值达 28 万英镑，占出口总值的 93%。养羊业和羊毛出口的发展，推动了商品经济的发展，日益瓦解着农奴制的自然经济。生产的专业化反过来又加速了市场的发展。

　　波兰、丹麦、英国同样面对市场需求扩张，国王、贵族和商人之间的力量较量形成了不同的经济特征。而且，不同的产品似乎也会形成不同的结果。小麦需要大量从事播种和收割工作的劳动力，所以波兰的地主强制实行农奴制。羊毛对土地的需求量更大，所以英国的地主圈地并赶走了农民。"世界市场并没有决定结果，但是它使得人们渴望得到一些特定结果"（赫尔曼·M·施瓦茨，2008：76）。

七　重商主义和商业战争

新兴的民族国家和商业资本旨在获取货币的本性，使它们迅速结成联盟，这种联盟清楚地体现在当时西欧各国所实施的政策和信奉的学说上，这些政策和学说被称为重商主义。重商主义是资本主义兴起时期占统治地位的经济思想。重商主义实质上是一种国家权力对财富的追求行为。随着商业的兴起，尤其是对外贸易在经济中的作用越来越大，近代新兴的民族国家开始奉行重商主义的政策和观点，引起了社会观念的重大变化。重商主义在其发展过程中经历了两个历史阶段，15～16 世纪中叶为早期重商主义，16 世纪下半期至 17 世纪为晚期重商主义。无论是早期重商主义还是晚期重商主义，都把货币看作财富的唯一形态，把货币多寡作为衡量国家富裕程度的标准，都强调政府对经济生活的干预。重商主义国家竭力增加出口，限制进口，以此积攒"财富的唯一形式"——金银。但是，在如何增加货币上二者有着不同的主张。早期重商主义者主张采取行政手段，禁止货币输出，在对外贸易上，主张多卖少买或不买，每一笔买卖都尽量保证出超。晚期重商主义者认为，国家应该允许将货币输出国外，以便扩大对国外商品的购买，但是对外贸易的总体必须保证出超。

西班牙、葡萄牙、英国等根据早期重商主义的主张，颁布了各种法令，甚至规定严格的刑罚，禁止货币输出国外。西班牙和葡萄牙政府直接控制贵金属的贸易。同时，政府还规定外国商人必须将出售货物所得的全部货币用于购买当地的商品。此外，国家还加强了对外贸易的管理，一般将与某个地区的贸易垄断权卖给特定的公司，以便管理。英国爱德华四世于 1478 年把输出金银定为大罪。英国曾规定本国和外国商人只能在指定的市场上进行交易。英国出口商可以运到规定的国外市场上的货物是羊毛、皮革、锡、铁皮及其他普通商品，他们从国外换得的必须是各种必需品。

晚期重商主义者为了保证出超，实行关税保护和鼓励本国工场手工业发展的政策。法国在柯尔培尔担任财政大臣期间（1663～1685）执行了一套完整的重商主义政策。最初，柯尔培尔采取防御性措施，实行关税保护政策。1664～1667年实行的保护性关税是代表性的政策。1677年，柯尔培尔将呢绒的进口税率提高1倍，试图阻止英国和荷兰呢绒的进口。为了保护花边和饰带等法国擅长生产的装饰品，他也将这些产品进口税率提高了1倍。后来，他采取进攻策略——大力发展手工工场，增加生产。他广泛调查法国资源之后，列出详细计划，包括需要生产什么，应在哪里生产等。由此，在他当政的20多年间，法国建立了许多"皇家手工工场"。大的"皇家手工工场"由68个增加到113个，生产地毯和装饰品的安比林和萨望果皇家手工工场曾经名噪一时。柯尔培尔还将专卖权、财政特权、津贴等优惠给予军火、冶炼和奢侈品工业。在他的督促下建立的400多种制造业，基本实现了他要将手工工场变成国王后备军的理想（米歇尔·博德，1986：36～38）。普鲁士政府在腓特烈大帝时鼓励纺织、玻璃、化工、金属制造等行业工场的发展，亲自在西里西亚开办煤矿和冶铁厂。俄国女沙皇叶卡捷琳娜建立了许多使用农奴劳动的工场，有的完全由国家经营，有的与私人合办。

在推行重商主义政策时，各国有不同的侧重点。西班牙和葡萄牙最重视控制金银的贸易。英国同其他欧洲国家相比，重商主义政策最明显的体现是实行对外扩张，为此，政府进行了商业战争和颁布了一系列航海法令。法国则注重工场手工业的发展，法国的手工工场多为法国政府直接出资创办。

重商主义政策在推动工业扩张方面取得了共同的显著成效。17世纪末和18世纪初，印度的印花布大规模地占领了欧洲市场。1650年左右只有几千匹，而到了18世纪初，英国的进口猛涨到86万匹，荷兰的进口达到10万匹。面对欧洲纺织业者的压力，担心金银外流的重商主义者立刻做出反应，许多国家逐渐限制，甚至禁止印花布的进口。亚麻布行业是这一行动的主要受益者。爱尔兰亚麻布的出口，从1700年几乎等于零，增长到一个世纪后的4000万匹；苏格兰的产量从200万码（1728）增长到1300万码（1770）；加利西亚的亚麻布产量从1750年到1800年翻了一番。棉布工业作为进口替代工业繁荣起来。在英国国内纺织的本色棉布的年进口额从 1700 年的 110 万英镑增长到 1772 年的 420 万英镑，后又激增到 1800 年的 4180 万英镑。法国棉布和麻布的产量在 1700～1710 年和 1780～1789 年每年平均增长 3.8%（罗伯特·杜普莱西斯，2001：266－267）。当时，欧洲每个国家都建立了棉布业。

崇尚重商主义的另一个结果是商业成为战争的主要原因。重商主义时代的人们普遍认为世界财富的总量是既定的，国际市场是有限的，贸易就是常年的战争，谁在贸易中占据垄断地位，谁就可以充当战争与和平的裁判者。因此，各国政府都致力于从大致固定的国际贸易额中获得最大利益，利用本国的条件造成贸易顺差，从而保证金银多进少出。商业原因引起的国际冲突集中表现为对海上霸权和海外殖民地的争夺。

葡萄牙和西班牙在哥伦布发现美洲大陆后，为了争夺海外殖民地发生冲突。经过罗马教皇亚历山大六世的调停，缔结了 1493 年的《托德西里雅斯条约》，议定在美洲由北向南划一直线（即所谓的教皇子午线），这条线在西经 41°与 45°之间，这条线以东新发现的土地归葡萄牙，以西归西班牙。据此，归属西班牙的是除了巴西东部以外的全部美洲，归属葡萄牙的只有巴西东部。后来西班牙的势力渐渐增强，建立了一支强大的海上军事力量——"无敌舰队"，在 1571 年击溃了土耳其舰队，1580 年攻陷里斯本，兼并了葡萄牙及其属地，成为 16 世纪末最大的殖民国家。西班牙因为对殖民地的掠夺而暴富一时，大量的金银、象牙、珍宝、香料、劳动力等源源不断地流向这个国家。

荷兰独立后凭借其特殊的地理位置很快从商业革命中获得好处，开始了海外扩张。1588 年联合英国击败西班牙的"无敌船队"，成为海外掠夺的主角。17 世纪中叶它所占有的殖民地超过了欧洲任何一个国家。荷兰对殖民地除了掠夺之外，还组织专门从事殖民活动的大型商业公司，控制殖民地商品的全部产销活动。在这些商业公司中有著名的荷兰东印度公司，该公司垄断了东方的香料和大量的东方出口产品，它在东印度群岛和好望角一带拥有十分强大的势力。荷兰凭借其雄厚的商业资本控制着海外殖民地，成为 17 世纪最强盛的国家。

18 世纪初，英国赢得了海上贸易和殖民霸权。早在 1650 年，英国就通过对葡萄牙的战争，取得了在葡属殖民地的贸易特权。1650～1663 年，英国接连颁发了几个航海条例，以打击荷兰对海上运输和殖民地市场的独占。1651 年英国发布第一个航海法令，规定欧洲货物只能用英国船只运往英国领土，在非洲、亚洲、美洲出产的货物只能由英国或英国殖民地的船只运达。1660 年又颁布第二个航海法令，特别规定船长和至少 3/4 的船员必须是英国人。1652～1674 年，英国和荷兰发生了 3 次战争，英国抢到了荷属北美新尼德兰殖民地，并成功地排挤了荷兰在印度的势力。18 世纪英国与法国频繁冲突，在 1756～1763 年的"七年战争"中英国获胜，夺取了加拿大及其附近土地，以及小安的列斯群岛和塞内加尔的一部分。通过 1757 年的普拉西战役，英国占领了孟加拉。英国的殖民霸权一直延续到 20 世纪。殖民地不仅是英国原始积累的直接来源，而且逐渐成为英国的原料供应地和产品销售地。

八　世界市场的中心与边缘

大西洋、太平洋贸易圈的形成以及各个区域市场之间的贸易联系，将世界联系在一起，形成了以贸易为主要内容的世界市场。在贸易拓展的背景下，由于各个地区生产率和自然禀赋的不同，不同地区在贸易中处于不同的地位，出现了国际分工的萌芽，形成了以西欧为中心的世界市场。伊曼纽尔·沃勒斯坦（1988）认为，各个国家和地区在世界市场中扮演不同的角色，贸易地位的差异也将世界市场分为中心区、边缘区和半边缘区。中心区利用边缘区提供的原材料（包括用于铸币和饰物的贵金属）和廉价劳动力生产加工制品，向边缘区销售从而谋利，并控制着世界金融和贸易市场的运转。边缘区除了向中心区提供原材料、初级产品和廉价劳动力外，还提供销售市场。半边缘区介于两者之间：对中心区部分地充当边缘区角色，对边缘区部分地充当中心区角色。三种区域共同组成完整的世界市场。三种区域所扮演的角色是由劳动分工决定的，并在此基础上发展出不同的阶级结构，使用不同的劳动控制方式，从世界市场的运转中获利也不平等。

16 世纪末，在国际分工出现萌芽的基础上，世界市场的中心区、边缘区和半边缘区基本形成。16 世纪末，世界市场的中心处于西北欧，它们是荷兰和泽兰、伦敦、东英格兰、法国北部和西部，边缘区扩及美洲、亚洲等地，半边缘区主要在欧洲。17 世纪，中心区是英国和联合省，缓慢发展的地区是法国、斯堪的纳维亚、德意志、波希米亚以及除了波兰以外的东欧和中欧的其他国家，停滞或倒退的有西班牙、葡萄牙、意大利以及波兰。

西北欧的商人构造了一个精细的贸易路线网络，主导着全球主要商品的贸易，然后形成一个全欧洲的再分配体系，安特卫普、阿姆斯特丹、伦敦和汉堡是这个体系最重要的中心。西北欧来自海外的商品和欧洲商品相互竞争，一些主要的市场成为商品的集散地，由此形成的价格是国际价格。在西北欧有来自爪哇、孟加拉、马德拉、圣多美岛、巴西、西印度群岛和地中海地区的糖；热带、亚热带和温带的烟草；中国、波斯和意大利的丝绸；日本、匈牙利、瑞典和西印度群岛的铜；亚洲和美洲的香料；莫卡、爪哇和西印度群岛的咖啡。国际市场最好的晴雨表是阿姆斯特丹商品交易市场的价格。作为欧洲最重要的市场，殖民地商品的历年价格，很好地反映了全球贸易循环，也表现出欧洲市场交易的规律性。

从 15 世纪起，由东欧流入西欧的产品首先是大宗商品（谷物、木材，后来还有羊毛），而从西欧流入东欧的是纺织品（奢侈品和中档品都有）、盐、酒、丝绸。15 世纪末，小麦已经成为东欧最重要的出口产品，出口到伊比利亚半岛和意大利，荷兰和英国因为运输销售东欧的谷物、木材、大麻、沥青和动物脂而大发其财。英国 1553 年开辟的北方航线，为西欧优质的纺织品、金属制品和其他物品与俄国裘皮交换提供了巨大的市场，随着边区的哥萨克人和斯特罗加诺夫人向东部和北部推进，这个市场也在开拓新的区域。

16 世纪时，西属美洲成为金银等矿产品的主要供给者，东欧主要供应某些食物。美洲和东欧的生产活动在技术上都是劳动密集型的，其社会制度都是剥削劳动力，剩余产品全部输往中心区。企业的直接利润在中心区的各集团、国际贸易各集团和地方管理人员（包括波兰的贵族、西属美洲的文职人员和委托监护主）之间分配。

在中心区西欧，农业更为精耕细作，部分土地又从耕地改为畜牧之用；城市繁荣、工业诞生，商人成为一支重要的经济政治力量。虽然整个 16 世纪农业仍然是主要的经济活动，西欧仍有相当的人口从事农业，但是，东欧和西属美洲被卷入世界市场，不仅提供了资本（通过掠夺和高利润率），而且解放了中心区的一些劳动力去从事其他非农业的专业化工作。中心区的职业门类变得更加复杂，分工有多样化和专门化的趋势，而边缘地区仍然是单一经营。马克思明确地指出世界市场形成和生产方式之间的关系。他说，现代意义上的世界市场起步于15世纪末16世纪初，形成于17世纪中期，它是在资本主义市场经济逐渐取代传统的自然经济的过程中形成的。世界市场的产生和发展是与资本主义生产方式紧密相连的。"世界市场本身形成这个生产方式的基础。另一方面，这个生产方式所固有的以越来越大的规模进行生产的必要性，促使世界市场不断扩大"，① 所以"对外贸易和世界市场既是资本主义生产的前提，又是它的结果"。② 尽管这个时期的世界市场与机器大工业后形成的世界市场相比，还没有建立在国际分工的基础上，贸易仍属于互通有无的性质，交换的商品还未成为再生产过程的必要环节，在市场上处于支配地位的是商业资本，而不是工业资本，但是15世纪末各种大发现造成新的世界市场，世界贸易和世界市场在16世纪揭开了资本的近代生活史。

在这个阶段，中心区出现了霸权国家——荷兰和英国。决定霸权的核心是生产效率，称霸的顺序是工农业生产效益的明显优势导致在世界贸易中占据主导地位，随之控制了大量的世界转口贸易和"无形贸易"。商业优势又引起对银行（兑换、存款、信贷）、有价证券投资、保险等金融部门的控制。这些优势是依次递进的，可以在时间上互相重叠。同样，优势的丧失似乎也按同样的顺序（从生产到销售，再到金融银行业），并且在很大程度上也是依次递进的。

九　小结

本章主要分析东西方国家在地理大发现中的不同表现和对东西方的不同影响。虽然中国在东亚、东南亚贸易中的地位依然稳固，但是葡萄牙、荷兰等西方国家控制贸易路线、控制香料等重要贸易产品产地的做法，改变了所谓的"朝贡贸易体系"的性质。东亚和东南亚贸易被卷入全球商品和白银流动的体系中，融合为世界市场的一部分。而在这个新

① 马克思、恩格斯：《马克思恩格斯全集》第25卷，人民出版社，1974，第372页。

② 马克思、恩格斯：《马克思恩格斯全集》第26卷Ⅲ，人民出版社，1974，第278页。

市场中，欧洲人占据了主导地位。地理大发现还是欧洲人摆脱阿拉伯人、重建世界经济秩序的前奏。欧洲人在开拓世界市场的过程中，不仅使欧洲乃至世界金属货币存量增长，而且欧洲还从哥伦布交换中增加了福利，使欧洲商人获取了高额利润。当然并不是所有的欧洲国家都获得了同样的收益，国家规模小、初始获得金银最多的西班牙、葡萄牙等国家经济增长明显，但是市场扩张带来的收益是递减的，再加上各国资源禀赋、制度差异、偶然因素等的影响，后来荷兰和英国逐渐成为世界市场的中心。

第三章　大分流的描述与计量

大分流（Great Divergence）由 2000 年 Domeranz 在《大分流：欧洲、中国及现代世界经济的发展》（英文版）一书中正式提出，并引起广泛讨论。大家一致同意的是东西方的经济社会发展确实在某个时间点上分流了，但是具体是在何时分流、分流的原因是什么，有诸多争议。

彭慕兰（2000）质疑了欧洲中心论，认为直到 1800 年，中国的长江三角洲地区与英国、荷兰等欧洲富裕的地区一样，具有相同的发展程度。江南与英国之间的经济增长方式大体类似，生活水平、消费能力、农业与工业发展、要素市场等方面欧洲并不比中国先进，经济制度与政治制度等方面欧洲也并不比中国更有效率。而亚洲的其他地区在 18 世纪末期与欧洲发展程度一致。"大分流"发生在 1750 年（甚至是 1800 年）以后的。彭慕兰（2000）认为，东西方分流并不是欧亚与东方根本差异的产物，英国由于海外殖民地与新能源的开发而成功地避免了本土的生态制约与马尔萨斯陷阱。弗兰克（1998）和多位加州的经济史学家也认同这一观点，形成著名的"加州学派"。Parthasarathi（1998）也认为 18 世纪末期南印度与英国生活水平相当。Hanley（1983）认为 19 世纪日本的生活水平比较高。

但是传统观点认为东西方的分流在中世纪就已经开始了，持这种观点的有大卫·兰德斯、埃里克·琼斯、伊曼纽尔·沃勒斯坦和安格斯·麦迪逊等。计量史学家的一系列估算支持了传统观点，显示在 1800 年左右欧洲已经比世界其他国家发达了。

一　传统叙事中的东西方差异

1500 年时，世界各主要地区的食物主要是植物。欧洲、亚洲、非洲、新发现的美洲都是如此。小麦、水稻和玉米是主要的三种食物来源，但是各国和各地区的生产率有很大的差别。

　　小麦主要产在西方，中国华北平原在 15 世纪前广泛种植小麦，印度河和恒河上游的干旱平原、伊朗、撒哈拉沙漠的绿洲（特别是埃及）、埃塞俄比亚也有小麦。18 世纪和 19 世纪，俄罗斯、乌克兰的小麦获得了大丰收。19 世纪，小麦广泛种植于阿根廷、南部非洲、澳大利亚、加拿大和美国中西部草原。欧洲人的主食除了小麦外，还有大麦、燕麦、黑麦、荞麦和小米等杂粮。小麦在产麦区占主食的 50%～70%（费尔南·布罗代尔，2002：166）。

　　欧洲大部分土地都存在白垩化、沙化、石化的情况，而且有大片硬木林。开垦这种贫瘠和坚硬的土地需要采用由一组牲畜拖动的装有铁制犁铧的重型，这种犁将尖铁块装在扁平犁板上。而中国华北平原的小麦耕种区则覆盖着一层松软肥沃的黄土，只需要使用比较轻的犁即可。4 世纪时，中国使用陶瓷涂层的火炉将铁铸造成各种形状，发明了将犁铧和犁板铸造在一起的金属犁铧。戈德斯通形容说："用这个工具在松软的黄土层上犁地，简直就像用刀切黄油一样，只需要一个人和一两头牲畜就够了。"（杰克·戈德斯通，2010：14）而欧洲需要多头大型牲畜来牵引重犁。

　　因为土地肥力的关系，欧洲小麦不能在同一块土地上连续种植 2 年或者 3 年，所以在 15 世纪甚至 18 世纪以前，欧洲实行的是 2 年或者 3 年轮作制。这与水稻可以在同一地块连年耕种不同。欧洲有两种轮作制，在南部，小麦和其他可制作面包的谷物占耕地的一半，另一半休耕。在北部，则实行三季轮作：冬季作物、春季作物和休耕，三个部分的土地以扇形铺开，小麦先种在休耕地上，接着燕麦取代小麦，最后实行休耕，如此往复。两种轮作方式在南部和北部的分布并不是绝对的。种植小麦需要精心施肥，肥料主要来源是牲畜的粪便，也包括绿肥、草木灰、农家肥以及树叶沤成的土肥。与中国不同，欧洲不使用人粪尿作为肥料。欧洲土地肥力与牲畜的数量密切相关。喂养牛马等大型牲畜是为了增产，大型牲畜被广泛运用于牵引车辆农具。休耕地并不是白白闲着，而是间或需要翻耕的天然草场或者是需要耕种的人工草场，这种方式的休耕一方面保证了大牲畜的饲料和土地肥力的恢复，另一方面还提高了粮食产量和提供了肉蛋奶。但是，小麦产量与稻米比起来低很多，而且中国华北平原的小麦产区不需要大量的土地种植牧草，灌溉和施肥为松软而厚实的土地提供了足够的养分，不需要进行土地休耕，中国的亩产量和人均产量都比欧洲高。根据斯利歇·万·巴托的调查（转引自费尔南·布罗代尔，2002：140-141），1200～1500年，英格兰、法国、德意志和斯堪的纳维亚、东欧混合计算的谷物产量是播种量的3～4.7倍，1500～1820年，英格兰和尼德兰、法国、西班牙、意大利、德意志和斯堪的纳维亚提高到6.3～10倍，东欧则还保持在4倍左右。

稻米主要产地在中国华南、日本、朝鲜、印度、东南亚等亚洲地区。稻米在产米地区占主食的80%～90%（费尔南·布罗代尔，2002：166）。稻米和小麦都起源于中亚的干旱山谷，最初在印度种植，公元前2000～2150年，经海道和陆路被引进到中国南部。随着水稻的推广，中国的经济中心也从北方转移到南方。水稻后来又向西藏、印度尼西亚和日本扩散。水稻可以收获两季或者三季，养活了众多人口，支持了手工业和大城市的发展。一种乐观的观点认为，从13世纪以来，每个中国人每年拥有300公斤稻米或其他粮食，约等于每天有2000卡热量的食物（费尔南·布罗代尔，2002：177）。布罗代尔也引用了拉斯戈台斯神父对广州地区一粒种子可以收获40～50粒粮食的描述（费尔南·布罗代尔，2002：176）。此外，水田有助于保持土壤肥力、抑制野草生长，并且不需要大量畜力来犁地，使人们不必依赖畜牧业的发展。中国种植水稻更需要精耕细作的手工劳动，需要的畜力主要是水牛。马和骡子更多的是交通工具，不参与水稻种植。种植水稻的肥料来源是人粪尿和城市的垃圾。从这个意义上来说，中国城市和乡村的联系比西方更紧密。与种植小麦相比，种植水稻需要更多的劳动力和稳定的灌溉系统，所以中国的农业文明建立在集约生产和兴修水利的基础上（费尔南·布罗代尔，2002：172）。

耕地面积狭小的日本，因为种植水稻养活了3000万人，同样的土地如果在欧洲只能养活500～1000万人（费尔南·布罗代尔，2002：180）。日本种植稻米使用的肥料与中国不同。晒干的沙丁鱼、菜子饼、豆饼或棉籽饼这些更加商品化的肥料比人和动物的粪便肥力更强，但所占成本也更大（达到30%～50%）（费尔南·布罗代尔，2002：180-181）。在日本，稻米用于缴纳沉重的实物地租（占收成的50%～60%），棉花和油菜等经济作物用于缴纳货币地租。

印度半岛主要种植稻米，同时种植小麦和小米。德里帝国时代鼓励种植靛青、甘蔗、棉花、桑树等经济作物。黄牛和水牛是主要的运输和牵引工具。但是由于宗教原因，印度的人粪不用作肥料，把牲畜的粪便晒干后用作燃料。由于肥料缺乏，印度的水稻产量不如中国和日本高。再加上牲畜不是用于食用，牛奶和奶酪的产量也很少，因此，印度在 18 世纪时仍然受到饥荒的困扰。

亚洲的季风气候会造成不定期的干旱或洪水，导致严重的饥荒和灾难。中国和亚洲其他地区发展了各种各样的技术和组织方式来控制和利用水资源。亚洲的农业社会产生了一套复杂而精密的水利灌溉网络，通过运河、水渠和堤坝把河水引入农田。传统的观点认为修建大型水利工程和中央集权的东方专制主义是相互影响和相互作用的，现在的研究发现，从伊朗、巴厘岛到印度，以及中国大片良田的很多灌溉工程，都是地方精英和地方群体建设和维护的（杰克·戈德斯通，2010：15～16）。

玉米起源于美洲，生长迅速，而且产量很高。在墨西哥干旱地区，一粒种子可收获 70～80 粒，而在米却肯地区收获量高达 150 粒，在克雷塔罗附近的良田则更达到 800 粒（费尔南·布罗代尔，2002：185）。地处热带和温带的墨西哥可以种两季，一季靠灌溉，一季靠雨水。玉米还有一个优点是节省劳动力，一年只需 50 个工作日，平均七八个人工作一天就足够了。农民用剩余时间建造了庞大的工程，例如，玛雅人或阿西德克人的金字塔、库斯科的巨墙和马丘比丘的奇迹。

二　GDP

2001 年[①]后，麦迪逊及其团队陆续发布了世界各国公元元年起的人口、GDP、人均 GDP 的数据。Broadberry and Stephen（2013）在 Roy（2006）、Li（1992、2000）等对东方国家研究的基础上，为了说明大分流问题，重估了东西方几个代表性国家的人均 GDP 数据，补充了麦迪逊及其团队的研究内容。基于这些系统数据，东西方的分流不是发生在 1750 年之后，而是很早之前；中国富裕的江南地区也在 1800 年之前就已

[①] 彭慕兰的著作发表于 2000 年，早于麦迪逊的研究成果。彭慕兰的结论因此被认为缺乏系统数据的支持。

经落后西方发达地区很多了。这些系统性数据有力地反驳了彭慕兰的观点，认为其高估了 1800 年亚洲经济发展水平，支持了东西方的分流在中世纪就已经开始了的传统观点。

Broadberry and Stephen（2013）的人均 GDP 数据[①]显示，东西方分流是渐进累积的过程，开始于中世纪后期一直持续到现代初期。当欧洲在制度、资本积累方面发生转型时，亚洲却停滞并且落后了。工业革命和 19 世纪的殖民主义加速了这种分化的过程，却不是大分流的根本原因。按照 Broadberry and Stephen（2013）的估算，东西方的大分流从公元 1000 年左右就开始了（见表 3-1）。中国人均 GDP 大约在北宋时期达到了最高点，11 世纪，中国比英国富裕很多。而在南宋初年急剧下降了 30% 左右，到清初只有最高点的约 55%，到清末时不到北宋最高点的 40%。意大利在 1300 年已经超过中国最富裕地区。在中国人均 GDP 从最高点一路下滑的时间里，英国人均 GDP 则从 754 增长到了 2997（单位：1990 年国际元）。工业革命前，英国的人均收入已经超过了中国北宋时的最高点。1270~1700 年，英国人均实际收入的年均增长率为 0.2%；而中国的收入水平在 1086~1800 年几乎减半。Crafts and Harley（1992）根据劳动力从农村转移到城市的结构性变化，估计英国的人均收入在 1700~1830 年每年以 0.32% 的速度增长，1800~1830 年则每年增长 0.5%。

多位学者对人均 GDP 的估算都显示了彭慕兰（2000）关于 1750 年以后东西方才出现大分流的论断是不准确的。长三角地区确实是中国最发达的地区，比中国整体水平高 54%。Li and van Zanden（2012）比较了 19 世纪早期长三角和尼德兰的人均 GDP，发现 1820 年长三角的人均 GDP 只相当于尼德兰的 53.8%。Roy（2010）估算孟加拉（最早被英国控制的地区）1760 年的人均收入是英国的 20%。Broadberry，Custodis and Gupta（2015）的估算则显示这一比值 1750 年是 34%，1801 年是 27%。

GDP 的估算数据还显示出了东方内部的小分流和西方内部的小分流。1348 年的黑死病使欧洲减少了 1/3 的人口。1348 年黑死病之前，意大利和西班牙的人均 GDP 比英国和荷兰高很多，但是到 1700 年北海地区的

---

①　Broadberry and Stephen（2013）估算的亚洲人均 GDP 比麦迪逊的人均 GDP 高很多。

大不列颠和荷兰的人均 GDP 比意大利和西班牙高很多。起初，黑死病减少的人口造成了意大利、英格兰和荷兰人均收入急剧上涨（西班牙对黑死病却没有出现这种马尔萨斯式的反应）。但随着人口慢慢恢复，大部分欧洲地区的实际收入在 15～18 世纪又下降了。意大利的实际收入只在短期内上涨了，随着人口增长，人均收入在 1450 年后就回到黑死病之前的水平了。英国、荷兰、比利时（以弗兰德斯为代表）的北海地区的经济从 14 世纪中期到 19 世纪中期一直处在上升通道中。增长的顺序是弗兰德斯、荷兰和英国。16～17 世纪是荷兰人均 GDP 增长的黄金时代。16 世纪，英国乡村地区的实际收入也下降了，但是伦敦与安特卫普和阿姆斯特丹一样实现了持续的增长。1650 年之后，英国南部的生活水平普遍提高了。北海地区和欧洲其他地区不同的增长趋势就是欧洲的小分流。

亚洲的小分流和欧洲的小分流大致发生在相同的时期。日本在 1000 年时人均 GDP 非常低，从 1000 年到 19 世纪中期，日本的年均增长率稳定而温和，为 0.06%。1868 年明治维新后，日本的 GDP 增长增速。而中国的人均 GDP 从北宋的高点开始，一直处在下降的通道中。北宋时期的中国是世界上人均 GDP 最高的国家。日本超过中国应该在 17 世纪。印度与中国一样从 1600 年开始处在下降的通道中，印度的高点在阿克巴统治的莫卧儿王朝时期。

表 3 – 1　Broadberry and Stephen Maddison 估算的 1000～1870 年
西欧和亚洲人均 GDP（单位：1990 年国际元）

年份	英国		荷兰/尼德兰		意大利		西班牙		日本		中国		印度	
	B	M	B	M	B	M	B	M	B	M	B	M	B	M
725									483					
900									534					
980											1247			
1000		400			450		450		425		466		450	
1020											1518			
1050											1458			
1086	754										1204			
1120											1063			

续表

年份	英国		荷兰/尼德兰		意大利		西班牙		日本		中国		印度	
	B	M	B	M	B	M	B	M	B	M	B	M	B	M
1150									603					
1270	759				957				560					
1280	679				957									
1300	755				1482		957							
1348	777		876		1376		1030							
1400	1090		1245		1601		885				960			
1450	1055		1432		1668		889		554		983			
1500	1114	714	1483	761	1403	1100	889	661		500	1127	600		550
1570	1143		1783		1337		990				968			
1600	1123	974	2372	1381	1244	1100	944	853	791	520	977	600	682	550
1650	1100		2171		1271		820		838				638	
1700	1630	1250	2403	2130	1350	1100	880	853	879	570	841	600	622	550
	1563													
1750	1710		2440		1403		910		818		685		573	
1800	2080		2617		1244		962		876		597		569	
			1752											
1820	2133	1706	1953	1838	1376	1117	1087	1008		669		600		533
1850	2997		2397		1350		1144		933		594		556	
1870		3190		2757		1499		1207	737		530		533	

注：B 表示 Broadberry and Stephen 估算的数据，M 表示 Maddison 估算的数据。
资料来源：① Broadberry, 2013；②Maddison, 2010。

三　工资和生活水平

亚当·斯密（1776：74 - 75，91，187，206）曾经凭借着旅行见闻和不完整的数据，对他生活时代的工资水平进行了排序，荷兰的工资水平比英国高，英格兰工人工资高于苏格兰，苏格兰又比法国高，欧洲大部分地区比中国和印度高。世界不同地区工人的工资水平表现为梯形等级结构：低地国家和英国处在梯形等级结构的最上层，欧洲大陆其他部分地区的工资水平不及西北欧，而亚洲国家处在梯形等级结构的最底端。

但是加州学派的一些学者得到了与斯密不一样的结论。彭慕兰（2000）比较了中国江南地区与欧洲发达地区的人均食物消费量和卡路里，认为 18 世纪末之前这两个地区的工资购买力相当。帕塔萨拉蒂（Parthsarathi，1998，2001）认为，18 世纪印度南部的工资与英国一样可以购买当地大约相同数量的粮食，这是印度农业生产率高、南部粮食价格低廉的原因。

对工业革命前工资的估算取决于工资数据和价格数据的可得性和有效性。近年来的研究基于不同的数据来源和计算方法，重新证明了斯密的观点，同时也反驳了彭慕兰的观点。

欧洲的数据来源于 20 世纪 30 年代国际价格史委员会收集的 1500～1800 年多个欧洲城市与地区不熟练和熟练建筑工人日常工资的数据，由 Abel（1980）、Braudel and Spooner（1967）等进行比较整理，数据包括当地货币的白银含量和工资可以购买的粮食数量等。最初整理后的结果显示，1500～1800 年欧洲生活水平是下降的。其中，西北欧实际工资不变，南中东欧实际工资水平下降。20 世纪末以来，通过进一步完善个别国家的数据和扩大国家覆盖率，范赞登（van Zanden，1999）和艾伦（Allen，2001）等进一步修订了国际价格史委员会的数据，构建了欧洲的"白银工资"和"谷物工资"。

印度的白银工资和粮食价格数据有多个来源。最早的数据来源于莫卧儿王朝阿克巴时期的一个档案，该档案记载了 1595 年印度北部非熟练工人的日工资信息。17 世纪和 18 世纪的数据主要来源于英国和荷兰东印度公司的记录。19 世纪的数据来自政府统计记录。一些研究试图比较 1595 年至 19 世纪末～20 世纪初的非熟练工人的工资购买力。南印度有一些非熟练和熟练的织工的数据。据此比较英国与印度不熟练工人的白银工资和谷物工资（见表 3－2）。与英国相比，印度的白银工资相当低。16 世纪末，印度非熟练工人的白银工资约是英国同行的 1/5，而在 18 世纪，印度的白银工资下降到英国的 1/7。与英国相比，印度的谷物工资尽管不是那么低，但是也只是在 17 世纪上半叶与英国大致持平，随后不断下降，相对跌幅还超过白银工资，19 世纪上半叶时仅相当于英国的 29%。印度白银工资和谷物工资相对较低的主要原因是英国经济持续增长，而且增长速度比较快。

表 3 – 2　1550 ~ 1849 年印英非熟练工人日工资比较

A. 白银工资（克/天）

时间	英格兰南部	印度	印度工资占英国工资的比例（%）
1550 ~ 1599	3.4	0.7	21
1600 ~ 1649	4.1	1.1	27
1650 ~ 1699	5.6	1.4	25
1700 ~ 1749	7.0	1.5	21
1750 ~ 1799	8.3	1.2	14
1800 ~ 1849	14.6	1.8	12

B. 谷物工资（千克/天）

时间	英国	印度		印度工资占英国工资的比例（%）
	小麦	小麦	大米（等价的小麦）	
1550 ~ 1599	6.3	5.2		83
1600 ~ 1649	4.0	3.8		95
1650 ~ 1699	5.4	4.3		80
1700 ~ 1749	8.0		3.2	40
1750 ~ 1799	7.0		2.3	33
1800 ~ 1849	8.6	2.5		29

资料来源：Broadberry, Gupta, 2006：17。

中国清代有相对健全的粮食价格数据。李伯重（1998，中文版 2000）估算了农业工人的工资，将中国的货币工资转为白银工资，与欧洲和印度的白银工资进行比较。Allen（2011）等进一步挖掘和核算了北京、苏州、广州等城市的工资数据。18 世纪，中国工资的重要数据来源之一是 1769 年的《物料价值则例》，整理后得到 21 个地区的相关数据。这些地区的总人口在 1776 年约为 2.145 亿，占中国约 2.93 亿总人口的 73%。《物料价值则例》的数据显示，满洲（黑龙江和吉林）部分地区和新疆西北边疆贫瘠之地的日工资最高，其次是首都北京附近的地区，沿海省份福建非熟练工人的工资最低，为 0.030 两，其他地区的平均日工资大致相同。数据来源之二是 1813 年的《工部军器则例》，其中包含生产军备的工匠大师和非熟练劳动力的工资。该资料显示，除了北京所在的直隶以外，1813 年大多数省份的非熟练劳动力的平均日工资标准约为 0.04 两，与

《物料价值则例》中的数据非常接近。数据来源之三是一些公司的记载，如苏州工商石碑上的棉压延机工人的计件工资、18 世纪欧洲贸易公司在广州聘用的非熟练口岸劳动力的工资、荷兰东印度公司的档案。数据来源之四是学者已有的一些研究成果，如对清代刑科题本的研究成果、Gamble 等人整理的 1807～1902 年的工资资料。以上的工资样本覆盖了 18 世纪中国的许多省份和行业。为了提取基本规律，Allen 等（2011）建立了一个工资函数，通过 Vogel 的区域数据集的银-铜转换比率将所有工资转换为银两计价的日工资。

　　明末与清朝中期江南地区的白银工资相对比较低，中国的非熟练工人白银工资与印度的非熟练工人的白银工资大致相当，都只有英国白银工资的一小部分（见表 3-3）。在北京、广东、日本和孟加拉，劳动者每天挣 1～2 克银，不到欧洲中部和东部的一半，只占欧洲西北部国家白银工资相当少的一部分。原因不是中国经济没有增长，而是英国的经济增长速度比中国快 15 倍多。随着明末与清中期稻米价格的上涨，谷物工资急剧下降，而同期英国谷物工资还在增长，这进一步拉大了江南地区与英国的差距。江南的谷物工资与印度大致相同。

表 3-3　1550～1849 年中英非熟练工人日工资比较

白银工资（克/天）			
时期	英格兰南部	江南地区	中国工资占英国工资的比例（%）
1550～1649	3.8	1.5	39
1750～1849	11.5	1.7	15

谷物工资（千克/天）				
时期	英格兰（小麦）	江南地区		中国工资占英国工资的比例（%）
		大米	换算成小麦的大米	
1550～1649	5.2	3.0	4.5	87
1750～1849	7.8	2.0	3.0	38

资料来源：Broadberry, Gupta, 2006：19。

　　18～20 世纪，伦敦、阿姆斯特丹、莱比锡、米兰、北京和东京非熟练工人的白银工资情况如下：第一，1738～1870 年的白银工资，伦敦最高，北京最低。18 世纪米兰或莱比锡的白银工资并不比北京、广州或苏州高。阿姆斯特丹的白银工资不变。第二，各个城市白银工资的变化表明，工业革命会带来白银工资的上升。工业革命前的 17 世纪和 18 世纪，阿姆斯特丹、安特卫普和伦敦的白银工资接近，都是高工资。高工资可能是由于这些地区积极参与洲际贸易。工业革命使英国白银工资超过了荷兰的水平。德国莱比锡的工业化也使其白银工资上升。1870 年后，工业革命会带来白银工资上涨的这一现象更加显著。英国白银工资继续增长。第一次世界大战时，工业化取得成功的德国和荷兰的白银工资赶上了英国的水平。开始工业化的意大利的白银工资也在增长，但与欧洲工业的核心相比增长较弱。除欧洲以外，1870 年以前的日本工资基本保持平稳，工资水平比较低，与意大利接近。1890 年后，明治维新的工业化进程提升了日本白银工资，尽管这一时期日本白银工资增长速度低于 20 世纪早期欧洲的增长速度。相比之下，中国白银工资在整个时期内变化不大，1870 年以后白银工资有所增加，但从全球角度看，这种增长微不足道。直到第一次世界大战，中国的白银工资仍远远低于欧洲水平。

　　白银工资在欧洲不同地区的分化情况就是小分流（Broadberry and Gupta，2006）。1500～1850 年，西北欧的白银工资大幅增长，英国在 18 世纪超过了荷兰。1500 年左右，南欧的白银工资与西北欧大致相当，此后白银工资出现了相当大的波动且鲜有增长。在中欧和东欧，同南欧一样，白银工资波动幅度很大，但增长疲弱，且在 1500 年时白银工资水平比西北欧和南欧更低。同时，熟练和非熟练工人的区域差异大致相似，西北欧技能溢价约为 50%，但在南中东欧的大部分地区则接近 100%。

　　所以，18 世纪之前在印度和中国的先进地区，尽管谷物工资与西北欧地区的谷物工资相差不大，但从衡量贸易商品与服务购买力的白银工资看，印度和中国先进地区比西北欧低很多。欧洲西北部的高额白银工资不仅是货币现象，而且反映了贸易部门的高生产率。欧洲内部白银工资的小分流也说明了同样的问题。Broadberry and Gupta（2006）据此建议"白银工资"与"谷物工资"之间的差距可以作为发展水平的指标，彭慕兰（2000）基于谷物工资所得到的结论可能存在偏颇。

　　Allen（2001，2011）、Broadberry and Gupta（2006）等进一步考虑了东西方饮食习惯和生产习惯的差别，分别列出了维持基本生活需要的欧洲一篮子产品和亚洲一篮子产品。亚洲和欧洲的消费篮子里的商品和数量是不同的，但提供的卡路里是维持生存的基本量：每天 1940 卡路里。在上海、广州、日本和孟加拉提供消费篮子中碳水化合物的是水稻，北京是高粱，米兰是玉米，西北欧是燕麦。蛋白质有豆类、少量肉类或鱼，以及黄油或者油。非食用物品包括布料和燃料，还包括消费成本中 5% 的房租。收集消费篮子里商品的价格时间序列，确定 1 个成年男性的最低名义消费成本。欧洲部分采用 Allen（2009）的价格数据；北京是将 Gamble（1943）的零售价格从 1900～1924 年外推到 1738 年。食品价格是李（Li，1992：70 - 100）编制的直隶省农产品批发价格。外推时隐含的假设是零售与批发价格的比率保持不变。上海和广州 20 世纪的价格数据来源于官方记录。苏州 18 世纪的价格是王（Wang，1992：35 - 68）估算的长江三角洲大米价格。广东用的是陈春声（2010）估算的价格系列。其他食品和燃料的价格来源于欧洲贸易公司在广州泊船的成本。消费篮子的成本就是亚当·斯密所说的"生存价格"。18～19 世纪，中国和欧洲主要城市的历史价格显示，北京或苏州维持生存消费篮子的成本与欧洲中等水平类似，这反驳了斯密认为的中国比欧洲维持生活的成本更低的论点。

　　Allen（2001，2011）还计算了福利比率。福利比率是指一个全职工作的人是否可以在基本消费水平下养活一个家庭，是实际工资指数的一种表示方法。全职工作收入指的是一个工人如果全职工作一年可以获得的年收入，全年工作日为 250 天。一个家庭是 4 口人，男人、女人和两个幼儿，相当于 3 个成年男性。这样家庭最低名义消费就是 1 个成年男性最低费用成本（增加了 5% 的租金）乘以 3。全职工作收入与家庭最低消费成本的比率作为实际工资指数，也就是福利比率。福利比率的值低于 1，就表示家庭规模必须削减或者工作量必须增加。福利比率大于 1 则表示家庭生活水平提高。

　　1738～1923 年，欧洲和中国多个城市非熟练男性工人的福利比率表明（Allen，Bassino，Ma，Mollmurata and Van Zanden，2011）：第一，被认为是中国经济最发达的长江三角洲地区的实际工资没有明显高于北京、广州。第二，中国的城市与意大利的城市生活水平一样低。第三，19 世纪北京实际工资持续滑落，直到 19 世纪中叶的太平天国叛乱发生时这种下滑才停止，而当时实际工资已经低到危及生命的水平。北京的生活水平在 20 世纪初开始慢慢得到改善。第四，西北欧城市的生活水平远远高于其他城市，19 世纪中叶之后加速上涨，扩大了领先优势。18 世纪阿姆斯特丹的实际工资与英国类似，远高于北京，但荷兰经济在 19 世纪初期出现衰退。到 19 世纪中叶，荷兰经济开始恢复，实际工资开始上升。19 世纪中叶，较早进行工业化的莱比锡工人的实际工资也上涨了。在第一次世界大战中，西欧工业核心地区工人的生活水平大大高于北京和苏州。中国工人的生活水平仍然很低，与欧洲未进行工业革命的地区相当。第五，西北欧工人福利比率为 4 或更高的时候，消费了牛肉、啤酒和面包等更高质量的食物，以及"消费革命"所说的亚洲进口商品和新的制成品。而福利比率不到 2 的亚洲工人只能消费维持基本生活的一篮子商品。

　　Broadberry and Gupta（2006）根据 Allen（2001）每个城市的一篮子商品价格的数据核算了欧洲非熟练建筑工人的实际消费工资［以伦敦 1500～1549 的数据为基准（即 1500～1549 = 100）］（见表 3 - 4）。实际消费工资数据显示了西北欧与南中东欧的分流，同时可以看到西北欧的白银工资在 19 世纪之前并没有转化为高谷物工资，中东欧的高谷物工资并没有转化为高实际消费工资。但是，实际消费工资依据的每日工资率，考虑到勤劳革命，西欧的实际工资会略有上升。例如，伦敦 1500～1549 和 1550～1599 年，每年工作天数从 200 增加到 250，1750～1799 和 1800～1849 年每年工作天数从 250 增加到 300，这将导致在 1500～1549 年之后的 300 年内，伦敦非熟练工人的实际消费工资增长率为每年 0.13%，而在 1600～1649 年之后的 200 年内，这一比例提高到 0.19%。这个结论质疑了 Abel（1980）、Braudel and Spooner（1967）等人认为西北欧实际工资保持不变的传统观点。

表 3 - 4　欧洲非熟练建筑工人实际消费工资（伦敦 1500～1549 = 100）

地区	1500～1549 年	1550～1599 年	1600～1649 年	1650～1699 年	1700～1749 年	1750～1799 年	1800～1849 年
西北欧							
伦敦	100	85	80	96	110	99	98
阿姆斯特丹	97	74	92	98	107	98	79
安特卫普	98	88	93	88	92	88	82

续表

地区	1500～1549 年	1550～1599 年	1600～1649 年	1650～1699 年	1700～1749 年	1750～1799 年	1800～1849 年
巴黎	62	60	59	60	56	51	65
南欧							
瓦伦西亚	79	63	62	53	51	41	
马德里		56	51		58	42	
佛罗伦萨/米兰	62	53	57	51	47	35	26
那不勒斯	73	54	69		88	50	33
中东欧							
格但斯克	78	50	69	72	73	61	40
华沙		75	66	72	45	64	82
克拉科夫	67	74	65	67	58	63	40
维也纳	88	60	61	63	61	50	27
莱比锡		34	35	57	53	44	53
奥格斯堡	62	50	39	63	55	50	

资料来源：Broadberry and Gupta, T, 2006：7.

四 技能溢价和利率

技能溢价（Skill Premium）是技术工人和非技术工人工资差额除以非技术工人的工资。理论上说，技能溢价是"斯密所描述的'普通工人'获得技术的成本"（Van Zanden，2009，中文版 2016）。技能溢价受培训制度和教育制度长期效率的影响，具体包括以下三个因素：第一，培训费用、获得特定技能所需的年数（这些年中未实现的工资收入）和支付的费用；第二，未来高收入的贴现利息；第三，获得高收入的机会和预期享受技能溢价的年数。技能溢价通常用来测度制度的效率。技能溢价越低证明人力资本培养制度越有效，工人可以低成本地获得培训，从而刺激长期人力资本投资，形成高水平人力资本，推动经济增长。所以，人力资本形成水平高、技能溢价低的经济体增长能力最强（Van Zanden，2009，中文版 2016）。

大分流时的技能溢价通常指建筑工人中木匠和泥瓦匠的工资与非技

术工人工资的差额除以非技术工人的工资，以此衡量学徒制和行会等制度的效率，以及衡量师徒之间的信任程度。选择比较建筑行业的技术工人（木匠和泥瓦匠）与非技术工人的工资差异，是因为中世纪到近代建筑行业的技术变革相对较慢，直到 19 世纪下半叶接受技能培训的时间也没有太大变化，而且世界所有地区都需要建房，建筑工人比较普遍。此外，木匠和泥瓦匠的技术不仅对于建筑业，而且对于整个经济都很重要。早期的建筑师基本都是木匠，木匠还在木材加工、造船、制造轮子等行业中发挥着重要作用。

Allen（2001）、Özmucur and Pamuk（2002）研究和整理了欧洲城市建筑工人的长期工资水平，Van Zanden（2009）在此基础上构建了 1300 ~ 1800 年建筑工人技能溢价的时间序列（见表 3 - 5）。西欧（伦敦、牛津、根特/安特卫普、荷兰/阿姆斯特丹、巴黎和斯特拉斯堡）的平均值、日本、印度、印度尼西亚和韩国的技能溢价表明，14 世纪上半叶，西欧技能溢价相对较高，技术工人工资是非技术工人工资的 100% ~150%。14 世纪前 10 年，英国技术工人和非技术工人的工资差距加大，14 世纪 30 年代（1315 ~1322 年大饥荒之后）有所下降。黑死病之后技能溢价一直下降，到 15 世纪中叶，达到约 50% ~60% 的水平，这个水平一直保持到 19 世纪末。欧洲建筑业的技能溢价在 1350 ~1450 年也迅速下降。1600 年后的数据显示，印度、日本、韩国和印度尼西亚的技能溢价比西欧高得多。日本的技能溢价在 150% ~250% 波动，1802 ~1804 年京都非技术工人每天工资为 0.92 姆米[①]（momme），而神川原桥（Kami-Kawarabayashi）的木匠工资是 2.6 姆米，大阪木匠更高达 4.3 姆米。17 世纪和 18 世纪，印度和印度尼西亚的技能溢价也是类似的高水平。俄国也一样，17 世纪技能溢价为 100%（木匠/非技术工人）至 167%（泥瓦匠/非技术工人）。

表 3 - 5　1300 ~1799 年欧洲建筑工人的技能溢价（平均每 50 年为一个阶段）

单位：%

地区	1300 ~ 1349 年	1350 ~ 1399 年	1400 ~ 1449 年	1450 ~ 1499 年	1500 ~ 1549 年	1550 ~ 1599 年	1600 ~ 1649 年	1650 ~ 1699 年	1700 ~ 1749 年	1750 ~ 1799 年
伦敦	123	104	62	60	60	50	58	51	40	55

---

①　姆米是真丝专用的克重单位，1 姆米是 4.3056 克每平方米。

续表

地区	1300～1349 年	1350～1399 年	1400～1449 年	1450～1499 年	1500～1549 年	1550～1599 年	1600～1649 年	1650～1699 年	1700～1749 年	1750～1799 年
牛津	109	92	52	50	52	44	48	50	47	52
根特/安特卫普	210	93	74	69	73	76	67	67	67	67
荷兰/阿姆斯特丹	100	88	70	66	48	51	45	40	31	29
巴黎	100	60	60	60	59	63	61	60	59	64
西欧小计	128	88	64	61	58	57	56	53	49	53
斯特拉斯堡		66	63	42	44	61	36	103	51	56
奥格斯堡					62	37	42	36	45	46
莱比锡						76	71	82	68	62
维也纳			66	53	51	46	28	48	53	60
中欧小计		66	64	47	52	53	44	67	54	58
佛罗伦萨	115	59	42	53	86	99	112			
米兰							84	97	91	89
那不勒斯					95	58	44		45	48
瓦伦西亚		37	31	36	55	31	23	49	49	49
萨拉戈萨/马德里	219	53	67	18		100			100	100
伊斯坦布尔				70	80	70	52	54	55	83
南欧小计	167	50	47	44	79	72	63	67	68	74
但泽					49	124	78	82	79	41
克拉科夫			56	82	100	80	25	64	180	116
华沙						43	80	64	180	116
东欧			56	82	90	84	61	63	102	63
爱丁堡					133	116		131	83	
斯德哥尔摩					67	103	195	111	74	17
北欧小计					67	118	151	111	103	50

资料来源：扬·卢腾·范赞登，2016：184－185。

　　中国是个例外。1769 年，中国大部分地区（湖南、甘肃、江苏）的技能溢价只有 25% 左右，1 名工匠的每日工资中位数约为 0.05 两白银，而非技术工人的平均工资中位数为 0.04 两白银。但在直隶，特别是北京及其附近，名义上的工资和技能溢价高于其他地区。17～19世纪，北京建筑工人的名义工资是可以获得数据的其他地区的3倍，技能溢价高达80%～100%。

Van Zanden and（2009）还比较了欧洲不同地区的技能溢价情况（见表3-5），他认为1450年之后，特别是1650年后欧洲出现了小分流。14世纪西欧的技能溢价主要基于英国和低地国家（荷兰和根特）的数据，南欧是佛罗伦萨和萨拉戈萨的数据。15世纪起，数据覆盖面增加。数据显示，西欧和南欧的技能溢价在1350年后迅速下降，而且南部下降得比西北部厉害。萨拉戈萨的技能溢价在1310年达到顶峰，佛罗伦萨和低地国家的技能溢价1348年之后开始下降。但是，从15世纪中叶开始，南欧和东欧（波兰和德国）的技能溢价重新趋于上升，18世纪的东欧和南欧在80%～100%。而1450年之后，西欧的技能溢价保持在50%～60%。20世纪西欧的技能溢价仍然比较低。根据国际劳工组织的数据，1936～1937年，东欧六国的平均水平为56%（波动范围28%～95%），南欧三国平均为45%（波动范围25%～64%），西欧四国平均为22%（波动范围12%～28%）。

除了西欧之外，欧洲其他地区的技能溢价与人口增长呈现正相关关系。技能溢价在15～16世纪增加，在17世纪趋于稳定，在18世纪和19世纪再次增加。而在西欧，1450年以后人口与技能溢价基本无关。1450年后的几个世纪，西欧特别是荷兰和英国人口数量强劲增长，土地/劳动力的比例随之下降，但是西欧技能溢价一直保持在50%～60%的水平，但在18世纪和19世纪开始走低，这是西欧与欧洲其他地区的重要区别之一。Van Zanden and Luiten（2009）认为1348年黑死病后的人口下滑可能是影响技能溢价的次要因素，但是利率和技能溢价的下降是西欧经济的两个重要特征，影响了1350年以后几个世纪欧洲经济的长期演变。

欧洲的技能溢价在黑死病后的一个世纪内大幅下降，最可能的解释就是欧洲的利率在这个时期急剧下降（Van Zanden和Luiten，2009）。贷款和公共债务的实际利率（Homerand Sylla，1996），土地投资收益（Clark，1988；Epstei，2000）、粮食价格的季节波动，McCloskey and Nash（1984）、Poynder（1999）估计的中世纪利率数据都显示黑死病后的一个世纪欧洲利率下降了。Clark（1988）认为英格兰利率下降幅度在50%～60%，从1350

年前的 10%~11%，下降到 1450~1500 年的 4%~5%。1350 年以后利率下降是因为人口受到黑死病的外生冲击，鉴于资本存量和耕地保持不变，导致资本/劳动力比率和土地/劳动力比率上升，从而利率下降（由于人均财富上涨，消费水平上升），这使得家庭增加对人力资本的投资，导致同期技能溢价的大幅下滑。

　　欧洲和亚洲地区的利率差异也部分解释了这两个区域的技能溢价差异。有一些零星的证据表明欧洲利率低于欧亚大陆其他地区，据东印度公司的档案记载（Van Zanden，2009，中文版 2016 注释 38），16 世纪，泰国为 24%、苏门答腊岛的占碑为 24%~36%、爪哇的万丹为 18%~24%，而同期东印度公司很容易从尼德兰获得利率 3.5%~5% 的贷款。从总体趋势看，自中世纪晚期开始，欧洲的资本市场就比亚洲更有效率、更先进、更广泛和更深入。亚当·斯密说，英国和荷兰的利率远低于中国和伊斯兰国家，"12% 是中国的普遍利率"，而英国的利率为 3%~4.5%（Smith，1976：198）。东南亚更是高得离谱，17 世纪南亚和东南亚的高利率很正常，印度的 Coromandel 和孟加拉为 12%~18%，苏拉特（Surat）略低，1805 年 Buitenzorg（今天雅加达附近）的"正常"利率在 40%~50%（Boomgaard，1986）。18~19 世纪韩国利率在 25%~50% 波动，平均为 37%（Jun and Lewis，2006）。日本大阪从 20 世纪 30 年代起，官方利率在 8%~10% 波动，实际上利率往往接近 18%~20%（Miyamoto，1963：344）。这些例子表明，西欧与亚洲存在着巨大的差距。亚洲的这些地区被认为掉入了"高利率/弱资本市场"的均衡陷阱（Van Zanden，2009）。

五　身高、营养和生活水平[①]

　　Fogel（1964，1989）和 Steckel（1995）的研究成果促进了人体测量学的发展，随着人体测量学于 1970 年逐渐兴起，一些新的替代性或者补充性指标也渐渐地受到了重视。比如，根据对人体测量数据的分析，可以得到一个群体在一段时期内的生物状况（Biological Standard of Living）。生物状况一词最早由 Komlos 在 1985 年提出，当时是指一个群体对其所

---

　　① 本部份的内容部分来源于王珏、潘琼正在撰写的论文：《19 世纪广东人的身高研究》。

处的社会经济环境及流行病学环境的适应能力。它通常包括三个衡量指标，分别是寿命、疾病率和身高。而一个群体的平均身高是最常见的衡量这个群体生物状况的指标。今天，在研究生物状况时，一般都直接用身高数据来衡量。

身高反映了一个人对饮食、服装、住房、医疗服务等基本需求的满足程度。身高是生活水平的集成指标，有助于评估人的基本需求的满足程度，并据此判断居民福利的发展状况。20 世纪 70 年代后期，发展经济学家和各种国际组织开始以身高作为健康状况的衡量标准。1980 年，世界银行开始了"生活水平测量研究"（LSMS），该研究收集个人、家庭和社区的身高等数据来评估和研究发展中国家的生活水平（Steckel，1995）。

此外，Devos（2010）的研究表明，分析一个群体的身高对理解特定的社会经济过程是非常重要的。身高数据不仅能估计一个群体在一定历史时期的总体生活水平，还能估计出不同性别、年龄和社会等级的人的生活水平，进而反映出这个群体内部的不平等状况，这比传统方式更能反映一个社会的福利水平。Morgan（2006）的研究发现，身高较高的人有着更高的收入，受教育程度更高，寿命也更长。身高不仅能够反映群体的健康状况，还能反映群体的福利状况，这在一定程度上弥补了 GDP 不能完全反映福利状况的缺陷。

现有的研究成果提到多种影响身高的因素。Steckel（1995）认为影响身高的因素有收入、不平等、疾病、食物价格等。Koepke and Baten（2005）在考察欧洲两千年的身高变化时，提出了影响身高的因素有气候、性别歧视、社会不平等、人口密度等。Malcolm（1974）对欧洲、新几内亚和墨西哥人口的身高进行比较研究后发现，身高虽然会受基因的影响，但遗传差异在多数人口的平均化比较中基本消失，平均身高差异主要还是归因于环境因素。

史料中有关身高的记载较少，在缺少史料的情况下，为了考察古代人的身高和体质状况，一般运用骨骼推断法，即采用人类肢股、股骨等的长度来推算身高。虽然用骨骼长度来推算身高会有一定的误差，而且还要考虑到性别、种族等因素的影响，但是身高推算作为了解人群体质状况的重要方法也是非常有意义的。

Koepke and Baten（2005）用身高来表现人类生活水平情况。中世纪早期（12 世纪后，身高数据变少，因为墓地中的骨头常常丢失或与以后时代的骨骼相混合）的数据来自于考古发掘的 9477 个主要基于骨骼的身高测量值。他们将欧洲分为中西欧、东北欧和地中海地区。中西欧的一些国家和地区，如北莱茵河沿河地区（比荷卢、法国北部、西德）、南部莱茵河地区（西南德国、瑞士、东北法国）、巴伐利亚/奥地利以及英国；东北欧的国家和地区，包括斯堪的纳维亚、波兰、匈牙利、德国东部和北部；地中海地区包括意大利、西班牙、葡萄牙和巴尔干。17 世纪和 18 世纪初的数据来源于档案（书面），但数据存在选择性和截断问题。18 世纪后的欧洲身高数据质量比较高。Koepke and Baten（2005）还根据16～17 世纪中东欧"骑士"的铠甲来估计身高。

Koepke and Baten（2005）对身高研究的结果表明，1～18 世纪，欧洲成年男性的身高在 168～172 厘米波动，并没有出现明显的上升趋势。地中海、中欧/西欧、北/东欧地区的整体发展情况相似：中西欧和东北欧在 4 世纪下降，5～6 世纪增长迅速，10 世纪开始再度增长，11～12 世纪的中世纪温暖时期身高增长明显，13 世纪和 17 世纪处于低谷，14～16世纪身高增加，可能得益于营养条件的改善。地区差异出现在 7 世纪和 8世纪，当时东北欧高于其他地区，但从 13 世纪起东北欧身高优势消失。在 13～14 世纪和 17 世纪，斯堪的纳维亚人和东欧人变得比英国、荷兰人等中西欧人更矮。

以身高为代表的生物指标，和 GDP、工资等指标说明的情况并不完全相同。例如，在罗马帝国时期身高并没有增长。这与罗马帝国时期的经济繁荣情况不吻合，而且在西罗马帝国崩溃之后的五六世纪，身高反而增长。类似地，Cohen and Armelagos（1984）、Cohen（1989）发现 18～19 世纪人类的身高并没有增长。Maat（2003）最近对荷兰的研究证实了这一观点。Steckel 的研究也发现中世纪以来斯堪的纳维亚人的身高在大幅下降。

影响欧洲身高的重要原因可能是气候。量化气候的估计方法有：阿尔卑斯和斯堪的纳维亚冰川运动、格陵兰冰芯、橡树树环（Tree Ring）和湖沉积物。Koepke and Baten（2005）采用冰川运动作为解释变量，因为可以获得古代数据。冰川运动反映温度的变化存在时间滞后的问题，因此取前一个世纪与当下世纪的冰川运动的平均值。气候变化不仅导致 14 世纪和 17 世纪人口下降，而且导致了粮食减产。在 13 世纪末期开始的小冰期，农业产量和牛羊数量减少。18 世纪气候也和身高密切相关。北欧和东欧更容易受到气候的影响，荷兰、英伦三岛和德国西部的海洋气候即使在小冰期受影响也相对较小。小冰期（14 ~ 18 世纪），东北欧的身高低于中西欧人，11 ~ 12 世纪的温暖气候则使他们相对比较高。

较低的营养状况削弱了欧洲人口的免疫系统，瘟疫在营养不良的情况下更具有传染性。14 世纪开始的黑死病造成了大量人口死亡。同时，在饥荒期间，人们常常离开家园，四处寻找生存之地（Mokyr and O'Grada，2002）。在欧洲最北部，以养牛和渔业为主的经济体受害最大。冰岛失去了大部分人口，格陵兰几乎没有人住。

15 世纪和 16 世纪的前 2/3 再次变暖，17 世纪趋于恶劣。虽然 17 世纪的人口下降传统上归因于三十年战争，以及饥饿和伴随它的传染病；但快速的气候恶化可能是导致这场毁灭性战争期间与营养相关的疾病（至少部分）所致的人类大量死亡的原因。蛋白质营养不良与许多疾病的死亡之间的协同作用也可以解释为什么即使在没有直接参与三十年战争的国家，也出现了人口的停滞或下降。

19 世纪中期以后，经济因素成为影响居民身高的重要因素，当经济发展状况较好时，家庭收入提升，人们就会购买更多有营养的食物，这对孩童的身体发育非常重要（Stolz，Baten and Reis，2013）。家庭收入很大程度上影响着食物和医疗保健服务的购买，收入高的家庭能为孩子提供更健康的生活环境和更高的营养水平，因此健康指标与收入或财富正相关。Morgan（2006）的研究也发现，身高较高的人有着更高的收入，受教育程度更高，寿命更长。Maurice King（1966）认为，发展中国家的健康状况不佳主要是由于贫困而不是气候造成的。疾病虽然在温暖气候条件下容易传播，但贫困造成了应对这些疾病的医生、护士、药物和设备的缺乏，而且贫穷造成的营养不良增加了对疾病的易感性。所以提高穷人的收入是解决发展中国家人民营养不良问题的最有效手段。[1]

---

[1]　World Bank, *World Development Report*, Washington, DC: World Bank, 1993.

　　Steckel（1995）将 Eveleth and Tanner（1976，1990）列出的身高研究结果与 Summers and Heston（1991）编制的人均收入数据进行匹配，探讨了 20 世纪身高与收入之间的总体关系。他发现尽管在某一特定人均收入水平上影响平均身高的因素有很多，但回归的结果表明，一国平均身高与其人均收入之间的简单相关性在 0.82～0.88。这一结论是利用多国的身高和收入的数据进行回归得出的，具有一定的代表性。Floud（1994）将研究推到了 20 世纪前，他研究了从 19 世纪中叶到 20 世纪中叶意大利的人均收入和平均身高的关系，发现，平均身高和人均收入的关系可能相对稳定（见表 3－6）。据此，Steckel（1995）认为在谨慎考虑了多种因素的影响后，使用平均身高数据来推断人均收入水平是可行的。

表 3－6　欧洲成年男性平均身高与人均收入的关系

人均收入 (1970 年美元)	平均身高（cm）		
	Steckel	Floud1	Floud 2
150	160.9		
250	162.7		
500	165.1	165.0	163.8
1000	167.5	166.4	166.9
2000	169.9	169.0	169.9
3000	171.4	171.6	171.7
4000	172.4	174.2	173
5000	173.1		

资料来源：Floud，1994：22。

　　实际上，身高与收入之间的关系很复杂。美国人身高在 19 世纪中期有明显的下降，但美国经济在 19 世纪经历了长期的增长。欧洲人身高在 18 世纪末和 19 世纪中期前普遍出现了下降（见表 3－6），这个时间段正好是欧洲主要国家的工业革命时期。Drukker and Tassenaar（2000）的研究表明，1830～1857 年，荷兰人的身高变矮了，而当时荷兰的实际人均 GDP 增长率超过 0.5 个百分点，这远远高于工业革命前的增长率。工业革命结束后，欧洲各国的平均身高才开始上升，尤其是 19 世纪末期后，身高迅速增长，增长速度远远超过之前的任何时间段。

Chanda 等（2008）认为美国身高下降的原因有工业化、城市化带来的疾病蔓延和不断扩大的收入差距；美国人的身高在 19 世纪末期回升，可能是因为人类掌握了细菌理论，生活条件得到了改善，个人卫生水平得到了提高，工作的强度也降低了。从美国和欧洲的身高研究中，可以初步得到工业化、城市化对身高可能有负向作用，而技术进步和环境改善可能会促进身高增长。

当收入处于低水平时，身高对收入非常敏感；收入处于高水平时，身高对收入不敏感。Steckel（1995）发现，当人均收入从 1000 美元增加到 4000 美元时，12 岁男孩的身高增加了 6.8 厘米。而当人均收入从 8000 美元增加到 12000 美元时，身高只增加了 2.0 厘米（在营养良好的 12 岁的男孩中，身高标准差大约为 7.25 厘米）。可能的解释为，如果个人极端贫困从而营养不良，其成长和发育都较为迟缓，身高较低。当其收入增加时，更高的收入使得个人可以购买更多有营养的食物，身高也相应增加。而一旦收入足以满足热量需求，能够购买更多或更好的住房和医疗服务，实现了更大的遗传潜力后，身高并不会持续增加。

幼儿和青少年时期的身高增长更容易受到贫困的影响。生长对贫困的敏感度取决于贫困生的年龄，对于给定的贫困程度，贫困的不利影响可能与人的生长速度成比例（Tanner，1966）。因此，幼儿和青少年特别容易遭受环境影响，如果在幼儿期或青少年期长期处于贫困状态，身高将会受到严重影响。在贫困期后如果得到足够的营养可能会达到正常的身高。如果条件没有得到改善，可能通过延长几年生长期以接近正常的成年身高。因而长期和严重的贫困会导致发育迟缓或使成年人身高降低。

社会不平等程度的加剧，尤其是收入不平等的加剧，很有可能是平均身高下降的原因（Steckel，1995）。因为非常贫困的家庭可能会将 2/3 或更多的收入用于购买食物，但他们只能获得少量卡路里，与极端贫困相关的营养不良对身高有重大影响（Baten，2000；Pradhan，Sahn and Younger，2002）。O'Rourke and Williamson（2002）使用租金－工资比率证实了长期中身高不平等与收入不平等的时期吻合，他们认为土地所有者相对富有，工资收入者相对贫穷。Komlos（1998）认为工业革命时期身高的下降可能是由快速的人口增长和伴生的经济不平等导致的。收入不平等可能会使阶层之间身高的差异加剧，反过来说，身高的差异又能在一定程度上反映出收入的差距。Komlos（2007）在对 18～19 世纪英国青年人的身高研究后提到，19 世纪早期，英国的上等阶层青年（英国陆军军官学校的学生）比下等阶层青年士兵要高 22 厘米，由于社会的不平等，这种不同阶层的最大身高落差出现了。

有学者通过骨骼推算法得到了中国古代不同时期的 17 组居民的身高，其中包括旧石器时代早期的北京猿人（Ⅰ）组、北京猿人（Ⅳ）组，新石器时代的宝鸡组、华县组、横阵组、仰韶组、貔子窝组（张振标，1988）和石固组（陈德珍、吴新智，1985），周朝到汉代的西村周组、上马组、井沟子组、新店子组、两醇组、将军沟组、平洋组（张全超，2005）和平朔租（陈德珍、吴新智，1985），明清时期的桃花园组（原海兵等，2008）。具体情况和推算方法见表 3 - 7 和表 3 - 8。

表 3 - 7　不同时期我国古代居民的身高

组别	地区	时代	平均身高（厘米）
北京猿人（Ⅰ）	北京周口店	旧石器早期	155.49
北京猿人（Ⅳ）	北京周口店	旧石器早期	157.69
宝鸡组	陕西宝鸡	新石器	167.69
华县组	陕西华县	新石器	165.42
横阵组	陕西横阵	新石器	167.70
仰韶组	河南渑池	新石器	171.10
貔子窝组	辽宁大连	新石器	162.23
石固组	河南长葛	新石器	167.00
西村周组	陕西凤翔	西周	165.52
上马组	山西侯马	两周	165.15
井沟子组	内蒙古林西	东周	165.59
新店子组	内蒙古和林格尔	东周	164.76
两醇组	山东淄博	东周	166.46
将军沟组	内蒙古和林格尔	战国	167.37
平洋组	黑龙江泰来	战国	164.31
平朔租	山西朔州	汉代	167.29
桃花园组	天津蓟县	明清	167.19

表 3 - 8　身高推算的公式

作者 (发表年代)	观察对象	性别	标本数	平均身高 (厘米)	推算公式	备注
王永豪等 (1979)	中国人 (西南地区)	男	40	162.55	身高 = 2.52 × 股骨生理长 + 54.69 ± 3.59	作者给出了十个回归方程，这里只选取了以股骨为例的身高推算公式
邵象清 (1985)	中国汉族 (41~50岁)	男	不明	不明	身高 = 2.20 × 右侧肢股最大长 + 68.757	
莫世泰 (1983)	中国人 (华南地区)	男	50	160.91	身高 = 81.58 + 1.85 × 股骨最大长 ± 3.74	此公式还需要用0.6毫米 × (年龄 - 30) 加以矫正

　　国外一些学者考察了 19 世纪中国人的身高情况，比如 Baten and Hira (2008) 对在 19 世纪移民至印度尼西亚和苏里南的中国人的身高进行了研究，Carson (2007) 对在美国监狱的 1423 个中国罪犯的身高数据进行了分析研究。在研究 19 世纪中国居民身高时，学者们使用的基本上是移民者身高数据、囚犯身高数据和中国政府发布的小范围健康调查数据。目前可获得的 19 世纪中国居民身高的数据来源有：加拿大政府发布的中国移民数据报告[①]、中国政府和机构的健康调查数据（Morgan，2004）、澳大利亚的中国囚犯身高数据（Morgan，2009）、美国的中国囚犯身高数据（Carson，2007）、前往印度尼西亚和苏里南的中国移民身高数据（Baten and Hira，2008）和几千名北京宫廷侍卫的身高数据（李中清，2000：45）。具体见表 3 - 9。

　　根据以上研究，19 世纪中国人身高情况为：在 19 世纪前期，中国人身高较为稳定，可能有轻微的下降；在 19 世纪中期，中国人身高开始下降，降幅为 1~2 厘米；在 19 世纪末期和 20 世纪初期，中国人身高开始回升。19 世纪前中期，中国人的身高在 162~164 厘米范围内变化，19 世纪末 20 世纪初中国人身高在 163~168 厘米范围内变化，总体来看，19 世纪中国人身高先下降后上升。

---

　　① 　Chinese Immigration Records, 1885 - 1949, Series RG76 - D - 2, Library and Archives Canada, Canada Government.

表 3 - 9   19 世纪中国居民的身高

时间		样本量	身高情况	数据来源	作者
19 世纪前期	1810～1840 年	1492	较为稳定，平均身高约为 164 厘米	澳大利亚的中国囚犯	Stephen L. Morgan（2009）
19 世纪中后期	1820～1860 年	1423	身高持续下降，从 164.57 厘米下降到 163.02 厘米	美国的中国囚犯	Scott Alan Carson（2007）
	1830～1864 年	130000	较为稳定，有轻微下降。平均身高约为 162 厘米	印度尼西亚和苏里南的中国移民	Joerg Baten and Sandew Hira（2008）
	1850～1900 年	1492	身高显著下降，降幅超过 2 厘米	澳大利亚的中国囚犯	Stephen L. Morgan（2009）
19 世纪末20 世纪初	1880～1920 年	7865	身高适度增长，男性平均身高每 10 年增长 0.25 厘米。平均身高为 167.9 厘米	20 世纪 30 年代和 40 年代中国政府和机构的健康调查数据	Stephen L. Morgan（2004）
	1900 年后	几千名	增长较快，1900 年约为 163 厘米，1960 年约为 167 厘米，每 10 年增长 0.5～1 厘米	宫廷侍卫	李中清、王丰（2000）

为了详细了解 19 世纪中国人的身高水平与不同时代中国人身高的差异，按照资料可得性粗略地分为旧石器组、新石器租、周至汉组、19 世纪前中期组（简称"前中期组"）、19 世纪末 20 世纪初组（简称"末至初组"）和现代组 6 组。其中，旧石器组选择了北京猿人两组材料的平均身高值，新石器组选择了宝鸡组、华县组、横阵组、仰韶组、貔子窝组和石固组 6 组材料的平均身高值，周至汉组选择了西村周组、上马组、井沟子组、新店子组、两醇组、将军沟组、平洋组和平朔租 8 组材料的平均身高值，现代组选择了《中国居民营养与慢性病状况报告》中全国男性平均身高值。由于 19 世纪中国人身高在前中期和末期差别较大，故分为两组。19 世纪前中期中国人身高变化范围为 162～164 厘米，选取平均值即 163 厘米，作为 19 世纪前中期居民的平均身高，19 世纪末 20 世纪初中国人身高变化范围为 163～168 厘米，选取平均值即 165.5 厘米，为 19 世纪末 20 世纪初中国居民的平均身高。具体见图 3 -1。

从图 3 -1 可以看出，前中期组中国人的平均身高高于旧石器组，但低于新石器组、周至汉组、末至初组和现代组，末至初组中国人的平均身高高于旧石器组、前中期组，与周至汉组类似，但低于新石器组和现

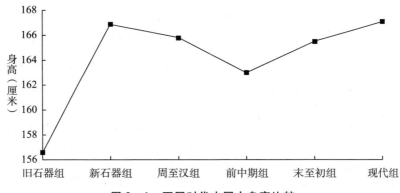

图 3 - 1　不同时代中国人身高比较

代组。从新石器时代到现代，中国人身高在整体上呈现上升趋势。19 世纪前中期中国人身高出现一个低点，19 世纪末 20 世纪初，中国人身高又快速回升。此外，中国人平均身高的变化一直不太大，除了旧石器时代到新石器时代身高有快速提升外，从新石器时代到现代，身高一直在 ±3 厘米范围内变化，且中国成年男性平均身高一直没有突破 170 厘米。

19 世纪各地身高有不同的特点。根据 Morgan（2004）的研究，1890 ~ 1920 年东部地区身高增长最快，每 10 年增长 0.7 厘米，北方地区的身高轻微下滑，中部地区的身高在 19 世纪末期出现上升，而到了 20 世纪早期又出现了下降趋势（Morgan，2004）。19 世纪广东地区身高数据与全国身高数据的情况相似，很少有相关史料记载，国内学者也少有研究。目前可获得的 19 世纪广东居民身高的数据来源有：从广东到澳大利亚的移民身高数据和加拿大政府发布的中国移民数据报告。具体见表 3 - 10。

1885 ~ 1949 年移民至加拿大的中国人口[①]身高的基本情况如表 3 - 11 所示，其中成年女性身高均值为 155.53 厘米，成年男性身高均值为 163.8 厘米。

表 3 - 10　19 世纪广东人的身高

时间	样本数（人）	身高情况	数据来源	作者
1850 ~ 1880 年	1269	呈上升趋势，身高范围为 165 ~ 166 厘米	广东到澳大利亚的移民身高数据	Stephen L Morgan（2006）

---

① *Chinese Immigration Records*，1885 - 1949，Series RG76 - D - 2，Library and Archives Canada，Canada Government.

时间	样本数（人）	身高情况	数据来源	作者
1850～1930 年	63383	呈上升趋势，80 年内成年男性身高增长超过 4 厘米	加拿大政府发布的中国移民数据报告	W. Peter Ward（2013）

资料来源：Morgan, 2013：488－501。

表 3－11　样本身高统计情况

样本情况	全体女性	全体男性	21～50 岁成年女性	23～50 岁成年男性
样本量（人）	1885	90791	1182	55816
身高极小值（厘米）	76.20	41.28	140.34	145.42
身高极大值（厘米）	189.23	205.74	177.80	194.58
身高平均值（厘米）	150.21	161.50	155.53	163.80
标准差（厘米）	13.88	8.55	6.12	5.29

注：在研究身高与年龄的关系时，选用了 21～50 岁的女性身高数据（1182 个样本）和 23～50 岁的男性身高数据（55816 个样本），剔除了身高在 140 厘米以下和 195 厘米以上的极端数据，以使得样本更具代表性。做法参见 W. Peter Ward, "Stature, migration and human welfare in South China, 1850－1930", *Economics and Human Biology*, Vol. 11 No. 4（2013）, p. 492.

　　1850～1900 年，广东女性身高增长了约 4 厘米，广东男性身高增长了约 3 厘米，说明广东人的体质状况有所提高。女性身高变化波动较大，男性平均身高在 19 世纪中后期比较稳定，有轻微上升，在 19 世纪末期有明显增加，20 世纪初身高虽有所下降，但整体身高仍然比 19 世纪前中期有所上升。

　　将搜集到的广东地区的身高数据与欧洲、美国和日本的身高数据进行比较。世界各地的身高对比结果如图 3－2 所示。19 世纪初期，广东人的身高和南欧、东欧等欧洲大部分国家人的身高处于同一水平。广东人身高在 19 世纪中前期基本保持不变，19 世纪末 20 世纪初身高有了较为快速的增长。19 世纪欧洲人身高一直在增长，尤其是东欧人的身高在 19 世纪初期还稍低于广东人，而在 19 世纪末期就已远高于广东人，说明这一时期东欧人民体质得到了大幅度的提升。日本人身高情况则比较特殊，虽然日本人身高一直较低，但其身高增长非常迅速[①]。

---

① 日本是一个特例。在近代，早期日本人的身高一直远低于其他国家，可能受到遗传因素的影响较大。

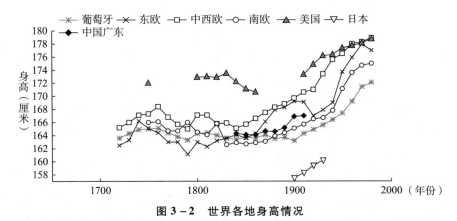

图 3 - 2　世界各地身高情况

资料来源：欧洲地区和葡萄牙的身高数据来自于 Stolz 等（2013）对葡萄牙人在 1720～1980 年生活水平的研究，日本的身高数据来自 Mosk（2000）对日本在两次世界大战之间的生物状况（biological standard of living）的研究，美国的身高数据来自 Komlos（2003）对美国人 18 世纪生物状况的研究和 Chanda 等（2008）对美国人在 1820～1900 年生物状况的研究，参见 John Komlos, 2003；Chanda, Craig and Treme, 2008：19 - 49。

19 世纪，欧洲、美国、日本和中国广东人的身高排序为：美国 > 中西欧 > 东欧 > 中国广东 > 南欧 > 葡萄牙 > 日本。这说明，与世界其他国家相比，中国广东人的身高处于中等水平，其身高高于南欧人、葡萄牙人和日本人。同时，广东和欧洲国家一样，在 1850～1900 年身高都处于上升阶段，而中国全国成年男性的身高则在 19 世纪中期出现了下降。20 世纪初期，欧洲、中国和广东地区人口的身高开始上升，日本人身高在 19 世纪末期也有了快速增长（见表 3 -12）。

表 3 - 12　世界各地区身高增长和下降的时间段

地区＼时间	1720～1750 年	1750～1800 年	1800～1850 年	1850～1900 年	1900～1950 年	1950～1980 年
葡萄牙	↗	↘	稳定	稳定	↗	↗
东欧	↗	↘	稳定	↗	↘	↗
中西欧	↗	↘	↘	↗	↗	↗
南欧	稳定	↘	↘	↗	↗	↗
美国		↗	↘		↗	↗
日本					↗	
中国广东			稳定	↗		

六　小结

　　东西方大分流和小分流在最近几十年取得了丰硕的成果，同时也引起了激烈的争论。人均 GDP 的估算显示，从公元 1200 年左右到 1700 年中国人均收入从高位跌落，一直处在下降通道中，相反地，欧洲国家和日本反而从低位爬升，一直处于上升通道中。白银工资、实际消费工资、技能溢价和利率等指标也显示工业革命前东西方经济增长已经出现了分流。但是，较早突破了中国人均 GDP 历史高位的荷兰并没有延续继续增长的道路，在 18 世纪中后期出现衰退，在工业革命之前一直没有重拾增长道路。如果没有爆发工业革命，英国会不会重蹈荷兰的覆辙，是否能突破传统的马尔萨斯式增长或者斯密式增长还是未知数。

　　经济增长情况在欧洲内部存在差异，从经济指标来看，大致可以划分为西北欧、中东欧和南欧儿个部分。黑死病之后的 1350 年是欧洲小分流的关键年份。南欧的意大利诸城邦在 15 世纪晚期达到经济高点，16 世纪开始衰落，西班牙开始衰落的时间晚于意大利半个多世纪，但在其经济最高点时水平与西北欧还有一定的差距。中东欧是整个欧洲国家中在这段时期内最不发达的地区。亚洲国家中日本起点比较低，大概从 16 世纪才开始增长。

　　用生物指标——身高来衡量的情况同样说明，中国人、欧洲人在工业革命之前，身高都有所波动，但是都没有形成突破。身高和收入增长之间的关联性并不强，而跟气候有密切关系。

第四章 李约瑟之谜：有用知识和精英的文化选择

　　1944 年 10 月 24 日，李约瑟在贵州湄潭对浙江大学内迁的学者做了"中国科学史与西方之比较观察"的演讲，首次公开提出了"李约瑟之谜"。"为什么中国社会在公元 8 世纪比西方社会更崇尚科学，而从公元 18 世纪开始却压制科学的存在？"为什么中国的科学技术从最开始超越欧洲之后，没有保持住其发展的步伐（Needham, 1969a: 16; Sivin, 1982, 2005）？1954 年《中国科学技术史》首卷面世，李约瑟通过大量和深入的史料研究论证了传统中国有大量科技成果。在公元前 1 世纪到公元 15 世纪的 1600 年间，中国科技一直领先于西方。但由于文艺复兴、地理大发现、宗教改革、资本主义兴起等原因，西方科学超越了中国，出现了现代科学。中国没有出现这些外在推动因素是因为中西社会经济制度的差异。1995 年李约瑟去世，2004 年 20 余卷的《中国科学技术史》出版。他是用史料和大量的研究肯定中国传统科技成果的历史学家，对中国文化的传播做出了巨大贡献，受到了中国人的热烈推崇，其观点也受到很多中国学者的认可。但是对于这个问题的争论一直没有停歇，成为科技史、近代史和经济史等研究领域长期关注的热点问题，产生了大量重要的研究成果（Pomeranz, 2000; Rosenthal and Wong, 2011; 弗里斯, 2013; Brandt, Ma and Rawski, 2014），但学界仍然没有达成共识。

　　简单来说，对"李约瑟之谜"的研究分为两个大的方向。一个方向是遵循李约瑟的思路，以西方科技发展为模本，检讨中国的科技史，以寻求中国科技在近代落后的原因。"五四运动"前后，中国人自己开始思考中国科学技术不发达的原因。中国科学社和《科学》杂志社发起人任鸿隽最早对此进行了论述。随后，胡明复、梁启超、王琎、冯友兰、竺可桢等中国知识分子先后发问：为何中国科学发展落后于西方。

　　二是认为科技的固化、停滞，甚至倒退现象在科学技术发展史上并不罕见。因为技术进步的作用是递减的，直到最终消失（科恩, 2012:

28）。中国在唐宋时期科技兴盛，明清时期相对落后。伊斯兰世界也有过技术进步、倒退的周期。而 1750 年后英国和欧洲技术发展所呈现出的积极正反馈、自我强化、大规模爆炸性的特点，才是一种非常新奇的现象。Goldstone（2002）认为中国宋朝时期的技术发展和文艺复兴时期欧洲技术的发展具有完全不同的性质。这个方向的研究表明，技术革命不可能发生在中国，哪怕是技术水平最高时期的宋朝。中国没有产生现代科学，没有爆发技术革命是很正常的。真正与众不同的是欧洲。工业革命期间和之后的西欧，出现了持续的大规模的技术进步，以人类自从出现在这个星球上以来见所未见的深度、广度与速度，改变了人类生存的物质基础（Mokyr，2016）。这个研究方向契合了爱因斯坦的观点。爱因斯坦[①]提到，"我的观点是，人们不应该对中国的圣贤们没有做出这些贡献（严谨的逻辑系统、用控制实验的方式来探寻事物间的因果关系）而感到惊讶。真正值得吃惊的是，这些知识最终还是被创造出来了"（Needham，1969a：43）。

　　本书并没有遵循李约瑟的方向，而是比较了中西方有用知识和价值取向的不同，说明东西方科学技术的分流在于欧洲的特殊性。

一　中国和欧洲知识体系中的有用知识

　　借鉴 Mokyr（1995，2016）的研究，"有用知识"在这里被狭义地定义为对国家经济发展与增长有用的知识。各种类型的知识早就存在于东西方的文明中，鉴于工业革命极其巨大的影响，有用知识的增长在很大程度上是指对自然和环境知识的储备和增长，以及将这些知识运用到生产性活动中的广度和深度。从这个意义上看，"有用知识"就是能带来技术进步和经济增长的现代科学技术知识。人类历史上也形成了很多"非有用知识"，很难产生直接可见的经济价值，比如文学、诗歌、艺术、历史等人文知识。

[①]　李约瑟引用了爱因斯坦 1953 年的信件，这一做法遭到很多人的反对。爱因斯坦在信中说道，"我的观点是，人们不应该对中国的圣贤们没有做出这些贡献（严谨的逻辑系统、用控制实验的方式来探寻事物间的因果关系）而感到惊讶。真正值得吃惊的是，这些知识最终还是被创造出来了"（引用自李约瑟，1969a：43）。

林毅夫（Lin，1995）在回答李约瑟之谜时，曾经区分了两种技术进步。一种是以"干中学"为基础的技术进步，是基于经验的技术变革，是生产过程中的副产品；另一种技术进步则是将科学研究投入实际应用而产生的技术进步，是基于知识的技术进步。他说，前者是工业革命之前技术进步的特征，这种基于经验的生产行为中无意产生的副产品，在人口规模比较大的国家更容易产生。因此，远远大于欧洲国家人口规模的中国在工业革命前一直处于技术领先地位。只有当欧洲开始将陈述性知识的系统化研究应用于生产时，欧洲的技术进步才开始迎头赶上中国。从这个意义上来说，"现代科学"和"工业革命"是可互换的概念，林毅夫（Lin，1995）将李约瑟之谜转化为"为什么工业革命不是起源于中国"的问题。

将技术进步与经济增长相联系也是有用知识的本质。高德步（2016a，2016b）和赵鼎新（2015）强调以私利为导向的工具理性成为主流价值观是西方兴起的关键。理论/形式理性主义的兴起伴随私人利益和公共利益导向的工具理性主义的崛起，共同刺激了科学的发展。尽管科学的进步在其早期阶段并未对技术发明产生直接影响，但它孕育了一种理性的思维方式，并且提供了有利于科技发展的知识元素。随着科学发展和以商业盈利为动机的发明激增，科学和技术之间的关系也被拉近。

从对经济增长影响的时效看，"有用知识"有两类，一类是明显的"有用知识"，能够带来直接的经济效果，如更有效率的新农具和产量更高的新物种；另一类有用知识可能不会马上看到经济效果，但是对后来的技术进步有重要影响，如一些自然科学的基本原理和方法。历史上曾经存在的大多数社会都或多或少出现过第一类有用知识，这类知识或者源于能工巧匠的"干中学"，或者源于偶然发明，或者源于不断试错。但这类知识的经济效果是有限的和递减的，其对经济产生的进步效果最终会消失。西莱尔－佩雷斯（Hilaire-Pérez，2007）和伯格（Berg，2007）认为，这种知识的增长方式是"模仿型"的。它通常会复制现有的技术，形成自我维持的改进进程，产生一些微观性的发明成果，使其标准化，并期望"干中学"效应的产生，那么技术进步的收益是递减的，技术进步是有局限的。只有第二类知识出现并支撑了第一类知识的不断创新，才能对生产活动产生大规模和持续性的影响。两类知识的共同演化和相互强化是现代经济增长的原动力。这两类知识的含义非常类似于通常所说的"技术"和"科学"。这两类知识的结合，即科学与技术的结合才能称为"有用知识"，才可以带来可持续的技术进步和经济增长。只有第一类有用知识的增长，可能会在 18 世纪纺织和炼铁业等方面产生一些局部技术进步，但不会产生一个可持续的和自我强化的工业革命进程。

培根（Bacon，1999）高度评价了中国古代的知识积累，他说有三大发明改变了整个世界的面貌和事态：一是印刷术，在文献方面；二是火药，在战争方面；三是磁石，在航海方面。由此又引出了无数变化，以至于任何帝国、任何教派、任何星辰对人类食物的力量和影响似乎都不及这些机械性的发现。李约瑟也按照英国工业革命标准列举中国对世界做出巨大贡献的有用知识（见本章附表）。但是，培根和李约瑟所列的中国有用知识，更偏向于技术型和林毅夫所说的经验型，缺乏科学基础研究的支撑。可这些发明最终成为中国技术与科学"宏伟的尽头"（Magnificent Dead Ends，戴维·兰德斯的表述），最终它们都没能得到进一步的发展。博迪[1]（Bodde，1991：362）认为这是因为中国人对"理论"缺乏兴趣。

20 世纪 60 年代科学对英国工业革命的贡献备受争议（Hall，1974；Landes，1969；Mathias，1979；Musson and Robinson，1969）。因为工业革命时期的技术进步大多数是经验型的。近年来，雅各布（1997，1998，2014）、雅各布和斯图尔特（Jacob and Stewart，2004）、Allen（2011）、Mokry（1995，2016）等人重新审视了工业革命技术进步的源头，重建了科学和英国工业革命之间的联系。

Allen（2011）认为 Hall（1974）得到科学与技术无关的论点，是在于他只关注了 1760~1830 年这一阶段。例如，Hall 正确地说明了潜在地热能对发明独立的冷凝器没有什么贡献，所以瓦特只是改进了蒸汽机的性能。但是，科学对技术的贡献要追溯到 1760 年以前。发明蒸汽机的关

---

[1] 博迪、李约瑟等学者认为科学知识与技术进步有线性关系。他说，"在 1687 年，牛顿的《数学原理》出版……不到一个世纪以后，蒸汽成为了转动英国轮子的动力"（博迪，1991：235）。

键在于对大气压力的基础研究。大气有重量，蒸汽可以被压缩以制造出真空。伽利略首先开始研究抽水机如何把水抽到 10 米以上，后来他把这个研究任务交给他的秘书 Torrecelli。Torrecelli 在 1643 年发明了气压计，测量了大气重量。大气压力成为实验物理研究的热点。很多科学家如 Otto von Guericke、Robert Boyle、Robert Hooke、Christiaan Huygens 和 Denis Papin 等进行了有名的实验。Thomas Savery 发明了干燥矿井的真空抽气泵。纽科门 1700 年开始研究为矿井抽水的问题，1710 年在 Cornwall 造出一个引擎，1712 年在 Dudley 制造出著名的蒸汽机。纽科门和 Savery 最后共同申请了专利。蒸汽机的发明过程是科学支持工业技术的典型例子（Allen，2011）。

17 世纪，Christiaan Huygens 和 Robert Hooke 等顶尖科学家的研究奠定了钟表和齿轮的发明。钟表行业是解释 Arkwright 的成功和 Lancashire 的棉纺织业成功的关键（Allen，2011）。首先，Huygens 用数学证明了不论摆幅多大，一个周期的时间是不变的。基于此，他发明了一个摆钟，很大程度上精确了时间的测量。他还试图用摆钟测量经度，但是摆钟在海上运行不稳定，大概在 1675 年他发明了稳定弹簧，这使制造精确的手表成为可能。钟表的技术进步有很大的联动效应。钟表的零件是齿轮，早先每一个都要靠手工单独制作。Hooke 首先发明了一个批量生产这些零件的机器。钟表行业的发展，加速了机器设计上的稳定改进。结果是生产了大量廉价精确的齿轮。廉价的齿轮革命性地改变了机械制造业。齿轮代替了杠杆和传送带，以控制、引导和传递动力。工业革命时由铜或铁做成的小而精致的齿轮是工厂中的主要部件，是工业机械中的通用技术（Allen，2011）。Arkwright 将他的水力纺纱机中的齿轮称为"钟表结构"。水力纺纱机均由经验丰富的钟表专家组装，这些钟表专家主要集中在兰开夏，兰开夏也成为英国棉纺织业的中心。18 世纪 80 年代末 90年代初，兰开夏集中了 150 家 Arkwright 式的水力纺纱机工厂，雇用了约 1000 名左右的钟表师。所以，科学研究也对英国棉纺织业的发展做出了贡献（Allen，2011）。

Mokry（1995，2016）强调了 15～17 世纪启蒙运动中有用知识的增长对工业革命的贡献。他高度评价了启蒙运动中的工业启蒙思想：一种通过知识增长实现经济进步的信念。培根是工业启蒙的关键人物。培根的思想也被称为"培根主义""培根计划"。"培根主义"或"培根计划"既是一个哲学体系，又是一套归纳科学方法，也是一系列政策建议〔佩雷斯－拉莫斯（Pérez-Ramos），1988：7－31〕。培根所提倡的实验方法挑战了亚里士多德的三段论，提出了增加和获取有用知识的手段和方法。培根真正使人们意识到实验的重要性。实验科学不仅用于确认已知的事实，而且用于探索未知的世界（Kuhn，1976）。培根强调的新仪器和实验技术，本身也是创新。培根说道："人们不假于物而探索大自然的努力是不会产生什么影响，带来什么深刻见解的。只有借助工具才能完成这项工作……工具既给手带来了便利，也加深了人们对自然的理解。"（培根，1620，1999：89）

培根提倡的实验方法帮助欧洲人有效地挑战了传统知识。近代早期，在数学、天文学、医学和植物学中证据的含义发生了巨大变化。实验证据、数学化、在数据中寻求实证规律的归纳方法越来越走上学术研究的核心地位。对于大多数社会来说，尊重并且传承前人的智慧是一个默认的正确选择。15 世纪后的欧洲是个例外。欧洲社会在启蒙运动和科学革命期间出现了推翻旧观念的倾向。最重要的是，这些旧观念在欧洲被认为不可接受，不仅是因为在不断改变的经济和社会现实下它们变得不合时宜，而且是因为它们在被证据和逻辑验证下，被发现是不正确的、不一致的或无法证实的。欧洲人在观察、试验和计算方面做得越好，他们就越不会对那些古代崇高权威的智慧盲目崇拜。科学观念是理性的，知识的合理性需要通过证据来判别，而不是古代经典著作的观点。

培根另外一个重要思想是：知识是不断增长的，是一个不断扩张和增加自身的实体。自然规律是上帝制定的法律，我们需要做的就是发现它们。发现知识和获得知识的主要目的是改善人类生存条件，而不仅仅是满足人类的好奇心和自身的创造需要。对自然的理解是一个集体项目，通过知识分类，科学家可以按照亚当·斯密分工的办法，对知识的增长做贡献。培根设想了一个"Salomon 之家"的研究学院，一些专业人员负责收集数据和实验，更高水平的科学家试图将实验数据提炼成一般的规律和规则。培根高度重视对现有知识和技术的分类和编码，他认为这是获得知识、分享知识和运用知识解决实际问题的有效方法。

培根的思想促使西方人的关注点转向了科学及其应用〔雅各布（Jacob)，1997：33]。在自然哲学与工匠之间建立起桥梁，使陈述性知识的创造者与规范性知识的创造者和使用者之间的沟通成为可能（莫基尔，2002）。1500 年以后，欧洲知识分子"把自己置于传统上被视为是下等工作的实际事务之中"，他们的头等大事就是要"应该重新重视起工匠的工作"（Hunter，1981：99，88）。对于培根来说，工匠不仅是陈述性知识的受益者，更是其创造灵感。培根强调，技术进步只有在有用知识被有效组织、协调、分配和获得的条件下才会获得成功。科学家和制造商、科学家和工匠之间的合作成为欧洲文化的一个重要特征（莫基尔，2002：63 - 64）。在那个时代，许多伟大的科学家同时也是仪器制造家，如伽利略、胡克和惠更斯等。在培根去世后的 50 年中，欧洲大部分的学术和专业精英都或多或少采纳了他关于有用知识能促进经济进步的概念。"培根的影响力渗透到了 17 ~ 18 世纪每一个研究科学的人身上，不断地鼓励他们理解这种工作坊式的实践方法。"［米松和罗宾逊（Musson and Robinson），1969：16］卡登（Caton，1988：39）总结了培根的影响力，"历史上的第一次，自然哲学成为一个进步的、扩张主义的社会制度"。这些发展所带来的全部经济影响在社会中潜伏了数十年，最终在工业革命和随后的技术变革进程中全部爆发了出来。

牛顿对物理学和数学的影响是巨大的，他在多方面增加了有用知识（Mokyr，1995，2016）。牛顿没有建立哲学上统一的体系来描述世间的一切，他的目标是为观察到的现象提供数学化的描述。这意味着，一旦自然是可理解的，它就可以被操纵、控制和应用于培根所倡导的人类需求之中。牛顿建立了一个机械的、可理解的宇宙观，这是一个可以而且应该为人类的物质利益所操纵的宇宙。驱使科学和最终技术进步的是一种信念，即坚信所有的自然现象和规律都可以通过一套连贯一致的完整的自然法则来解释。牛顿的另一个贡献是奠定了数学在有用知识的产生和发展过程中的神圣地位。牛顿结合了数学模型的演绎推理与培根强调的实验数据与观察，替代了古典教义中以逻辑和权威为基础的论证方法。从理论上讲，牛顿遵循了伽利略的方法，同时结合了帕拉塞尔苏斯的归纳法和培根的归纳法，而非基于笛卡尔的严格演绎法。

牛顿一生都对知识的应用不感兴趣，他的研究并没有立竿见影的经济效果。他的机械科学对纺织工业的机械发明没有直接的帮助，18 世纪下半叶工程师才开始使用微积分，工业革命出现在《自然哲学的数学原理》出版 70 年或 80 年之后。但是，科学革命与工业革命之间的联系，并不是线性和直接的（Jacob and Stewart，2004：26 - 60；Jacob，1997）。通过牛顿学派的各类讲座，公共科学兴起，科学知识价值增长，创造出了一种新的"技术素养"，其中包括数学计算能力，以及阅读理解技术图纸和说明的能力（Jacob and Stewart，2004：131）。他更为我们提供了一个充满秩序和逻辑的世界。他的数学分析和依据实证实验数据的研究方法成为科学研究的主流方法。通过观察和实验来理解自然，从而控制自然的培根主义理想，在 1687 年后显得越来越真实（Mokry，2016）。

带来世界经济持续增长和繁荣的技术革命，并不仅仅是第一类有用知识增长的结果，也不仅仅是科学方法和发现的结果，而是这两者的融合。这个融合是工业启蒙的本质。它在对有用知识的成功应用中，验证了基本原理，但其科学依赖于技术所提供的工具。

书籍是知识的重要载体。布林（Buringh）和范·赞登（Van Zanden，2009：436 - 437）估计，1522～1644 年（明朝后期），中国每年出版的书籍数量为 27～47 本，欧洲出版的书籍数量比中国多 40 倍。中国出版的书籍数量只是欧洲出版书籍的一小部分（McDermott，2006：70 - 71）。考虑到中国的人口规模，中欧人均书籍的差异应该更明显。但是，这一估计是基于现有的存书数量所得，由于中国的印刷数量比欧洲少，中国历史上有多次文化破坏活动，所以可能严重低估了中国的书籍数量。同时，欧洲同一本书会多次出版和有多个译本，中欧知识存量的实际差异可能小于书本数量的差距。中国开始大量印刷的时间比欧洲更晚（Van Zanden，2013：327），在 1800 年之前，中国并没有大规模的使用活字印刷术（Van Zanden，2013：336）。因为有成千上万的汉字，活字印刷术不是节约成本的技术，多数印刷仍采用雕版印刷的方式（Angeles，2016）。但是中国图书的实际成本（特别是在非技术工人的工资方面）可能只是欧洲的一半（Angeles，2014）。

更重要的问题是书籍传播和记载的是不是有用知识，有用知识的受众范围是否足够大。在欧洲，书籍可获得出版的途径更多、更容易，也使得出版成本更低。欧洲实际上有很多限制书籍出版的制度，但由于国家执政能力弱于中国，各个部门之间的协调机制也比大一统的中国费时耗力，所以欧洲对书籍的限制反而不如中国有效（CHow，2004；Koyama and Xue，2015）。欧洲的社会大众基本都有渠道接触到书籍，而在中国通常只有少数精英才有能力和机会获得书籍。

以保存和获取知识最有效的百科全书为例，达朗贝尔和狄德罗的《百科全书》被广泛传播和不断重印，达恩顿（Darnton，1979）估计达朗贝尔和狄德罗的《百科全书》共印刷了25000册，这不包括18世纪欧洲各地的不同译本，也不包括18世纪各种摘要、词典、词汇书以及其他同类型的参考书籍。其他百科全书式书籍在欧洲的印刷总量是《百科全书》的数倍。而中国的《永乐大典》《古今图书集成》《四库全书》等基本是皇帝和精英的私人藏书。明朝永乐皇帝于1403～1408年组织编纂的《永乐大典》是中国百科全书式的文献集，全书22937卷（目录占60卷），11095册，约3.7亿字。由于此书体量太大，所以无法将其刻板印刷，一共仅存3份抄本。《永乐大典》在永乐年间纂修完成后，只抄录了一部，叫做"永乐正本"；1557年宫中失火，正本差点毁于大火，嘉靖皇帝怕大典有损，又重录了一部，称为"嘉靖副本"。两部大典都深藏在皇宫中，没有刊印，流传稀少，除非得到皇帝本人允许，一般情况下只有皇帝可以阅览此书（McDermott，2006：126－127）。后在朝代更迭、内忧外患中被偷盗、抢掠、焚烧，"正本"消失了，"副本"也只剩下400余册。由陈梦雷编辑的《古今图书集成》于1726年出版，是当时规模最大的图书，共有1万章、85万页和5000幅图。由官方印刷局——武英殿书局印刷，共印了约60份。《四库全书》由乾隆皇帝1773年下旨修订，1782年完成。这部书同样体量巨大，共有3.6亿个词汇和3.6万卷。目前共存7份抄本，其中4份保存在皇宫，1787年后学者和文人也可以阅览此书（McDermott，2006：168）。《四库全书总目提要》200卷，其中只有"子部"的"农家""医家"和"天文历算"划入自然科学的总类中，分量轻，且处于学术系统的边缘。

中国其他专业类型的大型参考书传播范围也很有限。在王祯1313年的《农书》中，有300多幅工具和机械的插图，对照插图可以直接制作实物（Elvin，1973：116）。然而，到1530年全中国只存一套《农书》。清初学者刘献廷（1648～1695）曾经抱怨说，他寻找了10年，都寻找不到一套完整的徐光启的《农政全书》（布雷和梅泰理，2001：355）。宋应星的《天工开物》，也只是因为一套副本偶然流传至日本而得以幸存。胡文焕所刻刊印刷的《格致丛书》本有 346 种藏书，仅有 181 种最终幸存至 18 世纪末（艾尔曼，2010：381）。相反，数学家伦纳德·迪格斯（Leonard Digges，1515～1559）写给测量师和工匠们的数学手册 Tectonicon（1556）在 50 年中被重印了 20 次。

二　教育和中国的人力资本错配

一部分研究内生增长的经济学家将教育投资回报上升和技能积累等人力资本增加看作技术进步的表现。[1] 构建了经济中没有固定要素的生产模型，其中人力资本的改善直接转化成更高的产出。这一模型假设人力资本由父母亲的时间投资来决定。父母在自身消费、孩子数量、孩子质量三种约束中寻求效用最大化。一旦父母开始在孩子教育上进行大量投资，经济增长率就上升。当收入增长到一定阶段时，生育率下降，对孩子质量的投资上升，对人力资本的需求增加。在这一模型中，人力资本与增长是同一的，凸显了在向现代经济增长的转型过程中人力资本的重要地位。

经济学中人力资本是技术进步和技术追赶的关键，技术、人力资本依赖于正规或非正规教育（Nelson and Phelps，1966；Benhabib and Spiegel，2005；Easterlin，1981；Glaeser et al.，2004）。但是，在生于 1700 年至 1850 年的 498 位应用科学家和工程师中，329 名没有接受过大学教育。没有上过大学的著名工程师的比例为 71%。在 1820 年出生的 244 名发明家的样本中，只有 68 人曾接受过较高水平的培训（Birse，1983；Khan，2006）。在 19 世纪以前，现代衡量教育和人力资本的指标：入学率、识字率、受教育年限等在解释现代东西方差异时几乎没有说服力。即使采用识字率、算术能力等指标，也无法说明读写算三种技能是否真的能对技术和创新产生影响。中国是一个民众文化水平和受教育程度较高的国家。1700 年左右中国具备读写算能力的人数比欧洲多，在 19 世纪的清代

---

[1]　Becker, Murphy, and Tamura, Human Capital, Fertility, and Economic Growth, *Journal of Political Economy* 98 (1990), S12－37.

中国，男性人口的识字率为 30% ~ 45%，女性人口为 2% ~ 10%，这意味着每个家庭至少有一个识字的人（洛斯基，1979：23，140；Woodside and Elman，1994：531）①。然而现代经济增长并没有诞生于中国。

在传授和培育有用知识方面，欧洲和中国的正规教育一样无效。欧洲为民众开办的学校主要教授基本的语言读写和大量的宗教知识。对上层社会的教育内容更丰富，但也更侧重于艺术、文学等。早期现代欧洲并没有广泛教授一些重要的学科内容，如数学、物理学和工程学等。工业革命时期的发明家们很少是受过良好教育的，很少有人上过大学，更多的人是以自学的方式，或是通过个人的社会网络习得知识。詹姆斯·瓦特（James Watt）是在一所语法学校接受的教育，通过自学威廉·格雷夫桑德（Willem's Gravesande，1720）的教科书而成才。18 世纪最优秀的机械技师约翰·斯梅顿（John Smeaton）也是自学成才的。发明火车机车的乔治·斯蒂芬森（George Stephenson）在工程技术上完全是自学，他 18 岁时才学会了阅读和写作。后来由于识字能力差，不得不专门聘请秘书为他处理信件。走锭纺纱机（骡机）的发明者理查德·罗伯茨（Richard Roberts）基本上没接受过正规教育，很早就到采石场工作，他在业余时间学习制造各种机械的零件（Smiles，1876：321）。

早在 11 世纪的北宋时期，中国就非常重视教育，当时公立和私立学校都大幅增加。这一发展所带来的影响极其深远，"即使在最贫穷和最偏远的乡村地区，在很小的村庄里都逐渐出现了低级别的乡村教师……一些更高层次的文化习俗和规范也通过各种不同的地方教育方式广泛渗透到了一般人的生活之中"（Mote，1999：159 ~ 160）。中国的正规教育与科举制的发展紧密相连。科举制是中国传统的精英选拔制度。设立科举制的目的是为了削弱皇家统治中皇亲国戚们盘根错节的势力，是"从论出身到论才学"的转变。能力高低，而非血统贵贱，成为能否在统治阶层中获得重用的标准。很多优秀的知识分子们都通过科举得到晋升，在统治阶层发挥重要作用。这些知识分子就包括朱熹、程颢（1032 ~ 1085）

---

①　这个估计也有可能过于乐观，因为清朝时期印刷书籍的市场确实较小（范·赞登，2013：337）。同样要考虑到的是，阅读中文的能力可以相差很大，如接受过良好教育的精英阶层就拥有完全的读写中文的能力，而有些人可能只认识几百个汉字，只能阅读一些很基础简单的中文。

和程颐（1033～1107）兄弟、11 世纪的苏氏兄弟以及 16 世纪朱熹思想的主要批评家王阳明。

　　隋朝（581～618）的人才选拔制度是在隋文帝末年进行的。仁寿三年（603 年）下令各地征召贤哲，实行四科选拔人才，标志着科举制的诞生。随后每年都举行常贡，即后来唐朝常科的前身。常贡的科目有秀才、明经、进士、俊生，根据成绩优劣分三等，即甲科、乙科、第三等，授予不同阶衔的官职，其中秀才甲科官阶最高，其余的一般是九品。隋朝中央教育机构国子寺设有国子学、太学、四门学、书学和算学 5 门，并首创了中国的数学教育。前三门各有 5 位博士、5 个助教授业，书学和算学的博士和助教都是 2 人，算学博士的官阶是从九品。[①]　各科的学生人数都有定额，开皇三年（583 年），国子学 140 人，太学、四门学 360人，书学 49 人，算学 80 人。除了中央，地方郡县上各级也有学校。隋朝国子寺中只有算学这一门自然学科被列入其中，而且学生人数也比书学多，反映了隋朝统治者对数学的重视。比起科举制，隋朝教育对数学的推动作用要大得多，持续时间也更长。

　　唐代继承和发展了隋代的科举制度和教育制度。科举分为常科和制举，常科每年都举行，分别为秀才、明经、进士、明法、明字、明算 6科，秀才考察方略策论，难度较大，明经考儒家经典，进士主要选拔文才，明法考律令，明字考文字训诂，明算考数学。录取后授予的官阶秀才最高，从正八品上到从八品下，明经是从八品下到从九品上，进士是从九品上到从九品下，明字、明算均为从九品下。唐朝之后的各个朝代，科举考试中取消明算科。

　　参加明算科考试的人员主要来自算学生，即教育机构专门培养的学生。唐代的教育机构分为中央官学和地方官学两部分，此外还有私学作为补充。中央官学是指京都长安和东都洛阳设立的国子监，分六科，国子学、太学、四门学、律学、书学、算学，人数最多的四门学，招收1300 人，算学只有 30 人。[②]　算学应该是高宗显庆元年（656）设立的。国子监下属六学对入学学生的身份是有要求的，算学招收的是"八品以

---

① 《隋书》卷二十八《百官志下》。
② 《新唐书》卷四十四《选举志上》。

下及庶人子"①，在六学中地位最低。除了国子监下正式的官学外，还有一些中央部门下设了专业学校，其中司天台（太史局）下设四部，招收天文气象、历法、漏刻、五官礼的学生，天文招收 60 人，历学招收 41人。② 古代天文历法的研究对数学的发展起到了很重要的作用。

唐朝的各代皇帝对数学重视程度不同。唐太宗时期，算学是受到重视的。"贞观五年以后，太宗数幸国学、太学，遂增筑学舍一千二百间，国学、太学、四门亦增生员，其书、算各置博士，凡三千二百六十员。"③ 贞观末年（约 649 年），六学二馆学生人数达到 8000 多人。据数学史学家估计，当时的算学馆实际人数超过 3000 人。天宝年（742~755）之后，国学逐渐衰微，贞元年间（800）算学馆解散。后来重新设立的算学馆也不复当年盛况。元和二年（807）京师算馆 10 人，东都2 人④。

宋朝的科举制承袭唐制，也有常科和制举，但是随着其他科目渐渐取消，以及制科名存实亡，进士科成为科举考试的核心。考试的内容包括经义、诗赋、策论。值得一提的是，北宋哲宗时期为了选拔起草文书的人才，设立了词科，之后盛行于南宋，或许宋代文学的繁荣与此不无关系。

虽然唐朝科举考试中的明算科在宋代几经波折，一直没有正式顺利恢复，但是宋代统治者对数学是很重视的。元丰七年（1084），国家出版了首批雕版印刷的线装算书。史料记载，进呈这些算经的官员们的品阶极高，比如司马光是当时的尚书左仆射兼门下侍郎，死后被追封温国公，是朝廷的一等重臣，由他负责算经刊印可见朝廷对此事的重视。

此外，关于数学还有一件有影响的政治事件。大观三年（1109），宋徽宗册封畴人，由中书舍人拟定名单，为上古到五代的天文算学家封爵，共有 16 人得到册封，其中包括祖冲之、王孝通、刘徽、刘焯等数学成就突出的前代数学家。这抬高了天文算学家们的地位，产生了一定的社会影响力。

---

①　《唐六典》卷二十一《国子监》。

②　《新唐书》卷四十七《百官二·司天台》。

③　《唐会要》卷三十五。

④　《唐会要》卷六十六。

　　宋代科举考试没有明算科，但在教育中仍然保有算学。元丰末年一度设立算学，到了崇宁三年（1104）正式设立算学馆，生员定额为 210人，是唐朝前期的 7 倍。同年还制定了《算学令》，对教师、教学内容、考试方法、毕业生录用等方面做了具体规定，并于政和三年（1113）将《算学令》下发到各州县地方。这是数学教育的一大进步，也是宋代数学兴盛的重要原因。大观四年（1110），算学从国子监归入太史局，成为政府职能部门的专科学校，由天文官代为教授学生。除了官学，宋代还有专门讲授数学的私学，当时著名的数学家秦九韶和杨辉都曾收徒授业解惑，李冶在封龙山隐居时也收徒教授数学。这种以爱好为纽带形成的师徒教学，极大地促进了数学的传播和发展。

　　宋朝的官、职、差遣分离，经常有"差遣罢，而官、职尚存，职落而官如故"的现象[①]，养了一批闲人，其中有些知识分子不愁生计，专心研究，比如贾宪当时是左班殿直的低级武官。宋代的冗官冗员，可能在某种程度上促进了学术的发展。（左林，2004）

　　元代初年一直没有实行科举，1237 年太宗窝阔台首次试行科举，遭到蒙古贵族们的反对，不久就废止了，直到皇庆二年（1313）才恢复。之后几经废立，都没有稳定下来得以常规化。整个元朝一共举行了 16 次科举考试，共录取进士 1139 人，录取人数比其他朝代少得多。中央官学中设置的各科没有算学和历法，只在司天台下设有教学机构学习天算。地方上按路、府、州、县的行政级别设学，学校中有术数教程，注重计算能力。（劳汉生，1990）这与朝廷对地方官员的要求有关。元代规定上任的地方官要考核计算能力，以胜任征税、管理日常收支账目等公务。[②] 元朝的统治者重视天文研究，在全国各路设置阴阳学，规定附近的人如果通晓阴阳学或者术数精通的，都要上报，并到大都测试，如果确实有能力就留在司天台，地方的阴阳人（阴阳人研究星相、占卜、风水、天文数学）归属中央的太史院管辖[③]。

　　明初开国皇帝朱元璋试行过科举制和荐举制两种人才选拔制度，到永乐年间荐举制被废除，科举制成为入仕的主流途径。与前朝不同，明

---

①　《宋史》脱脱。
②　《元史》卷 83《选举志三》。
③　《元史》卷 81《选举志一》。

代的科举制度只剩一门进士科，考试内容限定在四书五经。进士科考试分为三场，其中最为重要的是第一场，考察经义，要求用八股文形式仿照圣人朱熹的想法写作。在明朝的科举考试中也有关于数学、天文学和医学等的试题，通常是让考生写作类似于"政论"和"自然研究"的文章。但是，考生回答这些问题要求符合儒家经典。因此，考生用朝代更迭来解释历法改革。

整个明朝期间的政策制度对数学发展是非常不利的，不仅科举制度没有算学，教学方面也为了适应科举制度而极少甚至不涉及算学。明初洪武年间规定地方各级学校要学习数学，但不是正式的科目。然而洪武二十六年（1393）由于一次言官弹劾事件触怒了明太祖，下令将牵涉到的书算生杀了，这大大降低了算学教育的地位。之后明朝各代皇帝都不再重视算学，中央到地方的算学教学都被停止了。另一方面，与数学相关的天文历法研究长期得不到发展。因为害怕农民利用天象造反，明代初期朝廷下令"习历者遣戍，造历者诛死"[1]，并有明确的法律规定"私习天文者，杖罚一百"。明代的统治者一方面禁止民间研究历法，另一方面多次拒绝官方天文机构为了更高的精度提出的修改历法的要求，认为"祖制不可变"。成化十七年（1481）俞正已因建议改历还被判入狱。直到明朝晚期西方传教士带来了更先进的天文历法，朝廷才委命徐光启等人协同改历。

清朝基本承袭了明朝的科举制，教育规模进一步扩大，考试内容和教育内容更加固化。1713年，康熙皇帝禁止在科举考试中涉及三角函数和天文学等内容，以防民众掌握天象预测的知识。清政府还将地图制作视为国家机密。18世纪初，自然研究从课程中消失了，每个考生都被要求熟记四书五经。

在明清时期，科举制的性质不断发生改变，科举越来越成为当权者为了保护自己的利益而用来设定学术研究议程的工具，使得所考察的内容越来越狭隘。麦克洛斯基指出，如果教育过分着重于教授古老的、过时的知识，并在社会上产生了一种对创新充满敌意的固化官僚体系，那么教育就会对社会发展产生反作用。她认为如果没有适当的价值观，教

---

① 沈德符《万历野获编》卷20。

育就只是一个装饰（McCloskey，2010：162～163）。科举制最终变成了身处统治阶层的文人们手中握有的一个强大武器，用来抵御那些文化创新者们可能给现有政权带来的威胁，也用来保护现存的关于人力资本的价值观不受动摇。中国的传统教育成为准备入仕和培养朝廷官员的工具。

在政府任职是传统中国社会最荣耀的事情，进入统治阶层是人们在社会中不断向上爬的终极目标（Ho，1962：92；勃兰特、马和洛斯基，2014：77）。明朝之后，官学的办学规模常常突破最初的限制，生员名单上经常有"廪膳生员、增广生员、附学生员"，学校规模之盛远胜唐宋。此外，世族大家为了培养子弟费尽心思，私学、家学极其兴盛。经商致富的人大都不愿子孙从商，而是选择开办私塾，请名师培养子弟参加科举。社会上普遍形成了求学的风气，通过科举及第做官是唯一正途，用钱财捐得功名或者依靠长辈权势谋得官位的人会被正式录取的人鄙视。这激励着最优秀、最聪明的年轻人将他们有限的时间和精力都投入到准备科举考试之中。明清考试内容集中于431286 万字的四书五经（Miyazaki，1973）。如果以每天 200 字的速度背诵，背完这些著作需要 6 年。考生还需要阅读有关注解，其篇幅是原典的数倍。为了增加文采，还需要研究历史、文学等经典著作。为此，大多数考生，哪怕是天才学生也无暇顾及其他，也不愿意去钻研数学、医学等自然学科。一旦他们通过科举考试之后，又忙于官场应酬和事务性工作，同样没有时间精力也没有动力从事自然科学研究（林毅夫，2014：201）。明清后，人口自然增长，但是政府公职人员的数量并没有相应增加，这进一步加剧了人力资本错配造成的浪费。科举考试中只有进士及第才能成为政府公职人员，仅仅通过初级考试的生员相对人数从 1500 年的每 2200 人有一个增加到了1700 年的每 300 人中就有 1 个。1800 年，140 万个获得功名的读书人同时竞争不到 20000 个职位。中国的人力资本存量极大（Huang，1998：108），浪费也极大。

相对于中国来说，欧洲的教育是一个分散并存在竞争的产业，某个政府或宗教不能将其意志贯彻到整个教育体系，乃至整个社会中。欧洲多国体系形成了教育的多样性，国家和教会的竞争产生了教会学校和非教会学校的竞争，宗教改革产生了教会学校之间的竞争。例如，犹太教、路德宗等强制要求所有男性都必须具备读写能力，英国国教与其他教派除了教授的宗教学说不一样外，也开设不同的课程，如地理、数学、化学、语言和有用技能等。虽然欧洲的正规教育和中国的正规教育一样并没有在有用知识的研发和传播上做出明显的贡献，但是由于其竞争性的特征，并没有造成像中国科举制一样的人力资本错配和浪费。

三　学术传统、价值取向和东西方的科技分流

如果没有西方，中国有可能创造出大规模有用知识吗？回答这个问题就是试图解开李约瑟之谜。但是，这实在是个悖论。大规模有用知识的定义就是依据英国工业革命的实践产生的。这种知识的传统扎根于其独特的文化整体之中，不能脱离其文化母体。西方科学恰恰是"西方文明大传统最核心的部分"。所以席文（Nathan Sivin）说：与其追问现代科学为何没有出现在中国，不如追问现代科学为何出现在西方。冯友兰的英文文章《中国为何没有科学》代表了早期中国学人的看法：科学是西方文化的产物。

陈方正（2011）说中国没有产生现代科学知识的基因。他首先批驳了李约瑟把现代科学看作大海，一切民族和文化在古代和中古所发展出来的"科学"则像众多河流，最后都归宿于大海的观点。他认为李约瑟将"科学"从文化的整体脉络中抽离了出来，作为一种特殊的事项来处理（序Ⅵ）。而且他认为中国和西方的科学传统走的是同一条路，今天已汇聚到现代科学之中。李约瑟心中的"'现代科学'是普世性的，与民族或文化的特殊背景没有多大关系"（序Ⅵ）。相反，西方科学虽然历经转折、停滞、长期断裂和多次移植，但从方法、理念和内涵看，它自古希腊到17世纪欧洲仍然形成了一个前后相接续的大传统，而且现代科学的出现虽然受外部因素（诸如社会、经济、技术等）影响，但其主要动力仍然是内在的，即来自这个传统本身。现代科学基本上是西方大传统的产物。

陈方正（2011）将西方科学传统的特征概括为两点：一是它和整个西方文明是同步发展、密切结合、无从分割的。二是它虽然分为三个历史阶段，从古希腊开始，通过中古欧洲吸收伊斯兰科学，再到16世纪以来的现代科学，作为一整套学术体系，它是一脉相承、推陈出新的。陈方

正总结说，现代科学是"拜一个传统前后两次革命所赐"。"一个传统"是指从古希腊到现代的自然科学都在同一研究传统之内。革命是指运用精确的数学以量化自然界的研究，天文学和物理学是其中成绩最为卓著的两个部门。"两次革命"，第一次是在古希腊，柏拉图接受了毕达哥拉斯教派对于数学的无上重视，在他的"学园"中全力推行数学研究以探究宇宙的奥秘。这进一步明确和阐述了柯林伍德（R. G. Collingwood，1945：53 – 54）在《自然的观念》一书中的观点："自然科学中的毕达哥拉斯革命"（The Pythagorian Revolution in Natural Science）。第二次革命就是启蒙运动。

到了启蒙运动时期，欧洲普遍认为科学家需要从事工业和农业活动，以解决实际问题。工程师、数学家、医生、化学家或有强烈务实倾向的科学家将科学和实业联系起来。莱布尼茨是一位多产的发明家和工匠，在螺旋桨、采矿机、水泵上都颇有建树，他发明了机械计算器。莱昂哈德·欧拉（Leonhard Euler）是当时著名的数学家，他还进行船舶设计、镜片制造、梁柱的屈曲负载、水力等实际领域的研究。其他著名的还有工程师德札古利埃、钟表师和机械师爱德华·巴罗（Edward Barlow，1639～1719）、工程师亨利·贝顿（Henry Beighton，1687～1743）、化学家威廉·卡伦（William Cullen，1710～1790）。18 世纪的法国，有像让 – 夏尔·波德（Jean-Charles de Borda，1733～1799）和夏尔·奥古斯丁·库仑（Charles-Augustin de Coulomb，1736～1806）这样的应用数学物理学家。

虽然各国文化、规模、集权程度等可能影响了启蒙运动的走势（Porter and Teich，1992）以及国家之间的战争频发[①]，但是一个国家取得的重大突破立即就传播到其他国家。当时欧洲的科学是跨国性的。英国的实证主义和法国的理性主义相互渗透，培根被法国的启蒙哲学家们广泛认可，而笛卡尔和伏尔泰又都被英国作家所接受。英国人、法国人、意大利人、德国人、瑞典人、瑞士人和荷兰人等共同构筑了一个全新的欧洲科学体系。各国间的权力均势会持续波动，相邻国家的繁荣可能会"交替起伏"，但它保证了一个"总体幸福的状况，一个关于艺术、法律和礼仪的体系"，这使欧洲与其他文明区分开来（吉本，1789：633 – 634）。

———————————

[①] 英国和荷兰发生了三次战争，可是荷兰知识分子仍与他们的英国同僚保持着密切联系（库克，2007：413），1687 年牛顿的《自然哲学数学原理》出版后，英法之间连续不断的战争都没能阻止牛顿的思想在法国传播。

　　现代科学是自然世界研究的数学化，在西方一般相关文献中"数学化"一词常常是和科学分不开的（陈方正，2011，序Ⅷ）。对于现代科学至关重要的数学，东西方有不同的发展轨迹。通常把希腊式的以论证几何为主的逻辑演绎体系的数学称为"西方数学"，把以算术、代数和直观几何为基本内容的算法体系的数学称为"东方数学"。这里的东方，D. J. 斯特洛伊克说是埃及、巴比伦、印度和中国，而斯科特仅指印度和中国。中国传统数学是东方数学的典型，形数结合，以算为主，使用算器，建立一套算法体系是中国传统数学的显著特点，以解决实际应用问题和提高计算技术为主要目标（李迪，1998：97）。明末徐光启比较了中国《九章算术》与西方数学之后说："其法略同，其义全阙。"陈方正对此解释："中国与西方数学的根本差别，即前者只重程序（即所谓'法'），而不讲究直接、详细、明确的证明（即所谓'义'）。"法"指计算，而"义"指原理。医学也是如此，陈寅恪（2001：188）说，"中医有见效之药，无可通之理"。

　　中国自古以来就是一个数学先进的国家，13～14世纪，中国传统数学达到了一个鼎盛时期，在世界处于遥遥领先的地位（李迪，1998：107）。但是，在元代中期以后，传统数学逐渐衰落，到清初几乎成为绝学。相比之下，欧洲在16世纪以后，"紧接着发生了一系列全新的事情——维耶特（1580）和雷克德（1557）制定了一套代数符号，斯特文（1585）充分肯定了十进小数的作用，内皮尔在1614年发明了对数，冈特在1620年创造了计算尺，笛卡尔在1637年建立了坐标和解析几何，1642年出现了第一个加法计算机（巴斯葛），牛顿（1665）和莱布尼茨（1684）完成了微积分学"。欧洲数学突飞猛进的发展，将中国远远地甩在了后面。西方科学以"数学化"为主要特征，这就与中国的科学传统分道扬镳。18世纪下半叶，增加有用知识的方法越来越依赖于量化和数学。数学、图表能够精确、有效地表述知识和传播知识。J. L. Heilbren提出，在17世纪，大部分"学识渊博的欧洲人"仍然在很大程度上是非数学化的，但在18世纪下半叶，从温度和降雨量表到农业产量、材料的硬度和柔软性的命题知识以及经济和人口信息越来越多地用数据呈现在表格中。

　　李约瑟承认亚洲和中国科学的成就在渊源上与现代科学的初兴没有关系，与文艺复兴之后现代科学的相应发展也可能没有直接关系。他说：

在现代科学出现之初，当力学、动力学以及天界和地界物理学以其现代形式出现时，希腊做出了最大的贡献。在"新科学或实验科学"的诞生方面，欧几里得的演绎几何和托勒密的星星天文学以及它们所蕴含的一切无疑是主要因素。

中国文化的特殊性决定了中国的知识创造是不同于现代科学的。古代和中世纪的中国有一整套自然理论体系，有系统的有记录的实验，而且有许多极为精确的测量。中国不存在一个神圣的造物者，文化中也不存在一个普遍的自然规律的概念。中国人没有上帝的概念，没有天国立法者的概念。中国文化中采用的是"天法"（Laws of Heaven）这样的概念，但是，就像李约瑟所坚持认为的，这些法则都不需要立法者存在。韦伯认为儒家思想并没有将世界形容为上帝创造的理性的并且可理解的产物。在这个意义上，中国人当然可能更接近 20 世纪的思考自然的思维方式，而不是开普勒和牛顿的思维方式。[①] 如果有这样的概念的话，人们就会试图用各种科学方法去解释上帝所制定出的各种自然法则（Needham，1969a：328）。相反，中国人相信一个有机世界的存在，在这一世界中，几种主要力量有机地相互作用，就像人体的内分泌系统，其中的因果关系难以确定（Ronan and Needham，1978：167）。如果没有像伽利略和牛顿所发现并用公式所表达出的一整套机械力量系统的存在，则现代科学也将不复存在（Needham，1969a：311）。

东西方学术传统的不同，可以解释西方的学术传统是现代科学技术产生的本源，中国缺乏产生现代科学的基因。但是不能解释为什么东方的科学技术水平落后于西方是在近代以后，而且到 17 世纪中叶，西方和中国技术的认识论基础之间的差异可能并不大。1668 年之前，欧洲和中国的传统技术相似，主要都是基于实践而非理论之上，在现代科学出现之前，两地的技术都发展到了它们所能达到的最高水平（Bodde，1991：235；Needham，1954：18）。1700 年后，欧洲人大大扩展了有用知识的范围，丰富了地理学、水力学、光学、动植物学、天文学、科学仪器等学科的内容。18 世纪末到 19 世纪初，中国的科学技术水平已不可和欧

---

① 伍顿（2015：378）反驳了古代世界没有自然法则是因为由于不存在一个神圣的立法者这一观念，他同时指出了像卢克莱修（Lucretius）这样的思想家对 17 世纪科学发展的深刻影响。

洲同日而语。中西方科技发展的趋势非常类似于人均 GDP 的情况。中国在宋代（960～1279）达到鼎盛，随后一路下滑，欧洲则是在 12 世纪开始从底部爬升，到 18 世纪超越中国。

　　社会精英对工业、技术态度的转变是欧洲在特定时间内超越常规的重要原因。通常低声誉文化和低社会地位的工作技术创造力也较低。Mokyr（2016）、White（1978）等强调，社会对生产和工作（和闲暇）的态度是决定创新能否出现的一个主要因素。欧洲社会对科学技术、经济增长态度的转变过程持续了相当长的时间，在欧洲不同的国家时间也不同。在罗马帝国的全盛时期，罗马人在水利和建筑工程方面取得了很多进步，可在农业和制造业上几乎没有发展。中世纪，欧洲受过良好教育的精英通常将增强政治单位的军事实力和行政权力作为他们的工作，将文学、游戏、艺术、哲学等看作休闲活动。精英们很少关注农业产量、手工产品质量、海员的海上生活等下等阶层人们关注的问题。自然地，奥地利帝国诞生了海顿和莫扎特，而不是工业革命。17 世纪的荷兰和英国的资产阶级社会完成了价值取向的转变，成为适合技术进步的候选社会（麦克洛斯基，2006）。在这个社会中，精英阶层更关注物质发展等实际问题。

　　开启欧洲价值取向转变进程的可能是地理大发现。地理大发现为欧洲打开了外来信息涌入的大门，新产品、新技术、新物种冲击了欧洲人的认知，也在一定程度上瓦解了陈旧知识的权威。欧洲人在好奇心的驱使下，学习和探索各种未知知识。培根在他的《新工具》中表示对这些未知的探索是"伟大事件出现的原因和开始"（Bacon, 1999: 126 - 127）。亚历山大（Alexander, 2002）认为海上航行与数学研究之间存在着很强的因果联系。他指出，航海探索的语言被数学家和自然哲学家所采纳。为了回应由航海之旅所带来的新知识的冲击，越来越多的数学家开始将自己看作实验家和探险家，而不再是守护不可更改和挑战的欧几里得真理的守卫者。在他们看来，为找到隐藏的黄金宝地要历经千难万险成了他们对知识的探究，尤其是对数学的探索的比喻（Alexander, 2002: 72, 200）。然而，地理大发现和科学技术增长之间的因果关系是不明确的。可能是技术的进步促成了大航海的成功，而不是相反。但是地理大发现毫无疑问地为挑战古典知识权威提供了契机，为培根实验方法的产生和推广准备了条件。

牛顿作为科学家的社会声望和社会地位说明欧洲社会对于有用知识的态度发生了改变。人们将科学看作一项有价值的人类活动，能为人类的福祉做出贡献，值得赞助和支持，科学越来越成为正统学科（Hunter，1995a：119）。牛顿因为在数学和物理学上的成就，获得了很高的声望，被授予爵位，当选为国会议员，被聘为皇家铸币厂厂长。法国学者雅克·卡西尼（Jacques Cassini）1698 年邀请他入职法国皇家科学院；路易十六国王承诺给他丰厚的津贴；三一学院也向牛顿发出过工作邀请（Westfall，1980：587－589）。牛顿非常富有，他给侄子和侄女们留下了价值32000 英镑的遗产。1727 年英国为牛顿举行了盛大的葬礼，将他葬于威斯敏斯特教堂一个醒目的位置。伏尔泰说，人们以受人尊敬的国王之礼埋葬了他。18 世纪的布冯（Buffon）、狄德罗和罗素都受到了牛顿的激励（范戈尔德，2004：154－158）。詹姆斯·瓦特（James Watt）则为工程师树立了榜样（MacLeod，2007）。牛顿提高了科学和自然哲学的社会地位和声望，让人们认识到这种工作是推动社会进步的最初原动力。任何一位参与其中的人都应受到重视，得到支持。科学家是解释自然奥秘的权威，因此在西方社会中享有独立的核心地位。

夏平（2003）研究发现17～18 世纪英国科学家的声望不断上升。尽管当时科学家仍然未被贵族社会所接受，但是国家和工商业者都高度评价了他们的地位，迫切需要他们的专业知识以解决实际问题，把他们称为"公民专家"。例如，苏格兰化学家、医师、爱丁堡大学的教授威廉·卡伦（William Cullen）能为农民、盐矿工人和染料制造商解决实际问题。18 世纪，英国商业、地理学、植物学、化学、农业、制陶业和医学方面的专家数量大幅增加（夏平，2003：169，179）。18 世纪初，法国特别重视科学的发展，研究科学、资助科学成为上流社会的重要活动。

中世纪的基督教会中有一些对科学技术做出贡献的重要人物。如罗杰·培根（Roger Bacon，约 1214～1294）、西奥菲勒斯（Theophilus，1122 年《论多种技艺》的作者）。林恩·怀特认为，修道院是中世纪西方技术进步的先锋。

相比之下，明朝末年"实学"① 兴起时提倡"经世济用"、倡导西方科

---

① Mokyr（2016）认为，实学兴起是类似于欧洲启蒙运动的过程。

学的代表人物的影响非常有限。Mokyr（2016）研究了方以智（1611～1671）、徐光启、宋应星（1587～1666）、戴震（1724～1777）、陈宏谋等人的生平和贡献。这些实学的代表学者关注自然现象和技术，希望知识能对社会产生实际应用价值（Bray and Métailié，2001：323）。方以智的著述《物理小识》讨论了气象学和地理学等知识，但是他最后遁入空门，失去了对西方科学技术知识的兴趣。徐光启相信军事知识和科学技术知识会使国家更加繁荣昌盛（韩琦，2001：361）。他主持了修历工作，借助布拉赫和开普勒的天文数据校准中国历法，与利玛窦合作翻译了欧几里得的《几何原本》，编写了70万字的《农政全书》，阐明了通过实验增加农业产量的重要性。但他提出的具体改革农业的计划从没有被付诸实践（布雷，1984：70）。宋应星被称为中国的培根，1637年完成了图文并茂的工艺百科全书《天工开物》，这部书共付印了两次，共约50套，只在小圈子里流传，清朝以后不再重印，现存的一套是在日本发现的1880年的副本（Schäfer，2011：258－282）。这显然与弗朗西斯·培根的著述对他同时代的人所产生的巨大影响相差甚远。戴震是考证运动中的主要人物之一，他的数学能力几乎可以使他与欧洲同时代的学者相媲美，他的研究重点是语言学和语音学。但是他的研究建立在对经典文献的考据上，而不是实验数据上。陈宏谋对经济繁荣深感兴趣，他的观点在某种程度上与重农学派学者和亚当·斯密相似。他认为市场和商业可以提高生产效率，鼓励采矿业、贸易和制造业的发展，注重农业技术的传播。但是"实学"很快衰落了，到清朝时几乎看不到"实学"的影响痕迹。

在古代中国，通往成功和获得社会声望的道路决定于对儒家经典的学习和掌握，雄心勃勃的有志青年们从小就以研习圣贤之书为己任，所以大多数的中国知识分子对新技术乃至实用工艺与科学都没什么兴趣。中国知识分子对公共管理和国家治理等事宜也很感兴趣，并且十分乐意将技术问题全权交由工匠们负责。明清后科举制度的僵化更加固化了中国人力资本错配和浪费的状况。

是在蒙古元朝统一中原以及1368年明朝建立后，思想市场上不同思想间的竞争逐渐消失，思想创新在很大程度上受到了官方所采纳的哲学原则的限制。道家思想是儒家思想的主要竞争者。李约瑟认为道家更注重实证经验，更尊重技术和工艺，因此对中国的技术进步产生了强烈的积极影响。他认为，儒家学者永远不会屈尊去研究有关体力劳动的细节，而对于道家学者来说，这就是"道"的一部分（Ronan and Needham，1978：85 - 113）。不过，李约瑟和博迪都指出了道家思想对于手工劳动和手工艺的支持和其理论上对技术创新的不信任之间的矛盾之处。庄子的思想表现为："六合之外，圣人存而不论"；"吾生也有涯，而知也无涯，以有涯随无涯，殆已"① 这与西方科学精神是相悖的。李约瑟解释了这一悖论，指出道家之所以反对技术创新，是因为其可能造成一些社会恶习（Ronan and Needham，1978：106 - 107）。虽然有时儒家和道家是对立的，但是在宋代出现的新儒家思想的融合性使得儒道之间的对立便不那么突出了。作为一个颇为盛行的宗教，道家思想在中国社会的影响无处不在，但它没有什么明确的界限，即欧洲宗教之间所存在的尖锐的宗教差别和各教派间的激烈竞争在中国并不存在。保守的儒家思想的主要竞争对手是墨家。有些学者认为，如果是墨家最终在思想市场的竞争中胜出，而非几乎完全从中国的思想市场上消失，中国历史可能看起来会完全不同。博迪（Bodde，1991：169）认为，如果墨家思想最终成为主流思想，中国或许会产生一种与西方一致的机械论哲学科学思想。与西方科学精神最相近的还有程、朱一系"格物致知"的理学和明末的"实学"，可惜这些学派在清代以后就销声匿迹了。

外来的有用知识在中国的传播和扩散受到了很大程度的阻碍。传教士们将欧洲的科学带到了中国，但除了重新校准了中国的阴历日历和预测了日食之外，西方现代科学的影响仅限于个别的知识分子。国人初次感到西方科学的冲击是在明朝末年，比五四运动早三百年。当时，徐光启在利玛窦口授下翻译了《几何原本》前六卷，之后又进一步写成《测量法义》《测量异同》《勾股义》等三部书。徐光启虽然对于西方宗教、数学、天文学心悦诚服、赞叹有加，但是，中国皇帝和社会的自大无知和价值取向，堵塞了欧洲知识流入的渠道。

Mokyr（2016）设想过，如果 1793 年乔治·马戛尔尼伯爵中国之行很成功，向中国展示了当时英国最先进的工业机械，如蒸汽机模型、斯

---

① 　分别见庄子《齐物论》与《养生主》。

米顿滑轮以及各种化学、电气和哲学仪器，让中国人预见到英国的工业革命将产生强大的军事优势的话，中国很可能会盛行伽利略和牛顿的新科学。但是，对工业革命和英国文化极有信心的马戛尔尼极力向中国宣讲科学能促进经济社会进步的理念，结果遭到了年迈的乾隆皇帝的鄙夷。因为两国拥有不同的文化和两套截然不同的价值观，中国人似乎无法理解自然哲学的思想和理论内容，及其潜在的大量实践应用（克兰默－宾和莱弗里，1981：516，518）。虽然中国人意识到外国产品的优越性，但依然抱着天朝大国的心态，轻视西方的先进性，因而没有对现代科学做出应有的反应（莫特，1999：961）。18 世纪儒家学者程廷祚说："迢迢欧罗巴……其人号多智。算法殊精特。外此具淫巧"（张应昌，1960：404）。这种夜郎自大的心态使得欧洲对中国的"知识库"几乎没有影响（Deng，2009：62）。明清时代的知识分子沉浸于文学和考据学研究，恪守经典文献，而不是采用实证研究的批判性方法（钱，1985：57－58）。

同治六年（1867），总理衙门决定在同文馆中增设"天文算学馆"，专授天文学和数学。这是西方现代科学正式进入中国教学系统的开始。为了取得更好的效果，主持其事的恭亲王奕訢和文祥最初建议翰林、进士、举人都可以申请入学，3 年后给予格外优保的升官机会。但这个计划甫一提出便遭到以倭仁为首的保守派的激烈反对，反对理由如下：第一，西方的数学、天文学不过是一种"机巧"，甚至是"异端之术数"，不但不足以"起衰振弱"，甚至有害于"士习人心"。第二就是"奉夷为师"会动摇士大夫的"忠君"意识。倭仁及其支持者在北京发起了一场运动，成功营造出一种气氛，使士阶层中人深以入同文馆为耻，阻止科举出身的人报考天文算学馆，以至于总理衙门在奏折中抱怨"臣衙门遂无复有投考者"。保守派认为以天文、算学为专业的技术人员，地位低下，与科举正途中的"士"相去甚远。

与欧洲启蒙运动同期的明末清初并没有出现社会精英对工业、技术态度的转变。发明和科学研究并不会带来财富、声望和权力，各种思想的竞争已经尘埃落定，在儒家思想禁锢下的科举制导致的人力资本错配和浪费将愈演愈烈，同时，夜郎自大的心态也使中国错失了及时学习和追赶的机会。按照这个逻辑，11～12 世纪的宋朝是最有可能爆发大规模的有用知识创新的年代。公元 1000～1200 年，中国经历了一场经济和思

想的大繁荣，出现了与启蒙运动类似的进步和理性主义的概念。王安石
（1021～1086）提出促进商业发展和经济进步的改革意见，也提出了改革
科举制度的想法。同时，如果把英国的工业革命看作一个化石燃料、铁、
纺织品使用增加，运输改善，农业生产力提高，内部商业增强的时代的
话，那么宋朝中国确实有资格产生工业革命（Mokyr，2016）。但是，女
真与蒙古等游牧民族和半游牧民族的入侵终结了宋朝蓬勃发展的势头。
戈德斯通关于此的概括是，当各种文化和哲学传统融合时，科学随之进
步是一个很典型的现象，但是当社会的冲突和混乱介入时，科学发展就
会停滞，甚至是倒退（Goldstone，2009：141）。

四　小结

本章借助 Mokry 有用知识的概念，说明技术和科学的结合对持续技
术进步的意义。启蒙运动积累了能促进现代经济增长的有用知识，开启
了社会精英热衷于探索现代科学知识的风气，提高了科学家和发明家的
社会地位和威望。同时，培根提倡的实验方法，可以有效地验证知识正
确性，保障科学研究不受权威思想和经典思想的束缚。中国历史悠久，
人口众多，有较高程度的技术积累，在 19 世纪之前，历史上的大多数发
明属于培根所说的经验型发明。中国人的务实心态非常有利于这种发明。
但是，中国人对入仕的追求，使得将选拔官员的科举制度代替了培养人才
的教育制度，随着明清中国科举考试科目和内容越来越狭窄和程式化，科
举考试制度将社会精英的精力和时间消耗在非有用知识上，造成了人力资
本的极大浪费和错配。中国文化的特殊性决定了中国的知识创造是不同于
现代科学的。中国人相信世界是一个有机存在，其中的因果关系和运行机
制不是可以用公式或者理论机械证明的，而伽利略和牛顿用公式表达的机
械力量系统正是现代科学的基础。所以，现代科学只能产生于西方。

第二篇

工业革命与大英帝国的辉煌

第五章 英国工业革命的表象

一 煤和蒸汽机

燃料是生活必需品，一吨煤燃烧产生的热量是相同重量的干木材的两倍。英国丰富的煤炭资源对英国爆发工业革命具有重要意义[①]。英国煤矿埋藏浅，开采成本低，又靠近通航水域，因此煤炭价格是当时所有国家中最便宜的。煤炭早在罗马统治不列颠时代就已被用作燃料，但直到16世纪后半期才被广泛应用。17世纪，煤已被视为主要能源的一部分。酿酒、漂洗、制盐、煮皂等都大量以煤炭代替木炭作为燃料。因此，煤被称为"制造业的灵魂"。1700年，英国年煤炭产量为250～300万吨，相当于世界其他国家煤炭开采量的5倍（E. A. 里格利，2013：57－58）。廉价煤炭的大量使用使英国摆脱了因木材短缺而造成的资源约束，在交通运输、家庭供暖、制造业等领域取代风能、水能、动物能，也标志着人类从利用有机能源向矿物能源转变。

在工业革命史上，蒸汽机的发明具有革命性意义。在瓦特之前，蒸汽机已使用多年，不过仅仅是用来抽水。纺织部门的机器发明之后，人力不能推动巨大、笨重的机器转动。最初，机器借助风力和水力推动，但是，自然力受地理和季节变化的影响，遇到枯水季节和无风天气，机器便不能运转。因此，急需发明一种超越人力、畜力或自然力的动力机。1707～1712年，Thomas Newcomen制造出了最早的蒸汽机。瓦特在两位企业家罗金斯和波尔顿的支持下，对蒸汽机进行了再发明，于1782年试制成功复动式蒸汽机，并于1785年运用于纺织业作为动力使用。蒸汽机的使用使工厂进一步摆脱了自然条件的限制，它的能力完全受人控制。因为可以移动，在厂址选择上也不受地点条件的制约。蒸汽机加速了机

[①] 艾伦、彭慕兰和里格利都论述了煤炭的重要性。

器的运转，要求工人密切协作，使工厂管理技术得到进一步发展。工业革命时期，蒸汽动力应用于许多领域，如煤矿开采、铁路运输、新兴棉纺织业等。但是蒸汽机在提升热效率和功率重量比方面经历了漫长的过程，其热效率从 18 世纪初的 0.5% 提升到 19 世纪 80 年代的 25%（Clark，2010：222）。从"社会节约（Social Savings）"也就是实际资源成本的下降看，1800 年，蒸汽机的"社会节约"仅为 35000 马力，估计不超过 GDP 的 0.2%（Von Tunzelmann，1978：157）；1870 年达到了 2000000 马力，约占国内生产总值的 3.5%，其中还不包括其对铁路的更大贡献（Crafts，1998）。

二 纺纱机和织布机

英国工业革命发端于棉纺织业。17 世纪，东印度公司进口到英国的印度棉布增长很快印度棉布凭借轻薄舒适的布料、新颖的图案、相对低廉的价格迅速获得消费者的青睐，这威胁到了英国国内毛织品和麻织品生产者的利益（毛织品和麻织品是与印度印花棉布最接近的替代品）。1701～1774 年，英国实行了一系列保护国内毛织品和麻织品厂商的法令。《1701 印花棉布法令》规定英国禁止从印度进口印花棉布和其他几种特定类型的棉布，1721 年的法令彻底禁止从印度进口棉布。虽然这些法令的初衷是为了保护英国毛纺织和麻纺织厂商的利益，但是为当时弱小的棉纺织厂商赢得了发展的时间和空间（O'Brien，Griffiths and Hunt）。

18 世纪中叶，英国棉纺织业的规模远低于孟加拉国，也低于国内的毛纺织业（大卫·兰德斯，2007：81；罗伯特·艾伦，2012：280）。但行会的过多束缚以及国家的过分保护扼杀了毛纺织业的创新能力。相反，棉纺织业的发展有着一系列的优越条件（大卫·兰德斯，2007：81－83），尤其是各类棉纺织品是用来交易奴隶的重要商品之一，孟加拉国棉布是销路最好的产品，这刺激了欧洲棉纺织业的发展。

棉纺织业的机器革命是从工具开始的。1733 年，约翰·凯伊发明飞梭，这个简单的装置使织布效率提高了一倍，棉纱生产开始供不应求，甚至导致"纱荒"。这就诱发了棉纱生产的创新。1735 年，英国技工约翰·怀特发明了自动纺筒和翼形纺锤的卷轴纺车，1737 年获得专利。这项发明成为由手工纺纱向机器纺纱过渡的一项重大技术突破。在此之后，各种纺纱机在此基础上不断改进并发展。马克思对这种纺车的发明曾给予极高的评价，说它宣告了 18 世纪工业革命的开端。

　　大约在 1764 年，英国技师 J. 哈格里夫斯（1720～1778）发明了"珍妮"纺纱机，又称多轴纺纱机。一人手摇纺机，可同时带动 8 枚纺锭。后经多次改进，纺锭增加到 16 枚、80 枚、130 枚。珍妮机的操作极为费力，它产生的影响一方面是使男工代替女工成为主要劳动力，这使纺织业逐渐成为家庭主业，另一方面导致水力纺纱机的诞生。1769 年，R. 阿克莱特（1732～1793）发明了水力纺纱机。一台纺纱机能带动几十枚纱锭，纺出的纱线坚韧结实。这台纺纱机优于"珍妮"纺纱机之处，在于它不仅可以纺出纬线，同时也可纺出经线。1786 年，水力纺纱机应用于生产，能够生产纯棉织品，质量优于以麻做经线的织品，并且经得住漂白和印染，质量不亚于印度棉布。这种纺纱机体积较大，必须安装在有水流落差的地方，不适合家庭生产，于是纺纱厂开始建立，排挤了个体纺工。水力纺纱机结构复杂，且受自然条件限制，有一定的局限性。1774～1779 年，英国织工 S. 克朗普顿（1753～1827）综合了"珍妮"纺纱机与水力纺纱机的优点，发明了一种性能更为优良的纺纱机，称为"骡机"，又称走锭精纺机。这种利用水力推动的纺纱机，一次可以带动 300～400 枚纱锭，纺出的棉纱质地优良，格外精细，优于印度棉纱，且生产效率很高，使昔日贵如丝绸的棉布变成廉价商品。1825 年和 1830 年，英国机械师 R. 罗伯特先后两次设计出能够持续工作的自动纺纱机。此后，许多发明家继续对这种纺纱机进行改进，使其性能逐渐完善。1830～1880 年，英国棉纱产量增加了 1000 倍，实现了纺纱机械化。

　　纺纱机的发明和应用，使织布速度相形见绌，为了解决纺与织的矛盾，还需要新式织布机。1787 年和 1792 年，英国教士 E. 卡特莱特（1743～1823）先后发明了两种织布机。1787 年发明的织布机用马做动力，两年以后改用蒸汽，使织布基本实现了机械化，效率提高了 10 倍，随后，英国人 J. 纳恩罗普和德国人 J. 盖普勒又先后制造出自动织布机。1813 年，英国已有 2400 台自动织布机在运转，其中一部分用水力推动，一部分用蒸汽机发动。

　　纺纱机和织布机的发明和广泛运用，引起了纺织工艺及其装备的根本性变革。许多新发明的机器，接二连三地占领手工劳动的阵地。1783
年，苏格兰人托马斯·培尔发明滚筒印花机，革新了布匹印花技术，使
工效提高了 100 倍。1792 年，美国人 E. 惠特尼（1765～1825）发明轧
棉机，实现了棉花脱籽工序的机械化，这项技术很快传入英国。一人操
作这种轧棉机，每天能轧棉 1000 余磅。在此之前，每人每天只能轧棉
5～6 磅。此外，还出现了净棉机、梳棉机、卷线机、整染机等一系列机
器。毛、麻、丝纺织业在 19 世纪初也逐渐采用了各种机器。

　　机器的发明和使用使纺织业出现了空前的繁荣。英国本身不产棉花，
从原棉的进口数量中，可以间接地看出棉纺织业加工生产的数量。1771～
1775 年，英国每年进口原棉约 500 万磅，1784 年增加到 1100 多万磅，
1799 年达到 4300 万磅，1802 年为 6000 多万磅，1841 年达到 5.28 亿磅，
1844 年达到 6 亿磅。再看棉纺织品的出口，1834 年英国出口棉布 5.56
万磅、棉纱 7650 万磅以及棉织刺绣制品 120 万磅。1760～1827 年，英国
棉纺织业生产增长了 20 倍（夏炎德，1988：251），英国成为世界上最大
的棉纺织品出口国。

　　棉纺织业的技术革命使生产成本急剧下降，也提高了棉纺织业的利
润率。英国的棉纺织工业在短时间内获得了飞速发展，生产规模持续膨
胀，产量大幅增长。英国的棉布不仅占领了第三方市场，而且打败了印
度棉布。曼彻斯特和几个棉纺织贸易城市成长为繁荣的工商业大都市。
所以，到今天仍有很多人将英国的工业革命等同于棉纺织业革命。

三　达比冶炼法

　　采矿是个古老的行业。18 世纪末至 19 世纪初，采矿业相继发明了
许多机器，如钻探机、钻探锤、钻探车、空压机、硬煤粉碎机、通风机
等。1813 年采用了蒸汽凿井机，1815 年发明了安全灯，1820 年用曳运机
代替人工背运，1844 年凯特、1848 年法宾安发明了不同类型的钻探机，
钻探深度达 200 余米。采矿业中机器的发明及其应用，极大地促进了矿
石开采量的增长，使采矿业迅速发展成为英国资本主义经济的一个重要
部门。

　　英国采煤业是采矿业中最重要的部门之一，17～18 世纪是煤炭业发

展的黄金时期。1711 年后纽考门的蒸汽泵和 1769 年后詹姆斯·瓦特改进了的蒸汽机成功地用于抽水和在矿井里运送工人与煤。1767 年理查德·雷诺兹第一次在希洛伯郡用铁轨代替木材进行井上运输。1800 年北英格兰铺设了数百英里铁轨，由马力或固定式引擎牵引煤矿工人所谓的"有轨车"。煤矿工程师理查德·特里维西克在南威尔士和泰恩的采掘区内首先试验了蒸汽机车。今天英国铁路上所有的标准路轨与一个半世纪前北英格兰运煤火车的路轨是相同的。煤炭业成为当时最先进的部门之一。技术进步带来产量的增加，英国硬煤开采量居世界第一位，18 世纪 20 年代约占世界硬煤总开采量的 87%，60 年代占 50%。煤成为伦敦和某些大城市家庭及某些生产部门的主要燃料。在 1750 年，煤的生产已成为整个不列颠工业生产的基础，有人甚至认为是英国地下丰富的煤成就了英国的工业革命，它为工业、农业、采矿业、交通运输业的机械化提供了充足的燃料和能源。自从伊丽莎白一世以来，工业用煤已十分普遍，家庭用煤则更早，几个世纪以来，伦敦就依靠从北英格兰口岸运来的煤炭作为家用燃料。由于森林资源逐步耗尽，工业部门以煤代替木柴的趋势日益明显。1770 年前，铜、铝冶炼者，肥皂和淀粉制造商，制糖和酿酒商，染料制造商，砖窑主，玻璃窑主以及所有其他金属加工业者广泛使用了煤。在家庭和工业用煤量方面，不列颠居欧洲国家的首位（考特，1992：54 - 63）。

　　同时，安全问题也成为煤炭业迫切需要解决的问题。矿工是一个危险的职业，随着矿井越来越深入地下，水灾和火灾问题更为尖锐。北英格兰煤矿发生的爆炸曾使大批工人丧生。1815 年戴维·汉弗莱爵士发明的第一盏安全灯问世，并迅速投入使用。维多利亚中期制定了安全法规，即 1850 年的煤矿法，该法首次对安全和检查做了规定。

　　冶金业的技术进步，由化学元素的发现引起，由冶炼技术革新与铸造加工和机器发明两部分组成。在冶炼技术方面，1709 年，亚伯拉罕·达比（1677~1717）初次将煤烘制成焦炭，冶炼生铁，取得初步成功。但技术尚不成熟，炼出的铁质量不高，因此该方法未能广泛流传。1735 年，其子 A. 达比（1711~1763）改进了制造焦炭的方法，并加大水力鼓风机的风力，提高高炉温度，除去硫黄和其他杂质，将生石灰和其他催化剂与矿石混合，避免金属在熔化时变质，结果用焦炭炼出了熟铁。

这项发明是冶金工业的一次重大革命。英国煤炭蕴藏量丰富，运输方便，为提高铁的产量开拓了广阔的前景。1783 年，彼得·奥尼恩斯和亨利·科特发明了"搅炼"和"碾压"精炼法，使产量提高了 20 倍。在铸造加工和机器发明方面，为提高铁的产量，扩大了高炉的容量，并继续改进鼓风系统，以增加鼓风机的风力。18 世纪 50 年代，离心鼓风机得到广泛传播。1788 年之前，已经出现了金属拉长、切削和加工的机器，后来又发明了钻枪炮筒的钻孔机。1797 年，亨利·莫兹利发明了导轨和制造螺丝钉的机器。1790 年托马斯·克利福德、1796 年 S. 格皮先后发明和改进了制钉机。此外，还出现了许多较为复杂的专用机器。冶金技术的发明使英国生铁年产量大幅度增加，1780 年为 4 万吨，1796 年增加到 12.5 万吨，1852 年达到 270.1 万吨，1856 年提高到 358.6 万吨，在 70 多年中提高近 90 倍，1880 年更达到 774.9 万吨。1870 年前后，英国出现了不少高 80 英尺、日产 450～550 吨生铁的高炉（高德步、王珏，2001：235）。

四　机器制造机器

蒸汽机发明之前，机器大都是木制的，靠手工即可完成。18 世纪末 19 世纪初，机器多由手工工场制造，机器制造本身尚未摆脱手工业的范畴。蒸汽机发明之后，木制的机器不能承受蒸汽动力的震动，机器改为铁制。铁制机器的出现，明显地超出人力的负荷范围。同时，纺织机与蒸汽机的出现和广泛应用推动了各产业部门的机械化。因此，对工作机的需求量急剧增长。这时，如果利用手工制造机器，则产量少、价格昂贵，制造过程还极其缓慢，不能解决对机器数量和质量的需求，机器的可靠性和精确度也存在问题。因此，制造机器只能通过工作母机加以解决，即由机器来制造机器。

从 18 世纪 70 年代开始，机器制造业出现了惊人的发展。1774 年，大炮制造者约翰·威尔金森注册了蒸汽机气缸钻孔的专利，用他的方法增强了钻孔的精确性，把误差率降低到了当时最小的程度。1794 年，英国机械师亨利·莫兹利发明了车床上的滑动刀架，它可以方便、迅速、准确地加工直线、平面、圆柱形、圆锥形等多种几何形状的部件，使车床真正成为机器制造业自身的工作机。这一发明是机械技术史上的重大创造，有人说，它的影响不亚于蒸汽机。机械化操作的金属切削机床不但可以用来制造各种行业的工作机和动力机，而且可以用来自己制造自己。从19世纪初叶到19世纪40年代，一系列的机器工具也相继出现。有较大型的炮筒镗床，有专门加工平面零件的刨床、多刀切削的铣床、自动螺丝车床，还有加工大型零件的立式车床、刀具作垂直运动的插床等。不仅如此，这一时期还发明了许多精密的检测工具，如测量平面的平规、可量出万分之一英寸误差的螺丝规，还设计了多种精密机床，改变了过去那种工程师们只能使用直尺、圆规等简单检测工具的状况，使机械加工技术多样化、专门化和标准化。1839年，纳斯密兹又发明了蒸汽锤，它促进了锻造技术的改革，使人们能生产出安全可靠的远洋轮船主轴和制造机床。同时，工程师们还制造出了结构较为复杂的锻造机，用以锻造纺纱机的纱锭、螺栓、锉刀等机器零件和金属工具。至此，机器制造业成了一个完整的独立的工业部门，并日益发展起来。

19世纪20年代，英国建立机器制造业，出现了蒸汽机、纺织机和蒸汽机车等机器制造工厂。19世纪中叶，机器已能成批生产，英国机器制造业作为大工业部门基本形成。当时，英国著名的机器制造厂有博尔顿和瓦特工厂、夏尔伯·罗伯特和赛伊工厂以及惠特渥斯工厂等。英国制造的蒸汽机、各种工作母机、火车头、农业机器等，质量优良，远销世界各地，在国际市场上占有垄断地位，直接影响着欧洲大陆和美国工作母机的制造业，英国成为"世界工厂"。1851年在伦敦、1855年在巴黎举行的世界展览会上，英国工作母机的技术显示出较高的精确性、有效性及专业性。此时，英国工业革命已告结束。

五　火车和蒸汽轮船

交通运输业的革命是指运输工具和运输方式的突破性进展，它是从解决煤炭运输开始的。航运业的发展是解决煤炭运输的最初办法。航运业在英国的发展分为内河航运和海运业两类。当时，英国的内陆交通很不发达，仍采用原始的兽力驮运，河道淤塞严重。17世纪下半叶和18世纪上半叶先后疏通了斯托尔河、阿冯河、默西河、桑基河等。在技术革命时，由于对煤炭需求量的激增，英国开始兴建运河。1759 年，冯·布里奇沃特公爵为发展煤炭业，聘请了经验丰富的工程师詹姆斯·布林德利负责在沃尔斯利煤矿到曼彻斯特之间修一条运河——沃尔斯利运河。沃尔斯利运河于 1761 年竣工，这是英国第一条现代意义的运河，它的开通不仅解决了曼彻斯特运煤问题，而且使英国从此掀起了兴建内河运输网的热潮。1777 年大干线运河竣工后，将利物浦、赫尔、布里斯托尔三个港口城市连接起来，在英格兰境内形成了一个以伯明翰为中心的运河水系：北连曼彻斯特，南与伦敦相通。18 世纪 80 年代，英国出现了规模空前的兴修运河热，每年投入运河的资金有 200 万～300 万英镑，用了不到 30 年的时间，在英格兰境内建成了四通八达的内河航运网。19 世纪 40 年代初，英国已修建人工河道 3960 公里（不包括苏格兰和爱尔兰），运河网形成。1858 年，英国可通航的内河水道已达 4250 英里[①]。其中苏格兰境内的主要水路有福思 - 克莱德 - 爱丁堡 - 格拉斯哥联合运河，另外，还有水道通向中部工业区。在威尔士的水路中，登比和蒙特哥马利北部的各运河均为柴郡 - 塞汶河航运水系的支流。在南部除了南威尔士和蒙默恩的河道外，还有布雷肯 - 阿伯加文尼运河、尼思运河和斯旺西运河等。

英国的海运发展较早，1629 年已拥有排水量百吨以上的大船 350 艘。1760～1780 年，商船队吨位达到 190 万吨。19 世纪四五十年代，英国掀起建设海运运输网的热潮。1860 年，英国商船队吨位达到 465.9 万吨。19 世纪初，英国造船业是用进口的木料制造帆船；自从蒸汽机用于帆船之后，英国开始用铁来制造轮船。但这项技术发展较缓慢，到 19 世纪 60 年代，造船业仍以生产木船为主。这种情况到 19 世纪末发生了变化，这时英国建立了世界上最大的蒸汽机船队。在造船业兴盛的同时，英国投入大量资金发展航运业配套设施，沿海岸修建灯塔、灯船，扩建港口、船坞、堤岸、堆栈等，置备起重机和其他装卸设备。

陆路交通的革命表现为公路的建设和铁路的兴起。筑路工程师梅特卡夫、特尔福德、多克亚当等发明的新筑路方法，使公路质量大为提高，他们用石块铺设坚硬路基，上面压上泥土、沙砾和碎石的混合物，中间

---

① 1 英里 = 1.6093 公里。下同。

略高，路面呈适度的弧形，以防止积水。用新方法修筑的公路，大大提高了运输速度。19世纪30年代，长途旅行所需的时间大约缩短到18世纪80年代的1/3~1/5。收费公路风行一时。

不过，在陆上交通的革命中最重要的是铁路的兴建，最初的铁路也是为解决煤炭运输问题，所以，第一条铁路实际上是建在矿区的木轨道上，货车用马牵引。以后，在木轨道上包上铁皮，后来又改为使用铸铁和钢。1814年，一名矿工的儿子乔治·史蒂芬逊发明了第一台实用机车。1825年英国建成世界上第一条铁路，由史蒂芬逊指挥修建，全长27公里，列车由12节货车和22节客车组成，能载客450名，时速18公里。斯托克顿－达林顿铁路建成后，除使用机车外，还使用马拉车。1830年9月15日，48公里长的利物浦－曼彻斯特铁路线通车，客货两用，很快就成为兰开夏棉纺工业原料和成品运输的交通动脉。利物浦－曼彻斯特铁路堪称第一条真正的现代化铁路，它向人们展示了修建铁路的技术和组织的全部基本原则，使人们看到了铁路交通的发展前景和给经济带来的好处。此后，英国两度掀起修建铁路的热潮。

1836~1837年是英国修建铁路的第一次高潮期。这期间涌现出为数不少的承揽修建铁路生意的公司，从事架桥、开路、挖掘隧道、筑路等工程。仅英国，"就有576家公司获得了总长度为8731英里铁路的修筑权"（阿萨·勃里格斯，1991：257），铁路事业蓬勃发展起来。这次高潮结束后，据统计，1843年大不列颠已有1952英里的铁路通车。然而，这些铁路集中在英格兰，威尔士还没有铁路，苏格兰依然交通阻塞。专门委员会于1840~1841年向财政部呈递报告书，呼吁解决苏格兰和威尔士的铁路交通问题。19世纪40年代中期，英国出现了第二次修建铁路高潮。到1850年时英国的铁路为6625英里，1860年为9070英里，居欧洲各国的首位（L. 吉拉德，2002：216）。英国铁路网在19世纪50年代形成，伦敦自那时起成了铁路网的最大枢纽。

19世纪的最后20年，英国铁路增长势头减弱，本国线路基本饱和后，便开始向殖民地和半殖民地投资修筑铁路，它先后在印度、埃及、南非、澳大利亚、土耳其、加拿大等国修建了多条铁路线。1890~1911年仅在印度就建成16000多公里铁路。

交通运输业的革命造成了持久、深刻的影响。它不仅为原材料、燃料、制成品、劳动力的运输提供了更为廉价、快捷、便利的方式，而且交通运输业还是个有相当关联带动性的产业。据统计，每建设 1 英里的铁路，铁轨、机车、车辆和道岔就需要金属制品 5000 多普特①。从 19 世纪 70 年代起，钢取代熟铁做路轨后引起炼钢业的大发展。世界各国钢的产量从 1870 年的 50 万吨猛增到 1900 年的 2800 万吨。更值得关注的是，运输业的经济效益远远超过了提供运输的意义，它连接了城市和乡村，打破了农村的封闭状态，打破了时间和距离的古老关系，改变了人类几千年来的生活方式，实现了无法估计的社会效益。

六　小结

　　本章基于对经济增长的理解，对英国工业革命的现象进行了描述。本章特别将煤和蒸汽机单列，是因为它们作为工业生产的动力源和动力机器的重要性。纺织业、冶金业、机器制造业和交通运输业都是发生了重大技术变革的部门，也是对经济增长贡献越来越大的部门。

---

① 1 普特＝16.38 千克。下同。

第六章 英国的优势在哪里

一 经济增长的分水岭

以今天的标准来看英国工业革命的成就似乎微不足道（见表 6 - 1）。20 世纪 80 年代后，经济成功的国家通常年均 GDP 增长率超过 6%，投资率占 GDP 的 20% 以上，全要素生产率增长每年达 2%。英国工业革命时期，入学率和预期寿命也远低于现在的国家，例如，1973 年大多数东亚国家的中小学入学率已经超过 50%，预期寿命达到 60 年以上（Crafts，1996，1997b，1998）。但是，与工业革命前相比，英国经济取得的成就就是革命性的。

表 6 - 1 英国工业革命的量化情况

年份	1780	1820	1870	1913
GDP（1990 年国际元）	15.2	29.6	95.6	214.5
人均 GDP（1990 年国际元）	1787	2099	3263	5032
GDP 增长率（%）	1.0	1.9	2.4	1.4
TFP 增长率（%）	0.005	0.40	0.75	0.45
出生时的预期寿命（岁）	34.7	39.2	41.3	53.4
成人识字率（%）	50	54	76	96
小学入学率（%）		0.36	0.76	1.00
中学入学率（%）			0.017	0.055
R&D/GDP（%）				0.02
投资/GDP（%）	6.0	8.3	8.7	8.7
农业就业人口比（%）	45	35	22.7	11.8

资料来源：Crafts，1998：195。

从整个世界和长时段来看，工业革命是世界经济增长中的一个突变点（Clark，2014）。工业革命之前，世界上任何一个地区的经济繁荣都没有导致人均收入的持续增长，比如中国的长江中下游地区、10 世纪前后的伊斯兰世界，以及意大利沿海城市等。19 世纪前，经济总量的增加通常伴随人口的增加，经济总量的增长基本都被新增人口吸收。人均收入增长平缓，经济呈现稳态的特征。对于 1813 年左右的大多数人来说，他们所拥有的物质条件并没有比非洲大草原的祖先好多少。这种特征可以用马尔萨斯的人口理论来解释，所以也被称为"马尔萨斯式增长"。大约在 1780 年，英格兰开始了工业革命。1820 年前后较早进行工业革命的国家的人均收入开始持续上升。在过去的 200 多年里，工业化国家的人均实际收入增长了 10～15 倍。人均收入的持续增长成为世界经济史中十分显著的现象。为此，小罗伯特·E. 卢卡斯（2005：263）对工业革命下的定义就是经济摆脱马尔萨斯式增长、实现人均收入持续增长的过程。

从世界的角度看，世界人均收入在 1750 年左右出现拐点，改变了过去将近 2 千年平缓波动、基本没有增长的局面（见图 6－1）。工业革命同样是世界人口和生产率增长的分水岭（Clark，2014）。在工业革命之前，生产率进步很小。人口增长率中隐含的生产率增长在公元前 10000 年到公元 1800 年都非常小，年均生产率增长率约为 0.001%。生产率的增长都会被人口增长所抵消。大概在 1750 年左右，终于实现了人口增长率和技术进步率的同时增长（见表 6－2）。

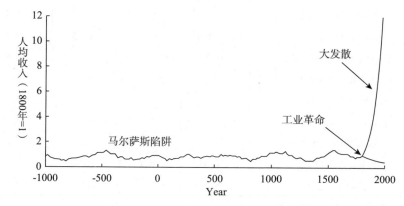

图 6－1　公元前 1000 年至公元 2000 年世界人均收入（1800 年＝1）

资料来源：克拉克（2014：218）。

表 6 - 2　公元前 130000 年到公元 1750 年世界人口增长率和技术进步率

时间	人口（百万）	人口增长率（%）	技术进步率（%）
公元前 130000 年	0.1		
公元前 10000 年	7	0.004	0.001
公元 1 年	300	0.038	0.009
公元 1000 年	310	0.003	0.001
公元 1250 年	400	0.102	0.025
公元 1500 年	490	0.081	0.020
公元 1750 年	770	0.181	0.045

资料来源：克拉克（2014：220）。

值得注意的是，英国 18 世纪后半期开始的技术变革大约在 19 世纪才显示出革命性的成果。英国年生产率增长的突变点，是在 19 世纪初显现出来的（见图 6 - 2）。图 6 - 2 是英格兰 1250 ~ 2000 年年生产率增长的情况。1250 ~ 1800 年，英格兰的经济效率平稳波动，没有显著的提高，只有到了大约 1800 年，生产率才开始稳步增长。图 6 - 3 是 1700 ~ 1880 年英国生产率增长情况。1780 ~ 1789 年和 1860 ~ 1869 年，年均生产率增长率为 0.58%，远高于工业革命前 70 年的 0.14%，但是仍显著低于现代，大约是现代水平的一半。在 1780 年代 ~ 1860 年代的生产率增长中，纺织业贡献了 43%，几乎占了所有可测得生产率增长的一半，铁路建设、交通业贡献了 20%，农业也贡献了将近 20%。而有重大发明的采煤业和钢铁业仅贡献了很小的比例（Clark，2014：222）。

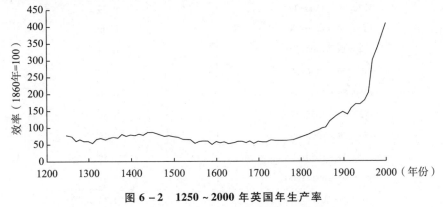

图 6 - 2　1250 ~ 2000 年英国年生产率

资料来源：克拉克（2014：220）。

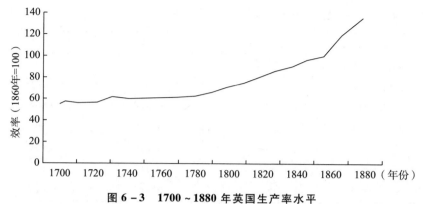

图 6 - 3   1700～1880 年英国生产率水平

资料来源：克拉克（2014：221）。

从英国的角度来看，工业革命是英国生产率、GDP、人均 GDP、人口、工业生产的分水岭。本文引用了 Clark（2007，2014）、Broadberry 等人（2011，2015）估算的一些指标长时段的数据，每一个指标都分别列出 18 世纪前和 18 世纪后年平均增长率和 10 年均增长率，这两个时间段的比较证明工业革命的标志性作用。无论是 Crafts-Harley，还是 Broadberry 等的数据都表明，工业革命极大地提升了英国的 GDP 年均增长率，从长期不到 1%，一举变为 1% 以上，而且工业革命后 GDP 没有再出现负增长的情况（见表 6 - 3 和表 6 - 4）。

表 6 - 3   1270～1700 年英国实际 GDP 年均增长率

单位：%

时间	年增长率
1270/79 ～ 1300/09	0.34
1300/09 ～ 1340/48	0.08
1340/48 ～ 1400/09	- 0.74
1400/09 ～ 1450/59	- 0.02
1450/59 ～ 1480/89	0.10
1480/89 ～ 1553/59	0.50
1553/59 ～ 1600/09	0.78
1600/09 ～ 1650/59	0.59
1650/59 ～ 1691/1700	0.51
1270/09 ～ 1691/1700	0.23

资料来源：Broadberry, Campbell, Klein, Overton, Van Leeuwen（2011：52）。

表 6 – 4 1700 ~ 1870 年英国实际 GDP 年均增长率

单位：%

时间	年均增长率		时间	10 年平均增长率
	Crafts-Harley	Broadberry		Broadberry
1700 ~ 1760 年	0.69	0.66	1700/09 ~ 1760/69	0.55
1760 ~ 1780 年	0.64	0.83	1760/69 ~ 1780/89	0.93
1780 ~ 1801 年	1.38	1.57	1780/89 ~ 1801/10	1.65
1801 ~ 1830 年	1.90	1.59	1801/10 ~ 1830/39	1.85
1830 ~ 1870 年	—	2.49	1830/39 ~ 1861/70	2.38
1700 ~ 1830 年	1.60	1.04	1700/09 ~ 1830/39	1.08
1700 ~ 1870 年	—	1.38	1700/09 ~ 1861/70	1.33

资料来源：Broadberry, Campbell, Klein, Overton, Van Leeuwen (2011：56)。

从人口和人均 GDP 增长率看，1700 年之前英国人口有时会处于负增长状态，考虑到当时的生活水平，这种负增长只可能表示人口陷入了马尔萨斯陷阱中。确实英国总人口从 1250 年的四百多万，经过漫长的 500 年后才增长了 100 万人左右，而且在 1351 年、1450 年因为黑死病减少了 1/3 左右的人口（见表 6 – 5、表 6 – 6），人均 GDP 也因为人口涨落而有所变化（见表 6 – 7）。但是，英国人均 GDP 在 16 世纪中期以后实现了持续上涨。这说明市场扩大可能起了重要作用。当市场扩张的作用行近衰竭时，工业革命使英国保持了持续增长的动力。

表 6 – 5 1250 ~ 1700 年英国人口状况

单位：百万

年份	总人口	年份	总人口
1250	4.23	1400	2.08
1290	4.75	1450	1.90
1300	4.73	1490	2.14
1315	4.69	1560	3.02
1348	4.81	1600	4.11
1351	2.60	1650	5.31
1377	2.50	1700	5.20

资料来源：Broadberry, Campbell, Klein, Overton, Van Leeuwen (2011：54)。

表 6 – 6　1270~1700 年英国年均人口增长率

单位：%

时间	年均增长率	时间	10 年平均增长率
1270~1300	0.27	1270/79~1300/09	0.23
1300~1348	0.04	1300/09~1340/48	-0.02
1348~1400	-1.6	1340/48~1400/09	-1.33
1400~1450	-0.18	1400/09~1450/59	-0.14
1450~1490	0.29	1450/59~1480/89	0.29
1490~1560	0.55	1480/89~1553/59	0.54
1560~1600	0.60	1553/59~1600/09	0.67
1600~1650	0.51	1600/09~1650/59	0.45
1650~1700	-0.04	1650/59~1691/1700	-0.08
1270~1700	0.04	1270/79~1691/1700	0.04

资料来源：Broadberry, Campbell, Klein, Overton, Van Leeuwen (2011：54)。

表 6 – 7　1270~1700 年英国人均实际 GDP 增长率

单位：%

时间	增长率
1270/79~1300/09	0.11
1300/09~1340/48	0.09
1340/48~1400/09	0.58
1400/09~1450/59	0.12
1450/59~1480/89	-0.19
1480/89~1553/59	-0.04
1553/59~1600/09	0.10
1600/09~1650/59	0.13
1650/59~1691/1700	0.59
1270/79~1691/1700	0.20

资料来源：Broadberry, Campbell, Klein, Overton, Van Leeuwen (2011：55)。

表 6 – 8　1700~1870 年英国人口和人均 GDP 增长率

单位：%

时间	年均增长率		时间	10 年年均增长率	
	人口增长率	人均 GDP 增长率		人口增长率	人均 GDP 增长率
1700~1760	0.35	0.31	1700/09~1760/69	0.34	0.22

续表

时间	年均增长率		时间	10年年均增长率	
	人口增长率	人均GDP增长率		人口增长率	人均GDP增长率
1760~1780	0.63	0.20	1760/69~1780/89	0.74	0.19
1780~1801	1.00	0.57	1780/89~1801/10	1.09	0.57
1801~1830	1.43	0.16	1801/10~1830/39	1.44	0.41
1830~1870	1.18	1.31	1830/39~1861/70	1.17	1.22
1700~1830	0.74	0.30	1700/09~1830/39	0.76	0.31
1700~1870	0.84	0.53	1700/09~1861/70	0.84	0.48

资料来源：Broadberry, Campbell, Klein, Overton, Van Leeuwen（2011：57）。

工业革命还是英国工业行业的分水岭。工业产出比工业革命前有显著增长（见表6-9、表6-10）。工业革命后工业的增长超过了农业和实际GDP的增长率，并远远超过了18世纪后期增长最快的服务业（见图6-4）。

表6-9 1270~1700年英国工业生产增长率

单位：%

时间	年均增长率
1270/79~1300/09	0.39
1300/09~1340/48	0.13
1340/48~1400/09	−0.54
1400/09~1450/59	−0.01
1450/59~1480/89	0.17
1480/89~1553/59	0.65
1553/59~1600/09	0.85
1600/09~1650/59	0.59
1650/59~1691/1700	0.75
1270/79~1691/1700	0.34

资料来源：Broadberry, Campbell, Klein, Overton, Van Leeuwen（2011：47）。

表6-10 1700~1870年英国工业产出增长率

单位：%

时间	Crafts-Harley	Broadberry	时间	Broadberry
1700~1760	0.71	0.49	1700/09~1760/69	0.58

续表

时间	Crafts-Harley	Broadberry	时间	Broadberry
1760～1780	1.29	1.00	1760/69～1780/89	1.04
1780～1801	1.96	2.18	1780/89～1801/10	2.01
1801～1830	2.78	2.68	1801/10～1830/39	2.97
1830～1870	3.06	3.01	1830/39～1861/70	2.81
1700～1830	1.39	1.33	1700/09～1830/39	1.41
1700～1870	1.78	1.72	1700/09～1861/70	1.68

资料来源：Broadberry，Campbell，Klein，Overton，Van Leeuwen（2011：48）。

图 6 - 4   1700～1870 年英国各部门增长率（log 值，1700 年 = 100）

资料来源：Broadberry，Campbell，Klein，Overton，Van Leeuwen（2011：57）。

二   世界工厂

　　1760～1820 年的 110 年间，英国的工业增长了 23 倍，国民收入增长了 10 倍，人口增长了 3.5 倍。1780～1870 年，英国的人均实际 GDP 几乎翻了一番，达到 3263 美元，比荷兰高出约 20%，比法国和德国高出 70%，比美国高出 1/3（Maddison，1995）。1870 年，英国农业劳动力的比例从 1780 年的一半减少到 22.7%，而美国直到 20 世纪 20 年代、德国直到 20 世纪 50 年代才达到这个数字。同时 1870 年制造业的就业人数占英国总劳动力的 1/3，而在美国，这一比例只有 1/6（Crafts，1998）。产业革命后，英国形成了以棉纺织业为优势的纺织业、冶金业和采煤业的工业结构。恩格斯高度概括了英国这一时斯的发展，他说："约在上一世纪中叶，英国是棉纺织工业的主要中心，由于对棉纺织品的需要急剧增长，那里自然就成了发明机器的地方，这些机器借助于蒸汽发动机，首先完成了棉纺织业的革命，接着完成了其他纺织工业的革命。大不列颠大片的容易开采的煤田，由于采用了蒸汽，现在已成为本国繁荣的基础。伸延很广的铁矿紧挨着煤田，便于制铁业的发展，而对发动机和其他机器的需要，更使制铁业获得了一种新的刺激。以后，在整个工业体系的这场革命中，发生了反雅各宾战争和拿破仑战争，约有 25 年，战争几乎把所有竞争国家的船只都从海上赶了出去，从而使英国的工业品在大西洋彼岸的所有市场和欧洲某些市场上获得了实际的垄断地位。当 1815 年和平恢复时，拥有使用蒸汽的工厂的英国，已经能够供应全世界，而其他国家当时还几乎不知道蒸汽机。在工业生产方面，英国已远远走在它们前面了。"[1]

　　工业革命的巨大成就，使英国主要工业部门的产品产量大幅度增长。在棉纺织工业中，英国在世界上已经处于垄断地位，1810～1812 年，英国棉纺织业机纺锭数为 506.7 万枚，德国为 27.5 万～30 万枚，法国为 104 万枚，美国仅为 9～12.2 万枚。19 世纪 20 年代初，英国拥有的纱锭数比法国多 3～4 倍，比德国多 10 倍以上（门德尔逊，1975：293、294）。在冶金工业中更是遥遥领先。1825 年英国的生铁产量为 59 万吨，而同年法国、俄国、美国和德国四国的生铁产量加在一起才 48.9 万吨。1850 年英国生铁产量又猛增到 229 万吨，生产了全世界 50.9% 的铁，超过同年法国、美国、德国产量总和的 1 倍（门德尔逊，1975：294）。生铁方面的绝对优势一直保持到 20 世纪 20 年代（见表 6－11）。英国在煤炭生产和蒸汽机的应用方面也占有巨大优势。19 世纪 20 年代初期，英国煤的产量已经超过 1400 万吨，而法国和普鲁士各为 100 万吨左右，美国仅有 5 万～6 万吨。1850 年英国煤的产量超过 5000 万吨，同年，法国、美国、德国产量的总和仅为英国产量的 1/3 多一点。1850 年英国生产了全世界 60.2% 的煤，1870 年英国产煤量仍占世界的 51.5%。1825 年，英国已有 1.5 万台蒸汽机，总功率达 37.5 万马力，而法国仅有 328

①　《马克思恩格斯全集》第 19 卷，人民出版社，1963，第 288 页。

台蒸汽机，总功率为 0.5 万马力，只相当于英国总功率的 1/75。1837 年德国工厂仅使用 423 台蒸汽机，总功率不过 7500 马力（门德尔逊，1975：294）。而美国在 19 世纪的前 25 年内对蒸汽机的应用只是凤毛麟角，工业中使用的动力主要来自水力。

表 6 – 11　1825 年各国生铁产量

单位：万吨

国家	产量
英国	59
法国	20
俄国	15.8
美国	9.1
德国	4.0

资料来源：门德尔逊，1975：294。

1820 年，英国占世界工业生产总额的一半，把其他国家远远甩在后面。1840 年，英国工业生产在世界工业生产中占 45%、法国占 12%、美国占 11%（库钦斯基，1955：41）。以后，它的比重虽然由于其他资本主义国家工业的发展而有所降低，但是一直到 19 世纪 70 年代，英国在世界工业生产中仍然占据优势地位。1870 年英国在世界工业生产中占 32%、美国占 23%、法国占 13%。1870 年，英国的采煤量占世界采煤量的 51.5%、生铁产量占 50%、棉花消费量占 49.2%（库钦斯基，1955：41）。其国民收入按人口计也比其他国家高得多。

英国工业的巨大生产能力，使其成为世界各国工业品的主要供应者，世界各国在不同程度上成为英国原料供应地。产业革命后，英国经济发展中的一个显著特点，就是大机器工业所生产的产品在出口产品中一直占很大比重，英国输出品几乎全部是工业品（见表 6 – 12），50% 以上的工业品销往国外市场，进口的则是原料、粮食等初级产品。棉纺织品在出口中占重要地位。英国棉纺织品的出口值占总产值的比重：1819 ~ 1821 年为 66.6%，1829 ~ 1831 年为 67.4%，1844 ~ 1846 年上升到 71.4%。而棉纺织品的原料——棉花则完全依赖国外进口。这些棉花大部分来自美国南部，其余来自埃及、印度、巴西和西印度群岛等地。

"1846～1865 年英国从印度输入的棉花从 34540143 磅增加到 445947600 磅；从澳大利亚输入的羊毛从 21789346 磅增加到 109734261 磅；从美国输入的棉花从 401949393 磅增加到 1115890608 磅"①。19 世纪上半期，英国的煤、铁、机器的输出不断增加。特别是这一时期各个大陆出现大规模铁路建设的热潮，英国成了世界各地修建铁路的承包商和煤、铁轨、机器设备、机车车辆的主要供应者。这一时期先后发生在美国和欧洲大陆各国的工业革命，都是在不同程度上靠从英国输入的技术装备进行的。

表 6－12　1822 年英国的出口贸易（不包括再出口）

项目	贸易额	(%)
其中：纺织品、金属加工、		
制革和陶器制品	30.0	81.0
棉纺织品	17.3	46.7
毛纺织品	6.5	17.6
总计	37.0	100

资料来源：门德尔逊，1975：276。

三　向英国学习

英国在生产技术方面远远超过了其他国家。到 19 世纪中期时，欧洲大陆的工业技术比英国落后了一个时代。19 世纪 20 年代，英国已经用煤炭取代木炭冶炼生铁，而在其他国家，用木炭炼铁几乎占有绝对统治地位。英国炼铁企业的设备比欧洲大陆的企业大，最大的威尔士高炉在 19 世纪 40 年代末期每周要熔炼 120 吨铁，平均 89 吨。在欧洲大陆国家，炼铁工业发展最快的比利时的总平均数为 60 吨。1846 年法国的吹焦高炉铁产量为每周 66 吨，所有高炉的平均周产量不到 18 吨。在炼铁发展得最慢的德国，西里西亚的吹焦高炉因为燃料易碎，到 1847 年平均周产量只有 14 吨（M. M. 波斯坦、H. J. 哈巴库克，2002：386～387）。先进的

① 《马克思恩格斯全集》第 23 卷，北京：人民出版社，1972，第 494～495 页。

技术设备使英国生铁在 19 世纪三四十年代以前都非常便宜，欧洲大陆的产品根本无法与之竞争。

　　欧洲大陆的棉纺织技术落后于英国一代人以上。英国棉纺织业随着技术进步，劳动生产率提高，产品价格大幅度降低。1786 年英国每磅棉纱的价格为 38 先令，1800 年降为 9.5 先令，1830 年又降到 3 先令（见表 6 - 13）。这极大地冲击了技术落后的欧洲大陆的棉纺织业。19 世纪上半期，法国只有少量的动力织布机，大部分是手动或者畜力的棉纺织厂。德国传统的工业中心集中于莱茵河谷地、萨克森、西里西亚以及巴伐利亚等地。这些老工业中心直到 19 世纪 40 年代还没有建立起新式的纺纱厂。当时只有整理清洁机以及梳毛机是动力驱动的，有时用水力，有时用畜力，最后的纺纱工作是用手工骡机完成的。织布方面的机械化进程比纺纱还要缓慢。英国棉纺织业的技术进步还极大地冲击了原来棉纺织出口强国——印度的市场，以及印度棉纺织品占有的海外市场。表 6 - 14 提供的贸易数据显示了 17 世纪和 18 世纪上半叶英国棉纺织业是缺乏竞争力的。18 世纪初英国棉纺织品出口量仅仅是 19 世纪初出口量的 0.5%。到了 18 世纪中期，出口量尽管有了很大增长，但仅仅是 19 世纪初期水平的 3%。在表 6 - 14 的 A 部分中，官方价格统计的贸易价值数据显示，在 18 世纪 80 年代之前，与英国从印度进口的棉布相比，英国棉纺织品出口量微乎其微。18 世纪下半叶，印度的棉纺织品和英国的棉纺织品基本平分了非洲西部市场，法国大革命和拿破仑战争之后，兰开夏郡的棉纺织品在非洲和美洲取得了决定性的领先地位。英国棉纺织品渗透到印度市场则是在 19 世纪 70 年代以后。19 世纪 30 年代之前，印度市场中英国的份额可以忽略不计。19 世纪 70 年代，印度的生产者仍然占据着大份额的国内市场。到 19 世纪 80 年代，英国出口到印度的产品上升至顶峰（Broadberry 和 Gupta，2006）。

　　在机器制造方面，18 世纪欧洲大陆几乎所有的蒸汽机都来自英国。19 世纪中期以前欧洲大陆生产的机器很少出口，机器制造业的规模比英国小得多。而且欧洲的机器制造业在标准化方面没有多少进展，人们对零部件互换一无所知，基本没有使用标准尺，锉刀仍然是重要的工具。

表 6 – 13 英国 100 棉纱的价格

单位：先令/磅

年份	1786	1790	1800	1807	1830
价格	38	30	9.5	6.75	3

资料来源：刘淑兰，1982：90。

表 6 – 14 1663 ~ 1856 英国进口和再出口印度的棉纺织品、
英国出口的棉纺织品

项目	进口	再出口	出口
A. 以 1697 年固定官方价格衡量的每年平均价值（百磅）			
1663 ~ 1669	182	—	—
1699 ~ 1701	367	340	20
1722 ~ 1724	437	484	18
1752 ~ 1754	401	499	83
1772 ~ 1774	697	701	221
B. 以现在价格衡量的每年平均价值（百磅）			
1784 ~ 1786	1344	395	797
1794 ~ 1796	1687	1148	3801
1804 ~ 1806	823	777	16339
1814 ~ 1816	515	433	18994
1824 ~ 1826	363	430	17375
1834 ~ 1836	347	406	22398
1844 ~ 1846	478	450	25835
1854 ~ 1856	481	532	34908

资料来源：Broadberry 和 Gupta：2006（283）。

工业革命与之前的经济增长方式极为不同。从 15 世纪开始，英国人和荷兰人采用多种新作物、新的轮作方法、使用更多肥料和工具，使生产率每年增加约 0.25 个百分比。将种子和产量的比率从 1:3 提高到 1:6 历时 150 年，达到 1:10 的比率又耗去了 100 年，而中国在 1100 年已经达到了这个比率。作为主要革新的三圃制（Three-field Rotation）以每年 3 ~ 4 英里的速度向欧洲东部传播，在 1825 年时传到了波兰和匈牙利。但是工业革命后，工业生产率的传播速度明显快于这个水平（赫尔曼·M·施瓦茨，2008：112）。

　　工业革命期间，英国生产的爆炸式增长意味着英国有很多剩余产品可供出口。在近代早期，印度曾是世界棉纺织品的主要生产国，出口贸易量巨大。从 17 世纪开始，印度向英国大量出口棉纺织品。然而，到了 19 世纪早期，英国却成为世界上最重要的棉纺织品生产国，支配着世界棉纺织品出口市场，甚至向印度出口棉纺织品。英国的棉纺织生产每 10 年增长一倍，从 1785 年的 4000 万码增加到 1850 年的 20 多亿码。英国的铁产量每 13 年增加一倍，从 1788 年的 68000 吨增加到 1806 年的 250000 吨，再到 1830 年的 678000 吨。陶器、玻璃器皿、酒类、厨房用具、肥皂和其他日用商品的生产遵循了相似的增长曲线。这些增加的产量构成英国的出口，1800 年，这些出口构成英国国内生产总值的 18%，1830 年时达到 35%。爆发性的出口增加，给欧洲和其他地方的生产者施加了巨大的竞争压力。英国在世界制造业产量中的份额不断上升。（Mitchell，1922）

　　1750 年，占世界人口 1% 多一点的英国人生产了不到 2% 的制成品。1860 年，英国人口接近世界人口的 2%，却生产了 20% 的制成品。英国的人均工业产量是第二名比利时的 2 倍，是中欧的 4～6 倍。（Bairoch，1982：275，281）

　　英国先进的技术使所有国家都竞相学习和效仿。来自欧洲大陆国家的政府代表和私营商人纷纷到英国进行考察，考察的高峰时期是在 18 世纪 70 年代。而英国意识到保持竞争优势的关键在于保护技术不外流，因此为防止技术向国外扩散而设置了各种障碍。1825 年以前，英国禁止工匠迁居国外。而机器、零部件，以及设计图纸的出口的禁令一直维持到 1842 年。但是这种禁令有很多漏洞，走私很容易，而且工业间谍也很多，所以英国禁止机器出口的禁令从长期来看是徒劳无功的。1825 年，有 2000 多名英国熟练技术工人移居到欧洲大陆。而合法的机器出口（根据财政大臣的特别许可）总值在 1840 年一年就达到 60 万英镑（官方计算的价值），来自欧洲大陆国家的资料充分证明，它们成功地购买并安装了英国的机械设备（M. M. 波斯坦、H. J. 哈巴库克，2002：355）。同时，欧洲大陆国家意识到人才是关键的问题，为此制定了各种优惠措施引进英国技术工人。迁居国外的英国技师通常是企业家，他们集技术才能和管理才能于一身。有的在欧洲大陆国家合作伙伴的帮助下，有的在政府补助金的帮助下最终兴办了自己的企业。他们中的许多人后来成为相关领域的工业巨头。但大多数人只是工头或者熟练工匠，雇主们为他们付高额薪水。这些移民的最大贡献不在于他们做了什么，而在于他们所教授的东西（M. M. 波斯坦、H. J. 哈巴库克，2002：357）。由于欧洲大陆国家的技术传播很大程度上是通过在工作中人与人之间的技能传授来实现的，所以不论是作为雇主还是雇员，他们培训出了一代熟练工人，其中一部分熟练工人成为所在领域的企业家。

英国的强大，引起他国的效仿，试图在自己的国家内也实现工业革命。继英国之后，法国、美国、德国，以及欧洲一些国家，如比利时、瑞士、奥匈帝国等在19世纪上半叶发生了工业革命。俄国和日本也在19世纪60年代走上了资本主义的发展道路。其中有一些国家是今天的强国，它们已进入完全工业化或后工业化社会。但是，就世界范围来讲，工业化的任务并未完成，大量国家仍处在工业化过程中，同时有少量国家至今只接触到工业社会的边缘。但是，所有国家似乎都认识到：只有通过工业革命和工业化，才能进入现代社会，只有通过工业化才能实现现代化。

欧洲，尤其是西北欧国家是受英国工业革命影响最早的地区，也是较早发生工业革命的地区。各国在工业革命真正启动之前，都在不同程度上通过引进英国的技术开始了机器生产。法国1815年后恢复和平，尽管政局依然动荡，但是大革命时期和拿破仑时代打破封建束缚、有利于国内市场统一和鼓励工商业的立法开始慢慢发挥作用。法国又废除了大陆封锁政策，恢复了与英国的经济联系，大量的技术设备、技术人才流入法国，工业化在艰难的环境中进行。纺织业是采用机器最快、最广泛的部门，1848年革命以前，工厂制度在纺织业的各部门都已普遍推广。纺纱厂规模迅速扩大，阿尔萨斯的纺纱厂增加了约5万枚纱锭，诺曼底的纺纱厂增加了约3万枚纱锭。1852年，纺织业共有工厂企业1438家，蒸汽机1179台，动力达16494马力，所采用的蒸汽机数量和马力居法国各工业部门之首。丝织业是法国传统的工业部门，从19世纪20年代起开始使用机器。1835年以后，较大型的丝织厂开始建立。法国的丝织机器比英国的还要精良，它的丝织品将近一半销往国外。

在煤、铁业的发展方面，尽管法国政府支持采煤业的发展，但是由于法国境内煤矿少，铁矿含磷量多，再加上煤、铁的分布很分散，运输不便，因而法国工业发展所需要的煤、铁不能自给。1860 年，法国工业生产中所消费的煤仍有 43% 依赖进口，进口铁的昂贵价格也限制了冶铁业的发展。1850 年，法国用木柴炼的铁还大大超过用煤炭生产的铁。不过直到 1860 年以前，法国的冶铁业仍居世界第二位。1864 年，法国工程师比埃尔·马丁发明平炉炼钢法。70 年代末，托马斯－吉尔托莱斯法解决了从生铁中脱磷的难题，使洛林地区含磷铁矿得到利用，从而大大推进了法国钢铁工业的发展。但是此时美国和德国从新炼钢技术方面获益更大，其钢铁生产量大大超过法国。

1815 年后，法国支持交通运输业的发展。在航运方面，1820 年，公路局长贝克的计划获得批准，被称为"贝克计划"。该计划的目标是要完成被大革命中断的运河修筑计划，把巴黎地区同北部和东部正处于工业化过程的地区连接起来，以便有助于采矿部门和冶金部门的发展。1820～1850 年，开凿了大约 2500 公里的运河，特别是连接罗讷河与莱茵河的运河、勃艮第运河、尼韦奈运河、贝里运河、从南特到布雷斯特的运河、卢瓦尔河的支运河等，它们使圣太田的煤得以运往巴黎地区。铁路的修建在法国比较晚。1827 年，从圣太田至卢瓦尔河只有几公里长的第一条铁路投入使用，它把煤从煤矿运到河边，再由驳船联运。第一条客运路线是 1837 年从巴黎至圣日耳曼的路线。法国大规模修筑铁路是七月王朝将近结束的时候。1842 年，铁路法规定铁路建设由国家掌握规划、征用土地、承担地面和车站建设，而由私人特许公司承担铁轨和车辆的修造，私人公司营业期限为 99 年，此后全部财产由国家无偿接收。政府与私人的合作加快了铁路网的建设，1848 年法国通车的铁路只有1800 公里，1860 年约有 9000 公里，到 1870 年，通车的铁路几乎增加了一倍，达到 1.75 万公里，法国铁路网形成。在法国的铁路网建设中，英国的资本和技术起了相当大的作用。1845 年，英国向法国铁路投资的公司不下 50 家，法国五大铁路公司的资本约有一半来自英国，英国还提供了大量钢轨和其他材料，以及技术指导。铁路和运河的发展，使运输费用显著下降，重型产品的运费下降了 2/3 左右，纺织工业原料的运费则下降了一半多，直接导致产品成本和价格的下降。

从 1815 年到 19 世纪六七十年代，法国经济呈现出欣欣向荣的景象，经济增长有所加快，1870 年工业发展水平居世界第二，仅排在英国之后。

俄国 19 世纪 90 年代，由于铁路的大规模建设、外国资本和技术的大量输入，以及政府实行国家资本主义政策等，俄国工业发展出现了一次大高潮。通过这次工业高潮，俄国终于完成了工业革命，并形成了俄国资本主义发展的特点。19 世纪 90 年代，俄国工业的发展不论在速度上还是规模上都是空前的。1890～1900 年，企业数目由 32254 个增加到 38141 个；工人数由 1424700 人增加到 2373400 人；生产总值由 15 亿卢布左右增加到 30 亿卢布左右。90 年代的工业发展，就绝对生产额来讲，纺织业仍占优势。1887～1897 年，纺织业产值由 46300 万卢布增加到 96430 万卢布。但这一时期的特点是重工业得到迅速发展。1887～1897 年，全部工业产值增长 112.8%，其中矿业产值增长 152.4%，金属制品工业增长 175.8%，化学工业增长 177.2%，均高于全部工业产值增长率。特别地，俄国的煤炭产量增长 2 倍、石油产量增长 20 倍、钢产量增长 5 倍。而纺织工业的增长率，低于全部工业产值增长率。

这一时期，俄国铁路建设取得巨大成就。俄国第一条铁路是 1836 年建成的，从彼得堡到皇村，全长 27 公里。但大规模铁路建设是从 19 世纪 60 年代开始的，并在 60 年代末 70 年代初经历了第一次铁路建设的高潮。90 年代，由于政府加强了铁路国有化政策，向铁路大量投资，以及大量外国资本的涌入，俄国又出现了铁路建设高潮。1891～1895 年，新修铁路 6257 俄里①。以后的 5 年，即 1896～1900 年又修建 15139 俄里。1901 年，全部铁路网已增加到 56130 俄里。90 年代修建了全部铁路网的 37%。至此，俄国铁路长度仅次于美国，居世界第二位。外国资本家起了重要作用。外国的股份资本补充了俄国资本原始积累的不足，外国先进技术使俄国技术落后的状况得以改观，外国企业家和技术人员带来了先进的机制和管理手段，这些都大大推动了俄国产业革命的进程，但同时也造成俄国工业对外国资本与技术的依赖。1890 年，外国资本在俄国股份资本中占 1/3 强，1900 年为半数左右。外国资本在采矿、冶金和机器制造等重工业中的比重高达 74%。另外，俄国一直未能建立起发达的机器制造业，不得不依赖进口机器设备。1913 年，进口机器设备的费用

---

① 1 俄里 = 1.06 公里。下同。

达 1. 693 亿卢布，占进口总额的 12. 3% 。

美国是世界上外来移民最多的国家，从北美 13 块殖民地时代起，它的劳动力市场就是对外开放的，直到 19 世纪，美国还是个移民净流入的国家。欧洲移民及其后裔构成了美国居民的主体，其次是来自非洲的黑种人、来自亚洲的黄种人和来自拉丁美洲的各色人种。移民大多为中青年，根据 1819～1855 年到美国的外国旅客的登记，年龄在 15～40 岁的占总人数的 67. 2% ，而且男性多于女性。19 世纪 20 年代，75% 的移民是男性，后来随着航海技术的改进和移民数量的增加，女性的比例才逐渐增大。

17 世纪初，为了拓殖北美，欧洲开始有组织地移民。18 世纪，欧洲发生人口革命，人口增加迅速，移民数量增加。19 世纪四五十年代以后，一些因素综合起来形成了向外移民的推力。例如，英国的技术革命告一段落，法国、比利时等欧洲国家的工业革命也取得进展，排斥出大量劳动力；欧洲农业由于歉收和遇到美国廉价农产品的冲击，一些农民破产；拿破仑战争、宗教迫害、政治迫害等造成的社会动荡。美国独立后，随着西部领土的扩张和自身工业的发展，迫切需要大量劳动力。美国一些企业因缺乏劳工，到欧洲刊登广告，散发小册子，以高工资和减价车船票等优惠条件招募移民劳工。这样，移民规模在 19 世纪末和 20 世纪初达到高潮。1821～1825 年，平均每年从欧洲移民美国的人数是 8000 人，1831～1835 年是 5 万余人，1841～1845 年是 8. 6 万人，1845～1850 年共有 140 万人移居美国。1815～1914 年的 100 年间，欧洲约有 3500 万人移居美国。黑人是在奴隶贩子的强制和暴力胁迫下来到美国的。据估计，到奴隶贸易被禁止时（1808 年），约有 37 万至 40 万黑人被运进美国，也有估计为 50 万或更多的。

移民和接受国的经济增长之间存在直接的联系。首先，移民增加了美国的人口数量。不断增长的人口对于美国这样广阔的领土和丰富的资源来说，既提供了劳动力，又提供了巨大而且不断扩张的市场。美国独立以后，差不多每隔 25 年，人口数量就要翻一番。大量移民的涌入，虽然对某些特定行业产生了不利的影响，但是从总体上来看，1913 年以前美国没有出现明显的工资下降趋势。1910 年，外国移民占美国制造业劳动力 1/3 强，占建筑和运输行业全部劳动力的 1/4。在粗梳毛线厂、煤矿、钢铁厂、采矿厂，移民占一半以上。1910 年，有一半的美国人是 1790 年后到美国的欧洲移民及其后代。其次，每次移民浪潮都带动了资本的流入、技术的更新和市场的扩张。欧洲移民帮助美国发展了纺织、钢铁、酿造、钟表、制鞋、成衣等许多新兴的工业部门。1790 年曾经受雇于阿克莱特纺纱工厂的塞缪尔·斯莱特来到美国，并于 1791 年创立了美国第一个近代机器工厂，他仿制的水力纺纱机获得了专利权。美国因移民而形成的附加资本积累相当于国民生产总值的 10%～20%。

技术市场的开放对后进国家有重要意义。在当时技术保护和技术专利在国际市场发育还不成熟的情况下，引进和利用国外的先进技术是最经济的一种选择。特别是 1825 年英国取消了禁止机器、机器图样出口和熟练技术人员出国的禁令后，法国、美国、德国、俄国等开始大量引进英国的技术。在美国引进技术中做出贡献的是移民和外国资本的流入。纺织、采矿、冶炼和铁路、水路交通等部门基本是靠引进技术建立的。在钢铁工业中，美国先后采用了英国的新精炼法、尼尔森发明的热风炉炼铁法、科特的搅拌法、贝塞默酸性转炉炼钢法等，这些技术使美国的钢铁产量立即大幅增长。19 世纪末 20 世纪初，在美国和欧洲工业化国家出现第二次技术革新和发明的高潮。美国利用自己的发明和借鉴外国经验，实现经济腾飞，一举成为世界工业头号强国。美国技术市场的开放性，也为其他国家的工业化提供了条件。

1545 年 8 月 25 日，一艘装载枪炮的葡萄牙大船来到了日本九州南部，向日本地方官员赠送大炮和枪支，以达到传教和通商的目的，这是日本接触西洋文化和技术的开始。从 16 世纪下半期到 17 世纪上半期，随着西方殖民主义者海外扩张浪潮的到来，日本也卷入其中，西方文化和技术开始传入日本，这使当时的日本统治者感到了威胁。1635～1639 年，日本幕府一连五次发布了锁国令，开始了闭关锁国的历史时期。直到 1853 年美国东印度舰队司令贝里率领 4 艘军舰开到江户湾的浦贺，带来了美国总统要求日本开国的国书，并威胁日本若不开国，就准备以武力占领琉球和小笠原群岛。1854 年 2 月 11 日，贝里又率 7 艘军舰开入江户湾，3 月 31 日，日本被迫与美国签订了通商条约，日本封闭了近两个多世纪的门户最终还是在外国武力的压迫下打开了。

日本开港后不久，很快沦为西方国家的原料产地和商品销售市场，陷入半殖民地的危机。1868 年德川幕府的封建统治被推翻，以"王政复古"为口号，建立了以天皇为首的明治政府。明治政府为摆脱财政困境、振兴本国经济和增强国家实力而实行改革，史称"明治维新"，在"明治维新"中一些封建特权和制度被废除，制订了帝国宪法，确立了君主立宪形式的国家政体，大力鼓吹文明开化，特别是大力推行资本主义生产方式，可以说"明治维新"是日本工业化的起点。

1885 年，政府对兵工厂的充实和扩建工作基本完成。这些兵工厂都大量引进西方的技术和设备，生产军用或民用机器。东京炮兵工厂聘请法国和比利时的技师，又从英国进口先进技术设备。大阪炮兵工厂采用欧洲近代技术生产钢铜炮。横须贺海军工厂到 1871 年又建成炼钢、炼铁、蒸汽锅炉、铸造及船台、船渠分工厂。

19 世纪末 20 世纪初，日本选择棉纺织业与丝织业作为工业化第一代主导产业部门。明治政府在建立模范工厂时有四大纺织工厂：福岗缫丝厂、新町纺织厂、千住呢绒厂和爱知纺织厂。1883 年私人投资建立大阪纺织厂，有 1.2 万枚纱锭，设备是进口的精纺机，直接学习英国兰开夏的经验。第二年，大阪纺纱厂获得成功，由此掀起了 1887～1897 年私人投资开办大机器纺纱厂的热潮，使得棉纱产量不断增加，逐渐排挤了进口纱。进口纱在 1888 年占国内消费量的 50.3%，而 1895 年仅占 12%，1899 年更减少到 6.1%。但是，棉纺织业的发展很快遇到国内市场狭小的障碍。1890 年日本爆发经济危机，纱价低落，销路堵塞，许多公司倒闭。政府意识到只有开辟海外市场才是出路，由此，确立贸易立国的原则（高德步、王珏，2001：285）。

在其贸易政策中，积极的出口政策效果明显。据估计，在工业化起步的开始几年，日本的出口额在 GNP 中的比重比较低，甲午战争后的 1895 年情况出现了明显变化。1890 年出口占 GNP 的比重只有 6.2%，1895 年上升到 9.7%，1900 年为 10.7%，1905 年为 13%。具体表现为：第一，纺织品出口大增。棉纱第一次出口是 1891 年大阪纺织公司向厦门输出的 100 捆。甲午战争后，日本废除棉纱输出税，棉纱输出量大大增加，从 1891 年的 100 捆增加到 1897 年的 140100 捆，1899 年达到 341200 捆，远远超过进口。中国、朝鲜等亚洲国家是日本主要的海外市场，其中中国占主要地位，1893 年中国吸收的日本棉纱占其总出口量的 81.4%，1898 年达

94.1%，1903 年为 95.9%。生丝是日本另一项大宗和传统的出口产品，一直在日本出口中占重要地位，1880 年占 30.3%，1890 年占 19.8%，1900年占 21.8%。1906～1910 年，日本生丝出口跃居世界第一，1934 年，棉布出口才超过生丝。经过甲午中日战争和日俄战争到 20 世纪初，日本已成为世界上最大的纺织品生产国（高德步、王珏，2001：286）。

日本不仅通过逐步扩张开辟了海外市场，而且逐步废除了与列强的一些不平等条约，取消了列强在日本的经济特权。开始推行独立的贸易政策。贸易政策的一个重要方面是有选择的进口政策。由于日本工业化的后进性，它可以充分利用先进国家的技术。二战前日本的新技术几乎完全依靠进口，主要集中在进口一般机器设备、蒸汽机、纺织机等。另一方面，由于日本缺乏发展近代工业的原料，因此原料进口也占有很重要的地位。棉花、铁矿石、煤炭是主要的原料进口品。

鼓励出口和有选择性进口贸易政策的执行使日本在 20 世纪 20 年代之前形成了一种全球贸易战略：向北美和欧洲出口生丝，从美国进口机器；向英国殖民地出口棉织品，输入煤炭、生铁等工业原料。向中国输出各种轻重工业制成品，换回粮食和原料。

四　小结

本章一方面基于理论选择人均 GDP、生产率等指标说明工业革命的标志性意义，另一方面是从当时其他国家对待英国的态度来分析英国的优势在哪里。以今天的标准来看，英国工业革命似乎微不足道，但是与工业革命前相比，英国经济取得的成就是革命性的。工业革命后，英国摆脱了马尔萨斯式增长，进入现代增长模式。英国创造出了截至 19 世纪下半期最辉煌的经济成就，成为世界工厂。当时其他国家被英国的成就所震惊和吸引，纷纷到英国学习，而学习的主要内容是英国的技术。所以，技术是英国的优势。

第七章　工业革命为什么发生在英国

一　高工资、低能源价格和对外扩张

英国的高工资表现在以下四个方面：第一，在汇率上，英国的收入比其竞争对手要高。第二，白银收入高，可以被理解为比其他地方更高的生活水平。第三，英国的工资比资本价格相对要高。第四，相比于能源价格，英国的北部和西部地区的收入很高（Allen, 2011）。

图 7 - 1 是从中世纪到工业革命时期，欧洲和亚洲城市的建筑工人的名义工资，以白银为单位。图 7 - 1 显示中世纪末的 1525 年之前欧洲城市名义工资大致相同，没有出现明显的分化。在 1550 ~ 1620 年的价格革命中，东欧的白银工资增长最少，西欧增长最快。1620 年之后，南欧白银工资降低，低地国家持平，伦敦继续增长。17 世纪后期，伦敦的工资水平一直是最高的。

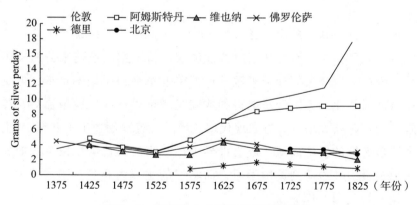

图 7 - 1　建筑工人白银工资的国际比较

资料来源：Allen, 2011：360。

伦敦的工资在 16 世纪的增长超过了英国的其他地区。17 世纪末，英国南部城镇的工资（如牛津）开始增加，逐步缩小了与伦敦的差距。

同期，北部工资增长更快。17 世纪末，约克建筑工人的工资水平已经和牛津相当。但是，18 世纪早期北部的工资增长开始减弱，名义工资不如南部地区，尽管其水平依然比欧洲大陆其他地方要高。18 世纪末，北部工资重拾高速增长态势，最终使北部和南部达到同一水平。整个英国的白银工资水平远高于欧洲大陆其他国家。

图 7－2 显示的是世界主要城市的福利比例，也就是实际工资。由于黑死病导致人口减少，15 世纪各地实际收入都很高，伦敦实际收入增长最快，仅次于阿姆斯特丹。在现代早期，英国伦敦和低地国家城市的福利比最高，他们的工资是最低生活水平的 3 ~ 5 倍，可以消费更好的食品，如白面包、啤酒、肉类，还可消费奢侈品。16 世纪后人口恢复，欧洲大陆很多地方的实际生活水平下降很多。18 世纪的佛罗伦萨和维也纳，全职工人的工作所得只够勉强维持一家人的生活，没有闲钱买面包、肉、酒类，更别说奢侈品。

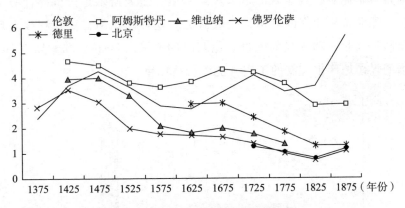

图 7－2　人口福利比例的国际比较

资料来源：Allen, 2011：360。

图 7－3 显示了英格兰、斯特拉斯堡、维也纳建筑工人的日工资和资本租赁价格的比例。资本租赁价格是铁、金属、木头和砖块的平均价格乘上利率加折旧率。17 世纪前半期，三个地区的工资和资本价格比率看上去都差不多。1650 年之后，英格兰的人力资本比资本更加值钱。相反，17 世纪和 18 世纪的大多数时候，斯特拉斯堡和维也纳的人力资本和资本比率开始下降，与英格兰拉开了明显的距离。

图 7－4 显示了 18 世纪欧洲和亚洲重要城市建筑工人工资和能源价

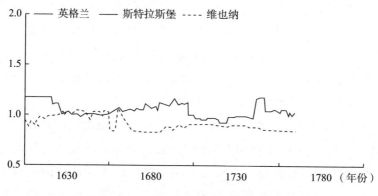

图 7 – 3　工人工资和资本租赁价格之比

资料来源：Allen，2011：361。

格的比率。能源价格是每百万 BTU（英国的热量单位）的白银价格。能源指的是每个城市可获得的最廉价的燃料。伦敦和纽卡斯尔是煤炭，阿姆斯特丹是泥炭，其他城市是木炭或木柴。纽卡斯尔是全世界拥有最高工资 - 能源价格比率的城市，伦敦次之。这种高比率在一定程度上反映出英国的高收入和煤炭的廉价。比利时的列日（Liege）和蒙斯（Mons）周围的煤矿地区也有高的工资 - 能源价格比率。

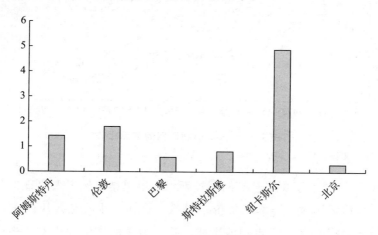

图 7 – 4　工资和能源价格比率

资料来源：Allen，2011：361。

英国相对较高的工资和廉价能源的配置促使英国用资本和能源来代替劳动力，导致英国转向资本和能源密集型的生产方式。英国的高工资导致了对廉价煤炭的开采，英国企业因高工资造成的压力被廉价能源所抵消。这种廉价煤炭的可获得性，也维持了这种高收入的经济体。英国的商业企业可以支付高薪，同时在国际贸易中保有竞争力。煤炭还是重要的生产投入因素，煤炭价格决定资本价格。廉价的能源造成了资本成本相对于工资的降低，再次刺激了使用资本来代替劳动力。从这个角度看，工业革命的技术创新可能是诱导性的，生产要素相对价格的变化会引发创新，因为人们会想方设法来节省使用那些变得相对昂贵的生产要素（Newell，1999）。英国的工业化是因为英国的高收入产生了用资本代替劳动力的技术。希克斯（hicks，1932）说，生产要素相对价格的改变，会刺激创新，以减少相对昂贵的生产要素的投入。资本密集投入会加快技术创新的速度。资本密集度对技术进步速度的影响一部分是通过干中学的过程，一部分是通过研发（R&D）投入资源的规模，资本密集的部门通常研发投入也比较多（Aghion 和 Howitt，1997）。

英国的这种技术特点使其他国家在借鉴英国技术时遇到了很大的障碍，延缓了这些国家的技术进步日程。例如，在同样市场扩张的条件下，英国和印度两国因要素价格差异而导致的不同技术选择（Broadberry，Gupta，2009：279－305）。在兰开夏于18世纪后期和19世纪早期崛起之前，世界上最具竞争力和生产能力的棉纺织业在印度。印度棉纺织业的成功在于充裕的熟练劳动力供给和代代相传的专业技巧。在大规模技术进步前，印度和英国纺织业中的劳动力配置是不一样的。正是由于有充裕的廉价熟练劳动力，印度棉纺织业是劳动密集型的。Wadsworth and Mann 指出，18世纪上半叶，兰开夏织布业中每台织布机仅由1位全职的男性织工来操作，而印度主要的棉纺织品产区中每1台织布机的织工不止1名。Brennig（1986）（研究了17世纪晚期）和 Arasaratnam（1980）（研究了18世纪晚期）指出，在科罗曼德海岸地区的织布业中，1台手工织布机要由2名全职的男性操作。18世纪晚期的孟加拉，2名男性操作1台织布机，Prakash 认为是每台织布机需1.5~2人。而在织更好的布料时，每台织布机通常需要更多的工人。在工业革命前，兰开夏的棉纺织品缺乏竞争力的重要原因是成本高企。兰开夏的工资、原棉价格都高于印度。Broadberry 和 Gupta（2009）借鉴了 Gilboy（1934）Young（1995）、Wadsworth 和 Mann（1988）关于兰开夏纺织业的研究成果，估算了兰开夏印度纺织工人的工资比（表7－1）。印度的工资数据来源于科罗曼德海岸和孟加拉的多种原始资料。1680 年印度的数据援引自 Brennig（1986）对 17 世纪晚期科罗曼德海岸棉纺织品贸易的研究。1790～1820 年，印度纺纱工人的工资来源于 Mitra（1978）对孟加拉货币工资的研究。从表 7 - 1 中可以看到 1680～1820 年，兰开夏工人的工资是印度工人工资的 4 倍以上。

起初，英国原棉来自西印度群岛。随着英国对棉花的需求增长，来自美国佐治亚州和南卡罗来纳州的供应增加了。印度则是本地产的棉花。17 世纪后期到 19 世纪中期，英国原棉平均价格大约都是 7 便士/磅左右，高于印度原棉价格。18 世纪中期到 19 世纪早期，由于原棉需求急剧上涨，英国原棉价格显著上涨，而印度原棉价格的上升要平缓得多。Edwards 的研究表明，在 1801 年的利物浦市场上，印度苏拉特产的棉花售价约为佐治亚州所产棉花价格的 80%。

Broadberry and Gupta（2009）进一步估算了利率水平。英国利率数据包括公债的收益率、房产的收益率和土地的收益率。印度的抵押贷款利息率援引自 Moosvi，他证明到 19 世纪中期时印度的抵押贷款利率大约比伦敦高出 2 个百分点。英国的资本品价格虽然比印度的高（Allen et al.，2011；Mitchell，1988）和 Hyde（1977），但是两国的利率比一直在下降。

表 7 - 1 列出了英国/印度全要素投入（TFI）价格，它是工资、原棉价格和资本租赁价格的加权平均数据，原棉价格构成全部成本的一半（权数 0.5），另外一半成本在劳动成本和资本成本之间平分（即工资和资本租赁价格的权数均为 0.25），全要素投入价格与离岸价格（FOB）之比就是全要素生产率（Broadberry 和 Gupta，2009）。从表中可以看出，英国的全要素生产率（TFP）优势在这一期间一直持续增长，1770 年之前每年增长约为 0.3%，1770～1820 年增速上升到 1.5%。Harley 研究得出 1780～1860 年英国棉纺织业全要素生产率年增长率为 1.9%，这与表中得出的增速是很一致的。与此同时，印度的生产率增长缓慢或停滞。英国全要素生产率在 1770～1820 年相对于印度的上升，得益于英国纺织业节约劳动力的技术创新。

英国节约劳动力的技术并不适用于印度。因为无法采用新机器，印度劳动生产率发展停滞，竞争力下降。19 世纪中叶，当采用新技术使成本大幅度下降时，孟买出现了现代化的棉纺织业。但是，同样的机器在印度工厂所用的工人人数至少是英国工厂的 2 倍。因此，尽管印度现代部门的劳动生产率高于传统部门，但仍然比英国低。

表 7-1 英国/印度的成本比和价格比（印度 = 100）

年份	A 成本				B 价格和 TFP		
	工资比	原棉价格比	利率比	TFI 价格	TFI 价格	离岸价格	TFP
1680	400	182	137	206	206	200	103
1770	460	320	113	270	270	200	135
1790	663	480	106	357	357	147	243
1820	517	127	61	150	150	53	283

资料来源：Broadberry and Gupta, 2009：293。

16 世纪后英国经济的显著特征还包括市场扩张很快。商业和服务业对收入增长的贡献很大。工业革命前，英国工业在经济中所占的比重并没有明显增加，农业所占比重减少的部分全部转化为服务业比重的增加（见表 7-2）。

表 7-2 1381~1841 年英国各部门 GDP 占比

单位：%

年份	1381	1522	1600	1700	1759	1801	1841
农业	45.2	39.1	41.4	26.0	27.5	30.8	22.1
工业	29.8	39.3	33.5	39.7	34.6	31.4	36.4
服务业	25.0	21.6	25.1	34.3	37.9	37.8	41.5
总计	100.0	100.0	100.0	100.0	100.0	100.0	100.0

资料来源：Broadberry, Campbell, Klein, Overton, Van Leeuwen, 2011：52, 56。

从 16 世纪末开始，英国对外贸易激增。当时东英格兰生产的浅毛布料通过伦敦出口到地中海国家。1500~1600 年，伦敦的人口由于贸易带来对劳动力的需求，从 50000 人增长至 200000 人。17 世纪中后期克伦威尔推行的积极的帝国主义政策贯彻于整个 18 世纪，重商主义推动了对外贸易和城市化的发展。1600~1700 年，伦敦的人口翻了一番，1800 年人口达到 100 万。1500~1800 年，英国住在超过 5000 的聚集地的人口比例从 7% 增加到 29%，从事农业的人口从 75% 降到 35%。18 世纪，随着城市化进程普遍展开和殖民地贸易增加，以殖民地市场为目标的制造业也发展了起来。18 世纪，荷兰人和英国人的人均贸易量大大超过欧洲其他国家。

　　市场扩张为什么在西北欧国家间产生了不同的效应？Allen（2011）认为，英国工业革命的技术进步并不是知识积累的结果，而是追逐经济利润的结果。更大的市场意味着潜在的经济利润更为巨大，从而激励人们去创新。英国工业革命之所以能取得成功的一个关键原因可能在于技术进步与贸易之间的有机结合。同时，更大的市场对那些创新者具有补偿效应，补偿投资新技术和发明的风险（Grossman and Helpman，1991）。随着市场的扩大，其技术上的创新也面临着更多的竞争。Desmet and Parente 认为市场规模决定了技术创新，更大的市场刺激创新和生产力的进步。市场规模和增长之间的关键环节是大市场有更大的需求弹性。这极大地鼓励了创新，在这种情况下，沉没成本只能在充分高的弹性下有利可图的情况被模式化了。弹性在这个模型里是市场大小的功能。校准模型似乎大致符合程式化的事实。模型预测在 18 世纪末和 19 世纪初城市化扩张、更高的 TFP 增长，国内外市场的扩张。那么这一市场到底应该多大才会引发理性的投资者包括发明者在技术创新上进行不断尝试？

　　煤炭是一种自然资源，中世纪已经有煤炭的开采。但是，16 世纪才出现了大规模开采的迹象，并导致了煤炭企业的发展。而英国采煤业的发展在很大程度上得益于伦敦城市的发展。中世纪后期，煤炭和木炭的每单位热量（BTU）价格在伦敦是差不多的。当时只有打铁和锻造石灰时用到煤炭，对于日常生活的能源来说，煤炭因含有硫黄是一种次等燃料，木炭和木材才是居民的首选燃料。伦敦人口在 16 世纪末出现爆发性增长，对能源的需求增长，造成木炭和木柴的价格上涨，而 1500～1800 年煤炭的实际价格变化很小。1585 年，木头类燃料的每 BTU 价格是煤炭的两倍，这促使人们思考如何用煤炭来代替木炭。英国特别是英格兰西北部的煤炭开采容易，储量丰富。英格兰很多非产煤区的煤炭价格很大一部分是运输成本，18 世纪时，纽卡斯尔的煤炭价格比伦敦更便宜。两个城市的煤炭价格之差，正好是从泰恩河运到泰晤士河的运输成本。煤炭的开采和运输成为技术变革的巨大动力。因此，英国煤炭产业的兴起要归功于伦敦的发展。

　　问题是低地国家也遇到了和英格兰一样的问题，为什么荷兰或者比利时的市场需求并没有刺激其采煤业的兴起呢？比利时南部的列日和蒙斯有丰富的、易开采的煤矿资源，也存在着与英国相当的工资－能源价格比。低地国家的城市化也导致了对燃料需求的增加。但是，1800 年，比利时的煤炭产量仅仅是英国的 13%，荷兰也没有开采鲁尔地区的煤矿，19 世纪之前，欧洲大陆的煤炭都没有被开采。Allen（2011）认为，这是因为国际贸易的发展让英国的煤炭产业占到了先机。荷兰有丰富的泥炭资源，保证了一段时间内能源价格平稳，同时正因为有廉价的泥炭，荷兰没有动力去提高鲁尔区的运输或是解决莱茵河上运输煤炭的政治税收问题。当泥炭资源枯竭时，纽卡斯尔的采煤业已经建立起来，煤炭可以和运到伦敦一样，很便宜地运到低地国家。正是由于煤炭国际贸易的发展，阻碍了荷兰对德国煤炭的开采。Allen（2011）指出，假设荷兰在 16 世纪开采了德国的煤炭，那么工业革命就有可能发生在德国或者荷兰，而不是英国。

英国的高工资、廉价的煤炭价格和不断扩大的市场，解释了工业革命为什么首先在英国爆发（Allen，2011）。英国的高工资和廉价能源的独特组合在市场扩大的背景下，"给发明支付了价值"（艾伦，2009：2）。市场扩大，预示着盈利能力增加，预期盈利增加才能弥补大量固定成本投资。纺织品、蒸汽动力和焦炭冶炼的投资在英国比其他地方高很多，这是因为这些发明有更大的潜在市场。这非常类似于 Acemoglu 提出的"定向技术变革"模型（2002）。Allen（2011）的这种观点认为英国技术创新的动力来源于需求方面，要素价格和市场规模是主要的激励源。

二 创新人群的来源

17 世纪晚期，英国人常常使用"上等人"、"中等人"和"下等人"的说法，间或也用"社会上层"和"社会下层"之类的称谓。到了 19 世纪，大多数英国人还把地主当作社会上层，社会下层由体力劳动者构成。在农村有时也区分第一层、第二层和第三层，第一层是占有土地的地主，第二层是租种土地并不占有土地的佃农，第三层是没有任何土地的农业劳动者（卡洛·M. 奇波拉，1989：263）。18 世纪后期，中间阶层不断发展壮大，引起了人们的注意。中间阶层指的是从大商人和专业人士直到办事员和店主的社会阶层。马克思和恩格斯将小工业家、小商人、小食利者、手工业者、农民、医生、律师和学者等看作介于资产阶级和无产阶级之间的中间阶层，用了小资产阶级、中等阶级、中间阶级、过渡阶级、中等阶层等不同的表述方式。[①] 后来"中间阶层"的概念逐渐与"中产阶级"混同。"中产阶级"广义上既包括商业巨头，也包括地位卑微的小店主。商业巨头有工业家族，比如英国的庞尔家族（以棉花起家）以及德国的克虏伯家族（经营钢铁）。还包括金融家，如举世闻名的罗斯柴尔德家族、欧洲各主要货币市场——伦敦、布鲁塞尔、巴黎、柏林——的银行家等。企业主也是中产阶级的一个组成部分。此外还有技术人员，比如曾设计了"大西方号"汽船的工程师伊桑巴德·金德姆·布鲁内尔。中产阶级还包括官僚和专业人员，如律师、经理和职员（菲利普·李·拉尔夫、罗伯特·E. 勒纳、斯坦迪什·米查姆、爱德华·波恩斯，2001：267～272）。

英国上层社会和中间阶层最大的区别在于是否拥有土地。上层社会中的贵族通过严格的家族授产制（Strict Settlement）来维持对土地的继承传统，如果家族土地没有代代相传，个人没有或很少有权力卖地，而是土地与人隔离，那么贵族长期作为佃农监护人的作用就将停止。贵族是通过他对土地占有来定义和决定的，贵族关心身份地位胜过财富或者权力。明盖（Mingay，1963：26）估计18世纪末英国大约有400家大地主（贵族地主），占有英格兰和威尔士20%～25%的可耕地。18世纪末，由贵族和乡绅构成的地主阶级占有英格兰和威尔士耕地面积的3/4以上。

随着计量史学的兴起，采用定量研究方法对工业革命时期新兴工业家阶层的起源进行的系统研究已经付诸实践并取得了丰硕成果，在一定程度上揭示了英国工业家的出身来源及其在各社会阶层中的分布情况。其中，以法国历史学家弗朗索瓦·克鲁泽的研究成果最为引人注目。克鲁泽于1985年出版的专著《第一批工业家的起源》，是采用定量研究方法研究工业家起源的集大成之作。克鲁泽（Crouzet，1985：147）首先把1750～1850年的英国社会划分为23个职业群体（表7-3），根据收入和职业的性质，23个职业群体又被划分为四大社会阶层：上等阶层包

---

①　马克思预测，中间阶层不会日益缩小，而会逐渐扩大，成为工人的负担，同时也增加了上流社会的社会安全和力量。（见马克思：《剩余价值论》第二册，人民出版社，1976，第653页。）

含拥有土地的贵族、拥有土地的乡绅和陆海军军官三种职业或身份；中等阶层包含牧师、律师、医生 10 种职业；中下层包含经理、店主、工匠 7 种职业；劳工阶层包含手工工场里的熟练工人和非熟练工人等 3 种职业和身份。

为了更好地了解职业和阶层之间的关系，本部分借鉴（Crouzet，1985：146-150）的研究，根据职业划分了英国不同的社会阶层。中产阶级或者中间阶级包括了中等阶层和中下层。

表 7-3　1750~1850 年英国社会阶层和职业

阶层	职业	工业企业家数量	占比（%）
上等阶层	拥有土地的贵族 拥有土地的乡绅 陆海军军官	20	8.8
中等阶层	牧师（英国国教） 律师 医生 测量员、土木工程师、地产代理人、建筑师 银行家和"资本家" 外贸商人 批发商（国内贸易） 布商、大零售商人 分散家庭手工业的工场主（包括小工厂主和兼职零售商） 集中手工工场的工场主	103	45.6
中下层	经理、职员、领班和非体力劳动者 店主、小商人 工匠（独立的） 自耕农、农民、工厂主（非农业） 自耕农、佃农和其他耕种者 煤矿主和其他矿业开采者 其他各种从业者，如演员、艺术家、记者、中央或地方政府雇员、新教牧师、海员、学校校长、教师	87	38.5

续表

阶层	职业	工业企业家数量	占比（%）
劳工阶层	熟练工人	16	7.1
	家庭手工业的工人		
	非熟练工人、穷人、仆人等		

资料来源：Croutez, 1985：146, 148。

克鲁泽根据自己所掌握的资料，并综合借鉴其他学者的研究方法和成果，如夏洛特·埃里克森重视研究工业家父辈的职业和收入状况，而 S. D. 查普曼和 K. 哈尼曼则注重研究工业家创业之前的职业或在经营工业企业的同时兼营行业的做法，克鲁泽确定了 316 位活跃在 1750～1850 年的工业家（大型工业企业创建者）[①] 作为自己的考察对象，综合分析了包括他们在创建企业时的职业，他们开始职业生涯时所从事的第一种职业等个人资料，同时还掌握了其中 226 个工业家的父亲的职业状况。在工业革命中起关键作用的工业家、发明家大都出生于中间阶层。克鲁泽发现，1750～1850 年 226 位工业家的父亲有 45.6% 从事的是中等阶层的职业，38.5% 从事的是中下层职业，父亲从事上等阶层职业和劳工阶层职业的只占 8.8% 和 7.1%。父辈属于上等阶层和劳工阶层的工业家都不多，绝大多数属于中等阶层和中下层，两者共占总量的 84.1%。

从工业家的第一份职业看，第一份职业属于中等阶层的工业家占总数 316 人的 44.9%，在剔除不明情况的人员后剩余 266 人，比例上升为 53.4%；属于中下层的工业家占总数的 26.8%，在剔除不明情况的人员后比例上升为 32.0%。两者相加，第一份职业是中等阶层和中下层的工业家在总数中所占比例达到 71.7% 和 85.4%，而第一份职业是劳工阶层

① 克鲁泽所选取的 316 位工业家，按照他的说法，都是工业企业的"创业者"（Founder），选择标准如下：第一，虽然不是企业的开办者，但将规模较小、经营不善、发展停滞的企业发展壮大的工业家。第二，虽参与企业的创建，但投资份额较小，在企业的经营管理上处于从属地位的，不算创业者。第三，在企业中投入大量资金，有时还是企业的主要投资者，但不参与企业的实际管理的，以及那些在外合伙人（居所离企业很远，很少过问企业事务），不算创业者。第四，即使是那些参与了企业创建活动的合伙人，如果仅仅局限于履行合伙人的最低限度义务，即提供资金，而不在企业的发展中发挥作用的，也不能被视为企业的创业者。第五，在延续性上，参与企业活动的时间较短，如不足 5 年，或者是其所创建的企业存在时间较短的人，也不能被看作创业者（Crouzet, 1985：57－60）。

的工业家只占9.8%，是上等阶层的为2.5%。

通过综合分析这一时期（1750～1850）英国工业家来源的社会阶层分布情况，Crouzet（1985：116）得出结论认为：①自我塑造者占第一代工业家的一半，其出身包括中下层，主要是经理、工匠、小制造商，劳工阶层绝大多数是熟练工人。②虽然工业家的来源是非常广泛的，正如艾什顿所说，"英国社会的每一阶层和每个地方都贡献了许多工业家"，但是，从其在社会各阶层中所占的比例而言，这一时期的工业家们主要来源于社会的中间阶层，来源于中等阶层和底层中等阶级的占工业家总数的84.1%，但是中等阶层在总人口中的比例约为1/3。③行业内生比例很高，工业自身哺育他的革命者，超过60%以上的创业者在创业前就已在本行业或上下游产业从业。④强调商人制造商的作用，认为现代工业产生既是制造业发展的结果，也是商业资本转化的结果。

其他学者的研究也印证了Crouzet的研究。R.本迪克斯（Bendix，1974：24）的《工作与权威》一书最早出版于1956年，本迪克斯依据保罗·芒图的《十八世纪产业革命》一书以及《经济创造的财富》《国民传记辞典》等书所提供的资料，遴选了132位生活在1750～1850年的著名工业家进行研究。研究发现，有1/3的工业家出身于工人（Worker）或小农场主家庭，其他2/3的工业家则出身于比较富裕的家庭，且大多已经在相关产业从业多年。在哈根（Hagen，1964：295－296，301－304）选取作为研究对象的72位工业"革新家"（Innovator）中，有71%的革新家的父亲收入属于中等或殷实，29%的革新家的家庭收入属于低水平。Payne（1988：21）也支持克鲁泽的结论，认为从中产阶层的底层成长起来的工业家，在这个新兴集团中是占绝对优势地位的。Perkin（1985：82）认为："工业革命早期的大部分工业家，都是靠着很小的但又绝对不是可以忽略不计的本钱开始创业的，这些本钱不是少到不能独立的存在和发展，也不是充裕到可以在新的、充满风险的行业中不需要坚持不懈的努力工作……新兴工业家的最大来源就是中等阶级的底层。"

艾伦创建了17～18世纪发明家的数据库，他认为17～18世纪的技术进步更具有开创性，并且支撑着英国技术进步和经济在相当长时间里保持稳步发展。莫凯尔（Mokyr，2002，52－53）将发明成果区分为宏观性发明成果和和微观性改良成果。宏观性发明成果是推动经济增长的主力。微观性改良成果则是发明成果从最初酝酿到改良完备过程中，二流乃至三流发明家以提高其工作效率或拓宽其应用领域的必要改造。艾伦（2012：406）按照这样的标准选出了 17～18 世纪 10 位宏观发明家和 69 位微观发明家。10 位宏观发明家是乔赛亚·韦奇伍德、约翰·斯米顿、托马斯·纽卡门、詹姆斯·瓦特、亚伯拉罕·达比一世、亨利·科特（Henry Cort）、詹姆斯·哈格里夫斯、理查德·阿克莱特、萨缪尔·克隆普顿和埃德蒙德·卡特莱特。

利用艾伦构建的 79 位发明家的数据库，得到发明家的家庭出身有一种"脱农"的倾向（艾伦，2012：407）。对照格利高里·金编制的《1688 年英国社会调查表》中各个职业从业人员所占比重，艾伦认为，如果父辈收入水平越高，并且在非农行业就职，则孩子成为发明家的概率越大。在可以考证父辈职业的 67 位发明家中，父辈所从事的职业大多数都是非农的，其中出身于店主、制造业者和工匠家庭的发明家所占比重为 35.8%（表7 - 4）。约西亚·韦奇伍德（Josiah Wedgewood）是锅炉工的儿子，每天走 7 英里去上一所很小的学校，在一个锅炉师父手下当学徒。他通过自身的努力获得了非同一般的见识。阿克莱特（Arkwright）是贫穷的裁缝的儿子，上过夜校，在理发师手下当学徒。哈格里夫斯（Hargreaves）来自兰开夏，是一名手工织工。特利维希克（Trevithick）在乡村学校受的教育，他的父亲是个铜矿矿工。Mokyr（2002）列举了大量工业革命时期发明家和企业家来自富裕家庭的案例，例如，约翰·斯米顿（John Smeaton）是律师的儿子，上的是利兹语法学校。詹姆斯·瓦特（James Watt）是商人的儿子，他父亲也是 Greenock 的市长。瓦特上的是 Greenock 语法学校，学习了拉丁文和希腊文。卡特莱特（Cartwright）来自一个富足的北安普顿家庭，上的是 Wakesfield 语法学校。科特（Cort）的父亲是位商人，并曾担任过 Kendal 的市长。

表 7 - 4　17～18 世纪 67 位发明家家庭出身情况

出身	发明家数量	占比（%）	职业或阶层人口占英国总人口的比重（%）
贵族、绅士、教士	8	11.9	3.5
商人、律师、资本家	22	32.8	4.6

出身	发明家数量	占比（％）	职业或阶层人口占英国总人口的比重（％）
店主、制造业者、工匠	24	35.8	20.9
农业手工业兼营者	5	7.5	
农场主、自耕农	6	9.0	18.0
雇工、茅屋农、牧民	2	3.0	54.9
总计	67		

资料来源：罗伯特·艾伦，2012：407。

　　发明家是否能够跟科研机构有效沟通，与他们不同的家庭出身和社会身份背景密切相关（艾伦，2012：383－384）。在10位宏观发明家中，瓦特、斯米顿和卡特莱特3位发明家与当时的科学家群体保持着密切联系，这三人早年都在文法学校接受过正规的教育和培训，卡特莱特日后还获得在牛津大学玛格德琳学院（Magdalen College）进一步深造的机会。他们三人的父辈皆属上流社会的成功人士，或为富商，或为律师，或为占有大量地产的绅士。相比之下，阿克莱特、哈格里夫斯、克隆普顿、达比、科特和纽卡门等人在幼年时期均没有机会接受正规的学校教育。这六人的父辈均为生活在社会下层的平民百姓，因此他们也无力对子女的人生进行远大规划，只希望孩子们能在自己的培养下成为合格的工匠或技师便知足了。在诸位宏观性发明家当中，只有韦奇伍德的经历有些例外，他虽然出生于工匠家庭，却与当时科学研究水平处于领先地位的多名科学家私交甚厚，往来密切。

　　从行业分布来看（艾伦，2012：379），蒸汽机制造业、纺织业及丝织业（包括对蚕丝、棉花、亚麻纤维、羊毛进行纺织或针织等工序）、冶金业（包括对铁及有色金属、锡板进行冶炼的各道工序）这三个行业中宏观性发明家最多。机器制造业（包括木工工具、机械工具和工厂生产设备的加工工序）、陶瓷加工业（包括制陶和烧瓷工序）、化学工业（包括硫酸、染料、碱、含氯漂白剂、玻璃制品的制造工序）等工业行业中微观性改良发明家最多。钟表制造业、仪器设备制造业、远洋航海业这三个技术要求比较高的行业也产生了微观性改良发明家。

　　综合克鲁泽和艾伦对发明家的量化分析可以看到，虽然研究重点不同，但是都说明了一些共同特征：首先，工业家和发明家大多出身于中间阶层。中间阶层包含多种职业，如商人、律师、资本家、店主、制造业者、工匠等。中间阶层人数占总人数的比重超过 40% 多，贡献的工业家和发明家超过 60%。其次，占人口大多数的下层社会，包括雇工、茅屋农等下层社会所产生的工业家和发明家不多。出自这一阶层的工业家和发明家的比重远低于该阶层人口占总人口的比重；上层社会尽管产生的工业家和发明家绝对数不多，但考虑到上等阶层在资本和收入中所占的份额，那么来自于上层社会的工业家和发明家的数量就显得微不足道了。克鲁泽（1985：70）说："这个阶级对工业领导的贡献与其在国家资本和收入中的份额不相称。"艾伦也认为发明家更多地来源于中间阶层而不是上等阶层。但是考虑到上等阶层在社会总人口中所占的比重，上层社会所产生的工业家和发明家就很可观了。1660 年，英格兰有贵族 119 人，1700 年为 173 人，1800 年为 267 人，1900 年贵族人数也只有 524 人（Beckett，1986：41）。按照表 7-4，出身于上层社会发明家的比例约 3 倍于该阶层占社会总人口的比例。如果按照克鲁泽（1985）的统计，来自贵族和士绅的工业家（不包括上层社会中的陆海军军官）占所有工业家的 2.3%，84.1% 的新兴工业家具有中间阶层的背景。考虑到 19 世纪初，贵族和士绅占人口的比例约为 1.4%，中间阶层略低于 30%，那么在考虑了阶层占总人口比重的情况下，贵族和士绅阶层对工业家的贡献率就与中间阶层一样了。所以，工业家和发明家的主要来源阶层不仅有中间阶层，还有上等阶层。

三 识字率、计算能力以及阶层分布

工业家和发明家主要来自上等阶层和中间阶层，这在一定程定上解决了经济增长理论中人力资本决定科技创新与人力资本相对落后之间的矛盾。一部分研究内生增长的经济学家将教育投资回报上升和技能积累等人力资本增加看作技术进步的表现。贝克尔、墨菲和塔姆拉（Becker，Murphy，Tamura，1990）构建了经济中没有固定要素的生产模型，其中人力资本的改善直接转化成更高的产出。这一模型假设人力资本由父母亲的时间投资来决定。父母在自身消费、孩子数量、孩子质量三种约束中寻求效用最大化。一旦父母开始在孩子教育上进行大量投资，经济增长率就上升。当收入增长到一定阶段时，生育率下降，对孩子质量的投资上升，对人力资本的需求增加。在这一模型中，人力资本与增长是同一的，凸显了在向现代经济增长的转型过程中人力资本的重要地位。

由于数据可得性问题，需要用一些替代性的指标来测算 1800 年之前的人力资本。个人是否能够正确签署自己姓名的能力是识字率的替代性指标之一。图书产量也在一定程度上说明了识字率。贝腾和范·赞登（Baten and van Zanden，2008）研究了欧洲现代化早期的图书生产，发现荷兰和英国遥遥领先于其他国家。而算术能力包括了解数字的意义、准确记忆数字（特别是准确记忆年龄）以及进行基本换算。莫基尔（2008）建议用年龄扎堆①（Age-heaping）作为算术能力的度量指标。欧洲中世纪人口统计数据中很多人的年龄为 16 岁、20 岁、26 岁、30 岁、36 岁、40 岁、46 岁、50 岁、56 岁……这种现象表明当时人们只能说出自己大概的年龄，而年龄的真实分布应该是平滑的。

从 16 世纪开始，由于宗教改革、收入水平上升、商业和金融业的发展等原因，欧洲识字率和计算能力上升了。工业革命前，英国人的读写能力和计算能力按照前工业世界的标准来看已经达到了很高的水平。罗马帝国时期的富人和意大利文艺复兴时期城邦国家的精英，他们的读写能力和计算能力的整体水平比工业革命前的英国人要低。在罗马上层社会中人们普遍不知道自己的真实年龄。年龄堆积指数 Z 用来测算不知道自己年龄的人群所占的百分比。$Z = \frac{5}{4} (X - 20)$，X 是指年龄中以 5 或 0 为结尾的百分比。根据现存的罗马居民墓碑中记载的年龄，有将近一半的人不知道自己的真实年龄。现代早期欧洲的死亡档案则显示，工业革命前欧洲普通人群的年龄意识已经有了明显上升（见表 7 - 5）。

表 7 - 5　罗马和近代欧洲的年龄堆积指数

	年龄堆积指数
罗马帝国	
罗马	48

---

① 19 世纪初，英国和西北欧国家人口统计中的"年龄扎堆"现象明显减少，而欧洲其他国家"年龄扎堆"的现象仍然大量存在。

	年龄堆积指数
除罗马以外的意大利	43
现代欧洲国家	
日内瓦（1560～1600）	54
日内瓦（1601～1700）	44
日内瓦（1701～1800）	23
列日（1740）	26
巴黎（1750）	15

资料来源：Clark，2014：235。

　　年龄堆积指数 Z 也显示工业革命前英国的人力资本状况明显好于文艺复兴时期的意大利城市。最早的一些为中世纪的意大利，包括 1427 年著名的佛罗伦萨人 Catasto。尽管佛罗伦萨后来成为了世界上最富有的城市之一，并且也是文艺复兴的中心，但是仍有 32% 的城市人口不知道自己的年龄。与之相对比，在 1790 年一项关于英格兰多塞特郡一个只有 1239 个居民的小镇的人口调查显示，大多数的劳动者，都知道自己的年龄。1790 年，在意识与社会阶层对应关系的测算中，社会地位较高的家庭对年龄有更普遍的认识，而在穷人中年龄意识较为薄弱。但是在 Corfe Castle 和在 Essex 的 Terling 的穷人有和罗马帝国公职人员一样高的年龄意识。

　　1580～1920 年英国人的识字率（见图 7-5）显示出两个问题：首先是男人的识字率在工业革命以前就有了一定的提高。17 世纪时英国人在申报年龄时准确率有了很大提升，但在 1800 年之后读写能力和算术能力出现了停滞。[①] 1800 年前后，英国男性的 60%、女性的 40% 具备自己签名的能力。英国的这一比例与比利时基本类似，稍优于法国，但是不如荷兰和德国。荷兰的学校注册率、识字率和算术能力都比较高，但是在 1670 年黄金年代之后，经济增长停滞了，工业化晚于英国。德国和低地

---

① A'Hearn, Baten and Crayen, "New evidence and new methods to measure human capital ine-quality before and during the industrial revolution: France and the US in the seventeenth to nineteenth centuries", *The Economic History Review*, New Series, Vol. 63, No. 2, May, 2010, pp. 452 – 478.

国家的学校注册率和识字率都比英国高，但是没有摆脱马尔萨斯增长，直到 1840 年才开始工业化。同样，斯堪的纳维亚国家有高比例的学校注册率和识字率，但是经济发展缓慢，工业化实现晚。如果大众的读写能力是经济增长的关键，那么这样看来，工业革命应该在 18 世纪 80 年代之前的 100 年出现。其次是识字率引人注目的增长现象出现在后工业革命时期，也就是在 1850～1900 年这段时间。在工业革命时期，识字率自身也只是增长了适当的数量。按照增长理论，随着收入的上升会出现对识字率的内在需求，但在工业革命期间，英国人对于年轻一代进行教育投资的能力和意愿并没有出现明显的改善。在 19 世纪 70 年代之前，学校的入学率也不高（Flora，Kraus，Pfenning，1983）。可见，1500～1870年，识字率、计算能力、学校教育等对人力资本的影响是有限的。

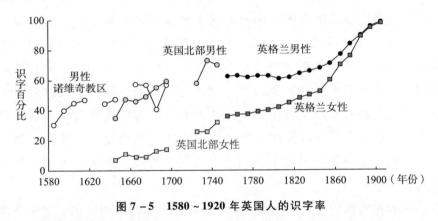

图 7－5　1580～1920 年英国人的识字率

资料来源：Clark，2014：237。

如果分阶层考察，人力资本和技术进步之间的关系就很密切（王珏，2016）。艾伦根据克雷西的统计计算了英国社会各职业在 1560～1700 年的识字率，其中贵族、绅士等上等阶层，以及教士、富裕商人、律师和政府官员等中间阶层的成员一直都具有比较强的读写能力。1500～1700年，社会下层（雇工、茅屋农、小农场主、农业佃仆）读写能力一直都比较低下，没有出现任何改进。其中，雇工和农业佃仆一直是 15%，茅屋农为 20%。但是中间阶层（尤其是店主、高级技工、工匠和原生型工业家）表现出读写能力明显提高的趋势。伦敦的店主和制造业者具备师资能力的成员占该阶层全部成员的比例从 1560 年的 60% 增加到 90%，乡村店主和制造业者从 30% 增加到 60%，农场主从 50% 增加到 75%

（艾伦，2012：410～411）。发明家也多从这一阶层产生。在艾伦的研究中，10 位宏观性发明家中的 9 位肯定具备很强的读写能力。从现存的学籍档案、信函资料以及其他类似的佐证性文字材料中反映出，大多数微观改良性发明家很可能也具备出色的读写能力。79 位发明家中确定有 69 位能够读写各类专业性文字资料。从其家庭出身及社交活动来看，其余 10 位发明家也都具备较强的读写能力（艾伦，2012：409～412）。

　　同时，不同阶层从读写能力提高中的获益也不一样。从事四种特定职业的人（商人、店主、农场主及发明家）从读写能力的提高中获益最大，而劳工阶层的成员具备读写能力之后不见得就会对经济发展产生直接有利的影响。因为，劳工阶层的读写能力提高多数为了能够读懂和领悟宗教书籍、阅读低俗小说自娱自乐，而并非为了谋求更高报酬的工作。社会整体识字率水平的提高对于整体经济收益增加的边际效应有（急剧）递减的趋势。Mitch（1993）就认为英国工业革命前和工业革命期间正规学校教育对社会整体经济收益的贡献很小。所以，单纯利用全社会识字率和计算能力等正规教育的认知性能力，很难对工业革命做出合理的解释，也使统一经济增长理论与史实脱节。而对社会各个阶层的考察，可以使统一增长模型摆脱这种困境。上等阶层和中间阶层的识字率和计算能力高可能是这两个阶层产生了更多工业家和发明家的原因。

　　18 世纪英国的技术革命是一个小而精的团体行动的结果，是一个精英现象，并不是由普罗大众推动的，社会中的精英才是技术革命的主力军（Mokyr，1993，2002）。这部分精英不仅包括人数很少的宏观性发明家，也包括数以千计的（但不是成千上万的）受过训练的工程师、有能力的机械师和灵巧的工匠。马歇尔（1919）[①] 和莫基尔（2009）指出，英国在新产品、新技术的创新和研发领域能够取得如此辉煌的成就，应该归功于英国人数众多的工程师和技艺精湛的工匠。在莫基尔看来，英国的早期发明者往往是没有受过正规技术教育的"修补匠"，包括制造钟表的工匠、工具制造者、玩具制造者、木材工人、玻璃切割者等专业

---

① 阿尔弗雷德·马歇尔（1919）在《工业和贸易》中高度评价了英国熟练工人在技术发明和革新中的作用。

人士，大约在劳动力中占5%～10%。康普顿（Crompton）虽然是农民的儿子，但他从事的是手工业，上过当地的学校。Huntman是农民的儿子，在钟表工的手下当学徒。这些为数众多的熟练工人能够正确利用材料，按照尺寸规格精确生产，能够看懂设计图纸、计算圆周率，能够理解机械装置的使用年限、耐性、摩擦程度和相互依赖性，他们操作和修补机器，使得模具和设计变得具有操作性，实现了一系列的小发明，小发明的累积效应使英国成为"世界工厂"。威尔金森、纽卡门、斯密顿等都是在不断完善他人发明的基础上取得重大突破的。其他国家也有一些著名的工程师和技工，[①] 但是英国的"数量之多足以使他们彼此影响、相互作用，其途径有演讲、搞间谍活动、抄袭和改进"等，最终成就了英国工业革命。

四　文化和人力资本扩张

文化用来解释财富、生产率、技术进步和技术扩散，现在对人力资本的研究也囊括了文化、价值观、职业伦理、规则等广泛的内容。欧洲文化具有相当的共性，启蒙运动和科学革命都发生在欧洲大陆，一些著名的发明家，如牛顿、笛卡儿、斯宾诺莎、伽利略和莱布尼茨的著作畅销欧洲，超越了国境。而英国首先爆发了工业革命，这就引起了人们对英国文化特殊性的关注。

清教，是英国与欧洲其他国家最大的不同之处。清教是16世纪伟大的文化创新，并在1626年培根去世之后的几十年中扩大了影响力，在英国竞争激烈的思想市场上占有一席之地。一些著名的人物，如威尔金斯·波义耳，植物学家约翰·雷（John Ray）和弗朗西斯·维路格比（Francis Willughby），数学家约翰·沃利斯、医生和化学家乔纳森·戈达德（Jonathan Goddard）和政治经济学家威廉·配第（William Petty）都是清教徒。

Merton（2001）强调，17世纪是受宗教深刻影响的时代，宗教信念渗透到日常生活中的方方面面。当宗教信仰不能与经济进步相符合的时

---

① 法国工匠因为宗教迫害大批流入英国，这成为17世纪晚期英国钟表制造业取得领先地位的一个原因。

候，两方中必有一方要做出让步（Merton，2001：91）。清教出现的时间，恰好与更多人开始为了金钱而努力工作的时间相一致。为了获得更多市场供给的消费品而努力赚钱成为上帝认可的做法，由此造成的消费革命是工业革命的前奏（德弗里斯，De Vries，2008）。1660 年后社会地位和威望等世俗价值观也越来越与财富积累和经济成功相挂钩（Perkin，1969）。

实证研究表明，宗教价值观与经济绩效和收入分配有关。Barro and McCleary（2003）利用多国调查数据，发现经济增长和宗教有正相关关系，因为考虑远期（是上天堂还是下地狱）的习惯会导致个体选择有利于经济增长的行为。Guiso，Sapienza and Zingales（2003），Boppart（2007）等人的研究也得到相似的结论。Botticini and Eckstein（2005，2007）对犹太人宗教改革前后的研究证明，价值观和态度对经济决策具有长期的影响。贝克尔和沃斯曼（Becker and Woessmann，2007）发现在 19 世纪时，普鲁士信奉新教的地区比天主教地区的经济更繁荣，这直接证明了韦伯的理论。同时，他们发现当控制教育的时候，宗教的作用就消失了。也就是说，宗教主要是通过人力资本的积累来影响经济绩效。

Merton（2001）将清教徒与现代科学兴起相联系，认为清教徒对英国有用知识的增长具有重要的历史意义。英国清教徒发现科学是符合他们的宗教信仰的，同时也是一种践行其信仰的方式。而耶稣会后期和东正教的教义与科学信念相悖。例如，实验科学家波义耳认为，如果没有了造物主，没有他的智慧所创造出的宇宙和世间万物都要遵守的规则，那么科学家们对自然的研究就失去了意义（波义耳，1664：71 - 72）。清教徒包容了科学，部分原因是它"既彰显了上帝的荣耀，又强化了人类的美德"（默顿，1973：232）。尽管默顿的论证方法存在问题，[①] 但他强调了宗教信仰和科学研究之间不断增加的相互接纳程度，特别是清教徒接纳和践行了实验方法，是英国胜出的关键原因。

培根的自然哲学使得科学研究和宗教信仰可以共存，通过自然研究，人类可以获得一些实际的知识以帮助他们更正确地解读宗教经文。詹姆

---

① 特别是例证的方法，很容易通过列举那个时代很多不是清教徒的科学家的例子而证明默顿是错的。

斯·摩尔（James Moore）提出了一种"培根式妥协"，这是宗教与自然哲学之间一种含蓄且非正式的权宜之计，科学家们为上帝全能提供科学解释，以换取研究人员免受宗教迫害的自由（摩尔，1986：323）。对于17 世纪下半叶的许多科学家来说，科学研究和写作是一种敬奉上帝的方式。

清教可能巩固了启蒙时期英国科学与欧洲大陆科学之间的劳动分工。相比于大陆科学来说，英国科学更讲求务实和实验性，是更直接的"培根主义"。法国科学和古典真理所表现出的一样，比英国科学更加正式、演绎和抽象（Kuhn，1976：26 – 27；Jacob and Stewart，2004：119）。在牛顿之后，英国数学再没有出现能与欧拉、伯努利和拉普拉斯这样欧洲大陆的人物相抗衡的数学家。当然，1780 年之前，欧洲大陆也没有能与英国最好的实验学家们如波义耳、布莱克、黑尔斯和普里斯特利等人相提并论的实验科学家（Kuhn，1976：25）。

然而，意大利天主教徒和德国路德会教徒在对待科学的态度上与清教徒类似。约翰尼斯·开普勒和第古·布拉赫都是虔诚的路德会教徒。天主教学者像伽利略、卡西尼和笛卡尔等俗世信徒对科学发展和实际应用也做出了很大贡献。耶稣会士在早期现代科学中也包括发挥重要作用。耶稣会数学家克里斯托弗·克拉乌（Christopher Clavius，1538 ~ 1612）凭一己之力在耶稣会中推行了数学教育，并帮助教皇格列高利十三世改革了历法，直到现在历法都是以他的名字命名的。德国路德宗内的虔敬主义"几乎可以被称为欧洲大陆的清教徒主义"，（Merton，2001：124）将大部分德国的科学进步归功于虔敬主义。17 世纪后期 18 世纪初，虔敬主义变得极有影响力，但是德国 18 世纪技术进步非常缓慢。这些问题说明，仅凭清教来解释英国的特殊性还不够全面和周到。

另外一个解释英国特殊性的原因在于英国对宗教的宽容性。1660 年后，清教徒只是少数派，也失去了政治影响力，但他们仍可以自由地践行自己的宗教信仰，在社会中发挥极其重要的作用。保守的奥利弗·克伦威尔（Oliver Cromwell）重新允许犹太人定居于英国（1290 年，英王爱德华一世下令驱逐英国境内全部犹太人），1660 年以后英国政体再次变化，可它对宗教宽容的态度并未改变（Zagorin，2003：188 – 239）。我们或多或少能看到科学的自然转向，相比之下，德国、意大利政府对于

异端邪说的态度则是反复无常的。例如，1723 年德皇腓特烈·威廉
(Friedrich Wilhelm) 驱除了反对虔敬主义的德国哲学家克里斯蒂安·沃
尔夫 (Christian Wolff)，1740 年腓特烈大帝 (威廉的儿子) 又邀请他重
回德国。17 世纪 70 年代，一大批法语大学禁止老师教授笛卡尔的作品。
17 世纪 30 年代，对化学家扬·巴普蒂斯塔·范·海尔蒙特 (Jan-Baptist
van Helmont, 1580～1644) 的骚扰和迫害，被认为是化学研究在意大利
消亡的原因 (阿什沃斯，Ashworth，1986：150～153)。

　　宗教宽容给英国带来了重大的经济影响。从 17 世纪的清教徒科学到
复辟时期的圣公会科学，再到 18 世纪的启蒙运动，主流教派和主流思想
一直在不断演变。英国政府相对的宽容性，保障了科学研究免受占据垄
断地位的意识形态的侵害，让科学研究坚持证据和逻辑的标准，从而保
障了英国在有用知识的研究上持续进步。英国吸引了大约 8 万胡格诺派
人才定居英国，其中包括丹尼斯·帕旁 (Denis Papin)、亚伯拉罕·棣莫
弗 (Abraham De Moivre) 和约翰·德萨吉利埃 (John T. Desaguliers) 等
著名人物。英国的时钟和手表制造业的大部分工匠也是移民 (Landes，
1983：219)。

　　近年来的研究表明，价值观和偏好的改变是从马尔萨斯式增长向现
代增长转变的关键要素 (Galor 和 Weil，2000；Hansen 和 Prescott，2002；
Doepke，2004；Clark，2007)。研究还发现，勤奋、节俭、忍耐、守纪等
非认知技能都是人力资本重要的组成部分，对经济增长的作用甚至超过
识字率，计算能力等认知技能 (Heckman and Rubinstein，2001；Segal，
2006；Heckman，Stixrud and Urzua，2006)。非认知技能和价值观紧密相
连。与中世纪的天主教不同，新教宣扬神的荣耀不再需要一种沉思的态
度或对贫穷的赞美。相反，经济的成功和严肃的生活成为荣耀上帝的一
种方式。清教的价值观使新兴的工业家和技术创新人才都表现出延迟享
受、忍耐的品格。而且，由于信贷市场不完善，延迟或者牺牲消费累积
的金钱在新技术的运用中获得了更大的收益 (Matthias Doepke and Fabriz-
io Zilibotti，2008)。

　　清教塑造了一种对待工作的文化态度，最重要的是如何看待闲暇。
清教认为闲暇就是怠惰。马克斯·韦伯说："这样，虚掷时光便成了万恶
之首，而且在原则上乃是最不可饶恕的罪恶。人生短促，要确保自己的

选择，这短暂的人生无限宝贵。社交活动，无聊闲谈，耽于享乐，甚至超过了对健康来说是必不可少之时辰（至多为六至八小时）的睡眠，凡此种种皆位于应遭受到的谴责之列。……时光无价，因之虚掷一寸光阴即是丧失一寸为上帝之荣耀而效劳的宝贵时辰。如此，则无为的玄思默想当是毫无价值，而如果它是以牺牲人的日常劳作为代价而换来的，那么它必须遭到严厉的谴责。"[①] 耐心、努力工作和创新性等工业革命的特征，存在于工业革命前马尔萨斯增长的漫长时期。这种特征的代际转移在英格兰占了上风，使得英国在 1800 年后突破了马尔萨斯陷阱（Clark，2007：8）。

第一代工业家大多数都靠忍耐、节俭和勤奋获得成功。几乎所有主要的企业家都冒着巨大的风险，经常工作到深夜，很少享受他们的劳动成果（Mokyr，1999：41）。由于大部分新企业依靠个人储蓄和留存收益进行投资，因此工业家的生活都非常节俭。他们的收入中只有一小部分用于家庭支出，其余则重新投入经营活动（Von Mises，1963：622）。对休闲和娱乐的鄙视态度，再加上对市场供给的消费品的需求增加，[②] 造成了工作强度的提高和工作时间的延长，德·威利斯（De Vries，1994）把这一变化称作"勤勉革命"。在 1750 年的英国，由于减少节庆、宗教节日以及去除星期一不工作（圣礼拜一）等，工作时间大大增加。而且，欧洲绝大多数经济较为发达地区的劳动强度远远高于其他地区（Clark，1987）。

工业革命后工厂制度的兴起，促进了工人遵纪、守时、尊重别人等非认知技能的提升，这些技能被称为"纪律资本"。与手工工场相比，工厂中昂贵的设备和原材料，更为复杂的技术以及更为精细的分工，强化了工厂主向工人灌输诚信和节制的文化观念，培养工人互助合作的精神。工人诚信、合作和纪律性等非认知技能的提升也体现在工资上。在工厂工作的工人比手工工场、自我雇用的工人的工资更高，自我雇用和手工工场的盈利能力更依赖于劳动强度。例如，机器纺织工厂中熟练工人的工资高于手工工场；机器制砖厂非熟练工人可以获得较高报酬，成

---

① 韦伯：《新教伦理与资本主义精神》，三联书店，1992，第 123 页。
② 消费脱离自给自足越来越具有市场化的倾向，并且消费额增加，消费种类也更多。

为熟练工人后可以获得普通工人 2～3 倍的工资，高于煤矿开采工人。同时，工人遵纪、守时、尊重别人等"纪律资本"的积累会节省监管成本。早期的工厂主偏好雇用性格相对柔顺的工人，如妇女和儿童，即使他们的技术较差。同时，工厂中领班等层级管理人员的工资比较高。这都说明纪律资本确实是人力资本的一部分。

清教将对科学的容纳和对休闲的鄙夷贯彻到人力资本的教育中。清教的学校鼓励学生学习物理学、科学、数学和语言研究，而不允许学习"琐碎轻浮"的学科，如诗歌、戏剧、音乐和纯粹的文学。其他教派，如圣公会的学校在清教学校的竞争压力下，也增加了自然科学等多门学科的设置和学习。扬·阿姆斯·夸美纽斯（Jan Amos Comenius）、希西家·伍德沃德（Hezekiah Woodward，1591/1592～1675）、约翰·韦伯斯特（John Webster，1611～1682）先后在英国倡导教育改革，提倡科学和数学教育的重要性，强调采用培根的实验方法来教授和扩展科学，在英国形成了一种更加倾向于实用性和功利主义的培养方案。宗教在教育上的竞争形成了更务实、更科学导向型的教育，这成为英国人力资本扩张大于其他国家的原因。

Matthias Doepke and Fabrizio Zilibotti（2008）研究了价值观、偏好和英国社会阶层经济地位的相互作用机制，发现英国上层社会和中间阶层因为偏好不同，职业选择不同，最终导致中间阶层的经济地位赶上并超越了土地贵族。完全依赖劳动收入的中间阶层的父母，刻意培养了孩子节俭、勤奋、忍耐的品格和强烈的职业道德，控制孩子的休闲时间。在职业选择上偏好需要精力、技能和经验积累的职业。依靠租金收入的土地贵族则着力提高孩子的生活品位，教育孩子如何去享受生活（狩猎、舞会等）。当需要通过艰苦创业和延迟享受进行投资的机会产生时，节俭、耐心和职业道德成为关键资产。掌握这些关键资产的中间阶层，取得甚至超过了土地贵族的经济优势。

五　创新氛围和社会网络

Mokyr（1993，2002，2016）重点强调了精英文化的变化是工业革命的原因。发现受过良好教育的，为科学和启蒙做过贡献的人都得益于一种良好的科学和文化氛围。精英文化的变化是工业革命的原因。

1626 年培根去世后，他的影响力持续扩大。到 17 世纪下半叶，从事科学研究和技术改进已经成为一种高声望的社会活动。托马斯·斯普拉特（1667：403），在他的《皇家学会史》中指出，"自然哲学现已经进入到我们的生活中、教会中、王宫中、宫廷上，是人们最好的伴侣，并且也开始成为了富人和伟人所从事的职业"。18 世纪，关注科学研究和技术创新的热情并没有消退。18 世纪的英国，"现场聆听各类科技讲座是民众司空见惯的一项消遣"。科学家们为了推广研究成果，也多采用演讲的形式。比如科特在获得搅炼和滚压的专利后，为了在苏格兰获得保护，1784 年 5 月他专程到爱丁堡办理相关手续，沿途举办多场专门介绍其发明成果的宣讲会。贵族和富有的新兴阶级热衷于发明创造，并因此成为社会的楷模。例如，斯坦霍普伯爵（Earl of Stanhope，1753 ~ 1816）发明了高温计在轮船方面获得了两项专利，化学家亨利·卡文迪什（Henry Cavendish，1731 ~ 1810）是英国最富有的人之一；苏格兰银行家帕特里克·米勒（Patrick Miller，1731 ~ 1815）投身于研究和实验之中。牛顿和其他自然科学家的科普读物也很流行，报纸传媒业的发展和公众读写能力的提高帮助社会公众逐渐建立起科学理性的世界观，从整体上改变了社会文化氛围并间接影响了发明。雅各布（Jacob，1997：99 ~ 115）、斯图尔特（Stewart，1992）、夏普（Sharpe，2007：32）等指出，当时各行各业的工匠常常从各种印刷出版物上学习科学知识，旁听各类科技讲座，参加比较开明的宗教布道，人们日渐认可科学家对自然现象的科学解释，而相信巫术和魔法的人越来越少。以牛顿学说为理论依据的科学知识体系得到了社会公众的广泛认可。在 17 世纪最后 10 年和 18 世纪上半叶，"商品化"有用知识的市场开始出现，并成为工业启蒙运动的标志。专业科学家如 John Harris，James Hodgson，William Whiston 和 John T. Desaguliers 通过讲课、咨询和出版赚钱。拉里斯图尔特把这些人称为"科学的企业家"。在工业革命期间，这些顾问市场得以扩大并变得更加正式。

英国皇家学会建立的灵感和宗旨都来源于弗朗西斯·培根。1660 年皇家学会建立的目的就是增加有用知识，并搭建正式科学与"实用技艺"中的实际应用之间的桥梁。迈克尔·亨特总结了皇家学会的宗旨，即提高科学在公众心中的地位，并为可以增加有用知识的实际研究提供一个平台（亨特，1989：15）。皇家学会很大程度上是培根在《新大西岛》和《伟大的复兴》中所提出的梦想在真实世界中的体现，是一个培根式机构。它深刻影响了 1660 年后直到 18 世纪的科学研究和技术创新。皇家学会致力于缩小科学研究和实际工作之间的差距，赞助了如何提高土豆产量以消灭饥荒的研究，还组织编写了英国手工艺历史。后来皇家学会更加重视科学研究，宣扬对待工业的新态度，这种新态度最终彻底改变了工业本身（Mokry，2016，第七章）。皇家学会是一个非常独特的组织，在其中有各种持不同意见的科学家，他们从事自己的研究，并相互碰面、沟通、互动，但最后仍像最开始时一样走自己的研究道路（亨特，1995a：102）。皇家学会与工业革命的关系并不是直接的因果关系。但是，英国皇家学会又代表着一个深刻的文化变迁现象，推动这种变迁的是 17 世纪后期和 18 世纪时期的英国知识分子和技术精英。

　　除了英国皇家学会外，18 世纪下半叶各种正式和非正式的学会和学院如雨后春笋般出现，它们都致力于通过将企业家和实业家与科学家和哲学家联系在一起的方式，将自然哲学（科学）与"有用艺术"（技术）相结合。农业、化学、植物学、矿物学、地质学、医学成为讨论的热点领域。伯明翰月亮协会、曼彻斯特文学和哲学学会、共济会驻各地分会、定期举办讲座的咖啡馆等有助于人们相互交流信息、切磋技艺、并获得灵感。专业讲师和推广者开设特别讲座和示范课。企业家和技术专家通过这些形式的活动建立了私人关系，为前沿科学知识转化为实用技术创造了便利。各种学会和研究会等正式机构（1754 年成立的英国艺术学会、1799 年成立的英国皇家学会）为科学家、工程师和商人的结合提供了平台，大量的非正式组织，如伯明翰月球协会、1717 年的斯皮塔菲尔德数学学会、伦敦章咖啡馆也聚集了大量科学家、技术人员和企业家。1700 年，伦敦有 2000 个咖啡馆，其中许多是学习、文学活动和政治讨论的场所。18 世纪正式和非正式的协会或者学会，使有用知识更易得，理论上说也使成员之间的地位更平等，权威只能是实验检验过的有用知识。

　　英法两国的知识分子都秉承着一种乐观功利主义，相信人类通过知识来创造财富的能力，并承认科学家的责任就是制定一个对国家和社会而言实用且有益的研究议程。英法两国的科学院都有创见性和启发意义，但是法国皇家科学院与英国皇家科学院不太相同。成立于 1666 年的法国皇家科学院通常被认为是联系科学界与政府功利主义目标的桥梁，它不是一个对所有到访者和所有学科开放的培根主义社会，而是一个封闭式的学院，主要服务于巴黎学者和少数外国的学术超级明星。① 与英国相比，法国皇家科学院的目的性更强，也更拥护国家主义。法国皇家科学院对法国科学发展的方向进行了相当程度的控制，并担任君主制的技术顾问。通过确定出版物并对专利进行控制，学院成为一个强大的行政机构，向政府提供科学和技术咨询。他们会开除批评国家政权和政府的成员。英国中产阶层与上层的关系与欧洲大陆不一样，英国的科学家和工程师既不是当权者的对立面，也不是他们的仆人，他们携手的对象是对金钱感兴趣的具有商业头脑的企业家。科学家和技术人员的联合意味着科学转化为有用知识的冲动，科学家、技术人员和企业家的联合则说明经济发展的实际需要影响了科学的进程。

英国上层社会的排外性也在一定程度上导致了技术创新。英国获得贵族头衔基本靠血统和购买不动产，因为购买官职和维持官员生活的成本高昂，同时 18 世纪英国的官僚机构还处于初级阶段，可供买卖的官职比较少。上层社会职位的高成本和稀缺性，迫使想要提升社会地位的人转而寻求另外的社会认同形式。所以莫基尔（2008：270 - 271）认为大多数发明家或者工业家都出身于"中产阶层"也许是一种"无奈之举"。与英国相比，欧洲大陆的企业家或者商人更愿意将资金用于购置土地、爵位和官职。法国这种现象特别严重，为了鼓励商人和企业家从事经营活动，法国规定新爵位只授予延续家族产业的人。但是，多数富商的子弟转变为贵族后，享受着优雅的生活，远离了工商业。

科学和科学的文化氛围对技术变革的作用到底有多大呢？艾伦（2012：371）分析了启蒙运动对发明的影响。他从发明家的社交活动、学历背景以及家庭背景分析了发明家在多大程度上受到了启蒙运动时期科学知识的影响。是否与科学家保持联系、是否加入各种协会和研究会是重要的衡量指标。艾伦的研究发现，大发明家（艾伦定义的大发明家只有 10 位）与启蒙运动的关系并不存在着同一的规律（见表 7 - 6）。瓦特、

---

① 法国皇家科学院在很大部分上是依据 1635 年成立的法兰西学术院的结构而建立的，目的是为了在红衣主教黎塞留（Cardinal Richelieu）的赞助下为法语建立规则。见勒克斯（Lux，1991）。

斯密顿、韦奇伍德这三位大发明家受到了启蒙运动的影响，而其他 7
位则没有。小发明家的情况（见表 7－7）同样也不能完全说明启蒙运
动的影响。在艾伦考察的 79 位小发明家中，大约一半与启蒙运动多多
少少有关联，但并不是每一位小发明家都从科学家那里获取了大量有
用知识，而且不同行业中，与启蒙运动存在关联的小发明家的人数也
有很大差别。

表 7－6　大发明家与启蒙运动的关系

发明家	与科学家的私人联系	加入的协会	主要背景	是否受到启蒙运动的影响
瓦特	与科学家约瑟夫·布莱克来往密切，并成为生意合作伙伴	—	—	是
斯密顿	—	早先是伯明翰月亮协会的会员，后来加入到英国皇家学会并宣读过论文	可以接触到最前沿的科学研究成果并得到科学家的指正	是
韦奇伍德	—	早先是伯明翰月亮协会的会员，后来加入到英国皇家学会并宣读过论文	可以接触到最前沿的科学研究成果并得到科学家的指正	是
卡特莱特	—	年老的时候加入到艺术协会和农业委员会	笃信牛顿神学	对科学知识比较孤陋寡闻
达比	—	—	与布里斯托尔当地的公益会教徒密切联系	基本没有
克隆普顿	—	—	在新耶路撒冷教会的配合下完成研发	基本没有
科特	在获得专利后向科学家约瑟夫·布莱克请教过问题	—	在获得搅炼和滚压专利后与科学界交往密切	基本没有
纽卡门			和其主要助手约翰·卡利都不是科班出身	基本没有
阿克莱特			发明成功后结交了著名发明者和科学家	基本没有

资料来源：罗伦特·艾伦，2012：380－385。

表 7 - 7　小发明家的研发活动与启蒙运动是否存在关联——
按所属行业分类统计

行业	存在关联的人数	不存在关联的人数	无法确定的人数
钟表制造业	6	2	0
仪器设备制造业	2	1	0
机器制造业	9	3	1
远洋航海业	2	0	0
蒸汽机制造业	7	1	0
陶瓷加工业	4	5	3
化学工业	4	4	2
冶金业	0	9	1
纺织业及丝织业	3	10	0
总计	37	35	7

资料来源：罗伯特·艾伦，2012：388。

　　尽管艾伦（2012：371）在一定程度上修正了莫基尔结论的普遍性，但是不可否认的是启蒙运动对工业革命中的技术发明确实存在影响。艾伦承认新的科学发现在某些情况下本身就足以推动新发明、新技术问世，在这种情况下，科学对发明有直接的作用。例如表 7 - 7 中所列的钟表制造业、蒸汽机制造业和机器制造业等。

　　此外，艾伦的实证研究还支持了传统观点：英国的实验科学方法比法国的演绎科学方法更有利于工业革命时期的发明。在 79 位发明家中，有 49 位通过实验活动来检验、修正或改良发明成果，有些发明家直接依靠实验获得了发明成果。27 位无法确定的发明家中大多数是因为文献记载过于简略，无法得到明确肯定的结果。不借助实验的 3 位发明家中的 2 位是通过对现象进行长期观测获得了发明成果。

六　代际传递和文化的长期影响

　　Comin, Easterly and Gong（2010）研究了以现在边界定义的国家和地区在公元前 1000 年、公元 1 年以及公元 1500 年的技术引进率。他们发现，公元前 1000 年和公元 1500 年的技术引进，对当今人均收入和技术的采用有明显影响。当控制住大陆虚拟变量和其他地理因素时，过去的技术一直对现在有影响。过去技术对现代技术有影响的渠道是代际传递，而不是地理因素。Putterman and Weil（2010）的研究结论与 Comin, Easterly and Gong（2010）很相似：历史上的政治制度、农业技术和其他技术的引进，影响着当期的人均收入和国家间的收入分配，且传导机制是代际传递。

人类种群的特征从一代传递到下一代，对经济造成持续影响。Jablonka and Lamb（2005）划分了四个遗传维度：遗传、表观遗传、行为和象征性。前两个维度（遗传和表观遗传）被称为"生物学"，后两个维度（行为和象征性）被称为"文化"。人类特征对经济的影响源于生物因素和文化因素的相互作用。遥远时代的文化特征会从父母一代传给孩子，或者在行为上通过复杂的符号系统，如宗教，直接影响到现在的收入状况。Becker and Woessmann（2009）利用代际传递的原理证明了韦伯关于新教的理论是有道理的。不同种群的人类特征对新思想和技术创新的流动会造成障碍，并因此妨碍经济发展，这就是人类特征的屏蔽效应。拥有更多最近的共同祖先，或者更加包容的文化基因，就会减少屏蔽效应，而更有利于新思想和新技术的传播（Spolaore and Wacziarg, 2013）。

学者们利用达尔文自然选择模型解释文化和人口变迁。Galor-Weil（G－W）模型（2000）将人类发展历史概括为三个特征时期，即马尔萨斯时期、后马尔萨斯时期和经济持续增长时期。在马尔萨斯时期，人口增长缓慢、无人力资本投入、技术进步缓慢；在后马尔萨斯时期，人口较快增长、开始出现人力资本积累、技术进步加快；在经济持续增长时期，人口增长下降、人力资本积累加速、技术进步大幅提升。

根据 G－W 模型就可以知道，经济发展初期大致处于稳定的马尔萨斯均衡，人口增长是人均收入的增函数，技术进步缓慢，人均收入水平的短暂增长最终会被人口增长所抵消。在这一时期，人们处于赖以维持正常生活的水平，父母缺乏对后代进行人力资本投资的激励；但是由于人口增长对技术进步具有潜在的正效应，它带动了技术的缓慢进步，使得经济向后马尔萨斯时期转型。后马尔萨斯时期以高人均收入增长和高人口增长为特点。技术的进步对人口产生了两方面的影响：一方面，技术进步增加了家庭的可支配收入，使其得以在后代抚育上分配更多的资源；另一方面，技术的进步增加了社会对人力资本的需求，于是家庭会相应提高对后代质量的投资。在后马尔萨斯时期，前一个效应占主导地位，人均收入的增加，引发了后代数目与质量的同步增长，人力资本投资初现规模，马尔萨斯稳态均衡消失，经济转向现代经济发展的轨道。随着技术进步对人口的第二个效应逐渐占据主导地位，家庭更加关注对后代质量的投资，人力资本积累加速。技术进步与人力资本积累相互作用、相互促进，推动了人口转型和经济的持续增长。G－W 模型的关键是家庭在后代的数量与质量上权衡决策：生育行为的相应变化，推动了人口的转型；而对后代教育的投资，带动了整个社会人力资本的积累。人力资本积累所带来的技术进步，使经济实现了从停滞到增长的发展过程。

戈勒和莫夫（Galor and Moav，2002）进一步认为人类生育在质和量之间的策略选择，其代际传递效应促使一部人遵循数量偏向的策略（有大量的孩子），而其他人会倾向于质量偏好的策略（对少量孩子进行高投入）。工业革命爆发的关键变量并不是人口规模，而是"人口结构"和人口质量。具有识字率高、算术能力强、更具有忍耐精神、更加追逐经济利益等特征的家庭养育了更多的子女，这些家庭人口规模的相对扩大逐渐改变了人口构成。因此，在工业革命前，英国人口质量出现了上升。在英国现代化的早期阶段，富人、受过教育的人、特别是具有忍耐精神的人养育了更多的子女。更具忍耐性的人口相对数量的增加导致了储蓄的逐渐增加，这说明储蓄的上升是受到"卡尔文教义"的影响。人口结构的这一变化表现为英国自中世纪之后利息率的下降。利息率从 13世纪的 10%～11%下降到 18 世纪的 4%。这种"富者适存"的现象普遍存在于欧洲，远东地区则不是这样（Clark，2007）。

当然，中产阶层人数的增加并不完全是由于人口结构效应，学习和模仿也是重要的原因之一。（Boyd，R.，and P. J. Richerson，2005）无论是通过基因还是教育，人们通常从父母亲那里接受了一部分文化，同时，人生过程将受到其他方面的影响，体现出不同于父母亲的特点——"模式化偏差"。"模式化偏差"有不同的形式，很多情况下是个体通过观察和学习他们认为"合意"（社会地位和财富等）的某些人而形成的。当时英国有明确的社会分层和流动性，刺激了人们对上一阶层人物的行为进行模仿。这就使得那些最有成就的工人以及工匠们通过模仿中产阶层的行为而扩大和巩固中产阶层的数量。Doepke and Zilibotti（2008）研究了文化的代际传递，他们构建的偏好形成理论解释了中产阶级如何取代地主贵族。在这个过程中，利他主义的父母塑造了他们的孩子在经济刺激上的偏好反应，导致了价值观的代际传递。依靠工作获得收入的中产阶层家庭需要努力、技巧、经验，培养耐心和工作道德，然而拥有土地的贵族家庭依靠租金培养休闲品位。这些不同阶层对待工作和休闲的态度，根植于工业化前的阶层特征中，在英国工业革命转变经济环境之后成为经济成功的决定因素。中产阶层逐渐取代了土地贵族的经济主导地位。19 世纪60 年代前，富人们还大多是土地贵族后裔。在 1809～1858 年死亡的 189 个人中，遗产超过 100 万英镑的，95% 是地主，但商人和工业资本家的数量出现了上升（Rubinstein，1981）。1810 年土地贵族的平均资产是商人和工业资本家的 3 倍以上，1875 年减少了 16%（Lindert，1986，表 1）。1860～1879 年，379 个英国人留下了至少 50 万英镑的遗产，其中 256 人（68%）的财富来源于土地，17 人（14%）是棉纺织业巨头。此后，地主的经济地位显著下降。1900～1939 年，273 名百万富翁中只有 7% 是地主（Rubinstein，1981，表 3.2～表 3.4）。保留了社会和经济影响力的土地贵族大多数与工业资产阶级通婚。

广义信任和个人主义等一些具体的文化特征，也间接地导致欧洲各国不同的经济发展水平（Tabellini，2008，2010）。文化传播的特性，如信念和规范，在确定遵循哪些正式规则以及机构组织的实际经济影响方面发挥着关键作用。当人们相互信任，相信通过努力工作可以取得更大成就，并且相信体现国家权力的正规化制度从总体上不会构成威胁时，经济增长将随之发生。在现代化早期阶段的欧洲社会中，私人秩序制度发挥了重要作用。这些制度一般包括使得人们履行诺言以及以受人尊敬的方式行事的文化观念，在这样的前提下，机会主义行为在社会群体中不是占优策略，从而确保了社会成员间的重复交往。信誉成为需要认真进行管理的社会资产。商业社会中的中产阶层接受更具有协作精神的行为模式，从而导致了帕累托改进。中产阶层的行为符合"绅士化行为法则"，这些法则标志着个人对金钱不感兴趣，他们将更多地顾及个人声誉而不是个人收益，这降低了遭受欺骗的风险。相比来自法律和合约的第三方执行，也许这样的社会规范更有利于维护欧洲的市场体系，尤其是信贷与劳动力市场。

七　有争议的专利制度

制度经济学家通常强调英国专利制度早期发展的重要性（North and Thomas，1973）。但是，早期英国专利制度是存在争议的。专利制度在英国发挥积极作用应该是在 19 世纪后期，而不是在 18 世纪后期。19 世纪 30 年代以前，英国专利的法律保护都是令人怀疑的，而直到 1952 年以前，取得专利的成本仍然很高（Dutton，1984）。Jones and Romer（2001）认为，导致 19 世纪后期经济增长最重要的因素是有效执行了知识产权，激励了新思想的创新。

古代社会一般都缺乏对新事物、新思想的产权意识。罗马和希腊没有具有法律效力或实际可行的方法阻止书籍的盗版翻印。对盗版、篡改、剽窃通常采用的是道义谴责和声讨的办法。作品和发明没有被当作商品，也没有市场价值。英国盗版、篡改、剽窃的现象一直到延续到 17 世纪。

尽管古代人缺乏对知识产权的保护，但实际上早在工业革命之前就已经在适当情况下存在知识产权制度了（Clark，2014）。最早创立现代专利制度是在 13 世纪的威尼斯。15 世纪，威尼斯真正授予了现代意义上的专利权。1416 年，威尼斯议会对外国人 Franciscus Petri 发明的新型压榨机授予了长达 50 年的专利权。1474 年威尼斯专利法案确立。15 世纪的佛罗伦萨也出现过授予专利的情况。威尼斯为新发明授予知识产权对玻璃制造业有着非常重要的影响。随着 16 世纪意大利加工玻璃的工人们迁移到其他国家，知识产权法也传播到了比利时、荷兰、英国、德国、法国和奥地利。因此，16 世纪末时，欧洲大多数国家都会向创新者授予知识产权，这是为了吸引技艺高超的手工工人，并将更先进的技术带到自己的领地。这种正式专利制度的传播发生在工业革命前至少 350 年。据此，Clark（2014）质疑了制度决定论的观点，他说如果专利制度是技术发明的基础，那么英国的工业革命应该早就爆发了。

在伊丽莎白一世统治期间（1568～1603），英国引进了专利制度，由政府官员授予专利权。此时，专利权的授予经常受到政治干预，专利授予情况混乱。一些已经广泛传播的技术，还被授予专利，形成虚假垄断；一些新技术则被拒绝。在 18 世纪英国工业革命后，英国专利制度逐渐成熟，议会将专利监督权转移到法院以避免政治干预。通常来说，只要没有其他党派反对，任何专利注册都能得到法院的允许。1791 年，欧洲其他主要国家都没有英国这样正规的专利制度。

图 7 - 6 反映了 1660 ～ 1851 年英国每年专利授予的数量。光荣革命通常被认为是英国有效制度的来源，有效地保护产权制度则是英国工业革命爆发的根本原因（North 和 Thomas，1973；North 和 Weingast，1989；North，1994）。但是 1688 年光荣革命只引发了专利数量短暂的增长，18 世纪 60 年代（光荣革命后 75 年左右）后英国才出现持续稳定的专利申请数量的增长。实际上，中世纪欧洲社会对激励创新更加有效的制度不是专利制度而是行会等其他制度。在很多城市，生产者们组织了行会，共同维护行业的利益。在行会中，行会成员向创新者一次性支付创新费用以获取新技术。

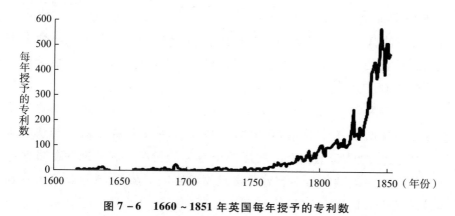

图 7 - 6　1660 ～ 1851 年英国每年授予的专利数

资料来源：Mitchell，1988：438。

实证研究发现，18 世纪 60 年代后发明家凭借专利获得的报酬很少。19 世纪初在法律界、政府部门、教会和军队任职比当企业家的回报要高（Huberman，1991）。以纺织业为例，1770 ～ 1869 年，棉织品的全要素生产率（TFP）增长了约 12 倍，19 世纪 60 年代，棉纺织新产品产出增加值达到了约 1.15 亿英镑，而相关发明家因为专利所获得的回报却非常少，其获得的收入主要是议会的授予（见表 7 - 8）。

表 7 - 8　工业革命中纺织业发明家的回报

发明家	发明	发明的回报
John Kay	1733 年飞梭	因向侵犯其专利权的人发起诉讼而破产，1753 年住房被破坏机器行动的卢德派捣毁。在法国死于贫困
James Hargreaves	1769 年珍妮纺纱机	专利申请被拒绝。1768 年被破坏机器行动的卢德派驱除。1777 年死于强制劳动所
Richard Arkwright	1769 年水力纺纱机	1781 年获得专利后赚到了很多钱，1792 年去世时留下 50 万英镑的财产
Samuel Crompton	1779 年骡机	没想过申请专利。1790 年工厂主向他支付了 500 英镑。1811 年议会授予 5000 英镑
Reverend Edmund Cartwright	1785 年动力织布机	专利不值钱。工厂被卢德运动捣毁。1809 年议会授予 10000 英镑
Eli Whitney（USA）	1793 年轧棉机	专利不值钱。后来承包政府工程赚了钱
Richard Roberts	1830 年走锭纺纱机	专利收入不足以弥补开发成本。1864 年死于贫困

资料来源：Clark，2007。

　　新发明的机器很快会被其他生产者模仿学习，大部分技术创新的工厂没有获得相应的垄断利润（Clark，增长手册；Harley，2010），只有 Arkwright and the Peels 等少数工厂因创新而获得了超额利润。1796～1815 年，发明家 Samuel Greg 的工厂每年平均利润率为 11.4%，与大部分工厂的回报率相同。而且，发明家得到的报酬也微乎其微。一项调查显示，在 1860～1869 年的英国，379 个财产超过 50 万英镑的人中只有 17 人（占总数的 4%）在纺织行业工作，尽管在 1760～1769 年和 1860～1869 年这两个时期该工业部门的生产力增长了一半（Rubinstein，1981：60 - 67）。英国工业革命中发挥重要作用的采煤、钢铁和铁路运输等行业也和棉纺织业一样，发明家和技术创新的工厂无法获得相关收益。Richard Trevithick 是建造火车机车的先行者，1833 年去世时却是一个乞丐。George Stevenson 制造了著名的"火箭"号机车，是铁路运输业的开创者，但他并没有因此致富，仍然住在 Chesterfield 乡下的住宅里。工业革命时期，英国的纺织、煤炭、钢铁以及铁路运输都保持着较高的竞争力但大多数创新都没有得到专利制度的保护，先进技术迅速在生产者之间扩散。可见，专利制度在英国工业革命中并没有扮演重要角色（Clark，增长手册，第五章）。

　　Clark（增长手册）认为工业革命时期技术进步的好处并没有归于发

明家，工业革命没有导致英国个别发明家或家庭财产的大幅增加①，只是使广大的消费者受益，因为工业革命期间的技术创新大幅降低了商品价格。18 世纪煤炭的实际价格比 19 世纪 60 年代要高 60%。1770～1870 年，英国棉纺织业迅速扩张，1900 年前，全世界棉纺织品生产量的 40% 都来自曼彻斯特的 30 英里内的区域。棉纺织业生产率增长远远领先于其他工业部门，技术进步的主要收益体现在全球市场的扩张上，而不是平均利润率上。铁路建设连接了城市和乡村，最大受益者也是消费者。铁路行业的投资收益并不高。

Avner Greif，Murat Iyigun 和 Diego Sasson 甚至认为英格兰的福利机构奠定了工业革命的基础。因为从 16 世纪早期开始，福利机构就通过保险的方式来保护破产者（Greif et al.，2012）。英格兰之所以热衷于尝试和创新，不是因为保障了创新的收益，而是因为有保险制度的存在。珍妮纺纱机的发明者 James Hargreaves，如果没有这一制度的存在可能已经在 1777 年死在自己的工作室中了。

八 小结

本章分析了技术创新需求和供给两方面的原因。从需求看，英国高工资、低能源价格的要素禀赋特征，在不断扩大的市场需求和城市化刺激下，创新出了高能源消耗和节约劳动力的技术。在技术创新中，供给应该起到更加重要的作用。通过分析技术发明人群的阶层，发现发明者基本来源于中等阶层和上等阶层，如果对比各阶层人数占总人口的比例，那么上等阶层发明家所占比重更高。而且，进行发明创造和建立工厂的是社会中的少数人，而不是普罗大众。这些少数精英不仅识字率和计算能力等一般概念的有用知识积累更高，最重要的是英国的清教有利于形成热爱科学研究、崇尚实践的社会氛围，再加上英国皇家学会、各种咖啡馆等正式组织和非正式组织的存在，为技术和科学结合，以及创新提供了独特的条件，这可能是英国首先爆发工业革命的主要原因。

---

① 美国工业化创造了大量的私人和家庭财富，这在一定程度上解释了为什么英国很少有大学和主要慈善机构是私人捐赠者建立的。

第八章　大英帝国的辉煌

一　英国的自由贸易理论与政策

18世纪中叶，英国首先开始了工业革命，此后又多次取得对外战争的胜利，特别是摧毁了拿破仑帝国，排除了法国这个劲敌在殖民地上的竞争，扩大了对外殖民地的掠夺。19世纪40年代，英国已完成了工业革命，一个以大机器生产为基础的强大的工业体系在英国建立起来。资本主义大工业对原料和商品市场的需求也越来越大。1825年，英国爆发了资本主义世界第一次经济危机，资本主义社会的基本矛盾充分暴露出来。不断扩大商品市场，增加廉价原料供应成了英国资本主义生死攸关的问题。在此问题上存在两个障碍："其他国家的禁止性立法或保护关税立法以及输入英国的原料和食品进口税。"① 前一个障碍，在其殖民地地区英国早已使用它的炮舰消除了。英国商品的销售很大一部分集中在北美、澳大利亚、印度和中国。但是消费水平较高的欧洲市场仍然受到关税等各种政策的保护。为了打破欧洲国家的关税壁垒，英国必须首先放弃关税保护，开放本国和殖民地市场，甚至给它们一些贸易优惠，从而取得欧洲市场。后一种障碍，即英国国内旧的保护关税制度问题日益凸显起来。当时在英国国内实行保护关税对工业资本家而言并没有意义。因为其他国家当时还没有什么大规模的工业和过剩的工业品输出。1833年，法、美两国棉纺织品的产量加起来才占英国棉纺织品产量的2/3。在采矿和钢铁工业方面，英国同样占据绝对优势。在英国国内实行保护关税，只会有利于土地贵族，而不利于工业资本家。代表土地贵族利益的保护关税制度已严重损害了工业资本家的利益。

此时，英国广大的中产阶级逐渐发展出自己的意识形态，正在变成

---

① 《马克思恩格斯全集》第21卷，人民出版社，1965，第414页。

一个界限逐渐明确的集团。它以自己的商业财富和生活背景为荣，形成了自己的世界观。政治经济学家的学说构成了新兴中产阶级世界观的一部分。在亚当·斯密、约翰·洛克、托马斯·马尔萨斯和大卫·李嘉图等经济学家的著作中都体现着经济自由和自由放任的基本思想。他们认为，个人有权用他承袭而来或通过任何合法手段获得的财产为自己谋取最大的利益，个人在追求其最大利益时，也会给社会带来最大收益，自由竞争和自由贸易是非常必要的，国家的功能应当减少到能够维持公共安全的最低限度上。1776 年，亚当·斯密出版了《国富论》。在此书中，他尖锐地抨击了重商主义的保护政策，主张"差额贸易"的重商主义理论已经不适应英国工业经济和商业贸易的发展。斯密基于自由放任的原则，认为在国内经济生活方面的自由竞争和在对外贸易方面的自由贸易同样重要。他还通过国际分工来论证自由贸易的好处。在他看来，正像国内每个生产部门内部和彼此之间存在着分工一样，国际上不同地域之间也存在着分工，这种分工的发展能促进劳动生产率的提高。每个国家都只生产它最擅长的东西，然后用它去交换别国所擅长生产的东西，比各国各自生产所需要的一切东西更为有利，而要实现这种合理分工就必须实现各国间的自由贸易。斯密以"自由贸易"来代替以前的商业竞争，宣扬"商业不应当'是纠纷和敌视的最丰富的泉源'，而应当是'各民族、各个人之间的团结和友谊的纽带'；因为就事物的本性而言，总的说来商业对它的一切参加者都是有利的"。① 这一理论后来被大卫·李嘉图继承和发展，提出了以比较成本和自然禀赋为基础的自由贸易学说。在斯密看来，一个国家输出的商品一定是在生产上具有绝对优势的商品。李嘉图进一步认为，每个国家都应当专门生产以比较少的成本就能生产出来的商品，即它在生产上具有比较优势，虽然这种商品的成本绝对额可能高于其他国家。他还认为，一个国家的比较优势取决于它的自然禀赋。因此，以"使其余一切国家皈依自由贸易的福音，来建立以英国为最大的工业中心"（尤多·卡梅伦，1993：286）。

无论是斯密的绝对成本学说还是李嘉图的比较成本学说，都使人们相信各贸易国都会从国际专业化和国际分工中得到好处。斯密和李嘉图

① 《马克思恩格斯全集》第 1 卷，人民出版社，1965，第 601 页。

依据资产阶级利益的要求和本能，把英国当时的资产阶级民族利己主义
说成是人类普遍的自由和幸福，这存在着一定的偏见。但是，他们的自
由贸易学说冲破了重商主义学说对商业关系的限制，同英国国内还保持
着相当地盘的封建残余势力作斗争，使生产力的发展最后摆脱封建生产
关系的束缚。所以，他们的自由贸易学说为工业资产阶级废除保护关税
制度、扫除工业发展的障碍提供了理论基础。

英国是 19 世纪最早实行自由贸易的国家。1768 年《艾登条约》是
自由贸易的初步成果。这个条约免除了英法之间的一些贸易关税。但是，
随后爆发的英法战争逆转了贸易自由化的趋势，当时财政需要英国大幅
度提高关税。战争结束后，自由贸易的进展十分缓慢。原因在于幼小的
工业资产阶级还不具备足够的实力与实行关税保护的土地贵族相抗衡。
同时，政府的财政收入主要来自保护性的关税，缺乏其他渠道。自由贸
易的第一个胜利是哈斯基森在 1823～1825 年改革了海关税则。随着贸易
的扩大，在 1823 年和以后年代里，财政状况得到改观，财政盈余代替了
财政困难，这使贸易大臣哈斯基森能够在财政改革方面迈出谨小慎微的
一步。哈斯基森把许多制成品、原料和消费品的关税降低，与此同时，
还取消了原来构成英国财政制度主要基础并严重束缚国内贸易的许多消
费税。其中在各项改革中占主要地位的是取消不准丝织品进口的禁令。
过去，人们认为英国的自然条件不利于丝织业的发展，如果不加以保护，
会造成这一部门的衰落，但是，取消禁令后，丝织业的发展证明了自由
贸易理论的正确性。关税税则的改革调整为英国转向自由贸易做好了
准备。

随着工业资产阶级的不断壮大，自由贸易和保护贸易斗争的焦点集
中到《谷物法》上。在拿破仑战争期间，由于战争造成的粮食进口困
难，实际上起到了保护关税的作用，英国土地贵族的收入大为增加。战
争结束后，随着封锁消除，粮价遽然下降。1813～1815 年，小麦价格由
每夸特 109 先令降到 65 先令一便士。由于粮价下降，租金相对太高，租
佃者入不敷出，土地贵族面临收入下降的危险。当时只有两条出路：一
是土地占有者降低地租；二是实行真正的保护关税。土地贵族当然不愿
意降低地租，千方百计维护粮食高价。1814 年，"一个由下院任命的委
员会估计，虽然谷物的价格由于时间、地点和季节的不同有所差别，但

公平的价格应该是每夸特 80 先令，并且建议直到小麦价格达到这个标准时才允许外粮进口"（莫尔顿，1976，491）。当时英国的工商业也正发生着危机，战争刚刚结束，战争订货骤然减少，使进出口额下降，批发价暴跌。在希罗普郡，34 座鼓风炉有 24 座停炉，成千上万的铁业工人和煤矿工人流落街头。加之战后军队大量裁员，如"海军人数由 1815 年的十万人减少到 1816 年的三万五千人"，[①] 使失业队伍进一步扩大。劳动人民生活条件每况愈下，工业资产阶级的日子也不好过，当时除土地贵族和与地产有联系的金融集团外，工业资产阶级和广大人民群众都强烈反对限制粮食进口。而 1815 年，英国政府为了保护土地贵族的利益，正式通过了《谷物法》，规定对谷物的进口实行限制或禁止，以保证谷物的价格水平，避免外国竞争。这一政策人为地提高了谷物的价格，使土地贵族获得垄断利润，然而却提高了资本家必须支付的工资成本，因此《谷物法》成为资产阶级和土地贵族利益分歧的焦点。

19 世纪上半叶，工业资本逐渐占据了主要地位。反对《谷物法》、实现自由贸易成为工业资产阶级反对土地贵族，争取更大权利的重要任务。1820 年，伦敦的西蒂区曾向议会呈递一份由经济学家图克起草的、呼吁实行自由贸易的请愿书。请愿书宣称：对外贸易只有不受政府的人为节制，才能顺利地发展。每个商人在私人营业中所遵循的基本准则，即在最贱的市场买而在最贵的市场卖，也完全适用于整个国家的贸易。以这个原则为依据的政策，会使国际贸易对其他所有的参加国都同样有利，也就是把财富分给所有贸易国的居民。后来，在格拉斯哥、曼彻斯特和爱丁堡也有人提出过这样的请愿书。伦敦的请愿书产生了巨大的社会反响。议会成立了一个委员会专门讨论请愿书中提出的问题。1836 年夏天后的农业连续歉收和工业萧条之后，第一个反谷物法协会在伦敦成立，但更大的运动发生在曼彻斯特、兰开夏等工业中心。后来，英国部分工厂主和知识分子以曼彻斯特商会为中心，棉布制造商理查德·科布登和工厂主儿子约翰·布莱特是该运动的主要领导人。1839 年初，在曼彻斯特召开了各地反谷物法协会的代表大会。5 月，在伦敦成立了全国性的反谷物法同盟，总部设在曼彻斯特。反谷物法同盟掀起了一场声势

[①] 《毛泽东选集》第一卷，1991，第 66 页。

浩大的宣传运动。宣称进口外国的谷物可以通过增加纺织品和其他货物的出口得到补偿。为了争取工人阶级的支持，还许诺："谷物价格一降低，实际工资就会提高。"1839 年 11 月 28 日，《泰晤士报》宣布支持自由贸易。1843 年同盟募集了 10 万英镑捐款，散发了 900 万份传单，"同盟的周刊——《同盟》（League）发行量达二万份。为了把运动扩展到首都，在科文特加登剧院召开了二十四次群众大会"。① 一时间，自由贸易在一些狂热信徒心目中成了一种宗教信仰。1842 年，这场运动甚至具有革命的特点，它和宪章运动联系起来，群众的反政府情绪就像火一样燃烧。同盟的机关刊物明确地号召人民起来反对土地所有者。农民的骚动也随之扩展，工厂主们还主动挑起罢工来威胁政府。英国工人阶级的斗争和农民的骚乱迫使统治阶级趋于妥协，工人和农民的斗争是促使谷物法废除的有利因素之一。

　　19 世纪 40 年代，自由贸易取得决定性的胜利。当时，勇于改革的罗伯特·皮尔任首相，他于 1842 年废除了英国制成品的特别出口税，并降低了海关税则上不少于 750 个税目的进口税税率。再次开征所得税以弥补预期的收入损失。1845 年皮尔取消了 520 种关税，并废除其余原料进口税。但是，以土地贵族为核心的托利党是顽固的贸易保护者。19 世纪 40 年代初的各项改革都没有触动《谷物法》。由于所得税取代关税成为政府主要的收入来源，自由贸易就取决于《谷物法》的废除了。自 18 世纪以来，不断增加的英国人口越来越依靠小麦进口。工业化造就的工业资产阶级改变了英国的政治均衡。1845 年的英格兰歉收和爱尔兰的马铃薯病虫害为废除《谷物法》提供了良好契机。当时，马铃薯是许多英国人尤其是爱尔兰人的主食。遭到病虫害的马铃薯几星期内就完全腐烂掉，颗粒无收，数千人因饥饿而死。一方面国内饥荒，另一方面却限制谷物进口，越发使人感到荒唐，辉格党人利用民众反《谷物法》的情绪，顺应工业资本家降低劳动力成本的要求，提出修改《谷物法》。托利党人皮尔在辉格党的支持下，经过五个月的激烈辩论后，使废除《谷

---

① 恩格斯：《英国谷物法》，载《马克思恩格斯全集》第 4 卷，人民出版社，1996，第 565 页。

物法》的法令于 1846 年得以通过，《谷物法》被废除了。"玉米的进口税立即完全废除。小麦、燕麦、大麦、黑麦的税率大为降低，取代了 1842 年调节制规定的税率。从 1849 年开始，他们将按固定不变的名义上每夸特一先令的税率征税。黄油、乳酪、鸦片和腌鱼的税率减少一半。其余各种粮食自由输入。"①

代表重商主义的《航海条例》也是自由贸易的主要障碍。1849 年《航海条例》受到限制，只适用于联合王国的沿海贸易，1851 年，该法被彻底废止。这使航运业务像谷物一样，向所有国家开放。

托利党中当年和皮尔一起支持废除《谷物法》的格莱斯顿，后来加入了辉格党，成为财政大臣，最后担任首相。19 世纪五六十年代，格莱斯顿执行了坚定的自由贸易政策。1852 年，国会以 468 票对 53 票正式通过自由贸易原则。同年，免除关税的货物达 123 种，减税 133 种，1853 年进一步削减关税，1854 年又使蔗糖关税均等化。以后的 15 年，除茶、酒、可可外，其余关税一律免除。1860 年，格莱斯顿实行了英国对外贸易完全自由化的第一个预算。在这一年里，税目削减到 48 个，废除其余大部分食品关税，所有来自英国领地进口品享受的优惠税率都被废除了，只有蔗糖和糖果进口税依然是重要的财政收入来源。后来的预算又免除了木材关税，1869 年取消谷物进口的注册费，1875 年免除了蔗糖进口税。1860 年以后，只有少数商品保留着进口税，像白兰地、葡萄酒、烟草、咖啡、茶叶和胡椒等。直到 19 世纪末，没有通过任何保护关税提案。这样，英国成为执行自由贸易政策的国家。

二　自由贸易政策在欧洲扩散

拿破仑战争后，除荷兰和丹麦这样的小国外，大部分欧洲国家的贸易政策都倾向于保护主义。荷兰在 1819 年采取了相对自由的贸易政策，丹麦则在 1797 年废除了进口限制，并降低了关税。英国废除《谷物法》

---

① 恩格斯：《1845 年和 1885 年的英国》，载《马克思恩格斯全集》第 21 卷，人民出版社，1965，第 225 页。

后，奥匈帝国、西班牙、荷兰、比利时、瑞典、挪威和丹麦等国家都实施了迈向自由化的政策（Bairoch，1989：20-36）。19 世纪 50 年代前半期，俄国、瑞典、挪威、丹麦、荷兰、普鲁士等将英国输出的许多商品的关税降低；西班牙废除禁止税则，改行保护税则；法国大大降低了钢铁和五金器材的关税。19 世纪 50 年代，欧洲主要国家的关税都在下降（Accominotti and Flandreau，2006）

　　1860 年以后，贸易自由化政策通过签订贸易条约和关税协定而扩大到其他国家。其中重要的进展是 1860 年著名的《英法条约》（《柯布敦-舍瓦利埃条约》），它是 19 世纪 60 年代把欧洲大部分地区变成低关税集团的第一个贸易条约。法国一贯执行贸易保护主义政策，19 世纪上半期更是如此。法国工业家和农场主因为高关税避免了竞争，他们想继续维持关税保护政策。当时法国为了抵制英国棉纺织品和毛纺织品的竞争，一方面绝对禁止棉纺织品和毛纺织品的进口，另一方面提高原材料和中间产品的进口关税。在英国，19 世纪 50 年代带有保护性质的制成品关税主要针对法国的优势产品，如花边、麻纱手绢、地毯、丝织品和披巾等奢侈品。英国和法国的敌对态度在拿破仑三世执政时出现转机。拿破仑三世想以消费利益争取工人站在自己一边，同时消除与英国在外交上的紧张关系。皇帝的顾问、法国经济自由主义的倡导者、经济学家米舍尔·舍瓦利埃鼓励皇帝使用同别国签订条约的权力，同英国签订贸易条约。1860 年，英法双方的代表经过谈判，签订了《英法条约》。英国方面参加谈判的是反《谷物法》同盟的代表人物柯布敦，法国代表是舍瓦利埃。所以 1860 年初在伦敦达成的贸易协定被称为《柯布敦-舍瓦利埃条约》。根据该条约，英国同意废除所有制成品的关税，把对白兰地征收的关税降低到殖民地产品的水平，并降低葡萄酒的进口税。这使得法国获利最大。法国方面虽然不给予自由贸易，但是一切关于禁止进口的条约都被废除了，对关税也进行了限制。法国降低英国煤炭、焦炭、条铁、生铁、钢、机器、工具、纱线、大麻及亚麻制品的关税，在 1864 年 10 月 1 日达到商品价值的 30%，以后不超过 25%，征收关税的商品减少到总数的 30%，关税平均约为 15%。法国放弃极端保护主义选择了温和的保护主义。这个条约标志着自由贸易把法国这个一向被视为欧洲保护主义关税的堡垒也攻克了。

　　此外，1860 年《英法条约》包含了最惠国条款，该条款也成为以后大多数贸易协定的内容。该条约由于包括最惠国条款而给贸易政策留下了一个永久性标志。这意味着，对一国的关税减让会自动适用于其他所有享受最惠国待遇的国家，于是刺激了以多边条约为基础的贸易扩张。由于对一国的关税减让意味着自动适用于其他所有享受最惠国待遇的国家，因此防止了贸易歧视。最惠国条款的存在还成为限制关税保护的重要手段。该条款的无条件形式，即各国依据它无条件地接受互惠减让而不管各国有无提供关税减让的条约，是 19 世纪后半期限制关税提高的有力手段。除此之外，许多重要的长期条约都包含不准提高关税率的条款。这些条款具有防止进口关税大幅度提高的作用。而且，由于各国都有许多包含此类条款的条约，到期日也各不相同，任何一国要大规模提高关税都是极为困难的。特别是这些年里签订的许多贸易条约对外国人合法权利的确定，使贸易在一个私营商人和私人财产权利得到广泛条约保证的世界里发展。简单地说，这些条约创造了一个稳定的世界环境，在这个世界里，商人自由来往，自由在国外组织投资，这几乎同在他们本国一样自由、安全。最惠国条款在 1880 年以后限制了贸易保护主义政策的扩散，使自由贸易政策一直持续到 1913 年。

　　1860 年《英法条约》是有效地把欧洲大部分地区变为低关税集团的一系列贸易条约中的第一个条约，条约的作用远远超出英法贸易体制。它开始了一系列根据自由贸易精神进行的关税条约谈判。已经完成了自由贸易计划而不能再提供关税减让的英国也与比利时（1862）、意大利（1863）、德意志关税同盟和奥地利（1865）订立了条约。法国开始为了相互减免关税而与其他国家缔结类似的贸易协定，包括 1862 年与比利时和德意志关税同盟签署的协定；1863 年与意大利缔结的协定；1864 年与瑞士签订的协定；1865 年与瑞典、挪威、汉萨城、西班牙和荷兰达成的协定；1866 年与奥地利签订的协定，1867 年与葡萄牙签订的协定。因为法国承认了最优惠待遇，所以法国同其他国家商定的一切好处必然对英国有利。这种由英国最早实行的自由贸易政策 1860 年以后在欧洲大陆上获得广泛认可。表 8 - 1 显示了 1875 年欧洲主要国家及其他地区的制造品平均关税水平。

表 8 - 1　1875 年和 1913 年欧洲制造品平均关税水平（从价等价关税）

单位：%

地区	1875 年	1913 年
奥匈帝国	15～20	18
比利时	9～10	9
丹麦	15～20	14
法国	12～15	20
德国	4～6	13
意大利	8～10	18
挪威	2～4	—
葡萄牙	20～25	—
俄国	15～20	—
西班牙	15～20	41
瑞典	3～5	20
瑞士	4～6	9
荷兰	3～5	4
联合王国	0	0
欧洲大陆	9～12	—
欧洲	6～8	—
美国	—	15～20
日本	—	25～30

资料来源：保罗·贝洛赫，1989：38～39。

　　实行自由贸易也引起殖民地贸易政策的变化，大国殖民地也向国际贸易开放了。英国早期对殖民地贸易实行垄断，随着工业化的进展，逐渐改为特惠制。在哈斯基森时期，英国的殖民体制已从垄断体制转变为特惠体制，英国商品在殖民地享受特惠待遇，而殖民地产品在英国市场上获得关税优惠。1849 年废除小麦特惠关税，1860 年废除葡萄特惠关税。再加上加拿大、澳大利亚、南非、新南威尔士等殖民地经济势力和独立意识的加强，主张拥有独立关税自主权，特惠制逐渐瓦解。1840年，英国承诺加拿大在议会制条件下实行自治。1849 年加拿大也接受了贸易立法。1867 年，加拿大联邦成为第一个有联邦宪法的自治领地。加拿大以美国为榜样，对工业实行保护关税。1855 年，加拿大与美国签订互惠贸易协定。尽管该条约于 1866 年被废除了，但两国之间的贸易还是有了迅速增长。在澳大利亚，1851 年废除了英国特权，各殖民地自由地执行独立贸易政策，新南威尔士赞成自由贸易，维多利亚主张贸易保护主义，其他地区则强调单纯为了岁入而征收关税，如新西兰早期的关税。在南非，1860 年废除葡萄酒特惠关税后，该国实际上可以自由决定关税，1866～1867 年，它执行的是保护关税政策。

但是，在亚洲和非洲的许多殖民地，自由贸易不是独立选择的结果。比如印度在整个 19 世纪 60 年代都有降低关税的趋势，特别是降低棉纺织品的关税。这反映了英国政府要求印度继续充当英国工业品的出口市场，并防止它成为出口竞争对手的意图。中国和日本同样是在西方国家的枪炮下实现对外开放的。中国和日本最初分别给予了英国和美国贸易优惠，后来又通过最惠国待遇原则扩大到所有其他西方国家。作为与西方强国签订这些贸易条约的结果，这些条约除规定了对其进出口品征收的关税税率外，两国还暂时被剥夺了决定本国关税政策的权利，其中，中国的这种主权丧失一直持续到 1930 年。资本主义工业国自夸和平占领世界市场，但受害民族清楚地看到自由贸易的威胁，它们不得不接受用农产品或初级品与工业国交换工业品的贸易条件，不得不忍受资本主义商品交换规则强加在它们身上的事实。自由贸易侵蚀着这些国家的经济独立性，使它们屈从于西方工业化国家的霸权。

虽然普遍的自由贸易在这一时期仍未实现（只有英国和荷兰实行彻底的自由贸易政策），不过，在 19 世纪 60 年代和 70 年代这一相对较短的时期内，世界经济逐步接近或达到古典经济理论所假定的理想贸易条件。19 世纪 70 年代，欧洲大陆的平均关税已经下降了 9%～12%。

三　英国金本位及扩散

从理论上说，为了有效地发挥货币价值尺度职能的作用，单本位就足够了。但是，单本位无法完全适合一个经济所需要的全部交易，如购买一杯啤酒所需要的金子的数量小得无法分割，而购买一幢房子所需铜的数量又太大。因此，不同价值的商品需要用不同种类的货币来做交易。使用两种货币的制度就是复本位。历史上，比较常见的是同时使用金和银作为货币单位，所以复本位通常就指金银复本位。

为了使两种或更多种货币的体系运行正常，不同货币之间的比价必须固定下来。但是，保持多种货币之间的固定比价非常困难。过去人们相信复本位制能够稳定的理论根据是，铸币厂价格能够稳定金银的市场价格。倘若市场上的金价下跌，输送到铸币厂的金子就会较多而银子较少，这样就会提高市场上的金价并抑制银价，按铸币厂标准建立市场价格。但是，事实上不是铸币厂价格确定市场价格，金银的市场价格反映的是金银供给变化，它通过19世纪提出的格雷欣定律的作用使铸币厂价格不稳定。格雷欣定律是劣币驱逐良币的定律，即贬值了的货币会使坚挺的货币退出流通，或使坚挺的货币流到国外。在这种情况下，铸币厂没有办法控制或改变复本位中两种货币的比率。而且，当良币被贮藏、熔化和出口时，实行复本位制会降低货币供给和造成通货紧缩。也就是说，在复本位下，只有在两种金属自由铸造成硬币的价值比接近它们在国际金银市场上的价值比时，复本位才是稳定的。如果两种金属价值比出现差异，则币值较高的那种货币就趋于从国内流出，破坏本国的复本位。

为了保持复本位的稳定，从古至今，人们想出了很多方法。19世纪，英国经济学家艾尔弗雷德·马歇尔提议，实行金银混合本位，即把金银熔炼为合金，铸成条块用以平衡国际收支，铸成硬币在国内使用，以保证金银之间的价格比不变。这种方法有两个缺点：一是不同种类的货币用于不同规模交易的便利没有了；二是成本很高，而且这两种金属还能被分开。将两种货币合二为一的类似方法在以前就被试用过。1541年，查理五世为了避免流通过程中金币的消失，命令对所有汇票2/3用金子支付，1/3用银子支付。1个月后，西班牙布尔戈斯的商人们请求取消这个措施，因为该措施未能使估值偏低的金币重新回到流通领域，反而损害了贸易。（金德尔伯格，1986：80）在当代，一位荷兰经济学家针对有两种货币（黄金和外汇）的金汇兑本位的不稳定性，提议按固定比例的黄金和外汇来结算国际收支的不平衡部分。这个提议承袭了马歇尔金银混合本位的思想。

1870年以前，欧洲大陆国家实行复本位制。瑞典和俄国实行银铜本位制。在19世纪大部分时间里，美国也实行复本位制。1815～1850年，当金银供求稳定时，金银复本位是比较稳定的。1850 年以后，加利福尼亚和澳大利亚发现大量金矿使贵金属比价发生了变化，对复本位制造成了冲击。当时世界黄金产量上升了 10 倍。黄金产量的增加使伦敦的金银价格市场比率从 1850 年的 1：15.70 下降到 1：15.21。在白银相对更坚挺的情况下，有人主张采用银本位制，放弃金银复本位制。19 世纪 50 年代和 60 年代美洲西部发现白银后，白银的价格才降低，金银比价在 19 世纪 60 年代中期又回升到 1：15.40。金银复本位又趋于稳定。

1865 年，法国、比利时、瑞士和意大利成立了拉丁货币联盟，同年罗马教廷加入，1867 年又有希腊和罗马尼亚加入。该联盟于 1866 年 8 月 1 日生效。组成联盟的直接原因是法国、意大利和瑞士决定降低面值为 5 法郎的银币（有时称作元）的纯度，以限制因铸币厂估价偏低而造成的这种硬币的消失。法国和意大利选择将纯度为 0.9 的标准降为 0.835，而瑞士却选择 0.800。这就产生了以瑞士银币顶替法国和意大利银币的风险。这些国家就银的纯度问题召开会议进行讨论。在会上，瑞士人、比利时人和意大利人赞成从复本位制转向金本位制，但法国人反对，最终法国人的意见被大会采纳。会议最后达成一项协定，将面值 5 法郎（或里拉）银币的纯度定为 0.9，而将较小面值银币的纯度定为 0.835。会议还对较小面值银币的铸造规定了一个限制，因为这些硬币有巨大的铸造费差额。如果没有这样的限制，一个国家会过量铸造这种硬币并将多余的硬币输往邻国市场谋利。1865～1867 年，拉丁货币同盟稳定了局势并促进了国际复本位制。

拉丁货币同盟的成功推动人们进一步扩大联盟，实现"通用货币"。采用通用货币主要是简化汇率的计算以促进对外贸易的发展，同时也可以使旅游者拥有可相互兑换的硬币。拿破仑的财政大臣法兰西斯·尼古拉斯·莫利安认为货币统一可为各国提供最大方便。1867 年法国经济学家德帕里厄主持召集了在巴黎召开的国际货币会议，会议的目的是扩大最优货币（通用货币）区域。会议采纳了对现有货币进行逐步调整的方式，而不是让所有国家采用一套新的货币。会议决定将铸造价值为 5 法郎（元）的金币作为通用货币体系的支点，但有人建议用铸造价值为 25 法郎的硬币，这种硬币相当于一个金镑，相当于美国的半个鹰币（5 美元），也相当于德国货币统一后 1857 年维也纳会议采用的代表 10 弗罗林的一种硬币。随后爆发的普法战争中断了会议计划，1871 年和 1872 年欧洲汇兑停止了。只有奥地利和匈牙利采纳了 1867 年国际货币会议提出的建议。奥地利授权给巴黎的铸币厂铸造标有"10 弗罗林"字样、价值 25 法郎的硬币。匈牙利铸造了面值为 8 弗罗林，相当于面值 20 法郎的硬币。

英国实行金本位制并不是人们设计的结果。1717 年开始，牛顿将金价定为 3 英镑 17 先令 10.5 便士，这被认为是金本位的开端。这个价格一直延续到 1931 年，其中在 1797～1819 年和 1914～1925 年中断过。

英国实行金本位的原因是银子贬值。自从 1662 年采用花边轧压后，硬币削边和擦损减少了，但轧有花边的硬币仍被贮藏和熔化出口。这造成了货币的短缺，货币短缺导致了纸币的流通，在伦敦和广大农村出现了易货贸易的机构。为了保持流通中的硬币，财政大臣威廉·朗兹试图将银子的铸币厂价格提高到市场价格水平之上。经济学家约翰·洛克反对变更铸币厂价格，他认为银子的短缺是因战争以及西班牙船队受阻而未能及时到达造成的，是短期的。如果金银的相对价格发生变化，正确的办法是降低金价，并且提议通过重新铸币将分量轻的硬币加重。他指出白银贬值会提高按银计价的商品和劳务的价格。1695 年 5 月，议会试图禁止银子出口，但未能成功。年底，议会采纳了洛克的建议，颁布了重铸硬币的法令，并且有一个短期条款规定，在这段时间内分量不足的硬币可以用于交税和偿还财务署的贷款，但过了这段时期就不能使用了。为了解决重新铸币的费用，政府征收了新税。1696 年面值达 550 万英镑的旧硬币被收缴，然后被重新铸成 270 万英镑分量足的硬币，这就是英国历史上的"硬币大重铸"。但是，1696 年"硬币大重铸"以后，铸币厂对银子估价偏低，这些分量足的硬币也未能保持在流通之中，因而银子在流通中消失了。

为了探究原因，1698 年，包括洛克在内的四名专员进行了调查，结果是：英格兰的金价比荷兰的金价高出 6%，因此建议降低英格兰的金价。确实，英国在银子贬值时期，畿尼的价格高达 30 先令。1699 年畿尼的价格为 22 先令，铸币厂将之降为 21 先令 6 便士。即便如此，英国金价也比国际市场高。在一个畿尼等于 22 先令的情况下，金银比率为 15.93∶1；在等于 21 先令 6 便士的情况下，比率为 15.58∶1；在等于 20

先令的情况下为 15.21∶1。而在汉堡，金与银的比率却接近 15∶1。1717
年，铸币厂总管伊萨克·牛顿爵士注意到，一个金路易（louis d'or）在
法国的价值为 17 先令 3/4 旧便士，而在英格兰为 17 先令 6 便士，这就
使得金子大量流入伦敦。同年，由于执行了洛克调查小组的建议，畿尼
的价格下降了，首先降为 20 先令 8 便士，后来又回升到 21 先令。铸币
厂停止铸造畿尼，改为铸造金镑（Sovereign），这是一种价值为 20 先令
或 1 英镑的金币。这直接导致了英格兰使用金本位。尽管牛顿在写给康
替龙的信中坚持认为，银子是真正的和唯一的货币本位，但是金子不断
涌入英国，流通中仅剩的银子都遭到削边和磨损。1 先令和 6 便士硬币
变得严重短缺，而价值为 5 先令的克朗大约在 1760 年完全消失。（金德
尔伯格，1986，83 - 84）

　　银子的非货币化出现在 1774 年。这一年人们认识到银子只充当了辅
助硬币，银币的法偿地位仅限于 25 英镑以下。于是开始重铸金币，并限
制银币的使用。具体措施是禁止分量不足的硬币进口，如果债务超过 25
英镑就不能用银子作为偿还债务的货币，除非按银子重量计算。1798
年，当银子的市场价格降低到铸币厂价格以下时，英国颁布了一项法令
限制自由铸造银币。随后，白银作为货币单位的重要性不断降低，到 18
世纪末期，白银已经从英国流通中消失，英国走向了事实上的金本位制。

　　1816 年英国铸币法允许铸造金索洛林，这是一种价值 20 先令的金
块。金索洛林的黄金含量与黄金铸价固定一致，银币只是黄金的法定辅
币，而且由于规定只能进行 2 英镑的法偿支付而进一步受到限制。1819
年恢复了因为英法战争而停止的银行券自由兑换黄金的业务，当时一项
国会法许可英格兰银行恢复以金块进行现金支付。1821 年的法案又允许
以金币进行现金支付，而且取消了把金币熔化成金块的法律限制，宣布
金银锭可以自由交换。1844 年的《银行法》具体规定了英格兰银行发行
部所应保持的黄金储备，但允许银子储备占总额的 1/3。这意味着英国
在法律上实现了完全的金本位制，具备了金本位制的特点：（1）法律规
定货币的含金量；（2）含有一定成色、重量的黄金金币为本位币，可在
市场上流通，流通中的其他货币可以随时兑换成黄金；（3）居民可以自
由铸造和熔化黄金；（4）对黄金的输出和输入没有任何限制。

　　1793 年初，法国大革命使法国的金银大量外流至英国，这使英国银

行系统的资金十分充裕。但是，当 1795 年法国纸币大幅度贬值后，用于日常支付的货币极为缺乏，那些对英国有债权或信贷的人都向英国兑换金银以填补缺口，这给英国带来了通货紧缩的压力。当法国的特遣舰队出现在威尔士海岸的菲什加德湾时，引起了人们的恐慌，人们纷纷将钞票兑换成硬币。英格兰银行惊慌失措，1797 年中止了银行券兑换硬币。这一行动表明金本位制的暂停。

英国暂停银行券兑换导致了银行券对黄金的贴水和英镑贬值。在中止兑换的头几年里，贴水相对轻微，但 1813 年贴水从 110（比基数 100 高 10%）上升到 136 的高峰。政府指派一个委员会来调查贴水情况，1810 年该委员会提出了《金银块报告》，这一报告成了英国货币史上的一篇经典文献。在报告中，金银块委员会将贴水归咎于银行券发行的扩大，认为由独立的或外来原因造成的银行券发行量增加导致了汇率下降，而不是贬值造成价格上升，进而引起货币供给的扩大。英格兰银行则否认在战争期间扩大银行券发行的行动是导致贴水的原因。它坚持认为，只要贸易需要银行券，扩大发行是安全的。关于黄金贴水和英镑贬值，银行学派解释是由国际收支困难造成的。对盟国的补贴、农业歉收增大了从波罗的海地区进口粮食、汉堡银根紧缩、提高利率致使英国资本外流等原因造成了国际收支困难。托马斯·图克是该种观点的代表人物。图克试图说明当贴水上升时，银行券发行额在短期内可以收缩，或当贴水下降时可以扩大。一个世纪以后，盖尔、罗斯托及施瓦茨都赞同图克的观点。他们将 1797～1819 年这段时间划分为六个很短的阶段，并发现在这些阶段中，贬值与国际收支困难的联系比与流通中银行券流通量的短期变化的联系更紧密。但是，金德尔伯格认为如果将中止兑换的那些年份仅分为两个阶段——1797～1814 年扩大银行券发行，直到 1822 年通货紧缩，情况就与图克的说法相反了。以贴现商业票据和向政府提供贷款为代表的英格兰银行的信贷于 1798 年底达 1410 万英镑，到 1815 年上升到 4140 万英镑。在此期间贴水也上升了。当英格兰银行贷款总额从 1814 年的 4290 万英镑下降到 1824 年的 1480 万英镑时，对黄金的贴水掉到了零。（金德尔伯格，1986：86－87）图克和金德尔伯格的分歧涉及经济学中短期和长期的问题，图克的观点适用于短期，而金德尔伯格的观点更能解释长期的情况。

　　拿破仑战争以后，关于货币本位的问题又被提上日程，议会中的一小部分人反对按原来的价格回到金本位，一些人完全反对恢复银行券的可兑换性，而大多数人投票赞成恢复按面值兑换。1817 年，英格兰银行同意用金币兑换面值为 1 英镑和 2 英镑的银行券，这些是根据《中止兑换法》首次发行的银行券，以试验恢复兑换是否最终可行，并通过减少银行券发行协助了恢复兑换。但外国根据对恢复兑换的预期所进行的英镑投机使得汇率上升而黄金贴水下降，1819 年基本恢复到 1717 年 3 英镑 17 先令 10.5 便士的兑换水平。按照 1717 年的金价，恢复兑换使金本位制在英国恢复了地位。

　　英国以外的主要欧洲国家直到 19 世纪下半期才陆续采用金本位制。妨碍这些国家采用金本位制的一个重要因素是害怕实行金本位制后，会出现货币短缺。19 世纪中期，在加利福尼亚和澳大利亚发现大金矿后，人们不再担心黄金短缺了。19 世纪 50 年代和 60 年代，在内华达和其他地方发现巨大银矿，世界白银产量急剧增长，白银充斥世界市场，1873 年美国暂停铸造银币，白银价格下降，银金比价降到 16：1 以下，白银开始普遍非货币化。实行银本位制和金银复本制的国家面临着大幅度通货膨胀的威胁。而且从纯技术角度看，白银的体积比黄金更为庞大，从而使得在国际支付中携带白银更不便利并且成本高昂。

　　货币的相互依存性和不采用金本位的网络外部性（艾肯格林，2009）也是很多国家采用金本位制的原因。Meissner（2002）利用 Duration 模型进行估计，其计量结果也表明，就金本位的全球性扩散而言，基于缩减交易成本以及降低借款成本的动态化的自我强化的网络外部性这一点最为关键。网络外部性的贸易渠道、降低借款成本的意愿以及经济发展水平会影响到一国采用金本位的时间点。确实，19 世纪后半叶，英国成为世界工厂和其他国家融资的主要来源，这使很多国家以英国为榜样，并积极与英国进行贸易往来，从英国输入资本。对英镑的依赖和对英国贸易的加强推动着绝大多数国家从复本位或银本位转向金本位。

　　此外，Ferguson and Schularick（2006b）则认为，有些国家之所以采纳金本位制，更多的是出于政治上的考虑。很多没有选择金本位的国家（如中美洲国家）或者延迟选择金本位的国家（如美国）大多是受到了国内产银集团的影响（艾肯格林，2009：15－16；金德尔伯格，2010，

第四章；Meissner，2002）。而且，就金属货币本位对价格稳定性具有的影响而言，以黄金作为本位货币更有利于一国的价格稳定。债权人（主要是政治地位不断攀升的中产阶级）偏好更为稳定的价格（使其债权收益不会出现大的波动），其政治经济学上的后果就是促成绝大多数国家在19世纪70年代普遍接受金本位制度。

各国选择金本位的过程实际并不是以上的某个原因造成的，而是多种因素混合的结果。而且从金本位扩散的史实看，德国转向金本位和美国停止铸造银币起了关键作用。1870年之后，由于美国白银产量增加，白银持续贬值，白银作为国际货币的地位在下降。与德国有密切贸易往来的东欧国家转而使用不可兑换的纸币，这使采用银本位的德国失去了价格的相对优势。同时，德国的对外贸易很大程度上依靠采用金本位制的英国筹措资金。1867年，在巴黎国际货币会议上，许多欧洲国家代表热烈赞同采用金本位制。后来爆发了普法战争，法国被迫支付了50亿法郎的战争赔款，随后1871年和1872年欧洲汇兑中断。接着是1872～1873年的繁荣，普鲁士国民银行改组为帝国银行，德国的四种货币在1857年达成协议后改变为马克。德国1871年和1872年相继通过法案，进行了一次大的货币改革，正式实行了金本位制。德国的货币法案规定：（1）以黄金作为货币金属；（2）只有金币可以自由铸造并且有无限法偿能力；（3）对银币采取限制铸造制度，以人口为标准，每人不得超过10马克，银币一次的支付额以20马克为限，大量银块和银币被用来在金银市场上购买黄金以弥补国内铸币金属的不足。德国人采用了金本位后大量卖出银子。到1877年时，德国在世界市场卖出了价值为5.79亿法郎的银子，并且仍然拥有一笔不为人知的数目，估计价值为1700万～2000万英镑，或者为5亿法郎，这笔银子随时可能在市场抛售。这使金银比率在伦敦从1873年的1：15.92下跌到1876年7月的1：20.17的低点，1877年又回升到17。

另一方面，在内华达和其他地方发现了巨大的银矿。1873年美国停止铸造银币使白银充斥的现象更加恶化，实行银本位和复本位的国家面临着通货膨胀的威胁。结果引发别的国家争相脱离银本位制度，从而使得白银价格进一步贬值，19世纪70年代中期以后，白银开始非货币化。北欧和拉丁货币同盟的国家先后转向了金本位。尽管美国国会一直到

1900 年前后才立法采用金本位，但是，在此之前很长一段时期，美国经济运行中实际上是金本位在发挥着主要作用。以金矿主为代表的利益集团通过政治上的游说以及直接参与国会选举等，最后赢得了金本位立法上的胜利。这一政治经济学的后果同样具有重要的经济影响：因为在世界范围内，金本位制度被绝大多数国家采用，黄金价格的趋同性有利于美国产品赢得在世界市场上的竞争力。

继德国之后，荷兰在 1874 年停止铸造银币，不久就采用黄金作为记账单位。挪威、瑞典和丹麦也紧随其后。在这些国家的压力下，努力维持复本位制的拉丁货币同盟 1874 年开始实行"跛行"金本位制，即禁止铸造银币。白银虽然是法偿货币，却不以银币方式出现，也不能在商业交易中大量使用。到 1878 年时，英国、比利时、荷兰、法国、德国、瑞士和斯堪的纳维亚国家都实行了金本位制，白银在欧洲已经不再是一种国际本位货币了。欧洲从整体已过渡到金本位制。金本位的扩散标志着欧洲的复本位制寿终正寝。19 世纪 90 年代的南非威特沃特斯兰和 20 世纪初期的阿拉斯加黄金产量的增加并没有引起像在加利福尼亚和澳大利亚发现黄金后那样对货币本位造成的影响。

俄国和日本在 1897 年实行金本位，同年印度通过了使卢比钉住英镑的金汇兑本位制。一年以后，菲律宾以同样的方式与美元联系在一起。美国在召集 1878 年国际货币会议时，希望能达成恢复复本位制的协议，但没有成功。德国的容克贵族集团和美国的民粹派，将 1873～1896 年的大萧条归咎于放弃银本位，并倡议重新采用银本位制以提高农产品价格，但是没有引起很大的反响。美国直到 1900 年才实行金本位。1900 年以后，包括亚洲的锡兰（今斯里兰卡），拉丁美洲的阿根廷、墨西哥、秘鲁和乌拉圭等先后采用金本位制。到 1914 年时，只有中国仍然是固守银本位制的国家。表 8 - 2 列举了各国采用金本位的情况和年份。

表 8 - 2　各国采用金本位的年份

国家	采用金本位的年份	国家	采用金本位的年份
澳大利亚	1852	印度	1899
加拿大	1853	哥斯达黎加	1900
葡萄牙	1854	厄瓜多尔	1900

国家	采用金本位的年份	国家	采用金本位的年份
阿根廷	1863　1883　1903	菲律宾	1903
乌拉圭	1863	英国海峡殖民地①	1903
哥伦比亚	1871	暹罗②	1903
德国	1872	墨西哥	1905
瑞典	1873	巴西	1906
丹麦	1873	玻利维亚	1908
挪威	1873	希腊	1910
荷兰	1875	尼加拉瓜	1912
芬兰	1877	奥匈帝国	
比利时	1878	圣多明各	
法国	1878	海地	
瑞士	1878	保加利亚	
美国	1879	中国	
土耳其	1880	危地马拉	
意大利	1884	洪都拉斯	
埃及	1885	印尼	
智利	1887	巴拉圭	
罗马尼亚	1890	波斯	
萨尔瓦多	1892	秘鲁	
日本	1897	西班牙	
俄国	1897	委内瑞拉	

资料来源：Meissner，2002。

注：① 位于马六甲海峡，包括新加坡、槟榔屿、马六甲。

　　② 现在的泰国。

四　金本位运行及英镑的地位

对金本位的运行机制，大卫·休谟、亚当·斯密和 J. S. 米勒等经济学家用"价格－硬币流动机制"进行解释。这个机制由 4 个环节衔接而成：国际收支和黄金国际间的联系、黄金数量和货币供给量的联系、货币供给量和物价的联系、物价水平和商品进出口的联系。根据这个机制，由黄金流动引起的物价变化会产生调节作用。假如一国出现国际收支逆差，会使黄金流失，黄金流出将减少国内货币供给量，国内货币供给量的下降会降低物价水平，物价水平下降将导致出口增加、进口下降，从而达到改善国际收支的目的。19 世纪末，人们发现黄金流动对中央银行货币政策的作用，也就是说，黄金流动将导致中央银行的贴现率发生变动，从而达到调节国际收支的目的。以英国为例，当黄金外流时，英格兰银行的资产－债务比下降，这会使贴现率自动提高以防止黄金进一步外流。贴现率提高意味着银行利率提高和信贷收缩，这导致工资和物价下降，加强了"价格－硬币流动机制"的作用，达到调节国际收支的目的。硬币流动和利率变动相结合将使汇率更加稳定，因为黄金流动造成的国际收支失衡将通过利率和物价的双重作用自动得到纠正。确实，金本位制在 20 年内运行顺利，汇率由铸币平价决定，并受限于黄金输送点，波动极小，汇率相当稳定，为国际贸易和国际资本提供了稳定的环境，促进了世界经济的发展。而且，金本位制的调节机制比后来的任何国际货币制度都更有效率。在金本位制下，黄金是最重要的国际储备资产，由于汇率平价基本不变，外汇资产的价值相当稳定，不存在对它丧失信心的问题。

英国在国际经济中的地位是金本位成功的关键。英国在整个 19 世纪一直是重要贸易国和资本流出的主要国家，人们完全相信英镑作为一种国际通货的能力。正是由于英国在国际经济中的支配地位，各国在国际结算中越来越多地使用英镑作为黄金的补充，因此很少有人担心黄金不足的问题。同时，英格兰银行控制国际储备和贴现率的水平也保证了金本位的稳定运行。19 世纪 50 年代，铁路的投资和欧洲大陆 1848 年革命后的稳定，使市场创造出大量货币。例如，1852 年首先在法国成立的动产抵押贷款银行、1856 年法兰西银行等接受铁路证券贴现，德国、意大利、奥地利和西班牙的银行也创造出大量的银行券。这就要求英格兰银行控制自己的黄金储备。英格兰银行在 19 世纪上半叶的长期实践中掌握了管理国际储备的技巧，随后颁布了《1844 年银行法》。《1844 年银行法》限制了银行券发行，但对汇票或银行存款没有限制，因此汇票和银行存款在英格兰大量增加。在这种情况下，英格兰银行又逐渐掌握了操纵贴现率的技术。英格兰银行通过改变贴现率影响短期流动资本和黄金的数量与流向。黄金的流向对由贴现率变化直接引起的资本流动所做出的反应比对价格水平和贸易差额的变化所做出的反应更快、更频繁。这表明，英格兰银行制定了世界利率水平，使各国利率与其一起上下波动；同时其他国家的能力只是使其国内利率水平与世界利率水平之间保持一个微小的差额。英镑汇票用于世界范围的贸易，而英镑利率则由伦敦操纵，从某种意义上说金本位制就是英镑本位制。所以特里芬认为，19 世纪是信用货币本位萌芽和成长的世纪，是黄金和白银作为货币安然死亡的世纪，而不是一个金本位的世纪。（A·G·肯伍德、A·L·洛赫德，1997：112）

　　金本位的运行机制也存在着缺陷。首先，汇率过于僵硬，无法以汇率作为有效的政策工具，应付国际收支失衡。而且该机制要顺利运行，货币当局不能采取任何货币政策抗拒黄金流入或流出对本国货币供给产生的影响，因为中央银行的贴现率是随着黄金流入流出自动调节的，所以各国必然丧失货币政策的自主性。该机制的致命缺陷在于，它将外部平衡置于内部平衡之上，逆差时以国内经济紧缩为代价，顺差时以国内经济膨胀为代价。此外，金本位制对中心国家比较有利，中心国家可以通过改变贸易条件等方法，把相当大一部分的调整费用转嫁给生产初级产品的外围国家。

　　金本位作为一种国际货币制度的运行时间相对较短，1914 年第一次世界大战标志着金本位制的终结，战后，金本位制恢复，但也是短暂和不完全的。国际金本位制只在 1897～1914 年近 20 年的时间里居于完全的统治地位。

五　殖民帝国主义

　　19 世纪 70 年代晚期，"帝国主义"一词还是一个新词汇，随后进入英国政治，19 世纪 90 年代征伐殖民地时期变成一般用语。（艾瑞克·霍布斯邦，2006：59）霍布森说：帝国主义"挂在每个人嘴上，用以表示当代西方政治最有力的运动"。（艾瑞克·霍布斯邦，2006：59）随着列宁的帝国主义理论成为 1917 年共产主义运动的中心思想，"帝国主义"一词成为与"民主"对立的具有强烈负面含义的词语。1914 年时，很多政客以自称帝国主义者为傲，之后称呼自己为"帝国主义者"的人销声匿迹了。

殖民活动古已有之。培根（1983：33）曾指出："殖民地是古昔的、初民的、英雄的工作之一。当世界还在年少的时候，它就生了许多的子女。"早在公元前 2000 年左右，腓尼基人就已经在地中海的塞浦路斯岛建立起一些殖民据点和殖民地。其后，古希腊和古罗马也先后建起了许多殖民地。

19 世纪，因为在"亚洲和美洲，未被占据的土地，即不属于任何国家的土地已经没有了"，非洲成为欧洲列强疯狂抢夺和瓜分的对象。19 世纪中叶，除了少数沿海口岸外，非洲的大部分地方都没有被纳入大英帝国的版图。但 1880 年后的 20 年里，"1 万多个非洲的部落王国被改造成 40 多个城邦，其中 36 个在欧洲人的直接控制下。人类历史上从未有过如此大规模的版图变动。到 1914 年，除了阿比西尼亚和利比里亚（后者是美国的准殖民地），整个大陆都被欧洲人以各种形式占领了，其中大约 1/3 被置于英国的统治之下"。（尼尔·弗格森，2012：194）

1876～1913 年是欧洲国家殖民地面积和人口增长最快的时期（见图 8-1、图 8-2）。1876 年，欧洲列强只控制了非洲不超过 1/10 的地域，而在随后的 10 年中，他们控制了包括 6000 万人口的 500 万平方英里的非洲土地，到 1900 年时非洲大陆的 9/10 已经在欧洲的控制之下。其中法国征服的非洲土地面积有 20 个法国那么大。同时，法国还在塔希提岛、安南北部、突尼斯、马达加斯加以及新赫布里底群岛扩展和巩固地盘。

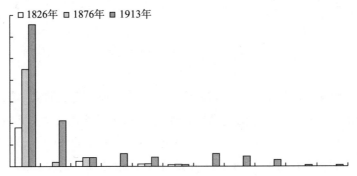

图 8-1　1826 年、1876 年及 1913 年主要欧洲国家殖民地面积

资料来源：M. M. 波斯坦、D. C. 科尔曼，2004。

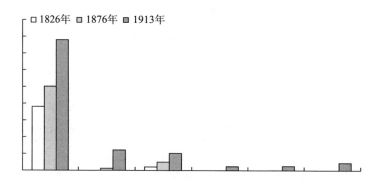

图 8 - 2　1826 年、1876 年及 1913 年主要欧洲国家、美国和日本殖民地人口

资料来源：M. M. 波斯坦、D. C. 科尔曼主编，2004。

1876 ~ 1914 年，世界殖民地面积扩大了 1.5 倍以上，六个国家占领的面积比欧洲大 2.5 倍。英国的殖民地占整个地球的 1/4，比其他国家的总和还多（表 8 - 3）。

表 8 - 3　1914 年英俄法德美日殖民地

单位：万平方公里；百万

项目	殖民地				宗主国		合计	
	1876 年		1914 年		1914 年		1914 年	
	面积	人口	面积	人口	面积	人口	面积	人口
英国	22.5	251.9	33.5	393.5	0.3	46.5	33.8	440.0
俄国	17.0	15.9	17.4	33.2	5.4	136.2	22.8	169.4
法国	0.9	6.0	10.6	55.5	0.5	39.6	11.1	95.1
德国	–		2.9	12.3	0.5	64.9	3.4	77.2
美国	–		0.3	9.7	9.4	97.0	9.7	106.7
日本	–		0.3	19.2	0.4	53.0	0.7	72.2
六大国合计	40.4	273.8	65.0	523.4	16.5	437.3	81.5	960.6
其他强国（比利时、荷兰等）的殖民地							9.9	45.3
半殖民地：波斯、中国、土耳其							14.5	361.2
其他各国							28.0	289.9
全球							133.9	1657.0

资料来源：伊里奇：《帝国主义论》，转引自石啸冲：1964，第 4 ~ 5 页。

列宁（1990：39）指出："英国特别加紧夺取殖民地是在 1860～1880 年这个时期，而且在 19 世纪最后 20 年还在大量地夺取。法德两国加紧夺取殖民地也正是在这 20 年间。"经过 30 年左右的猛烈扩张，到 19 世纪和 20 世纪之交，亚洲 56% 的土地沦为殖民地，其余部分除日本外成为半殖民地。非洲 94.4% 的土地是殖民地（19 世纪 70 年代前只有 10.8%）。拉丁美洲除原有的殖民地外，其他宣布过独立的国家，实际上也成为依附于英、美等国的半殖民地。地球陆地面积（不包括两极）为 1.33 亿平方公里，其中亚非拉占 9590 万平方公里；当时全世界的人口约 16.5 亿，亚非拉占 11.32 亿。所以，帝国主义对占世界面积和人口大多数的亚非拉地区以及加拿大、大洋洲的奴役和控制，标志着它们已经首次把世界领土瓜分完毕。其中，英、俄、法、德、美、日六国，在 1914 年直接抢占的殖民地达 6500 万平方公里，约等于整个欧洲面积（1016 万平方公里）的 6.4 倍，占领的殖民地人口 5.234 亿，多于整个欧洲的人口（4.62 亿）。

西方学者对这一时期殖民地面积和人口扩大，欧洲列强疯狂竞争的原因有各种不同的解释。剑桥大学教授 R. E. Robin 和 J. Gallagher 提出的理论认为，1879～1882 年埃及赫提夫倒台造成的危机和南非德兰士瓦的兴起影响了欧洲与非洲的战略关系，从而导致了瓜分浪潮。其他代表性的观点还有背景论、外交说、追求威望说、经济原因、非洲民族危机论和"无理论"、不同中心论等。

其中最著名的是"无理论"——认为某种非理性的社会歇斯底里的思潮是瓜分非洲的决定性原因。扩张殖民帝国和列强在殖民地上的竞争，特别是瓜分非洲在很大程度上（至少在英国）是由官员们的失算、对埃及问题处理不当引起的。"埃及的危机引起了争夺"，因而"对非洲的瓜分是一个奇怪的反常现象。将整个大陆抛入剧烈变革的几个事件是如此偶然地造成的"，（R. E. 罗宾逊、J. 盖拉格，1962：594）不是经过深思熟虑的理性决策造成的。这种非理性行为还波及了全世界。当时日本和美国也被感染了欧洲帝国主义的狂热病。日本在满洲与俄国发生了冲突，发生了 1904～1905 年的日俄战争，这场战争被称为典型的帝国主义战争。1898 年美西战争后，美国将势力范围扩展到中美洲和加勒比海地区，还吞并了菲律宾。

　　另外一种代表性的观点则认为帝国扩大和拓殖殖民地是一种有理性的行为，或者出于经济利益的考虑，或者出于扩大宗主国经济和政治影响的考虑，或者出于生存和竞争压力的考虑，或者出于"文明人拯救落后民族和地区"的高尚动机。

　　很多学者认为帝国扩张源于经济动机。霍布森提出著名的"帝国主义经济根源论"，他认为尽管扩大市场的欲望是欧洲帝国主义扩张的原因之一，但其最主要的动机是为资本积累创造新的机会。霍布森的观点影响了列宁和其他马克思主义学者。安东尼·布鲁尔在《马克思主义的帝国主义理论：批判性的考察》中将列宁和罗莎·卢森堡的观点视为"经典马克思主义的资本主义扩张理论"。

　　在现实中，列强各国的资本所获取的收益更具有煽动性。起初美国和俄国是主要的产油国，后来中东地区的石油成为欧洲殖民者进行外交较量的中心舞台。殖民者还在亚马逊地区和马来西亚的热带雨林中发现了推动工业及其运转的橡胶，在扎伊尔、智利、秘鲁和赞比亚发现了铜，在南非发现重金属，殖民者控制了这些资源的勘探和开采，在当地修建了通信和交通等基础设施，并在政治和经济上控制了当地人的生活。对投资机会和市场的殖民瓜分使被殖民国家的领土四分五裂，特别是在非洲，国家的边界完全按照殖民者的利益不断地被划分、再划分。

　　还有学者从历史上帝国兴衰的角度说明殖民地能使宗主国保持政治上和经济上的优势地位。上古腓尼基人、迦太基人的殖民活动使他们脱颖而出，创立了西方文明的希腊人也在地中海沿岸开拓了很多殖民地，罗马人则以武力开拓殖民地，希望永保其政治上和经济上的优势地位。19世纪后半期各列强抱着帝国主义想法，不断开拓殖民地，也是为了扩大其政治和经济上的影响力。本国国旗飘扬在殖民地领土上空体现着殖民者在全球政治权力格局中声望的提高。各个主要大国都寻求建立与对手保持力量平衡的势力范围，即使这些土地相距本土很远，也没有什么经济价值和战略价值，如德国在非洲的殖民地，以及意大利对埃塞俄比亚和利比亚的占领。这些征服增强了政府在大选中获胜的机会，而且从长远来说，加强了选民对民族国家的认同。"比较中肯的解释应该是，帝国扩张可为选民带来光荣，进而减轻其不满情绪。有什么能比征服外国领土和有色人种更光荣呢？特别是这些征服用不了多少钱。"（艾瑞克·

霍布斯邦，2006）

　　还有一些人将帝国的扩张视为生存问题，这种扩张不仅可以缓解国内生存压力，还可以缓解国外竞争压力。对外扩张为国内过剩的人口在新的土地上创造了机会，减轻了国内社会压力，同时满足了投资者的利益要求。古罗马的殖民活动多是贫富分化的结果。殖民者大多是无地的自由民，他们在亚平宁半岛很少有机会成为农民或农村劳动者。"一切商业、制造业、甚至零售业、亦都为主人的利益而由奴隶经营。主人们的财富、权威与防卫，使一个贫穷的自由人很难和他们竞争。所以，无土地的市民，除了在每年选举时得到候选人的赠金外，几乎没有别种生计了。……为了要给他们相当程度的满足，富豪们往往提议建立新殖民地。"（亚当·斯密 1974：13）"欧洲资本主义主要不是从工业的欧洲各国，而是从自己的殖民地汲取自己的力量。为着它的存在，必须控制广大的殖民地市场和必须有广阔的剥削场所。"（列宁，1953：12）英国如果没有广大的殖民地，那么由生产过剩产生的危机将使英国垮台。（列宁，1953：12－13）帝国主义列强把殖民地政策称为"聪明的经济政策"，把对外扩张和争夺殖民地宣传为"饭碗问题"，英国南非洲的占领者 S. Rhodes 说："帝国主义是面包问题，若是不希望内乱，你就必须成为帝国主义者。"（石啸冲，1964）

　　19 世纪晚期和 20 世纪早期的欧洲大众媒体普遍认为，帝国的产生只是精英阶层帝国主义诉求的结果。熊彼特认为：19 世纪后期和 20 世纪初期的帝国主义是那些不愿意向贸易与演变的新时代精神屈服，并因此启动了原本就可以看出永远不值得的征服计划的近代精英阶层的最后一次挣扎。在这个过程中，欧洲国家之间的竞争是至关重要的。19 世纪与殖民地的贸易似乎成为影响英国国际经济地位的关键。然而，自从自治的殖民地开始控制自己的贸易政策和制定自己的关税后，英国对这些殖民地的贸易出现了问题。加拿大在取得关税自治后，为了保护本国的工业，开始对英国货物进行某种程度的限制。1873 年危机期间，初级产品生产国也与工业国家进行谈判，要求关税保护。其他工业国的崛起使英国重新认识到帝国扩大领土和殖民地的重要性，对直接控制别的国家出现了新的兴趣。1880 年以后，法国、德国、俄国和英国对非洲的争夺，类似以前对美洲的争夺。

英国因为迫于竞争压力的做法，使各个工业强国争夺殖民地和势力范围的角逐更加激烈。每个国家都担心，如果在扩大政治与经济的竞争中落后，将不仅面对竞争失败的后果，还会使国家走向没落之路。英国在非洲的殖民扩张被认为是应对竞争的被迫之举，迪士累利的继任者索尔兹伯里勋爵就是因此改变了对非洲殖民地的看法，他说："十年前，我们实际上是非洲的主人……没有必要在那里建立保护制度；而如今，英国在各地（包括非洲）都遇到竞争者，英国必须把更大地区变成殖民地，才能保持自己的优势。"（郑家馨、何芳川，1990：355）在亚洲，法国于1883年占领了安南，针对这一行动，英国于1886年吞并了缅甸，展开了对中国属国的攻击。19世纪最后10年，列强加紧了对中国的瓜分。英国控制了长江流域，包括中国一半以上的人口。同时，俄国把东北的广大地区抓在手中。只有在争取世界经济中最诱人的份额和最重要资源与市场的竞争中胜出，才能够作为自主政治力量生存下来。民族主义、社会达尔文主义以及骚动不安的气氛将欧洲及其两翼的大国——俄国和美国卷入了一种狂热兴奋的状态：突然间，欧洲大陆的未来似乎依赖于对欧洲以外的势力与影响范围的瓜分。（赫尔弗里德·明克勒，2008：18）

另外一个重要因素就是为了地缘战略进行扩张。例如，印度在大英帝国对外战略布局上有重要的地位，它的地理位置是英国控制从大西洋到印度洋的大片领土和岛屿的关键，印度是整个英国的战略中心。这个战略不但使英国可以控制通过这个大陆的短程海道（埃及、中东、红海、波斯湾和阿拉伯南部）和长程海道（好望角和新加坡），而且可以控制整个印度洋，包括非洲海岸及其腹地，这也解释了英国在非洲的扩张。（艾瑞克·霍布斯邦，2006：73）

还有一种解释帝国扩张的"文明帝国主义"理论。霍布森阐述了帝国主义的经济、道德、科学和政治，其用语反映了当时关于所谓"低劣种族"缺乏自我管理能力的盛行观点。非洲殖民者罗德斯说："我们是世界上最优良的民族，我们占领的领土越大，整个人类的进步就越大。"（尼尔·弗格森，2012：198页）P. J. 凯恩和A. G. 霍普金斯合著的12卷本著作《英国的帝国主义》用"文明的资本主义"概念来解释英国帝国主义的创新、扩张、危机和灭亡。他们认为，应该对英国的帝国主义重新进行历史分期，并将其追溯到18世纪末金融革命和金融利益集团的兴起。帝国主义的任务就是输出文明制度。在帝国主义扩张中发挥主要作用的是绅士精英而不是制造商。他们另一个具有争议的论点是：去殖民化并非一定是一个长期衰落过程的顶点，但它是因为帝国为了实现自己的目标而产生的。

总的来说，19 世纪 90 年代，没有人会否认瓜分世界有其经济上的重要性，（艾瑞克·霍布斯邦，2006：61）但是帝国的扩张应该不仅仅是建立在霍布森所说的经济基础上，政治、情感、意识形态、爱国情操和种族诉求同样夹杂在帝国扩张的动机中，帝国主义是一种特殊的政治现象。19 世纪末 20 世纪初，将帝国主义的经济方面和政治方面区别开来是"不真实"的，强调任何一种因素或许都是徒劳的。

大英帝国的殖民扩张在很大程度上依靠私人力量。在大英帝国早期，垄断贸易公司是英国扩张的先行者。英国曾经凭借东印度公司完成了在印度的扩展，这些私人公司的业务从加拿大一直拓展到加尔各答。在对非洲的瓜分中，英国的公司同样发挥着重要的作用。

罗德斯是一位牧师的儿子，17 岁时移民非洲。他不满足于创建自己的个人王国，而是醉心于成为"帝国政策"的一个组成部分。罗德斯有一张覆盖整张书桌的非洲地图，[①] 他用铅笔在开普敦和开罗之间画了一条线，从开普敦出发，经过贝专纳，再从贝专纳到罗德西亚，从罗德西亚到尼亚萨兰，随后经过大湖区到喀土穆，最后沿尼罗河北上到达埃及。这就是后来著名的帝国铁路线。罗德斯希望通过帝国铁路将整个非洲大陆置于英国的统治之下。罗德斯计划用他的财产建立一个相当于耶稣会的帝国主义组织，由为了大英帝国的利益而组织起来的精英们组成，永远效忠于大英帝国，就像耶稣会成员效忠于罗马天主教一样。

在南非，1893 年，罗德斯率领 700 名自愿者组成的军队与非洲马塔贝莱族酋长洛本古拉的 3000 多名勇士因为南非金矿的开采权陈兵桑格尼

---

① 这张地图如今保存在金佰利钻石公司。金佰利钻石矿位于南非开普敦。19 世纪 70 年代，英国小伙塞西尔·罗德斯在南非一个富含钻石的山丘支起帐篷，花了 6000 英镑从当地农民德比尔斯兄弟手中买下附近的农田。这块地方在而后的 100 年间成为有史以来人工挖掘的最深钻石露天矿。这个矿场以当时英国殖民事务大臣的名字"金佰利"（Kimberley）来命名，而罗德斯也于 1888 年 3 月 13 日创立了德比尔斯联合矿业有限公司。德比尔斯自创立之日起至今，一直是全球最大的钻石开采和销售企业，享有垄断钻石采购和定价的特权。它曾一度控制着全球 90% 的钻石原石（未加工的钻石）市场。

河。这是金佰利俱乐部等私人俱乐部筹划的私人战役。这场战役的士兵都是罗德斯雇来的，打仗的经费由英属南非公司和德比尔斯公司的股东负担。大英帝国没有花费英国纳税人一分钱，就将马塔贝莱纳入了英国版图。

在西非，另一个帮助英国实现在非洲殖民梦想的人是乔治·戈尔迪。他孩提时代就梦想着英国的白底红色正十字旗能占满整个世界地图，他的宏伟目标是占领从尼日利亚到尼罗河之间的每一寸土地。1879 年，他在西非建立了经营棕榈油的英国国立非洲公司。1883 年他建议英国王室授权国立非洲公司接管尼日尔的整个中南部地区。3 年后，他获得了特许权。英国政府再次将殖民扩张活动转包给私人机构，由私人机构的股东而非纳税人来承担风险，英国政府乐享其成。

在东非，费里德里克·卢格德在受雇于大英帝国东非公司期间，在布干达确立了英国人的统治。戈尔迪非常欣赏卢格德，雇用他为尼日尔公司效力。1900 年北尼日利亚成为英国的保护国，卢格德被任命为高级专员，12 年后，成为统一后的尼日利亚的总督。

私人公司能在殖民扩张中占据优势，"一个关键原因就是金融力量和武力的结合"。（尼尔·弗格森，2012：194）纳撒尼尔·罗斯柴尔德帮助罗德斯的金佰利公司兼并了南非上百家生产钻石的小公司，帮助创建了德比尔斯公司，为德比尔斯完成了最大的两次兼并，使德比尔斯成为南非最大的钻石公司。罗斯柴尔德是德比尔斯的大股东，拥有的股份多于罗德斯，1899 年罗斯柴尔德所持有的股份是罗德斯的两倍。在罗德斯的每一步扩张中都有罗斯柴尔德财团的资金支持。当罗德斯与贝专纳公司共同创立新企业"马塔贝莱中央研究协会"时，罗斯柴尔德是大股东。1890 年该公司更名为联合特权公司时，罗斯柴尔德追加了投资。1889 年，罗德斯创建英属南非公司时，罗斯柴尔德也是原始股东之一，而且还是不领取薪水的财务顾问。

在 1893 年的桑格尼河战役中，罗德斯的侵略军配备了一种极具杀伤力的秘密武器——马克西姆重机枪。这种 1.13 厘米口径的机枪由 4 个人配合操纵，每分钟可发射 500 发子弹，子弹数量是速度最快的来复枪的50 倍。马克西姆重机枪的威力让马塔贝莱勇士经受了真正的"枪林弹雨"。最后，大约 1500 个马塔贝莱勇士牺牲，而 700 名侵略者中只有 4

人死亡。"《泰晤士报》自鸣得意地报道说，马塔贝莱人'污蔑我们的胜利，说我们是靠巫术取胜的，他们以为马克西姆重机枪纯粹是邪恶圣灵的创造'。"（尼尔·弗格森，2012：196）

在戈尔迪对东非的殖民拓展中，马克西姆重机枪同样发挥了重要作用。19 世纪 80 年代末，戈尔迪手下的 500 名士兵利用马克西姆重机枪打败了 13 倍于他们的兵力，攻占了富拉尼的几个酋长国，并向必达和伊洛琳发动战争。

私人公司通过在殖民地的血腥扩张与权力结缘。罗斯柴尔德银行在伦敦、巴黎和维也纳的所有资金有 4100 万英镑，成为当时最大的金融机构。该银行的大部分资产都投资于政府债券，其中埃及和南非的债券占相当高的比例。英国势力向殖民地的延伸为罗斯柴尔德家族带来新的业务。1885~1993 年，罗斯柴尔德家族在伦敦、巴黎和法兰克福的银行联手发行了四种主要的埃及债券，价值近 5000 万英镑。罗斯柴尔德家族与当时的政治领袖之间保持着密切联系。迪斯累利、丘吉尔和罗斯伯利都与罗斯柴尔德家族关系密切。1878 年罗斯伯利与罗斯柴尔德勋爵的表妹汉娜结婚，他曾在格拉德斯通当政时期担任外交大臣，1894 年成为英国首相。仅次于罗斯柴尔德银行的巴林银行也与英国的政治精英关系紧密，自 1883 年后的 25 年里，英国在埃及的代理和总领事都是巴林家族的成员，格拉德斯通也从所买卖和持有的以埃及贡金担保的奥斯曼债券中获利颇丰。

另一方面，从殖民扩张中获利的私人和金融家也因为血腥的扩张过程而声名狼藉，特别是英国在布尔战争中付出惨重代价后，罗德斯和罗斯柴尔德成为邪恶的帝国主义的代言人。激进派将帝国主义及其代言人看作窃贼，用英国纳税人的钱和英国士兵的鲜血，获取巨额财富。J. A. 霍布森在他的名著《帝国主义》中说，一切伟大的政治活动都必须得到这个金融经营小团体的支持和实际的帮助，他们是帝国贸易的最大受益者。亨利·诺埃尔·布雷斯福特写道：

　　在古斯拉的英雄时代，千百艘战船出海远征只为了海伦的红颜。在如今的红金年代，他们更多是为了精明的希伯来金融家，为了维护罗斯柴尔德勋爵及其他债券持有者的利益……布尔战争的起因就

是确保德兰士瓦的金矿被资本家紧紧地抓在手里，这难道不是显而易见的吗？（尼尔·弗格森，2012：242）

尽管扩张殖民地有经济原因，但是殖民地是否真的为宗主国带来了收益？多疑、敏锐、精明的英国首相索尔兹伯里勋爵，曾经相信了一种理论：少数法国探险者会占领尼罗河上游人迹罕至的法绍尔，随后法国将会在尼罗河上游建大坝摧毁埃及经济，从而激起反英起义，逼迫英国放弃苏伊士运河，切断皇家海军进出印度的道路，进而导致印度发生叛乱，最终导致整个英国经济崩溃。尽管这个理论的每一个环节都值得推敲，但是无论是英国人还是法国人都认为有道理，以至于两国在1898年走到了战争的边缘。

很多不同立场的学者都同意殖民地为宗主国带来了可观的经济收益。列宁受霍布森等人的启发，认为成熟的欧洲经济体系必须在帝国主义的条件下才能维持。对于宗主国来说，殖民地的作用就是倾销自己的商品，从那里取得廉价的原料和粮食，并在那里用自己的资本获取最大的盈利。（斯·但特林，1957）此外，宗主国从殖民地取得额外利润，是现代资本主义发展的主要源泉，殖民地生产的廉价商品降低了宗主国的工资。（列宁，1953：13-14）殖民制度促进了宗主国多种产业的发展，它像温室般的使贸易与航运业成长。殖民地对于当时茁壮成长的手工制造业，保证了市场，更有市场的独占性，引起加强的积累。在欧洲外部直接由劫掠、奴役、谋财害命等手段劫取到的财宝，都流回母国，在那里转化为资本。同时，一些学者抨击宗主国无条件地阻止了殖民地的社会和经济发展，剥夺殖民地人民实现经济增长的可能性。因为帝国主义的政策力求阻止殖民地工业发展，这使殖民地的人口不得不从事农业，并把原料输出到国外。（列宁，1953：13-14）

认同宗主国从殖民地获益的还有亚当·斯密。他认为美洲殖民地是英国的重要资产。Edward Gibbon Wakefield，Cobden，J. A. Hobson 等都对殖民地对宗主国的作用进行了分析和评价。

列宁认为帝国主义是资本主义发展的特殊新阶段，资本主义强权国家将世界瓜分为正式的殖民地和非正式的势力范围。瓜分世界是第一次世界大战的诱因。海外经济扩张和海外世界的开发利用，对于资本主义国家来说非常重要。

　　反马克思主义的学者针对列宁等马克思主义学者的帝国主义理论进行了逐条反驳，他们否认 19 世纪晚期和 20 世纪初的帝国主义是资本主义的特殊阶段，否认殖民地是帝国主义的经济根源，否认帝国主义有利于宗主国，也质疑帝国主义对殖民地经济的负面影响，同时强调帝国主义并没有引起强权国家之间不可收拾的敌对竞争，帝国主义和第一次世界大战之间没有确切的关系。

　　另外，一些学者试图摒弃意识形态的争论，试图用数据来说明殖民地和宗主国之间的经济收益问题。就殖民地是不是宗主国原料产地和产品倾销地、殖民地是否为欧洲剩余资本带来了超额利润、殖民地是否是欧洲剩余人口的吸纳地等问题，得出了不同的结论。（Guillaume Daudin，Matthias Mokrys，and Kevin H. O'Rourks，2010：24）

　　1. 殖民地是不是宗主国的原料产地和产品倾销地

　　从世界出口产品销售地来看（见表 8－4），欧洲是世界最大的商品销售地，吸收了超过一半以上的世界出口商品，其次是美国和欧洲的殖民地。各个殖民帝国的情况则稍有不同。

表 8－4　1913 年世界出口分配

地区	百万美元（现价）	占世界总出口比重（%）
欧洲	10500	56.8
欧洲殖民地	2300	12.6
美国	2430	13.1
英国自治殖民地	950	5.1
独立的拉美国家	1400	7.6
其他国家	910	4.9
世界	18560	100

　　资料来源：M. M. 波斯坦、D. C. 科尔曼，2004。

　　1870～1923 年，尽管英国自治领和殖民地加起来的贸易总额占比超过美国，但从美国进口占总进口的比例小于英国主要的殖民地及自治领地对英国出口所占的比例；当然，从单个国家来说，美国是英国最大的贸易伙伴国。在战争等危急关头，美国、英国的殖民地、自治领是英国的强大经济支柱。1915 年，英国从美国进口占总进口的 27.9%，1918 年这一比例高达 39.1%。同期，英国对其主要的殖民地及自治领地的出口（包括印度、斯里兰卡、新西兰、南非、尼日利亚、加纳、津巴布韦、加拿大、澳大利亚等）占总出口（包括英国国内出口及再出口）的比例也很高：1915 年，这一比例为 60%；1918 年，占比高达 96.7%。一战之后，英国殖民地及自治领地进口占英国总出口的比例又恢复到较为正常的水平，在 36% ~44% 波动（见图 8 -3）。

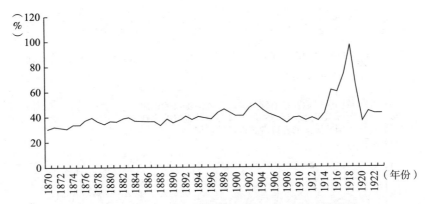

**图 8 - 3　1870 ~1923 年英国殖民地及自治领地从英国
进口占英国总出口的比例**

资料来源：B. R. 米切尔，2002。

1870 ~1913 年，英国对其主要的殖民地及自治领地的进口占比则小于其出口的占比（图 8 -4）。对这些殖民地及自治领地的进口在英国总进口的占比类似于英国对美国的进口在总进口中的占比（见图 8 -5）。

1830 年阿尔及利亚成为法国的殖民地，到 19 世纪 80 年代，法国殖民地面积增长突飞猛进。法国在这一时期获得了突尼斯、摩洛哥、黑非洲领土以及印度支那。到 1913 年时，法属殖民帝国有 600 万居民，这些居民散布在 1095 万平方公里的土地上[1]。

1870 年，法国贸易总额占国际贸易总额的 10%，但是，法国的国际贸易通常是与英国、俄国、德国、荷兰以及美国发生的。1870 ~ 1914

---

① 保罗·贝洛赫：《欧洲贸易政策：1815 -1914》，载彼得·马赛厄斯、悉尼·波拉德主编《剑桥欧洲经济史　第八卷　工业经济　经济政策和社会政策的发展》，王宏伟、钟和译，经济科学出版社，1989，第 103 页。

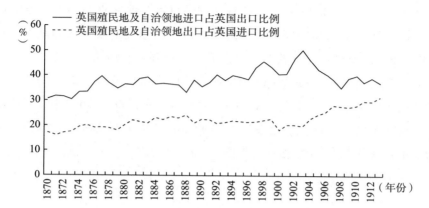

图 8-4　1870~1913 年英国殖民地及自治领地对英国出口及进口的占比

资料来源：B. R. 米切尔，2002。

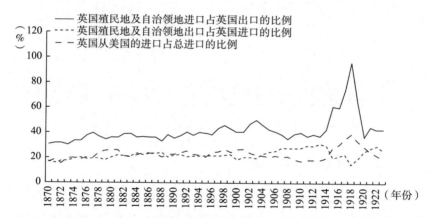

图 8-5　1870~1923 年英国对美国和对殖民地自治领地出口、进口的比较

资料来源：B. R. 米切尔，2002。

年，法国与英国之间的贸易在法国的国际贸易中占据十分重要的位置（图 8-6）。特别是在一战时期，英国对法国的出口剧增，到 1919 年时，英国对法国出口占其总出口的 24.6%。法国不像英国那样拥有众多的海外自治领地，相比之下，法国殖民地对法国的出口及进口在法国总出口及总进口中所占的比例不像英国的殖民地及自治领地那样高。法国从最重要的殖民地阿尔及利亚的进口只占其总进口的不到 10%（图 8-7）。例如，1913 年，法国出口总额为 1328 百万美元，对殖民地的出口在法国出口中占比 13%，从殖民地的进口占法国总进口的 9.5%。同样在 1913 年，法国殖民地出口总额为 320 百万美元，这些殖民地对法国的出口在其全部出口中占比50%，而从法国这一宗主国的进口占殖民地全部进口的61.8%。把法国全部殖民地作为整体来考察的话，法国对其所有殖民地的贸易保持顺差。①

图 8 - 6　1870～1923 年法国与英国之间的贸易情况

资料来源：B. R. 米切尔，2002。

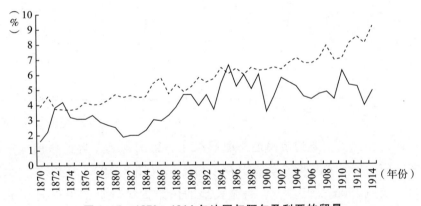

图 8 - 7　1870～1914 年法国与阿尔及利亚的贸易

资料来源：B. R. 米切尔，2002。

这一时期德国的国际贸易总额在扩大（图 8 - 8）。从 1880 年开始，逐步超出法国及美国在世界贸易总额中的占比。就德国来说，尽管其在国际贸易总值中的份额远不如英国，但是从 1880～1913 年的情况来看，

① 保罗·贝洛赫：《欧洲贸易政策：1815 - 1914》，载彼得·马赛厄斯、悉尼·波拉德主编《剑桥欧洲经济史　第八卷　工业经济　经济政策和社会政策的发展》，王宏伟、钟和译，经济科学出版社，1989，第 115 页。

德国工业品出口增长的速度超过了英国（见表 8 - 5）。

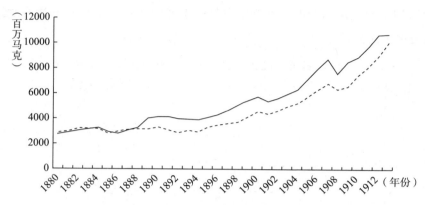

图 8 - 8　1880～1914 年德国的进出口额

资料来源：B. R. 米切尔，2002。

表 8 - 5　1880～1913 年主要国家机器输出

单位：百万英镑

时期	英国	法国	德国	美国
1880～1884 年	12	1	3	3
1890～1894 年	15	2	3	4
1900～1904 年	20	2	10	15
1909～1913 年	32	4	29	28

资料来源：夏炎德，1991：411。

　　同期，德国主要的殖民地是德属东非。德国与其主要的殖民地德属东非之间的贸易占其贸易总额中较小的比例（图 8 - 9）。1913 年，德国出口总额为 2403 百万美元，对殖民地的出口占德国全部出口的 0.5%，而从殖民地的进口则只占 0.4%。无论是从殖民地面积还是殖民地人口上来看，德国与英国及法国都存在较大差距，1913 年德国全部殖民地的出口也只有 57 百万美元，大约相当于法国殖民地出口数额的 18%。殖民地对作为宗主国的德国的出口占其全部出口的 20.7%，进口则占全部进口的 40.5%。[1]

---

[1]　保罗·贝洛赫：《欧洲贸易政策：1815 - 1914》，载彼得·马赛厄斯、悉尼·波拉德主编《剑桥欧洲经济史　第八卷　工业经济　经济政策和社会政策的发展》，王宏伟、钟和译，经济科学出版社，1989，第 114 页。

　　到 19 世纪末期，美国工业制造及贸易出现迅猛发展。1870~1913
年，美国对英法等国家的出口出现上升趋势，美国的贸易总额占国际贸
易的份额也在不断扩大（见图 8-10）。美国所拥有的殖民地面积及人口
都较少，美国与其殖民地贸易也只占美国贸易的较小份额。1913 年，美
国出口总额为 2538 百万美元，殖民地的进口占其全部进口的 5.2%，对
殖民地的出口占其全部出口的 6.6%。美国全部殖民地的出口仅为 70 百
万美元，但是美国殖民地对美国的贸易依存度较高，全部殖民地对美国
的出口占其出口总额的 62.7%，从美国的进口占其全部进口的 58.8%。
菲律宾作为美国的殖民地，在一战之后，美国对菲律宾的出口占其全部
出口的比例不断攀升（见图 8-11）。

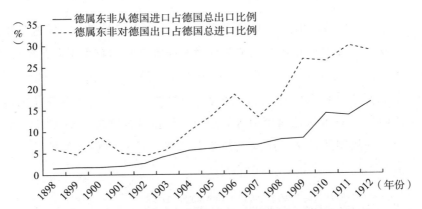

图 8-9　1898~1912 年德国与其主要殖民地德属东非的贸易情况

资料来源：B. R. 米切尔，2002。

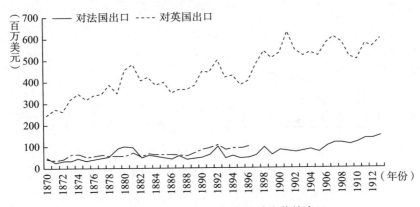

图 8-10　1870~1913 年美国对法英的出口

资料来源：B. R. 米切尔，2002。

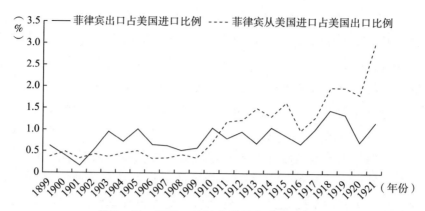

图 8 – 11　1899～1921 年美国与菲律宾贸易

资料来源：B. R. 米切尔，2002。

甲午战争以清政府的失败而告终，根据《辛丑条约》，日本割据台湾。1910 年，日本吞并朝鲜。中国台湾及朝鲜是日本较为主要的殖民地。1913 年，日本的殖民地面积为 29 万平方公里，殖民人口为 2200 万。1909 年，日本从台湾的进口占其全部进口的 8.3%，在日本吞并朝鲜之后，1910 年，日本从这两个地区的进口大约占其全部进口的 12%（见图 8 – 12）。一战期间，这一比例上升到 15.7%。这一比例，相比其偏少的殖民地面积和人口来说，是比较高的。

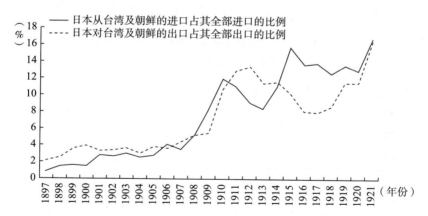

图 8 – 12　1897～1921 年日本对台湾及朝鲜的进口及出口
（1910 年后包含朝鲜的数据）

资料来源：B. R. 米切尔，2002。

相比美国，尽管殖民地贸易在日本的贸易总额中占据较高的比例，但是，其绝对数量反而小于美国。比如在 1912 年，美国与菲律宾的贸易总额为 4300 万美元，而台湾及朝鲜与日本的贸易总额为 1.52 亿日元。按照当时的汇率比价，朝鲜和台湾与日本的贸易总额不如菲律宾与美国的贸易总额。菲律宾之所以在美国贸易总额中占据极小的比例，与美国贸易总额数量有关。从 1870～1913 年这一时期来看，日本的国际贸易数额远低于美国。

　　1860 年，俄国的人均国民生产总值为 200 美元（1960 年美元价格），在欧洲国家中居于下游水平。俄国与殖民地贸易较少，其主要贸易伙伴为英国及德国（见图 8－13），其与东欧国家，如罗马尼亚之间的贸易只占其贸易总额的极小份额。1868 年关税法使得俄国的贸易政策明显地趋向自由化。但是，因为俄国本身工业发展水平的落后，贸易自由化导致其进口的快速增长和贸易平衡的恶化。① 不过此后俄国的出口出现增长，从 1870～1913 年这一时期来看，贸易失衡的恶化主要出现在 1870～1880 年前后，此后，俄国的贸易顺差趋势较为显著（见图 8－14）。

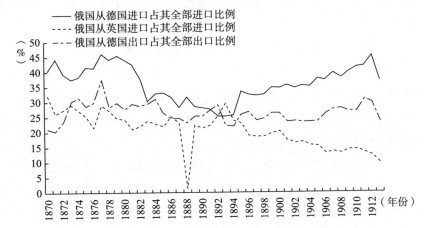

图 8－13　1870～1913 年俄国与其主要贸易伙伴的进出口贸易

资料来源：B. R. 米切尔，2002。

　　从英、法、德、美、日、俄各国情况来看，主要贸易伙伴不是殖民

① 保罗·贝洛赫：《欧洲贸易政策：1815－1914》，载彼得·马赛厄斯、悉尼·波拉德主编《剑桥欧洲经济史　第八卷　工业经济　经济政策和社会政策的发展》，王宏伟、钟和译，经济科学出版社，1989，第 39 页。

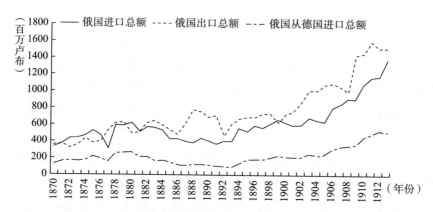

图 8 - 14　1870～1913 年俄国贸易进出口总额及其与英国和德国的贸易

资料来源：B. R. 米切尔，2002。

地，而是发达经济体。即使是拥有最多殖民地的英国，殖民地与英国的贸易额也只略高于美国一个国家。还有一些学者估算了英国与印度之间的贸易收益，发现这一收益并不是很高。[①]　其他国家的殖民地在它们的对外贸易中所占比重很小，很难得出殖民地是其原料产地和产品倾销地的结论。

2. 殖民地是否为欧洲剩余资本带来了超额利润

19 世纪 30 年代，英国对外投资大幅上涨，而且对外投资收入对英国国际收支贡献很大。于是，很多人，如霍布森，自然而然地将"帝国主义"和资本输出联系起来。但是对殖民地的投资数量和收益率与人们的预想并不相符。

Edelstein（1982）选取了 1870～1913 年英国本土、自治领地、殖民地和外国，共 566 种第一和第二等级的普通股、优先股和债券的信息，计算它们的年终市场价值、每年红利和利息、资本盈亏，通过累加每年的情况，得出回报率。计算结果显示，海外的投资回报率高于国内，国内每年证券的投资回报率是 4.6%，海外则是 5.7%。但是 1.1 个百分比的差距并不重要，只相当于国民收入的 2%。

Davis and Huttenback（1988）选取的样本不是证券，他们认为证券

---

① 保罗·贝洛赫：《欧洲贸易政策：1815 - 1914》，载彼得·马赛厄斯、悉尼·波拉德主编《剑桥欧洲经济史　第八卷　工业经济　经济政策和社会政策的发展》，王宏伟、钟和译，经济科学出版社，1989。

的风险不可控，会影响比较结果。他们选取的是 482 家英国企业的会计
报表，这些企业业务范围涉及英国国内、帝国内部和世界其他地方，482
家企业分成三组，第一组 241 家，1883～1912 年在伦敦股票交易所挂牌
交易，第二组 234 家企业（包括独资、合伙和其他企业形式）的会计报
表可以追溯到 1860 年，第三组是 7 家英国国内的铁路公司。通过比较发
现，1860～1912 年，帝国企业、国内企业和海外企业未加权的资产回报
率分别为 6.3%、5.7%、5%，帝国内部企业的业绩优于英国国内企业，
也优于帝国以外的企业（海外企业）。而在 1885～1904 年，国内企业的
资产回报率不仅高于帝国企业，而且高于海外企业。

　　爱德华时代后期，英国投资的 2/3 是投资于海外的。在 1865～1914
年的股票发行中，1/3 投资于国内，1/4 投资于帝国内部，剩下的 42% 投
资于帝国以外的世界。（O'Brien, P. K., 1988：163 – 200）在整个帝国
时期，在伦敦流通的政府债券为 1.718 万亿英镑，其中 23% 是英国政府
债券，39% 是帝国政府债券，34% 是海外政府债券。（O'Brien, P. K.,
1988：163 – 200）Davis and Huttenback（1986：107）的研究也表明，
1880 年以后，英国私人投资在帝国投资比在国内投资的回报率高，但是
比在海外投资的回报率要低。

　　从表 8 – 6 可以看出，私人部门资本更多的是流到帝国以外的地区，
而不是帝国内部。政府部门资金中流入英帝国内部的资金略多于流入外
国的，但是从资金总量来看，政府部门的资金只是私人部门资金的
59%。因此，不能支持殖民地是英国剩余资本流出地的观点。同时，流
入帝国内部的资金大部分流向自治领地，占了大约 71%，流向印度的资
金占了 19%，其他殖民地只吸收了 9% 的资金。所以殖民地并不是资金
流入的主要地区。

表 8 – 6　1865～1914 年投资的地理分布

单位：亿英镑

部门	英国		外国		英帝国	
私人部门	1089	37%	1282	44%	561	19%
政府部门	398	23%	656	38%	664	39%
总计	1487	32%	1938	42%	1225	26%

资料来源：O'Brien, P. K., 1988：163 – 200。

表 8 - 7　1865～1914 年投资在英帝国的分布

单位：亿英镑

部门	自治领地		殖民地		印度	
私人部门	369	66%	84	15%	108	19%
政府部门	503	76%	31	15%	131	20%
总计	872	71%	115	9%	239	19%

资料来源：O'Brien, P. K., 1988：163 - 200。

Daudin（2004）研究了法国大革命之前法国殖民地贸易对其国内资本形成的贡献。他发现，与海外贸易相关的部门净再投资利润在法国储蓄中占据 6% 的比例，1715～1790 年，这一净再投资利润贡献了大约 7% 的人均 GDP 的增长。这就意味着，到 1790 年，假设这些部门并不存在，法国 GDP 将减少 3%。不过，我们同样可以进一步假设较高的海外利润会对所有经济部门增加投资产生很大的激励，如果这样的话，海外贸易部门利润的增长将会贡献 1/3 的法国 GDP 增长。不过，海外利润大多数都源自一些较为特殊的制造业部门。（G. Daudin，2004）

3. 殖民地是不是欧洲剩余人口的吸纳地

亚当·斯密（1974）认为古希腊拓展殖民地是为了缓解人口压力，"古希腊各邦各占有极小的领土，任何一邦人民增多到本邦领土不易维持的时候，便遣送一部分人民出去，在世界上辽远的地方，寻找新的住处"。斯密的这种观点一直沿用到 19 世纪末的殖民扩张。

国际移民是 19 世纪世界人口发展史中一个突出现象，与此后 20 世纪爆发的两次世界大战造成的政治压迫和革命威胁不同，19 世纪的国际移民在很大程度上都是出于自愿的。第一次世界大战前的一段时期，国际移民达到顶峰。不过，一战的爆发延缓了国际移民潮。美国战后限制移民的法律阻碍了国际移民数量的扩大。从 20 世纪 20 年代开始，欧洲国家向美国移民的数量平均每年不到 50 万人，远少于一战前。20 世纪 30 年代的大萧条使得全球范围的经济都有所下滑，就业机会的减少也使得移民美国不具有吸引力。二战后，像德国、英国等这样的欧洲国家也成为很多国际移民的目的地。

19 世纪，欧洲向海外的移民一般是出于国内经济压力和对国外机遇的向往。欧洲移民海外的第一个高峰出现在 1881～1890 年这一时期（见

图 8 - 15），平均每年大约有 780 多万人离开欧洲。第一次世界大战前，欧洲移民达到顶峰。从 1901～1910 年，平均每年有 100 多万人离开欧洲前往海外目的地（帕尔格雷夫世界历史统计的移民人口数量为平均每年 113.68 万），其中以移民美国的人口数量为最多。1911～1920 年，欧洲移民的数量超过 760 多万人。

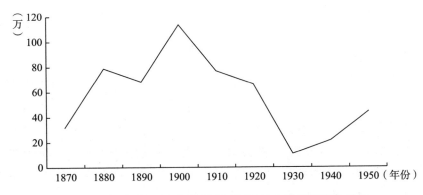

图 8 - 15　19 世纪 70 年代至 20 世纪 50 年代欧洲移民数量

资料来源：B. R. 米切尔，2002：134。

按照帕尔格雷夫世界历史统计资料，从 19 世纪 70 年代至 20 世纪 40 年代，奥匈帝国、法国、德国、意大利、俄国、西班牙、瑞典、挪威、英国及爱尔兰、葡萄牙、波兰、瑞士等主要国家移出欧洲的人口数量达到 4676.7 万（见图 8 - 16）。

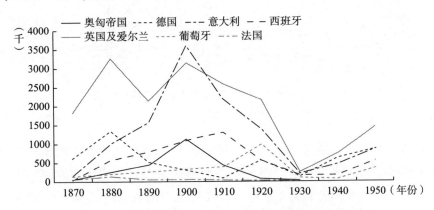

图 8 - 16　19 世纪 70～60 年代主要欧洲国家移民数量

资料来源：B. R. 米切尔，2002：134。

按照每 10 年移出欧洲的人口数量来计算，1870～1960 年，在欧洲国家中，英国及爱尔兰移出欧洲的总人口数量最多，达到 1761.6 万。意大利排名第二，达到 1147.9 万。西班牙与德国不相上下，西班牙和德国移出欧洲的人口数量分别为 517.4 万和 503.5 万。不过，在 20 世纪第一个十年（1901～1910 年）意大利移出欧洲的人口数超过了英国。这一时期意大利移出欧洲的人口数量达到 361.5 万，而同一时期英国及爱尔兰移出欧洲的人口数量为 315 万。俄国移民高峰出现在 1901～1910 年，达到91.1 万；低于同一时期的意大利、英国、奥匈帝国（111.1 万）和西班牙（109.1 万），高于葡萄牙、德国、芬兰和法国等。在所有的欧洲大国中，法国移出欧洲的人口总数最低。从 1870～1960 年，法国移出欧洲的人口总数为 48.5 万（缺乏 1941～1950 年的统计数据），不仅远低于英国、奥匈帝国、德国和俄国等大国，而且还低于瑞典、挪威、瑞士等国。在 1921～1940 年波兰移出欧洲的人口数量为 79.8 万，高于法国近一个世纪移出欧洲的人口数量。1970～1942 年主要欧洲国家移民情况见图 8－17。

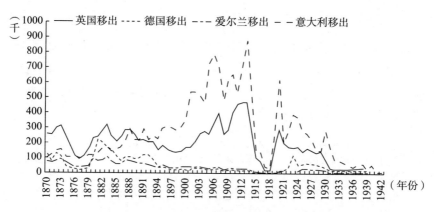

图 8－17　1870～1942 年主要欧洲国家移民情况

资料来源：B. R. 米切尔，2002：136－142。

从世界移民的角度看，1821～1890 年西北欧是欧洲移民的主要移出地，移出比例高达 82%。1891～1920 年移出地不再集中于西北欧，中东欧、西北欧和南欧成为主要移出地。其他美洲国家（除美国外）和亚洲的移民在这两个时期基本保持稳定，在世界总移民中的占比很小（见表8－8）。

表 8 - 8　1821～1920 年总移民出生地百分比

单位：%

时期	西北欧	中东欧	南欧	其他美洲国家（除美国外）	亚洲
1821～1890 年	82	5	3	8	2
1891～1920 年	25	39	25	8	3

资料来源：J. 休斯、L. P. 凯恩，2011：342。

欧洲国家的移民最为主要的目的地是美国（见图 8 - 18），1853～1910 年，流出英国的人口 2/3 去了美国。美国的移民来源地也在发生变化。到 19 世纪 90 年代晚期，美国的大部分移民来自南欧和东欧，之前则主要来自欧洲的西部及北部。随着欧洲移民的涌入，在美国人口统计中，国外出生的人口所占比例不断上升。1860～1910 年的总人口统计表明，在 1860 年，国外出生者在总人口中占比 13.2%。到 1910 年，国外出生者在总人口中占比 14.7%。（J. 休斯、L. P. 凯恩，2011：334）英国自治领地加拿大、澳大利亚、新西兰等新世界，也是欧洲移民流入较多的地区。截至 1913 年大英帝国吸收了英伦三岛移出的过半人口，这些人口主要定居在自治领地。

图 8 - 18　1870～1944 年欧洲国家的移民去向

资料来源：B. R. 米切尔，2002。

所以，这一时期新开发的殖民地并不是欧洲移民的主要目的地。但是，摆脱英国而独立的美国和英国的自治领地是移民流入的主要国家。

4. 帝国的维持费用

直观来看，英国的国防支出（见表 8 - 9）比其他列强都高，而且在帝国内部分配不均。像其他殖民者一样，英国试图使殖民地为自己付费，英国只提供大灾救援、军事行动资金、航运和电缆补贴等。

表 8 - 9　1870～1914 年英国、德国、法国平均军费支出

项目	英国	德国	法国
1. 平均支出以 1906 年固定价格计，1 英镑等于 4.86 美元（千英镑）			
陆军	23458	29979	30214
海军	19631	6936	7099
总计	43088	36915	37313
占国民收入的百分比（%）	2.95	2.86	4.52
年变化率（%）	2.1	- 0.6	4.8
2. 人均支出（英镑）			
陆军	0.59	0.57	0.78
海军	0.48	0.12	0.27
总计	1.07	0.69	1.05
年变化率（%）	3.5	0.6	7.5
3. 按现价计算的人均国防支出（英镑）			
D. & H.（1860～1912）	1.14	0.62（法国＋德国）	
C. W.（1860～1912）	0.99	—	0.95
C. W.（1870～1913）	1.05	0.65	1.02
C. W.（法国/英国年均比率，1870～1913）	1.13	—	—

资料来源：Offer Avner, 1993：215 - 238。

表 8 - 9 显示了 1870～1914 年英国、德国、法国平均军费支出情况。Davis and Huttenback（1988）的研究表明，1860～1912 年英国人均军费开支是其他国家的 2.5 倍。如果军费在帝国内部平均分配，英国人缴的税将减少 20%。如果英国放弃帝国防卫，同时军费开支与德国和法国一样多的话，那么英国人将少缴 12% 的税。他们用英国不理性来解释英国这一时期的扩张，认为英国负担了帝国绝大多数的军费，帝国成员则免费乘车。英国维持如此庞大的殖民帝国是不明智的选择，英国应该放弃殖民地。

Offer（1993）等学者则认为 Davis and Huttenback 高估了英国的军费

开支, 同时低估了其他列强的军费开支。Choucri and North（1975）的研究表明, 英国军费开支占国民收入的比例与德国大致相等, 只相当于法国的 1/3。Offer（1993：215 – 238）引用 J. D. Singer and M. Smal（1990）的研究, 说明在 1870 ~ 1913 年的绝大多数时间中, 法国人均军费支出都多于英国, 只有在 1899 年布尔战争爆发后, 英国人均军费支出才大幅上涨, 1902 年布尔战争结束后, 英国人均军费支出重又下降, 大约在 1912 年法国又超过英国。

印度的军费有其他潜在的含义。表 8 – 10 显示, 印度的人均军费只有英国的 4%。但是印度的军费完全是自己承担的, 自己负担国内部队和海军的费用, 同时还负担英国在印度的驻军费用, 甚至还资助英国和自己的部队在非印度的边界布防。所以印度不是英国的负担, 没有从英国的军费中获得免费搭便车的好处。印度的所谓军费实际是迫使印度遵循英国规则的成本, 是维持英国在印度的自由和统治权。而且英国还迫使印度的市场向英国一些特定的阶级开放, 这对维持英国贸易平衡起到关键作用。

表 8 – 10　英国、自治领地、印度和其他殖民地的军费支出情况

项目	人口（百万）	陆军（百万英镑）	人均陆军（英镑）	海军（百万英镑）	人均海军（英镑）	海陆军（百万英镑）	人均海陆军（英镑）
1909 ~ 1910 年英国	44. 539	27. 459	0. 62	35. 143	0. 79	62. 602	1. 41
1907 ~ 1908 年加拿大	6. 154	1. 359	0. 22	0. 099	0. 02	1. 458	0. 24
1907 ~ 1908 年纽芬兰	0. 234	—		0. 003			
1907 ~ 1908 年澳大利亚	4. 222	1. 025	0. 24	0. 272	0. 06	1. 297	0. 31
1908 年新西兰	1. 021	0. 193	0. 19	0. 100	0. 10	0. 293	0. 29
1908 年南非	5. 474	1. 258	0. 23	0. 085	0. 02	1. 343	0. 25

续表

项目	人口 （百万）	陆军 （百万英镑）	人均陆军 （英镑）	海军 （百万英镑）	人均海军 （英镑）	海陆军 （百万英镑）	人均海陆军 （英镑）
自治领 总计	17.105	3.836	0.22	0.599	0.03	4.359	0.26
英国 + 自治领	61.644	31.295	0.51	35.701	0.58	66.996	1.09
1908～ 1909 年 印度	294.317	20.071	0.07	0.482	0.00	20.553	0.07
1908～ 1909 年 其他殖民地	38.871	1.155	0.03			1.155	0.03
英帝国 总计	394.832	52.520	0.13	36.184	0.09	88.704	0.22

资料来源：Offer Avner，1993：215－238。

除印度外，英国在殖民地的一般军事开支非常少，一战期间，英法帝国的军事"债务"都是被殖民地全额支付的。另外，英国海军在这些殖民地建立基地，铺设海底电缆，都是为了保证英国的利益而不是这些殖民地本身的利益，相反这些殖民地还相应付出了费用。从这个角度看，这些殖民地一样没有从英国的保护中获益，因为这些殖民地失去了自由，而英国付出军费保护的是自己国家的权力，英国本来就应该这么做。

但是，自治领地从英国的保护中获利了（见表 8－11）。1908 年澳大利亚和加拿大的军费相当于国民收入的 0.4%，而同期英国的军费占国民收入的 2.6%。

表 8－11   英国、自治领地和印度的海军军费和对外贸易

项目	出口 （百万英镑）	进口 （百万英镑）	总贸易额 （百万英镑）	海军军费 （百万英镑）	每 100 英镑 贸易额中的 海军军费 （英镑）
英国 （1907～1908 年）	520.14	649.61	1169.75	35.14	3.00
加拿大 （1907～1908 年）	57.56	76.21	133.77	0.10	0.07

续表

项目	出口（百万英镑）	进口（百万英镑）	总贸易额（百万英镑）	海军军费（百万英镑）	每100英镑贸易额中的海军军费（英镑）
澳大利亚（1907年）	72.82	51.81	124.63	0.27	0.22
新西兰（1907年）	20.07	17.3	37.37	0.10	0.27
南非（1908年）	45.21	25.26	70.47	0.09	0.13
印度（1907~1908年）	125.96	124.17	250.13	0.48	0.19

资料来源：Offer Avner，1993：215－238。

从海军军费的分配来看，英国负担比较多。但是 Offer（1993）提出两个问题，第一个问题是根据结盟理论，军费是公共产品，在联盟中，大国应该负担更多，所以英国负担更多是合理和正常的。第二个问题是这些殖民地和自治领地是否需要公平负担整个帝国的军费。特别是对于海军来说，主要保护对外贸易。加拿大的主要贸易伙伴国是美国，这不需要海军的支持。澳大利亚、新西兰、南非等自治领地基本可以做到粮食自给，不像英国农业产品基本依靠对外贸易来实现。对于对外贸易是生存问题的英国来说，贸易航线是真正意义上的生命线，因此海军的意义对于英国和自治领地来说完全不同。自治领地没有必要为不需要的保护付费，所以自治领地所分摊的海军军费比较小是合理的。经过广泛的争论，Offer（1993）的观点得到普遍认同。

5. 存疑得自殖民地的收益

总体来看，即使英帝国在军费开支上并没有多承担责任，从各个国家的情况看，殖民地在其贸易中确实不占重要地位，反而是殖民地对宗主国的贸易依存度比较高。同时，殖民地的投资回报率和帝国以外国家相比，并不具有优势，更谈不上有超额回报率。而且，殖民地并不是欧洲移民的理想定居地，对欧洲剩余人口的吸纳程度有限。

那么殖民地到底对宗主国的福利产生了怎样的影响呢？Edelstein（2004）用反事实计量法对英帝国进行分析。Edelstein指出，英帝国在

1913 年对英国国民生产总值的贡献可能在 0.4%～6.8%，1870 年则是 -0.2%～4.5%。这些数字可能高估了帝国贸易的好处，因为 Edelstein 假设不存在能够补偿帝国需求降低的贸易转换机制。但是，他也没有考虑帝国主义带来移民便利的影响，尤其是从英国到大洋洲的移民。

Prados de La Escosura（1993）利用反事实检验的方法尝试对西班牙损失其殖民地导致的真实成本进行了估计。这一研究包含两个关键假设，第一是西班牙出口部门中包含的生产性资源并不能替代性地用于国内经济。第二是西班牙与其殖民地贸易的过程必须由西班牙臣民提供运输、保险以及商业方面的服务。西班牙损失其殖民地的真实成本包括西班牙海运服务的下降以及关税收入的减少。与此同时，如果假设得自殖民地的公共财政收入可以用于西班牙国内经济的话，那么对西班牙损失殖民地的真实成本估计结果表明，这一损失最大不会超过西班牙国民收入的 8%。如果再加上西班牙得自殖民地贸易的利润对国内资本的贡献，殖民地的贡献最大不会超过国民收入的 18%（针对 1784～1796 年的数据进行的估计结果）。此外，到 1792 年，西班牙殖民地超过 60% 的出口由可可和蔗糖组成，那么只有假设西班牙可以用更低的价格获得这些商品，它才能在殖民地贸易中获得经济利益。但是，实际上西班牙对殖民地原材料的依赖程度并不高（Prados de La Escosura，1993）。

Cain and Hopkins（2002）指出，在英国帝国主义带来的经济利益主要集中在 "绅士资本家"（Gentlemanly Capitalists）、伦敦和英格兰东南部的金融和食利者手里，而对国内的工业企业家等现代利益集团不利。另外，一些工业出口集团也肯定是从中受益的。总之，欧洲在帝国扩张过程中获得的好处是既少又不确定的。所以 Edelstein，Davis and Huttenback，Cain，Daunton，Foreman-Peck，Hopkins，P. Kennedy，W. Kennedy，O'Brien，Pollard and Porte 等都拥护正统的自由主义观点——殖民地对于宗主国来说并不是想象的那么美好，英国人从殖民地所获得的收益不大，英国没必要维持英帝国。

六　小结

本章主要讲述英国凭借领先的经济地位，输出了自由贸易的价值观，让世界很多国家在考虑到网络外部性的情况下，自愿采用了金本位。英国在世界经济中的领导地位，让英镑享有了几乎和黄金同等的地位，但这也为后来金本位制的崩溃埋下了伏笔。19 世纪末 20 世纪初，欧洲工业化国家因为各种原因掀起了瓜分非洲的狂潮，将世界非工业化国家几乎都纳入其殖民体系。尽管殖民地并不能被看作发达国家的原料产地、产品倾销地、剩余资本谋取高额利润的投资地和剩余人口的移民地，但是广大的殖民地是英国辉煌历史的见证者。

第三篇

工业革命后更加分化的世界

第九章 国家分化的描述

一 GDP 和人均 GDP

1. 19 世纪

英国的工业革命从 19 世纪开始扩散到欧洲大陆、北美、亚洲的日本。工业化扩散速度不同，造成了国家收入水平的不同。表 9－1、表 9－2 是世界主要地区人均收入人均 GDP 的数据（Crafts，and O'Rourke，2014），数据来源于 Bolt and Van Zanden（2013）对麦迪逊（Maddison，2010）数据进行的修订，但采用了麦迪逊关于非洲的数据。因为日本是一个早期的工业化国家，因此将日本、西欧和英国衍生国划分为一组，亚洲国家组里不包括日本。①

工业化是国家经济增长的分水岭，带来了工业化国家大发展，使工业化国家和非工业化国家差距加大。西欧国家及"英国衍生国"（北美和大洋洲的英语国家）首先开始工业化。19 世纪末，现代经济增长已扩散到西欧大部分国家。1820 年，当时最富有的西欧的人均收入约是世界平均水平的两倍，是非洲人均收入的 3.5 倍。1913 年，西欧人均收入比世界人均收入高出 129%，是非洲人均收入的 5.5 倍。同期，英国平均收入从比世界平均收入高 84% 增长到比世界平均收入高 243%。到 1913 年，英国平均收入比非洲平均收入的 8 倍还多。表 9－1 显示英国衍生国的收入出现爆炸性增长，1820～1913 年增长了 3 倍，成为第一次世界大战前夕世界上最富裕的地区。同期，东欧和拉丁美洲收入增长了 1.5 倍，略少于最富裕的西欧地区。亚洲 1820～1870 年的人均收入有略微的减

---

① Bolt and Van Zanden 将所有可获得的数据进行加权平均，但是由于北非、加纳和南非国家可获得的数据只有一处来源，这导致了非洲平均收入高于真实水平。我们更倾向于使用麦迪逊的数据，它包含了对这个大陆其他地区收入的决定性数据，并且有依据地调整了世界人均数据。

少，1870 年起，所有地区的经济都在增长（见表 9 - 2），19 世纪末比 19
世纪初更加繁荣了。亚洲地区和非洲地区收入增长相对比较少，非洲的
人均收入增长了 52%，而亚洲只有 17%，1820 年后这两个地区成为世界
上最贫困的地区。由于西欧国家和英国衍生国的快速发展，地区间生活
水平产生了实质性差异，进入 Prichett（1997）所称的"差异化，大时
代"。其净效应是国际收入差距急剧增加。衡量国家之间收入不平等的泰
尔指数从 1820～1910 年几乎增加了 5 倍（Bourguignon and Morrisson，
2002：734）。

表 9 - 1　1820 年、1870 年、1913 年世界主要地区人均收入（1990 年国际元）

地区	1820 年	1870 年	1913 年
西欧	1455	2006	3488
东欧	683	953	1726
英国衍生国	1302	2419	5233
拉美	628	776	1552
亚洲	591	548	691
非洲	420	500	637
世界	707	874	1524

资料来源：Crafts，Nicholas and Kevin Hjortshøj O'Rourke，2014：275。

表 9 - 2　1870～2007 年人均 GDP（1990 年国际元）

地区	1870 年	1913 年	1950 年	1973 年	1990 年	2007 年
西欧	2006	3488	4517	11346	15905	21607
英国衍生国	2419	5233	9268	16179	22346	30548
日本	737	1387	1921	11434	18789	22410
西方	1914	3690	5614	13044	18748	25338
亚洲（不含日本）	539	652	639	1223	2120	4830
拉美	776	1552	2505	4517	5065	6842
东欧和苏联	—	1519	2594	5741	6458	7731
非洲	500	637	889	1387	1425	1872
世界其他地区	—	853	1091	2068	2711	4744
世界	874	1524	2104	4081	5149	7504

资料来源：Crafts，Nicholas and Kevin Hjortshøj O'Rourke，2014：277。

1870 年后西欧人均 GDP 增长率普遍超过了英国在工业革命（每年 0.4%）和 19 世纪前半期和中期（每年 1%）的增长率。较快的增长往往与工业化密切相关。英国在 1913 年保持了欧洲的经济领导地位，但是其他的欧洲国家在缓慢追赶英国。19 世纪末，英国已经被美国超越（见表 9 - 3）。然而，1870~1913 年，无条件收敛假说并没有在欧洲实现（Crafts and Toniolo，2008），南欧明显落后于北欧，但是南欧也与中国拉开了差距。

表 9 - 3　19 世纪西欧人均 GDP 的增长

地区	1870 年人均 GDP（＄1990GK）	1913 年人均 GDP（＄1990GK）	1870~1913 年均增长率（%）	1870 年工业化水平（%）	1913 年工业化水平（%）
奥地利	1863	3465	1.46	13	32
比利时	2692	4220	1.05	36	88
丹麦	2003	3912	1.58	11	33
芬兰	1140	2111	1.45	13	21
法国	1876	3485	1.46	24	59
德国	1839	3648	1.61	20	85
希腊	880	1592	1.39	6	10
爱尔兰	1775	2736	1.01		
意大利	1499	2564	1.26	11	26
荷兰	2757	4049	0.91	12	28
挪威	1360	2447	1.38	14	31
葡萄牙	975	1250	0.59	9	14
西班牙	1207	2056	1.25	12	22
瑞典	1359	3073	1.92	20	67
瑞士	2102	4266	1.67	32	87
英国	3190	4921	1.01	76	115
欧洲	1971	3437	1.31	20	45
美国	2445	5301	1.83	30	126
中国	530	552	0.1	4	3

资料来源：Crafts, Nicholas and Kevin Hjortshøj O'Rourke, 2014：271。

19 世纪，全球收入不平等状况加剧是西欧和英国衍生国的快速发展造成的。其中收入快速增长的欧洲与北美都是进行了工业化的地区。澳

大利亚和阿根廷收入的快速增长则依靠初级产品的大规模生产。Bairoch
（1982）曾经对相关国家的人均工业化程度做过大致的估计，1750 年，
中国、印度和日本的人均工业化程度都高于美国（中国为 8，印度和日
本为 7，美国则为 4），然而，到了 1800 年，中国和印度的人均工业化程
度指数下降为 6，美国则上升到 8。1860 年，印度和中国的下降同美国的
上升同样显著。按照 Bairoch（1982）的估计，1860 年，中国和印度的人
均工业化程度分别下降到 4 和 3，而美国则上升到 21，同一时期，英国
的人均工业化程度指数为 64，德国为 15，法国为 20。就这一时期而言，
比利时、奥匈帝国、意大利、俄国、西班牙、瑞典、瑞士、加拿大、日
本等人均工业化程度都呈现上升的趋势，而中国、印度、巴西人均工业
化程度指数则呈现不断下降的趋势。从更为宽广的角度来看，在欧洲及
北美国家工业革命如火如荼地开展之时，印度、中国及巴西等亚洲及南
美国家的人均工业化程度的下降被称为"去工业化"进程。

　　还有一些指标也反映了世界经济发展的这种差异状况。受教育年限几
乎在所有地区都有所增加，但是北欧地区增加幅度普遍较大。1913 年，英格
兰和威尔士的受教育水平远远超过 1805 年之前（Matthews et al.，1982）。
一战前，北欧的原料价格比南欧低（Craft and Mulatu，2006；Klein and
Crafts，2012）。北欧的政治制约指数与私人基础设施投资正相关（Henisz，
2002），资本市场依法逐步完善（Bogart et al.，2010）。大多数欧洲国家正
在发生制度上的变革，1848 年后的瑞士和 1899 年后的挪威成为诺斯
（North et al.，2009）所说的具有政治和经济竞争力的国家（Kishtainy，
2011）。与此形成鲜明对照的是同期的中国仍然没有出现上述变化。

　　2. 20 世纪

　　20 世纪最大的特征是世界经济增长加速，这不仅表现为平均增长率
比 19 世纪高，而且快速增长地区的增长率也高于 19 世纪快速增长地区
的增长率。表 9 - 2 和表 9 - 4 是 1870～2007 年人均 GDP 和人均 GDP 增
长率的数据。表 9 - 4 将 1870～2007 年分为 5 个连续的时期，19 世纪晚
期（1870～1913）①、1913～1950 年的动荡年份、从 1950～1973 年的"黄

---

　　① 因为东欧和苏联 1870 年的数据缺失了，19 世纪晚期经济增长率的估算方法是通过人口
　　　 比重算出两个地区的平均经济增长率。

金时代"、1973～1990 年第一次石油危机时期、1990 年后的时期。① 表 9－4 表明 20 世纪（1913～2007）的世界经济增长率比 19 世纪末（1870～1913）更高，20 世纪是年均 1.7%，而与其相对应的 19 世纪末是 1.3%。

表 9－4　1870～2007 年人均 GDP 年均增长率

单位：%

地区	1870～1913 年	1913～1950 年	1950～1973 年	1973～1990 年	1990～2007 年	1913～2007 年
西欧	1.29	0.70	4.09	2.01	1.82	1.96
英国衍生国	1.81	1.56	2.45	1.92	1.86	1.89
日本	1.48	0.88	8.06	2.96	1.04	3.00
西方	1.54	1.14	3.73	2.16	1.79	2.07
亚洲（不含日本）	0.45	−0.06	2.87	3.29	4.96	2.15
拉美	1.63	1.30	2.60	0.68	1.78	1.59
东欧和苏联	1.64	1.46	3.51	0.69	1.06	1.75
非洲	0.57	0.90	1.95	0.16	1.62	1.15
世界其他地区	0.73	0.67	2.82	1.61	3.35	1.84
世界	1.30	0.87	2.92	1.38	2.24	1.71

资料来源：Crafts, Nicholas and Kevin Hjortshøj O'Rourke, 2014：278。

20 世纪中的特殊时期是包含了两次世界大战与大萧条的 1913～1950 年期间，除了非洲外所有地区的经济增长都下滑了，世界经济增长率下滑到了不到 0.9%。美国、苏联和东欧的一部分国家战时经济有强劲的增长，在一定程度上抵消了这些地区经济下滑的幅度。1950～1973 年是经济增长的"黄金时代"，当时的世界经济增长率比历史上任何一个时期都快，很多地区都在这 1/4 世纪中达到了它们前所未有的最高经济增长率。亚洲在 1973～1990 年经济增长速度最快。

1973 年后，除了亚洲外，其他地区的经济增长率都在下滑。在 1990 年后，西方的经济增长率继续下滑，但 4 个发展中国家的经济增长率则是上升的。结果是自从 1870 年后，"其他地区"的人均 GDP 增长率在 1990～2007 年第一次比"西方"更高。

---

① Maddison 将 1973 年后的时期全部视为一个时期，Clark 基于 1990 年后苏联解体、全球化加速以及一系列国际金融危机情况，增加了 1990 年后的分期。

　　表 9 - 5 展示了不同地区 GDP 所占的世界份额。从表中可以看到，西方所占世界 GDP 的份额在 1950 年达到高峰，接近 60%，而后到 1990 年一直缓慢衰退，并在 1990 年后迅速下落，到 2007 年时西方所占份额只有世界 GDP 的 45%。其中英国衍生国 2007 年所占的 GDP 份额比 1913 年略微提高，达到 22%。而二战刚刚结束时，英国衍生国的份额超过了 30%。西欧的份额跌落将近一半，从 33% 跌落到 17%。日本所占份额却从 1913 年的 2.6% 上升到 1990 年的 8.6%，之后又遭遇大幅滑落。发展中国家里，亚洲（除去日本）国家所占份额在 1913～1950 年出现持续重大衰退，直到 1990 年才恢复，至此一直快速增长。到 2007 年，亚洲（除去日本）GDP 占世界份额已超过 1/3。拉丁美洲份额在 20 世纪前期有所提高，从 50 年代以后一直保持相对稳定。非洲所占份额也在 1913～1950 年有所提高，并在之后基本保持稳定。表中比较特殊的是东欧和苏联的世界份额，1973 年前基本保持稳定，之后发生急剧衰退，1990 年东欧剧变后依然没有逆转这种衰退的趋势。2007 年东欧和苏联所占世界份额仅有 6%，不到 1973 年水平的一半。

表 9 - 5　1913～2007 年世界各地区 GDP 所占份额

单位：%

地区	1913	1950	1973	1990	2007
西欧	33.3	26.0	25.5	22.2	17.4
英国衍生国	21.3	30.8	25.4	24.6	22.1
日本	2.6	3.0	7.8	8.6	5.8
西方	57.3	59.7	58.6	55.4	45.2
亚洲（不含日本）	22.1	15.6	16.4	23.3	37.0
拉美	4.6	7.8	8.7	8.3	7.9
东欧和苏联	13.1	13.0	12.9	9.8	6.3
非洲	2.9	3.8	3.4	3.3	3.6
世界其他地方	42.7	40.3	41.4	44.6	54.8
世界	100.0	100.0	100.0	100.0	100.0

资料来源：Crafts, Nicholas and Kevin Hjortshøj O'Rourke, 2014：279。

　　20 世纪有的国家经历了经济增长奇迹，有的国家则时运逆转经济下滑（Pritchett，2000）。从图 9 - 1 中可以看到，1870 年后美国人均 GDP

加速上升。1820～1870 年人均 GDP 增长率为 1.2%，1870～1913 年达到
1.8%，1913～2007 年更达到 2.1%。20 世纪美国的长期增长趋势基本是
线性的，长期人均 GDP 增长率保持在 2% 的水平（Lucas，2000，2009）。
轻微偏离线性增长趋势的是大萧条时期、二战时期和 20 世纪 80 年代
早期。

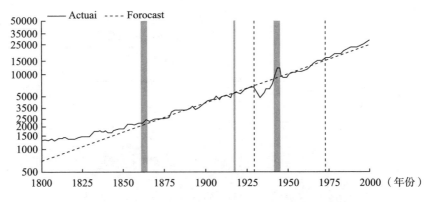

图 9 - 1　1800～2007 年美国人均 GDP（1990 年国际元）

资料来源：Crafts, Nicholas and Kevin Hjortshøj O'Rourke, 2014：281。

图 9 - 2 显示了主要国家和地区经济体的人均 GDP 与美国 GDP 比值，
即相对 GDP。相对 GDP 表示国家在世界经济中的相对地位。由于美国经
济 19 世纪后期飞跃发展，所以大部分国家的相对 GDP 都在减小，但不
同国家和地区的情况有所不同。

　　日本的相对 GDP 只在二战中急剧下降，二战后呈现 V 型反转，与美
国的距离快速缩小，1950～1973 年每年人均 GDP 以 8% 的速度增长，在
20 世纪 70 年代后期赶超西欧，日本的相对 GDP 在 1991 年达到巅峰，将
近 85%。但日本 20 世纪 90 年代后经济相对衰退，2007 年相对 GDP 只有
70% 左右，回到了 1979 年的水平。

　　拉丁美洲的相对 GDP 在保持长时间平稳后，在 1980 年后出现下降。
1870～1940 年，拉美相对 GDP 一直处于 30% 以下，保持高度稳定。既
没有在美国经济萧条时缩小差距，也没有因二战时期的经济衰退而与美
国拉大差距。这可能是因为该洲的经济在当时与美国经济联动性较强。
20 世纪五六十年代相对 GDP 下降到 25%～26%，又在 1980 年恢复到 19
世纪水平，达到 29%。1980 年以后的 30 年里，拉美的相对收入缓慢下

降，20 世纪末，相对 GDP 仅有 20%。

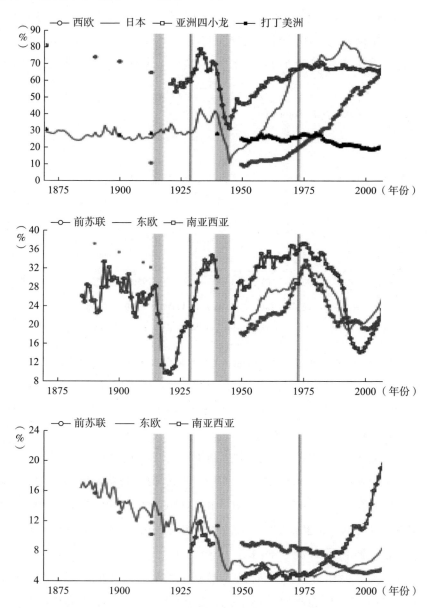

图 9－2　1870～2007 年不同地区的相对 GDP（占美国 GDP 的百分比）

资料来源：Crafts, Nicholas and Kevin Hjortshøj O'Rourke, 2014：282。

亚洲四小龙（中国香港、韩国、新加坡、中国台湾）和日本都是二战后经济成功的典型。亚洲四小龙的相对 GDP 从 1870 年的 16% 下降到

1913 年的 11%，1950 年后开始增长，并在 20 世纪 60 年代后期高速增长，到 2007 年时相对 GDP 达到 70% 强，与西欧和日本同一水平。

欧洲在黄金时代以每年 4% 的增长率创造了经济增长奇迹。但是从长期来看，20 世纪后 25 年欧洲经济整体表现差强人意。和大多数其他地区一样，西欧相对 GDP 在 1870~1913 年从 82% 跌落到 66%，二战期间大幅下滑到 32%，黄金时代恢复到 1913 年水平，甚至略有超过，20 世纪 70 年代前半期西欧相对 GDP 达到 70%，但此后与美国的差距没有再进一步收敛。

相对 GDP 波动比较大的是苏联、东欧和中东的一些国家和地区。苏联是相对 GDP 波动比较大的地区之一。19 世纪末，苏联相对 GDP 十分不稳定，一战时再次崩溃，之后出现 V 型反转，并于 1975 年达到 38% 的巅峰，紧接着又是 20 多年的下滑，1998 年达到最低点 14.5%，然后又极速上升，2007 年达到 24%。东欧的相对 GDP 在 1975 年前后与苏联一样经历了大起大落。东欧相对 GDP 在 1993 年跌入谷底，之后逐步繁荣。亚洲西南部包括中东富裕的石油输出国、波斯湾地区以及以色列、黎巴嫩和土耳其，也经历了十分相似的发展轨迹，1976 年前的经济衰退一直持续到 2001 年。

非洲、中国和印度也经历了各自相对 GDP 在 20 世纪末之前的平稳下滑。中国的相对 GDP 在此前跌幅更高，在 1950 年之后相对 GDP 一直停滞在一个十分低的水平，约 5%。在 20 世纪 70 年代末期迎来巨大增长，2007 年达到 20%。印度的经济相对衰退过程更为漫长，1980 年相对 GDP 为 5%，之后开始经济追赶。非洲的相对 GDP 在 20 世纪 90 年代中期才跌到 5% 的最低点，从 2000 年才开始缓慢复苏。

二　人类发展指数

人类发展指数（HDI）是衡量福利和生活水平的指标（Costa and Steckel，1997；Crafts，1997；Floud and Harris，1997）。HDI 有三个基本组成部分，教育（E）、收入（I）和寿命（L）。通过测量每种情况下假定的最大值与最小值距离所占的百分比来将三个方面整合进一个单一指数中。2001 年的公式如下：

$$HDI = (E + I + L)/3$$
$$E = 0.67LIT + 0.33ENROL$$
$$I = (\log y - \log 100)/(\log 40{,}000 - \log 100)$$
$$L = (e_0 - 25)/(85 - 25)$$

其中：*LIT* 是成人识字率，*ENROL* 是注册小学、中学和高等教育的相对年龄组所占百分比。*y* 是以 1999 年美元购买力平价为基准的人均 GDP。e_0 是出生时的预期寿命年数。如 *HDI* 一样，*E*，*I*，*L* 也在 0 到 1 之间取值。预期寿命，用出生时预期寿命来衡量；教育程度，用成人识字率（2/3 权重）及小学、中学、大学综合入学率（1/3 权重）共同衡量；生活水平，用实际人均本地生产总值（购买力平价美元）来衡量。*HDI* 值低于 0.5 说明发展水平低，高于 0.8 则说明发展水平高。根据 2001 年联合国开发计划署公布的 *HDI* 计算公式，识字率增加 0.45 个百分点，或入学率增加 0.90 个百分点，或预期寿命增加 0.18 年就能使 *HDI* 增加 1 个百分点。而收入水平对 *HDI* 的影响则有 4 个不同的值域，当收入在 1000 美元时，增加 1 个百分点的 *HDI* 收入需要增加约 18 美元；当收入达到 5000 美元时，约增加 90 美元才能增加 1 个百分点的 *HDI*；收入达到 10000 美元时，*HDI* 增加 1 个百分点，收入约增加 180 美元。综合来看，预期寿命的增加权重比较大。

Crafts（1997，2000，2002）估计了 1870 年以来部分国家的 *HDI*。总的来看，发达经济体的 *HDI* 明显高于发展中国家。*HDI* 提高最快的国家和地区是亚洲的日本、韩国、新加坡、中国香港，欧洲的西班牙、芬兰、葡萄牙、意大利。而非洲的莫桑比克、扎伊尔、安哥拉的 *HDI* 增长缓慢。俄罗斯、捷克和匈牙利等国家的 *HDI* 也没有明显提升。但是，经济福利和社会发展都滞后于收入的增长。1870 年前英国的人均 GDP 有了大幅增加，但是 *HDI* 与其他西欧国家类似。而且，西欧和南欧的 *HDI* 在 1820～1870 年已经差距很大了（塞武凯特·帕穆克和简 - 卢坦恩·范·赞登，第一卷，2010：187）。

因为 *HDI* 中包含了预期寿命因素，1870 年以来世界 *HDI* 整体水平大幅提升。预期寿命在 20 世纪世界大范围内得到了改善，1990 年世界范围内出生时的预期寿命至少 42 岁，这比 1870 年英国的 41.3 岁更高（Crafts，1997）。一些非洲国家，如莫桑比克和斯威士兰的预期寿命从

1990 年的 47.4 岁和 56.8 岁分别下降到 1999 年的 39.8 岁和 47.0 岁，但死亡率仍然低于 1870 年的富裕国家。这使当今贫困国家的 HDI 与 1870 年的富裕国家相当。2001 年，联合国开发计划署的年度人类发展报告中最低的 HDI 值是塞拉利昂的 0.258，大致与 1870 年意大利的 HDI 相当；1879 年澳大利亚的 HDI 值为 0.516，这在 1999 年为世界排名 123，位次仅仅高于肯尼亚。所以，今天发展中国家的生活标准要高于 19 世纪的部分富裕国家。

同时，包含了预期寿命的 HDI 相对于 GDP 和人均 GDP 来说，反映出来的国家之间的发展差距相对小一些。2001 年，联合国开发计划署增加了预期寿命的权重，按照新指标重新估算的 1870 年以来部分国家的 HDI 表明，当收入超过一定阈值之后，收入的增加对 HDI 结果的影响加速减弱。经新公式调整后，低收入水平的 HDI 相对于以前变高，高收入水平的 HDI 相对于以前变低。1870 年西欧和主要经济体的 HDI 有所提高，而 1913 年的 HDI 稍低，1950 年则明显降低。但是 1913 年和 1950 年印度的 HDI 都增加了，1950 年中国、非洲和拉丁美洲较贫穷国家的 HDI 也增加了。经过修正以后的 HDI 表明，1913 年和 1950 年发达经济体与落后经济体，如非洲和印度之间的差距缩小了。1999 年修正后的加权平均 HDI 值，非洲与北美和西欧的差距分别下降到 0.407 和 0.391（Crafts，1997，2000，2002）。这反映了预期寿命中的不平等远低于世界各地收入的不平等。Melchior at al.（2000：24）计算了 115 个国家人口加权的预期寿命基尼系数，发现它从 1962 年的 0.237 下降到 1997 年的 0.114。

三　劳动生产率和全要素生产率（TFP）

表 9 - 6 显示，19 世纪中期到 1890 年代除英国、德国外，绝大多数开始工业化的国家的全要素生产率（TFP）增长都相当缓慢，基本在 0.3 左右徘徊。19 世纪 90 年代至 20 世纪初，除了英国外，澳大利亚、德国、荷兰、西班牙和美国的全要素生产率明显增长，但是很多国家没有达到 20 世纪的水平。19 世纪末美国收入水平超越英国，这时英国全要素生产率、劳动生产率出现停滞甚至下滑，而美国全要素生产率和劳动生产率加速增长。

表 9 - 6　19～20 世纪部分国家全要素生产率变化情况

项目	劳动生产率增长	资本深化的贡献	TFP 增长率
澳大利亚			
1870～1890 年	0.9	0.64	0.26
1890～1910 年	1.69	0.66	1.03
德国			
1871～1891 年	1.1	0.39	0.71
1891～1911 年	1.76	0.58	1.18
荷兰			
1850～1870 年	1.02	0.5	0.52
1870～1890 年	0.94	0.61	0.33
1890～1913 年	1.35	0.46	0.89
西班牙			
1850～1883 年	1.2	1	0.2
1884～1920 年	1	0.7	0.3
瑞典			
1850～1890 年	1.18	1.12	0.06
1890～1913 年	2.77	0.94	1.83
英国			
1760～1801 年	0.3	0.1	0.3
1801～1831 年	0.3	0.1	0.2
1831～1873 年	1.1	0.4	0.7
1873～1899 年	1.2	0.4	0.8
1899～1913 年	0.5	0.4	0.1
美国			
1855～1890 年	1.1	0.7	0.4
1890～1905 年	1.9	0.5	1.4
1905～1927 年	2	0.5	1.3

资料来源：Nicholas Crafts and Kevin Hjortshøj O'Rourke, 2014：266。

　　Crafts and O'Rourke（2014：286）利用教育年限的数据重新修订了
1960～2000 年的劳动生产率和全要素生产率（见表 9 - 7）。从地区来看，
1960～1970 年的黄金时代，工业化国家、东亚、拉美和撒哈拉以南地区

的全要素生产率都是 1960～2000 年期间最高的，其中工业化国家的最高。1970～1980 年所有地区都出现了下降，撒哈拉以南地区和工业化国家下降最大。1980～1990 年，工业化国家和东亚全要素生产率提高明显，而拉美和撒哈拉以南地区剧烈下降。1990～2000 年，东亚和工业化国家的全要素生产率下跌到同一水平，拉美和撒哈拉以南地区的全要素生产率仍然是负数。

表 9-7　1960～2000 年世界主要地区 TFP 情况

单位：%

地区	1960～1970 年	1970～1980 年	1980～1990 年	1990～2000 年
工业化国家	2.3	0.4	0.9	0.6
东亚	1.6	1	1.3	0.6
拉美	1.7	1.1	-2.3	-0.1
撒哈拉以南地区	1.9	-0.4	-1.5	-0.5

资料来源：Nicholas Crafts and Kevin Hjortshøj O'Rourke, 2014：286。

从国家来看，2005 年以美国的全要素生产率为 100 的话，世界平均水平为 27.9。美国远超世界主要国家。日本相当于美国的 52.6，欧洲为 67.8，俄罗斯为 31.5，巴西为 29.3，中国为 13.6，印度为 12.7（Crafts and O'Rourk, 2014：286）。

四　CHAT 数据库

尽管很多实证研究表明国家间生活水平的差异是由不同的全要素生产率（TFP）造成的，但是由于 TFP 指标有可能高估或者低估技术进步的作用，而且利用 TFP 进行长时段、跨国比较的可靠性比较差，所以有必要采取一些更直接和更可靠的办法来衡量技术对国家收入差异的解释力。

跨国技术采用数据库（The Cross-country Historical Adoption of Technology，CHAT）（Cominand Hobij, 2009）包含了过去 200 年中 161 个国家的采用了 104 项技术的信息（见表 9-8）。这个数据库是时间序列年度观察值。像蒸汽船这样的古老技术会追溯到 19 世纪，一些年代久远的数据有的年份的不齐全。这 104 项技术涵盖了经济中的 8 个主要部门：农业、金融、卫生、钢铁、通信、纺织、旅游、交通。最少的是旅游 2 项，最多的是卫生 44 项。此外还包括 3 项信息技术：电子产品、计算机数量和互联网用户数。

　　衡量技术扩散的指标一是技术扩展（Extensive），二是技术集约（Intensive）。相对应的就有两种采用边际：扩展边际（Extensive Margin）和集约边际（Intensivemargin）。扩展边际指的是某项新技术被某个国家采用的时间，集约边际指的是有多少单位的新技术被采用。扩展指标有三个方面的问题：一是需要评估谁是最先的采用者。二是忽略了集约边际。三是很难获得微观数据。技术集约指标包含的内容，或者是经济中有多少单位的资本体现了这种技术（如电话的数量），或者是多少产品是用这种技术生产的（例如用贝塞麦方法生产的粗钢）。技术集约指标不需要定义谁是潜在的技术采用者，也不需要微观数据。但技术集约的缺点是很难解释。CHAT 数据库规避了扩展指标的难题，专注于构建集约边际。

表 9 – 8　　CHAT 数据库包含的技术

部门	技术数目	技术名称
农业	8	收割机数量、挤奶机数量、农用拖拉机数量、25 个不同类型化肥使用量（公吨）、灌溉面积、耕地灌溉面积、现代作物的种植比例和面积、农药使用或销售的公吨数
金融	5	ATM 机数量、支票账户数、信用卡和借记卡数、营业点支付卡转账笔数、POS 机数
卫生	44	急诊床位、医院床位、慢性病和无独立生活能力床位、肾透析人数、在家透析的人数、CT 扫描、肾结石碎石机、乳房 X 光机、磁共振机、X 射线或核射线机、不住院白内障手术比例、不住院胆囊切除术比例、不住院疝气手术比例、不住院腹腔镜胆囊手术比例、不住院扁桃体切除术比例、静脉曲张术不住院比例、在家透析患者比例、1 岁前幼儿百白破接种比例、1 岁前幼儿麻疹接种比例、阑尾切除术数量、乳房保留术数量、心导管插入术数量、腹腔镜或其他方法的胆囊切除术、冠状动脉架桥术、经皮冠状动脉介入治疗、冠状动脉支架、剖腹产、疝气手术数量、髋关节置换术、阴道子宫切除术、全膝关节置换术、腹腔镜胆囊切除术、乳房切除术、起搏器手术、经尿道的前列腺切除术、不经尿道的前列腺切除术、扁桃体切除术比例、静脉曲张矫正术、骨髓移植、心脏移植、肾脏移植、肝移植、肺移植

部门	技术数目	技术名称
钢铁	7	贝塞麦酸性炼铁法生产的粗钢、贝塞麦基本法生产的粗钢、富氧鼓风炉生产的粗钢、电弧炉生产的粗钢、平炉生产的粗钢、其他方法生产的粗钢、不锈钢产量
通信	8	有线电视、移动电话、收发信件、报纸、收音机、收发电报、电话、电视机
纺织	8	自动织布机数，总织布机数，纱锭，细纱锭，纱锭中人工纤维重量，纱锭中除了合成、人工和原棉外其他类型纤维重量，纱锭中合成纤维重量，所有纤维重量
旅游	2	客用床位数、客房数
交通	19	民用航空乘客公里数、民用航空吨公里数、轨道里程、火车客运（千人）、火车客运（乘客公里）、火车货运（公吨）、火车货运（吨公里）、船只总数、内燃机船总数、帆船数、蒸汽船数、蒸汽内燃机船数所有船只吨位、内燃机船吨位、帆船吨位、蒸汽船吨位、蒸汽内燃机船吨位、汽车、商业运营车辆
其他	—	人口、实际 GDP 等级、小学注册人数、中学注册人数、GDP 中私人投资份额、GDP 中公共投资份额、15 年及以上受教育者比例
信息技术	3	互联网用户、计算机数量、电子产品

CHAT 数据库是一个宏观的数据库。Griliches（1957）、Mansfield（1961）、Gort and Klepper（1982）都用实证的方法研究了微观的技术扩散。他们发现单项技术在某个国家的扩散遵循逻辑斯特曲线（Logistic Curve）。工人决策下的技术扩散也遵循（准）逻辑斯特曲线。Parente and Prescott（1994）、Basu and Weil（1998）尝试解释宏观层面上的技术扩散，而涵盖了更多技术在更多国家扩散的 CHAT 数据库更有利于全面了解和比较技术扩散情况。

Comin，Hobijn and Rovito（2006）、Comin and Mestieri（2010）利用 CHAT 数据库中 1870～1998 年 19 个类型的技术在 21 个国家的扩散情况，分析了影响技术扩散的两种效应：一是实施效应（Embodiment Effect）。实施效应是技术变革的速率，反映新年份技术比旧年份技术的优越性。二是多样性效应，反映新年份技术引进后所带来的多样性的收益。利用论文建立的模型刻画了技术扩散路径的曲率，估算每一种技术体现在新年份技术上的生产率和采用时滞上。我们用这些估算来解释哪些因素决定了技术本身的扩散和技术在国家间扩散速度的改变。得到以下结论：

　　两种不同的效应对不同技术的扩散重要性不一样。计算机和航空技术，体现在新年份技术上的生产率增长更大而且显著。而在电视机和收音机技术上，生产率的增长更多地体现在多样性效应上。在电子产品和机器人技术上，技术扩散速度既体现在新年份技术上生产率，也体现在多样性效应上。在采用时滞上，对于计算机、机器人和电子产品这三项技术，人力资本的增加会减少采用这三项技术的时滞。贸易和开放程度会减少交通技术的采用时滞。这能解释大部分国家的 TFP 差异。民主化程度（制度），可能会对已经使用技术的集约程度有影响，但是无法解释新年份技术的采用。

　　基于 CHAT 数据库中 15 项技术在 166 个国家扩散的数据，Comin and Mestieri（2010）发现，国家间集约边际差距很大；不同技术的集约边际差距很大；近 200 年来国家间技术扩散时滞的离差显著缩小，但是国家间技术集约边际的离差并没有缩小；国家间人均收入差距的 40% 可以由集约边际的差异来解释。Comin and Hobijn（2010）估算出国家间生产率差异的 25% 可以用扩展边际来解释。集约边际和扩展边际加起来，说明技术扩散是理解国家间人均收入差异的重要因素。实证研究结果表明，国家间人均收入差异的 70% 可以由技术扩散来解释。

五　小结

　　本章采用常见的 GDP 和人均 GDP 指标说明 19 世纪后国家增长差异加大的原因是工业化国家发展远远快于非工业化国家。而且从长期来看，世界经济增长有加速趋势。人类发展指数因为加入了预期寿命和教育年限，比 GDP 更全面地反映了国家福利水平。1870 年后的人类发展指数反映出国家的差距并不像 GDP 所表现出来的那么大。劳动生产率、全要素生产率和 CHAT 数据库更直接地解释了技术差距对经济增长差距的影响。GDP、全要素生产率和衡量技术扩散的指标都显示，工业革命后趋同并不是主流，分化才是常态。享受快速技术进步成果的国家与没有享受到的国家之间的收入水平会出现巨大差距，且这种差距在日益扩大。

第十章　技术扩散和技术超越

后发国家既有优势也有劣势。优势是通过进口先进和现成的技术，节省巨大的研发费用，以更快地速度靠近技术前沿。所以 Gerschenkron（1962）说落后状态有时能够导致快速的增长，一个国家的技术距离技术前沿越远，增长潜力就越大。实现高速增长的一些国家，如日本、亚洲四小龙、爱尔兰、黄金时代的西欧、20 世纪 70 年代末至今的中国等，在一定程度上都得益于后发国家的优势。但是，落后本身就说明存在着阻碍经济增长和技术进步的因素，这就是后发国家的劣势。1945 年后的拉丁美洲和非洲就没能发挥后发国家优势，缩小与技术前沿国家的差距。

工业革命后，成功发挥后发优势的国家很少，而且后发优势的发挥并不是连续的。相反，大多数国家与发达国家的差距越来越大。现代工业技术和现代农业技术在高生产率国家惊人的相似（Easterlin，1981），因此，解释现代国家技术变革差异的问题，主要是解释技术的有限扩散问题。为什么趋同仅仅发生在某些国家而不是其他国家？为什么快速的技术变革局限于这么少的国家？Abramovitz（1986：387，390，393，397）列举了一些影响后发国家成功追赶的要素：社会能力、全球化、制度、政策、技术适用性和战争等。

一　技术扩散、社会能力和资源禀赋

技术扩散并不是一个自动的过程，技术扩散在很大程度上要求接收方必须具备接纳能力和学习能力（Abramovitz，1986）。社会能力是熊彼特增长的重要因素（Aghion and Howitt，2006），是一个集教育、制度、政策等于一体的综合能力。

Abramovitz（1986：388）认为，技术追赶和快速增长最有可能在科技落后但社会先进的国家出现。第二次世界大战后的欧洲和日本满足了这两个条件（Abramovitz，1989：200－201）。这两个地区有受过良好教育的人力资本，而且大多是优秀的科学家和工程师，他们在企业内部影响力越来越大，这有助于采用和改造引进的新技术。这两个地区的政府和公司一起共同推动研究和开发。大型企业的管理也正在日益完善。整个社会既开放又竞争。从政府到民间都积极与美国合作，以引进先进技术和理念。整个社会形成了激励人们努力工作和创业的氛围（Sokoloff and Engerman，2000：218）。

Gerschenkron（1962）相信后进国家可以而且必须通过政策或者体制改革寻求追赶。在一些后进国家，因为落后，缺乏技术追赶的相关条件，这时政府可以介入帮助企业引进和改造先进技术。例如，如果资本市场供给不足，国家有必要动员资金支持技术引进。很多学者都论证了制度对经济增长的作用（Marshall and Jaggers，2002；Hall and Jones，1999；Acemoglu，Johnson，Robinson，2005），这些制度包括：产权制度、社会福利制度、税收制度、工会制度等。制度对于技术扩散的重要性表现为是否成为技术扩散的障碍和影响了新技术的生产率水平。Gerschenkron（1962）借鉴了 Rosenstein-Rodan（1961）的理论，认为工业化的起步阶段需要跨部门的联合和大资金的推动。这种"大推动"只有依靠政府的力量而不是私人的力量，只有政府才能起到重要的协调作用（Murphy et al.，1989）。Gerschenkron（1962）的观点备受争议。Gregory（1991）认为政府干预的效果不见得是好的。国家发展有路径依赖，政府为了追赶而进行的改革不会全部都顺利成功。好的制度随着时间的推移可能变成坏的制度，已经形成的利益集团并不会因此而改变政策。而且后发国家达到技术前沿时，政府干预是否还有意义也很难说政府干预对技术扩散的影响可以找到成功的案例，也可以找到失败的案例。

在第二次世界大战之前，工业化和经济发展的核心是有用知识，它包含在获取和应用大量关于技术（即做事方法）的知识的过程中（Landes，1980）。从宏观层面上来看，现代社会学习知识的能力很大程度上取决于教育。Nelsonand and Phelps（1966）是较早研究人力资本影响技术扩散的学者。他们认为人力资本决定了离科技前沿有多远以及采用新技术有多快。Comin and Hobijn（2006）认为，人力资本决定了技术采用的时滞。教育水平比较高的国家能够减少技术采用时滞带来的损失，而且比较小的技术采用时滞会加速减少损失，因为技术系列比较小的改变能更快地提高生产率，导致更快地收敛。此外，Benhabib and Spiegel（1994）从宏观，Doms，Dunne and Troske（1997）、Caselli and Coleman（2001）从微观两方面都论证了教育水平更高的国家和组织能更好地吸收和采用先进技术。

Easterlin（1981）采用小学入学率（见表 10 - 1）来表示各国国民接受正规学校教育的差异。小学入学率是学龄人口占总人口的比例。大致来说，该指标低于 400，表示一国国民接受的正规学校教育相对较少；该数值在 400 ~ 800，表示一国国民接受的正规学校教育是中度的；该数值大于 800，表示一国国民接受的正规学校教育比较充分。1850 年，世界上除西北欧和北美之外的人口几乎没有接受过正规教育。即使到了1940 年，非洲、大部分亚洲地区和拉丁美洲仍然是这种情况。Easterlin（1981）认为技术扩散取决于正规教育的发展程度。北欧和西欧是教育最先进的国家，也是最先发展起来的国家。19 世纪末，南欧和东欧的大部分地区开始接近北欧和西欧发展之初的教育水平，这时南欧和东欧国家也开始发展。英国衍生国也是同样的，教育领导者美国后来成为技术和经济领导者。拉丁美洲中现在最发达的国家阿根廷，在 19 世纪后半叶时教育处于领先水平。日本 19 世纪的教育程度在亚洲国家中鹤立鸡群。土耳其的教育水平直到二战后才出现长足发展，相应的技术和经济现代化也起步比较晚。

表 10 - 1　1830 ~ 1975 年各国小学入学率（每 1 万人）

国家	1830年	1840年	1850年	1860年	1870年	1882年	1890年	1900年	1910年		
美国	1500		1800		1702	1908	1985	1969	1828		
英国	900		1045			1107	1261	1407	1648		
法国	700	846	930	930	1125	1382	1450	1412	1414		
德国	1700		1600	1559		1547	1642	1576	1570		

国家	1830年	1850年	1860年	1870年	1882年	1890年	1900年	1910年	1920年	1930年	1939年
意大利	300		463	611	681	874	881	927	1113	1056	1313
西班牙	400	537	663	851	1049	1058	1038	1026	1232	1535	

续表

国家	1870年	1882年	1890年	1900年	1910年	1920年	1930年	1939年			
罗马尼亚	214	261	467	617	839	642	1307	1581			
南斯拉夫		303	300	420	512	674	772	888			
苏联	98	133	231	348	395	417	734	1873			

国家	1870年	1882年	1890年	1900年	1910年	1920年	1930年	1939年	1950年	1960年	1975年
阿根廷		511	709	808	944	1356	1172	1417	1286	1339	1399
墨西哥		457	487	544	563	456	1074	1314	1072	1460	1905
巴西	119	207	218	258	271	455	618	854	979	1087	1866
缅甸							206	316	427	731	1127
印度			94	107	147	192	343	279	513	854	1082
印度尼西亚			57	62	96	161	267	338	613	964	1345

国家	1882年	1890年	1900年	1910年	1920年	1930年	1939年	1950年	1960年	1975年
日本		772	984	1240	1508	1550	1695			
菲律宾		188	970	1038	936	1267	1891			
泰国			9	179	552	939	1490			
埃及	4	264	215	171	171	269	687	662	1038	1107
伊朗			3	6	10	82	213	457	701	1353
土耳其					201	318	464	776	1026	1376

国家			1910年	1920年	1930年	1939年	1950年	1960年	1975年
中国				115	222	329	861	948	
韩国			27	72	246	501	1151		
尼日利亚			12	176	191	103	399	479	820
埃塞俄比亚							49	81	366

资料来源：Easterlin, Richard A., 1981：18 - 19。

　　表 10 - 1 的数据表明，正规教育的增长往往独立于经济发展。在美国和德国，普遍正规教育的发展明显早于现代经济增长。国家正规教育程度激增的时期与经济快速增长时期并不吻合，例如，1880～1910 年的罗马尼亚、1900～1920 年的菲律宾、1920～1940 年的墨西哥和泰国。

　　需要特别注意的是，工业革命后，因为国家差异，并不是所有的正规教育都有效传授了有用知识。西班牙是一个教育发展速度超过其经济增长率的国家。然而，直到 20 世纪西班牙教育仍然受到罗马天主教会的严格控制，普通学生在学校只接受口头教育，内容主要是信心、教义和一些手工技能。只有神职人员才接受科学、数学、政治经济学和世俗历史的教育。结果西班牙的识字率与小学入学数据并不相符，到 1900 年时，西班牙 2/3 的人口仍然是文盲。在中东某些国家地区的某些时间段，正规教育中传授有用知识的进程也受到伊斯兰教的消极影响。这些国家的小学入学率指标就不能完全反映能够传播有用知识的教育程度。

技术进步不是外生的，是经济条件的一种内生反映。新技术的发明是为了更好地利用当地生产要素，这使追赶技术前沿的后进国家面临着"适用技术"的问题（Habakkuk，1962；Basu and Weil，1998；Acemoglu and Zilibotti，2001）。后进国家通常缺乏资本而拥有丰富的廉价劳动力，而先进国家的技术则是替代稀缺的劳动力的，后进国家在引进先进技术中存在着困境（Gerschenkron，1962：8 - 9）。所以，在没有政府支持和国际投资的情况下，后进国家不采用先进技术可能是一种理性的选择。

Allen（2011）强调了要素价格在英国技术创新中的关键作用，同时也指出英国的技术经过了一段时间才被欧洲大陆国家采用是因为要素价格的原因。最初，Arkwright 的工厂在法国获利很少。18 世纪 80 年代后期，英国采用水力纺纱机生产棉纱的年收益率可达 40%，如此高的收益率来源于节省的人力成本。而法国工资低，以同样的方式组织生产所得的年收益率仅为 9%。利润的差别也解释了为什么英国在 18 世纪 80 年代后期有大约 150 家大型的工厂，在法国只有 4 家。19 世纪，兰开夏的工程师改进了水力纺纱机，使机器的资本投入下降了一半，这才加速了这项技术的跨国传播。英国其他的技术也是在不断改进后才扩散到世界其他地区。

同样，美国成为技术领导者后，英国并没有很快采用美国的技术，重要原因是英国的要素禀赋与美国的技术特征不吻合。Habakkuk（1962）认为美国廉价的土地资源和高工资造就了美国技术创新。Allen（2009）认为美国的技术并不适用英国的条件。与 18 世纪末 19 世纪初其他国家没有立即采取英国工业革命的新技术一样，19 世纪晚期英国没有采用最新的技术也是理性的。当时英国棉纺织工厂拒绝接受环锭纺纱，而更偏好骡机（走锭纺纱）。苏打水制造商们也很难放弃 Leblanc 方法而采用更好的 Solvay 方法。Magee（2004）发现英国企业拒绝新技术的选择是理性的。英国熟练工人工资比美国的少，自然资源比美国稀缺。而且英美厂商面临不同的需求。兰开夏生产的是用于出口的细棉纱，这种产品更适合用骡机生产（Leunig，2001）。英国更适合采用相对密集的熟练劳动力和节省资源的生产方式，以更灵活地适应分散和个性化的需求，而不适合美国资源密集型和节省劳动力的生产技术，也不适合钱德勒（1987）所说的大规模生产方式。

资源禀赋的差异还会造成世界各国收入与地理位置和空间相关。类似资源禀赋的国家往往在地理位置上相邻，收入水平又是历史过程长期累积的结果，所以不同地区的国家分化占主流，而相同地区的国家则存在趋同（Sachs and Warner，1995）。

而且，制度是资源禀赋的回应（Domar，1970；Engerman and Sokoloff，1997）。一方面，类似的资源禀赋对制度产生间接影响（Easterly and Levine，2003），又强化了资源禀赋与增长的关系。例如，加勒比海地区非常适合农作物生长，因此无论在殖民地时期还是独立后，这些国家的经济都具有"依附性"，发展起来一种高度不平等的政治体制和旨在维护精英特权的经济政策（Sokoloff and Engerman，2000；Sokoloff and Zolt，2007）。另一方面，很多资源禀赋优越的国家在技术追赶中并没有成功，或者增长乏力，或者长期经济负增长，陷入"自然资源诅咒"，例如，安哥拉、刚果、塞拉利昂和苏丹。然而，澳大利亚、加拿大、智利和美国等自然资源丰富的国家却成功实现了追赶和超越。这两种不同的模式可能是因为制度的问题。例如，19 世纪在地方性的热带疾病导致欧洲定居者死亡率高的地方，欧洲人只忙于掠夺资源，未能投资建立强有力的产权制度，导致这些地区经济增长不理想（Acemoglu et al.，2001；Ross，2005）。在好的制度下，自然资源的红利增加了生产活动；而在坏的制度下，资源红利导致寻租。丰富的资源往往与政治上的不稳定、低投资、低增长有关。Ross（2005）考察了资源丰饶地区的战争冲突，发现战争是为了控制自然资源以夺取租金，这阻碍了经济增长。石油非常有利于挪威，但不利于尼日利亚。博茨瓦纳因为好的制度享受了钻石的红利（Acemoglu et al.，2003），安哥拉和尼日利亚则正好相反（Isham et al.，2005）。

二　一体化和去工业化

在索洛模型中，各国经济增长趋于收敛。在现实当中，只是在发达国家存在人均收入收敛的趋势。全球化到底是促进了世界各国经济发展的趋同还是分化呢？Williamson（1996）认为，从一战之前的历史来看，全球化是推动经济增长趋同的关键因素。发达国家不仅在19世纪（20世纪）早期呈现经济增长上的收敛趋势，实际上，1800～1913年，绝大多数大西洋经济体国内及国家之间的市场整合趋势越发明显，特别是价格收敛的趋势十分显著（Jacks，2006）。这些增长收敛俱乐部的国家正好是这一阶段在工业化进程中取得重要进展的国家。全球化对技术扩散具有积极意义，它通过两个渠道促进了技术扩散。首先，Holmes and Schmitz（2001）认为，海外竞争会加速国内采用新技术。其次 Holmes and Schmitz（2012）的实证研究表明，贸易会带来知识外溢，这种外溢会减少技术采用成本和采用时滞。

反对的意见也有很多，在美国国民经济研究局2001年举办的全球化论坛中，Dowrick and DeLong（2001）认为，全球化并不意味着不同国家（地区）间经济增长的收敛。全球化对这些国家的影响千差万别。正如Abramovitz（1986）认为的，落后国家必须具有一定的社会吸纳能力才能采纳发达国家的先进生产技术，从而步入现代经济增长的轨道。Galor（2004）、Galorand Mountford（2008）认为，全球化可能不会导致现代经济增长，反而会使一些国家无法摆脱马尔萨斯式增长。如果一个国家的比较优势是资源丰富或劳动力丰富，在国际贸易中它们只能坚持生产非技术密集型产品或非工业品，而无法实现现代经济增长。在这种模式下，国际贸易并没有改善所有地区的经济长期增长前景。

实际上，全球化的趋同和分化作用同时存在。O'Rourke and Williamson（1999）总结了大量文献，认为19世纪的贸易和人口迁移对大西洋两岸的国家起到了收敛作用。贸易导致低工资、劳动力富足的国家的工资水平向劳动力稀缺的国家的工资水平靠拢。资本从劳动力和资本富足的英国等国向劳动力稀缺但自然资源丰富的加拿大、美国等国流动，这也是一种收敛的力量（O'Rourke et al.，1996）。然而，19 世纪的历史表明收敛是一个不平衡的现象。西欧和英国衍生国之间的差异在缩小，但是非洲、亚洲大部分地区与先进地区的差异在扩大。Acemoglu et al.（2005）认为，地理大发现后大力发展的大西洋贸易加大了 1500～1800年欧洲国家的分化。英国、荷兰等国家的城市商人阶级因贸易获得了发展，推动了限制王权和保护产权的制度改进。而在同样面临美洲贸易机会和更广阔的大西洋利益的专制君主统治的地区，如西班牙，则未能实现产权制度的演变，也未能利用得自对外贸易的财富实现可持续发展的城市化和工业化。一些资源丰富的国家也受困于"自然资源诅咒"，但是加拿大、新西兰和澳大利亚等国家专门从事非工业品生产，保持了高收入和高增长率。20 世纪 80 年代后，东亚和其他地区的国家都在推动劳动密集型制造业的发展，生活水平也在不断增长。

所以，片面强调全球化的趋同或是分化作用都是不客观的。现在的研究表明，相比地理、人口以及资源禀赋等因素，在如何有效应对全球化上，国家内在的制度、技术以及生产组织形式等扮演着更为关键的角色，决定着国家是否能享受到全球化的红利。

1. 19 世纪以后的经济一体化

从 19 世纪 20 年代起，国际商品市场一体化加速。同时期，英国的新技术扩散到大西洋经济体中。大量文献表明这两个进程紧密相连。工业革命带来了工业制造品与原材料进出口贸易的增加、跨大西洋的交通运输成本的不断下降，为全球化创造了条件，是全球化的主导力量（Findlay and O'Rourke，2007）。1870～1913 年，贸易成本下降了 10%～16%，这一时期贸易成本的下降可以解释 44% 左右的贸易增长，其他56% 左右的贸易增长可以归因于生产率的上升（Jacks，Meissner，and Novy，2010）。此外，关于贸易成本的 1870～2000 年跨国（包含欧洲、美洲、亚洲及大洋洲的 130 个国家）面板回归的实证结果表明，双边贸易的成本以及产出的变化对国际贸易的流动具有显著影响。一战之前贸易的繁荣在很大程度上归因于贸易成本的下降，而二战之后全球贸易的再次增长主要是由产出的增加导致的，两次世界大战期间的贸易下降则可以归因于贸易成本的上升（Jacks，Meissner and Novy，2011）。全球化也缓解了工业化过程中所面临的资源约束。但是在竞争中失败的国家或者部门最容易抵制全球化，工业化也为反全球化埋下了祸根。

商品贸易量随着运输成本降低、税率下降、交流增加而增加；英国、德国和法国的资本流向新近的定居点和欠发展地区；外国直接投资和技术转移的都加速了移民也增加了。经济腾飞、人口变迁加速了城市化，福利的持续改善很大程度上改变了19世纪欧洲和北美居民的生活方式。大部分地区的高收入都和一体化程度的提高有关。英国工业革命期间涌现的新技术直接推进了市场一体化的进程。蒸汽机提高了铁路和海洋运输的效率（Allen，2009）。19世纪50年代电报的应用降低了通信成本。再加上自由贸易政策在欧洲大陆的扩散和金本位的稳定协调作用，世界商品出口量占世界GDP的比重在1820~1913年从1%增长到8%（Findlay and O'Rourke，2003），商品价格差距基本消失。与此同时，德国从19世纪50年代起，日本和美国等许多国家和地区从19世纪60年代起开启了工业化进程。1870~1913年，这些地方的人均收入超过了原来的2倍。可以说，贸易和全球化推动了这些国家和地区向现代经济转型的进程。

19世纪，大西洋沿岸经济体的工资和价格出现趋同（O'Rourke and Williamson，1999）。工资趋同的原因是大量人口从欧洲移民到美国。当时爱尔兰GDP的增长率为0.7%，人均GDP增长率则因大量人口移出达到1.3%。19世纪如果没有移民，美国真实工资将上升9%（O'Rourke et al.，1994）。

19世纪中期资本开始追逐移民和自然资源，造成国际资本流动增加。资本会被输入到资本边际产品比较高的地方。国际资本流动也提高了资本稀缺国家的生活水平，使世界经济收敛。1870~1913年资本劳动比率高的国家，都是由于资本流入。而且流向当时的欠发达国家的资本不少，并没有出现20世纪比较严重的资本流入发达国家的情况（卢卡斯，2005）。澳大利亚的国外投资占总投资的20%，加拿大、阿根廷和巴西则高达50%（Fishlow，1985；Williamson，1964）。意大利、葡萄牙、西班牙和爱尔兰资本流入量很小，资本劳动比率和真实工资在这段时期似乎没有受资本流动影响。

各国之间的利差下降也是资本市场一体化程度加深的表现。利差下降的主要原因是电报的使用。金本位也促进了资本的流动（Obstfeld and

Taylor，2003）。大英帝国的建立也是利差下降的一个因素（Ferguson and Schularick，2006）。Obstfeld and Taylor（2004）研究了 19 世纪末至现代一些不同种类的资产，包括长期主权债券利息率和短期货币市场基金。长期主权债券利息率显示，1910 年债券市场利率的差异系数低于 1870 年。发现战争期间资本市场一体化程度大大降低，20 世纪 70 年代以来一体化程度加深。

在新古典增长模型中，资本流入率的永久性上升类似于储蓄率的上升。这可能会导致长期高增长率和收入的长期增长，但对增长率没有永久性的影响。Gourinchas and Jeanne（2006）的研究验证了新古典增长模型。他们发现外资流入，仅造成短期经济略有增长。只有当资本流动与更深层的制度和社会变迁相联系时，外资流入才会较大幅度地提高生活水平，对长期经济增长产生影响。但是，19 世纪以来欧洲资本外流往往造成流入国基础设施的改善和私人部门资本积累的增加，这可能会对长期经济产生影响。Bordo and Meissner（2011）、Schularick and Steger（2010）研究了 1870～1913 年资本流动和经济增长的关系。他们发现外资流入和高收入相关，外资流入提高了长期增长率。19 世纪资本流动提高了投资率，使高收入成为可能。同时，资本流入也增加了银行、货币和债务危机的可能性。所以 19 世纪金融全球化的直接后果是提高了生活标准，但金融危机的发生也产生了消极效果。金融危机的危害程度因为各国储备、贸易开放度、对资本流入监管的不同而不同。斯堪的纳维亚国家、加拿大、澳大利亚和美国从资本流入中获益。金融体系不够完善、没有信守固定汇率和政府约束力弱的国家，会被金融危机威胁到收入稳定性（Rancière et al.，2008）。

2. "大分工" 和 "去工业化"

在全球化进程中形成了世界范围内的大分工。丹尼斯·罗伯逊把工业化经济体和初级产品经济体的贸易分工称为 "大分工"，工厂化的北方与出口初级产品的南方间的 "大分工" 始于 19 世纪（Robertson，1934）。当时工业革命在大西洋经济体中的扩散和因为技术变革急剧下降的交通成本促成了 "大分工" 的形成。西北欧，特别是英国出口工业制成品和进口初级产品，大洋洲、拉丁美洲和非洲的出口初级产品。美国也是一个初级产品净出口大国，但快速的工业化使美国在第一次世界大战前转变成工业制成品出口国。亚洲是初级产品净出口与工业制成品净进口地区，但是它的工业制成品出口也不容忽视。

传统经济学认为这种"大分工"下形成的国际贸易，会造成参与贸易国家的不平等，工业品出口国比初级产品出口国获利更大。Melitz（2003）从生产率的角度说明大分工造成的不平等。他在一个动态化的产业模型中引入异质性厂商，分析国际贸易对国内不同产业产生的影响。国际贸易对生产效率存在差别的产业的资源配置产生不同影响。国际贸易开放会引发更具生产效率的厂商进入出口市场，生产效率相对较低的厂商则致力于开发国内市场。所以，经济中的资源流向生产效率更高的部门。也就是说，"大分工"会使资源流向工业品生产国。Blattman, Hwang and Williamson（2003）研究了在大分工条件下国际贸易条件改变对工业品生产国和非工业品生产国的影响。他们发现，1870～1938 年贸易条件及其变化与经济增长之间存在联系，包含 37 个国家（及地区）的面板回归结果表明，相比贸易条件的长期趋势，贸易条件的短期波动对于经济增长产生的影响更大。贸易条件的短期波动造成的不确定性影响了投资，进而对经济增长产生影响。相比工业化国家，非工业化国家对贸易条件的短期波动更为敏感。因为经济发展水平的落后，非工业化国家不具备应对贸易条件波动的经济实力。

在这种不平衡贸易的影响下，有些初级产品生产国出现了"去工业化"的现象。Matsuyama（1992）发现在小型封闭经济体中，农业生产率的上升会促进经济增长。不过，当封闭经济体采纳自由贸易转而成为小型开放经济体时，农业生产率的上升将导致经济增长水平的下降。当经济从封闭状态转入自由贸易之后，因为农业生产在该经济体中拥有比较优势，该国在国际贸易中会进口工业制品。拥有比较优势的国外工业制品促使工业品价格下降，国内工业生产者收益下降，国内生产者不得不转入农业生产。这样在农业上拥有比较优势的国家参与国际贸易后会出现"去工业化"的后果。考虑到在全球化背景下，信贷约束以及金融市场的不完善对那些传统上拥有农业生产比较优势的国家参与国际贸易产生了消极影响（Bhagwati, 1971；Matsuyama, 1992, 2004；Chesnokova, 2007）。Chesnokova（2007）在 Matsuyama（1992）模型的基础上引入动态的信贷约束，仍然得到相同的结论：拥有农业生产比较优势的经济体一旦转为开放经济体，随着时间推移，这一经济体将遭遇"去工业化"的结局。

即使工业化国家可以为非工业化国家提供资本品以及贷款，在自由贸易的背景下，非工业化国家依靠初级产品出口实现的经济增长也是短期的。通过有效地利用经济中新出现的资源（包括人口及土地）以及海外资本，很多非工业化国家经历了外延式增长（刘易斯，1978）。这一外延式增长并不需要借助技术的进步、生产组织形式的革新或者人力资本的提高等，通过利用经济中新增的资源就可以达到。这些"外延式增长"终将被人口的快速增加消耗掉。因此，这一时期，很多非工业化国家并未实现真正意义上的经济增长，人均收入也没有持续上升。19 世纪末期，泰国和缅甸的农业经济增长就属于外延式增长。哥伦比亚、巴西和哥斯达黎加咖啡出口的快速增长主要是由新开垦出来的土地创造的（Findlay and O'Rourke，2007）。在拉美一些地区，比如依靠锡和银出口的玻利维亚、依靠硝酸盐类化肥原料出口的智利等，都经历了外延式增长。南非钻石及黄金的开采依靠新增的非洲劳动力以及国外的资本流入，国际要素流动与现代交通技术推动了新出现资源的有效利用。这些地区的经济发展最终与北美地区的经济发展分道扬镳。而且因为经济中可以利用的资源是稀缺的，当非工业化国家将越来越多的资源用于初级品生产时，将意味着生产更少的工业制品。Corden and Neary（1982）认为初级产品出口的繁荣有可能将劳动力以及经济中其他资源过度引向初级产品生产部门，导致这些经济体的"去工业化"，并且提高制造业的成本。

不过，依靠新增资源（移民、土地及海外投资）的北美和澳大利亚不同于拉美地区、东南亚以及非洲，北美地区和澳大利亚在增加初级品出口的同时，其工业化进程也十分迅猛。Findlay and Jones（2001）和 Irwin（2002）的解释是：很多自然资源在北美地区很少直接参与国际贸易。北美地区的资源实际上是不断参与当地的工业化进程（"挤入式"）的，而不是像拉美或者东南亚及非洲地区那样是流出经济体（"挤出式"）的（芬德利和奥洛克，2012：450）。

3. 贸易政策与经济增长

传统上，经济史学家们把 1815 年维也纳会议至英国废除《谷物法》这段时期看作实行普遍的贸易保护政策的时期。1846 年，尽管遭遇到保守党人及地主的激烈反对，英国还是废除了《谷物法》，这也标志着英国开始出现单边的自由贸易政策立场（O'Rourke and Willimson，1999）。不过 1842 年英国已经对其关税进行了改革。英国的自由贸易政策立场随后对西班牙、奥匈帝国以及荷兰等产生了较大的影响（Nye，1991）。19世纪 50 年代，主要列强国家的关税水平都出现了下降（Irwin，1993；Accominotti and Flandreau，2006）。1860 年，随着英法签订双边协议（Cobden-Chevaliar Treaty），这一协议不仅确立了英法两国之间互享最惠国待遇，而且为西欧国家之间的双边贸易协议奠定了基础。结果是，不仅英法之间的贸易趋向自由，很多西欧国家也纷纷仿效。到 19 世纪 70年代，欧洲大陆的平均关税下降了 9% ~ 12%（Bairoch，1989）。

关于《谷物法》的废除对英国经济产生的影响方面的文献可以区分为两种主要观点，第一种观点认为《谷物法》保护了英国特定的社会阶层的经济利益，《谷物法》的存在影响了居民的收入分配，而这会对劳动力的流动以及工业的发展造成阻碍。Williamson（1986）利用一般均衡模型分析了《谷物法》的废除对收入分配带来的影响，他的研究发现，英国劳动力（从劳动力的流动角度来看）忍受着《谷物法》的煎熬，相比之下，《谷物法》的废除对制造业发展造成的影响就不是那么显著了，并且后一影响还取决于英国在世界市场所处的地位。

第二种观点集中在关税削减对英国整体福利水平造成的影响方面。实际上，这一解释仍然存在较大的疑问。首先，我们很难确定贸易会对人均收入水平上升造成什么样的影响。其次，就 19 世纪中期而言，那些善于改变贸易条件的国家反而会对收入的上升产生正向影响。从这一意义上来说，选择自由贸易政策的立场并不明智。关税的削减通常会产生两个相互对立的效应，对国内经济增长的正面效应和负面效应。正面效应是指，在关税削减倾向自由贸易之后，英国可以从国内经济资源更为有效的配置中获益。而负面效应是指，一旦该国的贸易条件恶化（可能是因为他国提高关税或是限制进口），则该国会遭受损失。最后，就这一时期而言，关税削减、《谷物法》废除对英国福利会带来积极影响缺乏证据的支持（McCloskey，1980；Harley and McCloskey，1981；Irwin，1988）。McCloskey（1980）对英国 19 世纪中叶的最优关税水平进行了估算，其研究发现，关税削减及《谷物法》的废除使得英国关税水平低于其最优水平，"英国对世界其他地区过于慷慨了"（McCloskey，1980）。Irwin（1988）在贸易供给与需求的一般均衡模型中加入贸易条件的变化，结果是，英国单边的关税削减使得英国福利水平下降。不过，如果其他国家改善与英国之间的贸易条件，却会提升英国的福利水平。

1860 年《英法条约》的效果又如何呢？Nye（1991）发现条约签订后法国的平均关税水平低于英国的平均关税水平。当然，从统计上来说，平均关税并没有反映关税的商品结构。Accominotti and Flandreau（2006）就认为，英国的自由贸易政策其实主要体现在具有领导地位的工业制品的出口上。《英法条约》产生了正的外部性，对其他国家关税的进一步下降产生了影响（Bairoch，1989；Accominotti and Flandreau，2006）。但是，1860 年之后自由贸易政策的实施与贸易数量扩大之间的相关性并不显著（Bairoch，1993；Accominotti and Flandreau，2006）。

1870 年后，随着运输成本的下降和粮食丰收，来自美国和东欧的粮食大幅进入西欧，造成欧洲大陆国家转向了贸易保护主义。德国于 1879 年提高了关税。法国于 1884 年开始征收梅琳税。美国延续了高关税的政策，1870～1913 年，美国关税水平接近 40%（Irwin，2010）。拉丁美洲也保持了较高的关税（Clemens and Williamson，2004b）。保持自由贸易的国家是英国，还有亚洲被迫打开国门的日本、印度、中国、暹罗和印度尼西亚等。高关税国家和低关税国家的经济增长情况出现明显分野，高关税国家实现了经济增长，低关税国家增长率低。基于这样的史实，学者质疑了自由贸易促进经济增长的自由贸易理论。Bairoch（1972）研究了 1914 年之前德国、法国、意大利和英国的保护政策的影响。研究结果显示，更高关税的国家发展得更快。O'Rourke（2000）的回归分析扩大了样本量，并拓宽了变量的条件，研究结果显示，人均收入增长最低的国家恰恰是关税最低的国家。英国低关税低增长，美国、加拿大和阿根廷高关税高增长。Lehman and O'Rourke（2011）的研究也支持了这种观点。

当采用地理因素作为工具变量，样本进一步扩大，包括了俄罗斯、葡萄牙和巴西时，实证研究结果就不能支持关税水平和增长正相关的结论了（Irwin，2002；Irwin and Terviö，2002）。Schularick and Solomou（2011）甚至认为关税和收入之间没有关系。

通过延长时间跨度和增加样本国家，调和了上述两种针锋相对的观点。Jacks（2006）发现，开放对经济增长有积极的作用，但高关税也有同样的作用。Vamvakidis（2002）研究了1870～1910年、1920～1940年、1950～1970年和1970～1990年这些时段，发现经济增长和贸易开放性的正相关仅在1970年后才显现出来，在1920～1940年时段还存在着负相关。Clemens and Williamson（2004b）发现了一个关税与经济增长的悖论，并指出在二战前高关税与高经济增长是相关的，二战后则并非如此。他们对此的解释是这与全球经济环境有关。在二战前低关税的经济环境中，国家可能会降低自身福利水平而通过提高关税作为对外国的惩治，而在一个一些国家关税已经很高的世界里（即1914年前），高关税可能不会造成损害，而且可能与更好的经济发展相关。

通过比较外部条件和国内条件的不同，也能调和两种不同的观点。Clemens and Williamson（2004b）指出，关税似乎一直和较高的净出口有关，并且这个影响可能取决于国外关税的水平。在包括了更多外围国家的更大样本的研究中，Blattman et al.（2002）认为只有在欧洲经济增长核心和英语分支国家，如美国和加拿大，关税和经济增长才会有积极的正相关关系。在欧洲南部和拉丁美洲地区，关税很高，但不与经济增长相一致。这种分化产生的原因是国内条件不同，关税政策发挥积极作用的前提是国内为工业化、资本积累及人力资本深化做好了准备。

19世纪中后期到一战前，贸易政策与经济增长之间的关系是复杂的。针对这一时期的计量研究结果没有显示自由贸易政策会对人均收入增长产生积极或者正向的影响。而且从1870年欧洲向贸易保护主义转变时，世界经济却进入了第一波的全球化时期（1870～1913）。

三　结构转变、技术特征和美国的超越

18世纪下半期到19世纪初，英国凭借着工业革命成为世界霸主。19世纪末，美国超越英国成为世界经济的霸主。在19世纪后期，美国经济的快速增长使得它的人均GDP逐渐赶上了英国，并在世纪之交后超过英国。1929年，差距扩大，美国的实际人均GDP是英国的131.4%，而在1870年，它只有英国的75.3%（Maddison，1995）。美国制造业劳动生产

率的领先地位在 19 世纪中叶就已经确立了（Habakkuk，1962）。1870
年，美国制造业劳动生产率是英国的 2 倍，1929 年上升到英国的 2.5 倍
（Broadberry，1994b）。英国的生产率增长率从 19 世纪中期年均 0.75% 下
降到 1873～1913 年的年均 0.45%，1899～1913 年仅有 0.05%。20 世纪
20 年代美国全要素生产率增长率为年均 5.3%（David，1991）。

　　通过美英 1913 年和 1929 年主要优势行业的世界市场排名（见表
10-2）可知，英国的优势行业仍然是第一次工业革命时期建立的，如纺
织、火车和轮船、钢铁等。美国农业设备、汽车和飞机等新兴行业，以
及有色金属等自然资源行业相对较强，纺织相对较弱。

表 10-2　英国和美国优势行业的世界市场排名

行业	英国		美国	
	1913 年	1929 年	1913 年	1929 年
农业设备	10	16	2	1
汽车和飞机	12	14	4	2
有色金属	16	13	1	3
工业设备	5	8	3	4
电气	8	7	5	5
书籍和电影	13	6	10	6
金属制品	7	11	6	7
钢铁	3	4	9	8
化学品	11	10	12	9
木材和皮革	15	15	7	10
火车和轮船	1	1	8	11
砖和玻璃	14	12	11	12
服装	6	9	14	13
装饰品	9	5	13	14
酒精和烟草	4	2	15	15
纺织	2	3	16	16

　　资料来源：Nicholas Crafts，1998：201。

　　Broadberry（1998）分行业考察了英国和美国的比较劳动生产率，发
现美英制造业的比较劳动生产率水平在 1870～1990 年基本保持稳定，而

美国服务业的劳动生产率高于英国。德国和美国在总劳动生产率方面超越英国，主要是资源从劳动生产率比较低的农业中流出，转向劳动生产率比较高的服务业，而不是制造业的比较劳动生产率得到提高。这个结论改变了传统的观点：美国赶超了英国是因为在制造业上实现赶超（El-baum and Lazonick，1986；Chandler，1990；Wiener，1981）。

Broadberry（1998）对美英劳动生产率的比较涵盖了几乎所有的部门，包括农业、采矿业、制造业、建筑业、公用事业、交通通信业、零售业、金融/服务业、政府（公共行政和国防）部门。使用员工人均产出的指标。采用基准时间序列的外推法，将基准年设定在更接近样本时期的中心，即1930年，这样有利于对时间序列外推进行证实。表10-3列出了以1937年基准时间序列外推得到的美国、英国比较劳动生产率水平的数字。1920年前的数据是每隔10年的。1869/71年的数字比较的是1869年美国员工的平均产出和1871年英国员工的平均产出。

表 10-3　用时间序列外推的英美各部门劳动生产率比较（英国 =100）

部门	1869/71	1879/81	1889/91	1899/01	1909/11	1919/20	1929	1937	1950	1960	1968	1973	1979	1990
农业	86.9	98.1	102.1	106.3	103.2	128.0	109.7	103.3	126.0	153.1	156.7	131.2	156.1	151.1
采矿业	103.1	99.3	109.0	147.3	162.0	228.2	248.9	232.1	376.5	618.4	700.9	668.0	156.6	119.1
制造业	182.5	170.7	193.8	196.5	202.7	205.6	250.0	208.3	262.7	243.0	242.8	215.0	202.6	175.2
建筑业	95.5	138.8	164.3	139.7	198.5	234.2	133.7	107.8	177.6	235.5	204.5	146.6	129.7	98.5
公用事业	55.8	74.5	113.5	128.1	149.5	295.5	335.9	359.3	573.4	719.9	767.9	590.8	523.9	389.8
交通通信业	110.0	146.9	167.1	226.8	217.4	250.6	231.5	283.4	348.4	318.8	336.8	303.3	302.7	270.5
零售业	66.9	107.9	97.0	107.1	120.0	109.0	121.9	119.8	135.2	143.2	147.9	149.6	153.8	166.0
金融/服务业	64.1	58.4	53.2	71.6	77.9	103.6	101.5	96.1	111.5	112.3	121.3	118.0	118.3	101.0
政府	114.3	108.6	102.6	111.2	95.8	97.9	99.4	100.0	116.2	110.2	104.4	101.7	96.5	93.2

续表

部门	1869/71	1879/81	1889/91	1899/01	1909/11	1919/20	1929	1937	1950	1960	1968	1973	1979	1990
以上总计	92.0	94.5	96.3	110.6	120.6	137.9	142.7	132.6	167.2	163.4	159.1	144.3	139.4	128.3
GDP	89.8	95.8	94.1	108.0	117.7	133.3	139.4	132.6	166.9	167.9	164.2	152.3	145.5	133.0

资料来源：Broadberry（1998：378）。

表 10-3 显示了 1869～1990 年约 120 年时间里英美劳动生产率差距的演变，差距主要发生在农业和金融/服务业方面，而不是在制造业方面。变异系数显示，在许多行业，英美劳动生产率差异存在很高的稳定性。英美两国制造业生产率差距变化不大，英国劳动生产率一直维持在美国 1/2 的水平左右。农业、零售业、金融/服务业和政府的劳动生产率差距也相对比较稳定。英美劳动生产率差距波动最大的是采矿业、公用事业，其次是建筑业、交通通信业。稳定部门的变异系数小于 0.2，采矿业和公用事业的变异系数约为 0.6，建筑业、交通通信业的变异系数约为 0.3。

英国制造业比较劳动生产率水平的长期稳定表明，英国相对衰落的主要原因并不是英国制造业生产率水平相对美国和德国的下降。从表 10-4 可以看出，1870～1910 年，美国制造业就业人口所占比重从 17.3% 上升到 22.2%。由于同期英国和美国的劳动生产率水平在农业方面大致相同，但在制造业方面，美国的劳动生产率约 2 倍于英国。所以，Broadberry（1998）认为美国劳动力从农业转移到制造业促使美国超越英国。

在采矿业，美英的比较劳动生产率因为石油开采在两国重要性的波动而波动。20 世纪，石油工业在美国采矿业中的重要性日益增加，1973 年以来，英国北海石油工业的兴起和缩减生产率低下的煤矿工业，使得英国缩小了与美国的差距。公用事业部门的发展也反映了产出组成和资源发现的影响。20 世纪，美国从煤气到电力和天然气的转变，大大提高了美国的比较劳动生产率。例如，在 1910 年，普查数据显示，美国/英国劳动生产率比例在煤气中仅为 115.7，但电力为 194.4。因此，电力日益增长的重要性以及燃气工业中日益增长的天然气使用导致了美国公用事业部门劳动生产率领先距离的骤升，而 20 世纪 70 年代北海石油的发现又缩小了差距。这在一定程度上说明自然资源对于美国劳动生产率超

越英国的重要性 (Wright, 1990; Nelson and Wright, 1992; Abramovitz and David, 1996)。但是，由于采矿业和公用事业在工业中所占比重小于制造业，所以尽管采矿业和公用事业的比较劳动生产率变化率远高于制造业，但是制造业的比较劳动生产率更具解释力。

表 10-4 列出了美英各部门就业率的数据。两国农业就业占比均下降，但下降的时间不一样。19 世纪 70 年代早期，美国农业人口仍占总就业人数的一半左右，但在英国，这一比例已经占不到 1/4 了。Broad-berry (1998) 认为 19 世纪 70 年代后，劳动力从农业中流出，农业就业比重减少，造成了美国赶超英国。一国的总的劳动生产率不仅可以因为个别行业劳动生产率的变化而变化，还可能因为部门之间的结构性变化而变化。国家之间的比较劳动生产率在一个时间点的总体比较水平不仅受到每个部门的比较劳动生产率水平的影响，而且受到就业结构差异的影响。附加值高的行业就业比重大的国家，要比附加值低的行业的就业比重大的国家更有优势。

表 10-4 美国和英国各部门就业率

单位：%

美国					
部门	1870 年	1910 年	1930 年	1950 年	1990 年
农业	50.0	32.0	20.9	11.0	2.5
采矿	1.5	2.8	2.2	1.5	0.6
制造业	17.3	22.2	21.3	25.0	15.3
建筑业	5.8	6.3	5.9	5.5	5.2
公用事业	0.2	0.5	0.8	0.9	0.7
交通通信业	4.6	8.1	8.6	6.0	4.0
零售业	6.1	9.1	11.7	18.7	22.0
金融/服务业	12.2	17.1	21.4	21.3	40.2
政府	2.3	1.9	7.2	10.1	9.5
总计	100.0	100.0	100.0	100.0	100.0

英国					
部门	1871 年	1911 年	1930 年	1950 年	1990 年
农业	22.2	11.8	7.6	5.1	2.0
采矿业	4.0	6.3	5.4	3.7	0.6

续表

英国					
部门	1871 年	1911 年	1930 年	1950 年	1990 年
制造业	33.5	32.1	31.7	34.9	20.1
建筑业	4.7	5.1	5.4	6.3	6.7
公用事业	0.2	0.6	1.2	1.6	1.1
交通通信业	5.4	7.7	8.3	7.9	5.5
零售业	7.5	12.1	14.3	12.2	19.5
金融/服务业	19.5	20.2	20.9	19.5	37.5
政府	3.0	4.1	5.2	8.8	7.0
总计	100.0	100.0	100.0	100.0	100.0

资料来源：Broadberry Stephen N.，1998：385。

　　罗伯特·加尔曼（Robert E. Gallman，1960：27）用恩格尔法则解释美国农业人口的转移。Crafts（1985：116－22）也认为低收入弹性是英国工业化过程中劳动力从农业中转出的条件。Broadberry（1998）借鉴了以上两位学者的观点，认为结构转型的原因是需求的收入弹性。1870～1990 年的结构转型表明农业的重要性降低。国内需求发挥了作用，因为食品需求的低收入弹性对于进一步扩大农业发展是一个制约因素。英国、美国在 1870～1970 年的发展证实了恩格尔法则，随着收入的增加用于食品消费的比例下降。同时，他认为收入需求弹性的作用超过了对外贸易对农业就业人口的影响。19 世纪美国农业的比较优势明显，美国是农产品的主要净出口国，英国是主要的净进口国。但是，美国就业人口还是不断从农业部门流出，主要原因是国内的收入需求弹性发挥了重要作用，抵消了美国在对外贸易中农业的优势地位。美国的制造业和非制造业基本实现了贸易平衡，英国的制成品贸易则从盈余转为赤字。因为需求收入弹性的作用，从农业中转移出去的劳动力到了高收入需求弹性的服务业。Angus Deaton and John Muellbauer（1980）发现服务业的需求收入弹性最高。Hendrik Houthakker and Lester D. Taylor（1970）也发现自二战以来美国服务行业的需求收入弹性比较高。

　　从英美劳动生产率的比较看，制造业的劳动生产率差距较大，但并没有随着时间的推移进一步扩大，所以不能用制造业超越来解释美国经济总体超越。英国的衰落表现在服务业劳动生产率领先地位的丧失。

19 世纪，美国廉价资源、高工资和大市场的特殊条件诱发了高劳动生产率、大规模、资本密集的生产方式（Habakkuk，1962），这是美国特色（Nelson and Wright，1992）。第一次世界大战之初，美国在规模经济、资本密集、标准化和自然资源集约利用的大规模生产和大规模分销行业建立了领导地位。Clark（2007）通过对比英美两国技术发明时期的一些条件，认为美国技术发明有三个主要特征：第一，美国技术产生于和适用于更大规模的市场，更大的研发费用可以在更大的市场上分摊，研发的预期收益也因为更大的市场而提高；第二，美国工资高，所以倾向于发展节省劳动力的技术；第三，美国投资高，这有助于提高劳动生产率。从 1850 年到 20 世纪 20 年代，美国制造业的技术转向了高资源、高资本密集和节省劳动力的方面（Cain and Paterson，1986）。

制造业出口数据显示，美国技术是资源密集型的，比较优势行业集中在机械和有色金属等行业，矿产资源及其开发行业的产品是美国最具竞争力的产品，1880～1930 年这类产品的竞争力增强了（Wright，1990；Cain and Paterson，1986）。美国由此建立了世界领先的煤炭、铁矿石、铜、石油产业和机械、金属加工业。典型的例子是 19 世纪 90 年代梅萨比铁矿开发后，美国钢铁行业成为世界领先行业（Allen，1979）。

美国的技术是偏向资本型的。Broadberry（1998）通过比较英美的劳动生产率增长率，认为资本可以部分地解释这种差异。Moses Abramovitz and Paul David（1973）也认为资本在 19 世纪美国经济增长中发挥了重要作用。英国储蓄的很大一部分用于国外投资，1870～1914 年，净国外投资平均占 GDP 的 4.3%，而海外投资的近 1/3 在北美。美国雇员的人均资本增长更快，因此，英国在人均产出方面落后了。

Broadberry（1998）利用 Gilbert and Kravis（1954）的投资品购买力平价价格比率，确定了 1950 年的资本强度和 TFP 水平。然后通过 1950 年基准的时间序列外推来获得其他年份的比较资本密集度和 TFP 水平。结合英美两国的比较劳动生产率和 TFP 水平，可以看到美国的总体 TFP 直到两次世界大战期间才超越了英国，但是总的劳动生产率早在 19 世纪中期就已经超过了英国。这符合 D. McCloskey（1970）的说法，即维多利亚时代的英国并没有失败，因为美国在总体 TFP 水平方面仍在追赶。

由于第二次世界大战前，美国的进步并不依赖于 R&D 和高等教育，英美两国 TFP 的差距和劳动生产率的差距并不同步，所以投资只能部分地解释 TFP，但是可以相当程度地解释劳动生产率。分行业看，美国农业的人均资本增长速度快于英国，因而美国/英国比较 TFP 增长低于比较劳动生产率增长。采矿业、公用事业中因为比较资本密集度存在比较大的波动，相比比较劳动生产率的领先地位，美国比较 TFP 领先地位的起落就不是那么大了。在交通通信业内，由于美国人均资本比较高，尽管美国资本密集度的优势在下降，但是相对于劳动生产率，美国 TFP 领先程度要稍小一些。在制造业中，美英两国人均资本大致相似，所以 TFP 和劳动生产率的差距也比较一致。零售业中，因为英国的资本密集度更高，所以美国 TFP 的领先程度要高于劳动生产率的领先程度。

以上对比说明英美两国 TFP 的差距并不能完全由资本差异来解释，很多研究（Nelson and Wright，1992）发现，先进的企业管理、标准化大规模生产和大规模市场发挥了重要作用。在美国市场规模更大的情况下，英国相对个性化的家庭资本主义更持久，美国更快地转向了对相对不太熟练的工人进行强化管理，生产更加标准化的产品，形成了大规模的资本主义企业。到 1900 年时，美国的国民总收入是英国的 2 倍，是法国和德国的 4 倍。人均收入也超过英国，远高于欧洲大陆国家。美国的语言和文化是同质的，内部的交通和通信系统发达。美国消费者很快就接纳了标准化的产品，而欧洲则相对较慢，且欧洲对产品的要求更多样化。此外，由于高关税使得美国市场相对封闭，美国企业可以从广大的国内市场上获利。美国的"科学管理"运动提高了企业管理水平（Kogut，1992），有效地组织了生产销售。"职业经理人"的概念和实践首先出现在美国，1900 年，一家大型的美国公司由一群专业的、受过教育的经理人管理。钱德勒（Chandler，1977）说，现代企业往往出现在新技术行业，新的组织形式有助于有效地利用这些新技术。19 世纪末期，美国新技术行业大型公司形成了有别于英国和欧洲大陆公司的自己的管理风格。19 世纪 80 年代，铁路网络和电报网络为大规模生产和营销创造了机会。1908~1913 年，福特装配线出现，"福特主义"成为德国和苏联竞相模仿的对象。批量、标准化和大规模生产的有香烟、罐头食品、面粉谷物制品、啤酒、乳制品、肥皂和药品等消费品，缝纫机、打字机、相机等轻型机械，锅炉、泵印刷机等工业设备（Chandler，1990：62－71）。美国具有竞争力的出口产品，如工业机械、农用设备、五金化工、钢铁等都是大规模批量生产的。据估计，1841 年曼彻斯特棉纺厂规模的中位数为 174 名员工，最低可能低至 150 名员工（Lloyd-Jones and Le Roux，1980：75）。

美国资本密集、资源密集，而且依赖大市场的技术在欧洲获利十分困难（Broadberry，1994a）。所以从 19 世纪末美国取得技术领先地位到第二次世界大战前，其他国家，特别是资源相对匮乏的英国向美国学习先进技术并不容易。英国一些公司选择不采用当时先进的技术，因为在英国当时的条件下，这种选择是合理的成本最小化行为，企业家的选择在经济上是理性的（Sandberg，1981）。所以，McCloskey（1970：451）认为英国经济在资源和现有技术的有效配比下实现了应有的增长。但是，这恰好是拥有新技术的追赶者成为领先者的机会（Brezis et al. 1993）。

美国的技术并不具有普遍可用的特征，国家间技术转移的可能性则远远低于第二次世界大战后的情况（Nelson and Wright，1992）。实际上 1870～1910 年还被称为第一次"全球化"时期，在此期间，商品贸易、资本流动和人口流动都增加了。19 世纪后期和 20 世纪初，美国企业和个人基本无法阻碍技术在国际上的扩散。但是，美国技术只适合于国内条件的特征，减少了技术在国际上的外溢性，在很大程度上保障了美国能长期享受到发明的垄断利润。1870～1910 年，美英工资差距扩大，从 71% 扩大到 78%（O'Rourke，1997）。

第一次世界大战前，美国的技术创新很少依赖于科学、教育和 R&D 的投入，但是二战后这种情况发生了改变。在 20 世纪中期，美国的内燃机、电力、石油化工、航空和信息通信等行业的前沿技术更多地基于科学和工程学的系统性研发，而且大都是公司研究实验室和公共基金投资的研发机构取得的成果，而不是单个人的发明创造。20 世纪初，80% 的专利是独立自然人申请的，20 年代末下降到 50%，50 年代只有 25%（Nicholas，2010）。20 世纪中叶，美国的"国家创新体系"已经与 1900 年有了明显区别（Mowery and Rosenberg，2000）。

20 世纪中叶，美国创新体系的改变可能得益于 19 世纪中期美国的赠地政策。1862 年美国国会通过了《莫雷尔法案》①（亦称"赠地法案"），为每个州提供了农业实验站的资金。1906 年"亚当斯法"将资助金额翻了一番，1914 年建立了合作推广技术的服务机构，专门负责在农民中传播知识。《莫雷尔法案》还促进了工程技术人才的教育，1872 年工程学校的数量从 6 个增加到 70 个，1917 年增加到 126 个。工程学院毕业生人数从 1870 年的 100 人增加到第一次世界大战爆发时的 4300 人（Nelson and Wright，1992）。到 20 世纪初，通过大规模的本科教学，规范了硕士和博士学位的要求，美国博士学位也获得了国际认可，美国建成了研究型大学体系（Roger Geiger，1986）。19 世纪晚期，像 M. I. T.、康奈尔等学校，已经将物理和机械工程结合在一起了（Rosenberg，1984）。

　　20 世纪创新体系的改变还源于 R&D 的投入（见表 10 – 5）。20 世纪初，经过大规模的并购浪潮（1897～1902）后形成的大公司，开始了研究实验室的建设和扩张。1910 年左右，通用电气、杜邦、AT&T 和柯达都建立了正式的研究实验室。在新兴的电气行业，美国在设计、开发和实施方面占据优势地位（Hughes，1987）。20 世纪 80 年代初，大约 3/4 的研发费用是由超过 10000 名员工的大企业支付的。此时与国防相关的研发费用依旧占全部研发费用的 1/4（Mowery and Rosenberg，2000）。大规模的研发费用保障了美国在 20 世纪的技术领先地位。1969 年，美国研发支出超过了法国、德国、日本和英国总和的 2 倍（Nelson and Wright，1992）。

表 10 – 5　20 世纪美国 R&D 和高等教育状况

时间	R% D 支出/ GDP（%）	时间	R% D 存量/ GDP（%）	时间	人均高等 教育年数（年）
1920 年	0.2	1900～1910 年	0.03	1913 年	0.200
1935 年	1.8	1929 年	4.5	1950 年	0.420
1953 年	1.4	1948 年	13.0	1970 年	0.674

① 《莫雷尔法案》规定，各州凡有国会议员 1 名，拨联邦土地 3 万英亩，用这些土地的收益维持、资助至少 1 所学院，而这些学院主要开设有关农业和机械技艺方面的专业，培养工农业急需人才。1890 年又颁布第二次"赠地法案"，继续向各州赠地学院提供资助，到 19 世纪末，赠地学院发展到 69 所。这些学院后来多半发展为州立大学，成为美国高等教育的一支重要力量。

续表

时间	R%D 支出/ GDP（%）	时间	R%D 存量/ GDP（%）	时间	人均高等 教育年数（年）
1964 年	2.9	1973 年	38.2	1995 年	1.474
1990 年	2.7	1990 年	47.7	2005 年	1.682
2007 年	2.7				

资料来源：Crafts, Nicholas and Kevin Hjortshøj O'Rourke, Twentieth Century Growth, Chapter 6, 增长手册, p. 297.

此外，美国教育也增加了人力资本。20 世纪美国中等和高等教育处于世界领先地位。在 14～17 岁的人群中，高中入学率从 1900 年的 10.6% 提高到 1930 年的 51.1% 和 1960 年的 86.9%，而 1960 年，在英国 15～18 岁人群中，高中入学率仅有 17.5%。1880 年出生的美国人只有大约 5% 进入大学学习，但 20 世纪 60 年代出生的美国人有接近 60% 进入大学学习。1970 年，人均高等教育年数排名第二的丹麦，人均高等教育年数只有美国的一半（Crafts, Nicholas and O'Rourke, 2014：98）。第二次世界大战前，美国获得物理和化学诺贝尔奖的学者少于德国、英国和法国，二战后获奖人数大大超过了其他国家。

四　并购、管理革命和技术创新

一个企业通过兼并其竞争对手的途径成为巨型企业是现代经济史上的一个突出现象，没有一家美国大公司不是通过某种程度、某种方式的兼并而成长起来的，几乎没有一家大公司主要是靠内部扩张成长起来的。

19 世纪 80 年代，同业公会已经成为大部分美国产业的一部分。石油、橡胶、钢、铁、铜、铝、玻璃、木制品、皮革制品、五金加工等行业的同业公会控制着价格和生产。这些同业公会仿效铁路联营同盟的做法，为不同的厂商分配市场，收取成员收入的一定份额，对弄虚作假的成员进行惩罚。同业公会的协议并不具有合法合同所具有的强制约束力，而且同业公会不可能缔结包揽无遗、杜绝一切机会主义的契约，因此经常会有成员采用秘密回扣或公开降价的方式，破坏价格协定，有些成员则采取虚报产量和销售额的办法增加利润，使同业公会失效。要对联合起来的各公司进行更有效的控制，需要把各成员公司合并成为一个单一的，在法律上被承认的实体。显然，更大的控股公司是合理合法的形式。

　　起初，制造业的许多公司只是想加强同业公会对各成员公司的控制，权宜之计是把它们的股份转交到理事会托管，各公司得到等值的信托证券，理事会经过特别授权而发挥管理委员会的作用，对加入托管的成员公司做出经营方面和投资方面的决策。这样的组织形式就是托拉斯。美国最早正式建立的托拉斯组织是 1882 年的"美孚石油公司"（Standard Oil），其前身是美孚石油联盟（Standard Oil Alliance），该联盟曾以交换持股的方式成功地排除了成员间的竞争。在一位名叫 S. C. T. 多德（S. C. T. Dodd）的律师的帮助下，他们设计出了一种能够降低生产成本的替代型组织形式——托拉斯公司。这样，美孚石油联盟便形成了一个新的、股份由成员企业持有的实体——美孚石油托拉斯。这种组织设计使得托拉斯的管理层有权在成员企业间分配产量，甚至将生产集中于最有效率的炼油厂并关闭其他炼油厂。其他一些产业，如糖、铅、威士忌、亚麻油、棉籽油和缆索等产业，也于 19 世纪 80 年代采用美孚石油托拉斯的组织形式来组织企业。

　　1890 年《谢尔曼反托拉斯法》通过以后，托拉斯变成非法组织。新泽西州议会在 1888～1889 年修改了该州的《普通公司法》，允许制造厂商在州内和州外购买和拥有其他企业的股份，可以为在该州以外通过买进股票而拥有的财产支付费用。控股公司为处于法律困境的并购提供了最好的选择。1895 年在联邦政府控告美国制糖公司的 E C 奈特案件中，最高法院做出判决，承认新泽西州控股公司的合法性。最高法院宣称，一个制造业的股份公司并不受《谢尔曼反托拉斯法》的约束；接着，最高法院在 1897 年密苏里货运协会案件、1898 年运输公司案件以及 1899 年阿迪斯顿钢管和钢公司案件中，都做出了清晰的判决：任何生意公司的联合，如果是为了冻结物价或分配市场，那就触犯了《谢尔曼反托拉斯法》。之后，律师都通知他们所代表的企业放弃通过卡特尔或同业公会而达成的所有协议或联盟，结合成为一个单一的、合法的企业，于是许多同业公会和托拉斯迅速改组成为控股公司。著名的美国棉籽油托拉斯、美国糖业托拉斯、国民铅托拉斯和国民绳索托拉斯经过改组变成了股份公司。如果没有《谢尔曼反托拉斯法》和联邦法院对该法案的解释，各种卡特尔和家族企业之间的协议联合很可能会延续到 20 世纪，就像它们在欧洲的情况一样（高德步、王珏，2001：313）。

工业委员会研究了这个时期的 22 起并购，每起并购完成后形成的企业所控制的国内市场份额平均达到 71%。穆迪研究了 92 起大的并购案例，其中 78 起控制了其所在行业 50% 的产量，57 起控制了 60% 多，26 起控制了 80% 多。在钢铁业、烟草业、石油冶炼业、有色金属业、制鞋业等多个行业，并购很明显地把原来的竞争市场或寡头市场变成了一个由部分垄断者控制 50% 以上产量的市场（高德步、王珏，2001：313）。可见，大量的横向并购产生了一些巨型公司，加强了它们对所在行业的产量和市场的控制。

1895 年美国并购公司的总数只有 26 家，并购公司资产额为 2500 万美元，在并购的高峰年份 1898～1902 年，被兼并企业总数达 2653 家，其中仅 1898 年一年因并购而消失的企业数就达 1028 家。在这 5 年中，并购的资本总额达到了 63 亿多美元。100 家最大公司的规模增长了 4 倍，并控制了全国工业资本的 40%。在 19 世纪末 20 世纪初的这次横向并购中，美国工业完成了自己的形成时期。到 1917 年，大部分的美国工业都已具备了现代结构。此后，大企业继续集中在那些于 1907 年就已集中于其内的相同的产业组中，而且相同的公司继续保持其在这些集中了的工业中的优势地位（钱德勒，1987：425）。在德国，1875 年只有 7 个卡特尔，1890 年增加到 210 个，到 19 世纪末 20 世纪初，不到 1% 的德国企业占有总数 75% 的动力和电力（高德步、王珏，2001：313 - 314）。

铁路和运河建造导致的运输成本的急剧下降使得商业有可能开拓更大的国内市场，从而刺激了经济中大规模企业的增长。肉类加工业中的斯威夫特公司（Swift & Company）的案例就是一个很好的说明。19 世纪 70 年代以前，牲畜通常是以铁路运输的方式活运到东部城市，然后再在那里进行宰杀并以鲜肉形式出售给市场。古斯塔夫斯·斯威夫特（Gustavus Swift）意识到运输问题是节约成本的关键，如果他能够在中西部地区宰杀牲畜，然后再用冷藏车将牛肉运至东部市场销售，就不用为动物的不可食用部分支付（通常超过畜体的一半）运费，而且还避免了运输过程中喂养、动物重量减轻甚至中途死亡等造成的损失。因此，在中西部某地集中屠杀可以使他获得规模经济效益。但是斯威夫特的计划遭到了包括屠夫、批发商和已在牲畜车厢和饲养站大量投资的铁路公司的反对。结果他只得从头开始建立自己的整个销售系统，他将所能筹集到的资金全部投入一个小货车队中，设法让一家铁路公司帮助运载各种设备，然后投入商业运营中去。初始的成功使他有足够的资金来扩大销售，很快他建立了一个冷藏储存批发营业网，由一批营销人员负责当地销售。另外他还购买了五大湖的采冰权，并在沿线建立冰库，从而使公司避免了昂贵制冷设备带来的不利影响。他在系统建设方面的高超技能使得斯威夫特公司迅速成长起来，1877 年斯威夫特公司首次成功地完成了成品牛肉的运输，到 1881 年时，公司已拥有近 200 个冷藏车厢，每周按照订单运送约 3000 头畜体的成品牛肉。斯威夫特创造的垂直一体化企业改变了产业竞争的特征。在斯威夫特建立他的整个系统以前，肉制品加工业由数百个当地小规模屠宰场组成，到后来，唯有一些能够有效利用金融资源来复制斯威夫特模式，并建立自己的冷藏运输车、冰库和分销渠道网络的少数企业能够适应低价并生存下来。竞争使肉制品产业形成了由极少数大企业统治的寡头市场结构，到 1888 年，斯威夫特和另外 3 家（Armour，Morris and Hammond）企业一起提供占全国市场 2/3 的成品牛肉。

　　在一些生产技术复杂的产业，如缝纫机、机械收割机等产品生产行业也有类似的发展情况。这类产业的特点是制造者必须教会顾客怎样使用它们的产品，并反复重申当机器出现故障时会得到迅速方便的维修，以此来消除购买者的疑虑，只有这样才有可能开发这些产品的潜在市场。独立的批发商缺少专业知识和动机来提供这样的指导和维修服务，因此这些方面的工作只有制造商自己来承担。缝纫机行业的 Singer 和收割机行业的 McCormick 公司在这方面做出了表率。后来也只有那些完全复制它们在销售、投资和零售市场上全套做法的企业才在竞争中立住了脚跟，这种做法所需的巨大资本使得竞争者寥寥无几，因此，这些产业也像肉类加工业一样形成了寡头垄断市场结构。

　　钱德勒在考察了 1917 年资产额为 2000 万美元或 2000 万美元以上，资产排名前 300 位的工业企业的情况后发现，在食品、化学制品、橡胶、石油精炼、烟草、服装、皮革、电器机器、运输设备、原生金属冶炼等工业中，能够跻身资产排名前 300 位的企业，几乎都是纵向并购的企业。

以烟草行业为例，雷诺公司、利格特公司、迈耶斯公司和罗里拉德公司都建立了自己的销售和采购组织。这四家公司共同支配着香烟行业，1925年，它们生产了美国全部香烟的91.3%，并且还在不断提高市场份额（钱德勒，1987：428~433）。

在以纵向并购为特征的20世纪初到20世纪20年代这段时间里，涉及公用事业、银行、制造业和采矿业的近12000家企业因并购而消失，同一时期，26个行业里的1591家连锁商店吸收合并了10519家零售商店，在以纵向并购为特征的浪潮中消失的企业数目比横向并购时消失的企业数目多两倍多。

第一次世界大战前夕，在具有军事封建性质的德国和日本出现了以某巨型公司为核心，通过横向和纵向并购而结合在一起的跨行业的综合性企业集团。核心企业借助于持股和在财务、人事、销售方面拥有的优势和特殊权利，将全部参与企业牢牢控制住，形成庞大的垄断实体。

德国的克虏伯公司、西门子公司是横向并购和纵向并购结合的典型。克虏伯公司的前身是大钢铁厂和军火制造厂，19世纪60年代开始进行从煤铁开采到金属冶炼的纵向并购。19世纪末又通过横向并购，兼并了日耳曼造船厂等。到第一次世界大战前，组成了以克虏伯公司为核心，集采矿、冶金、机器制造和军火生产为一体的企业集团。在日本，一些具有浓厚封建色彩的大财阀在经济上本来就实行跨行业经营，自然形成了以几大财阀为主的企业集团，占据统治地位的是三井、三菱、住友、安田四大家族。

美国和德国在19世纪70~80年代进入大企业统治时代，日本和俄国虽然是后进的工业国，但在19世纪末20世纪初企业也达到了相当规模。

正如小艾尔弗雷德·D.钱德勒（1987）曾经说过的，铁路企业是美国最早的大企业，他们是最早在国外和纽约资本市场上筹集大量货币资金的私人企业。他们的发展刺激了后来在经济发展中担当重要角色的新型金融业的发展。在电报业中，大企业的影响也不容忽视。1851年美国有50多家电报公司，其中最大的是美国电报公司、合众国电报公司和西部联合电报公司。在其他行业，巨型的股份公司也普遍出现。20世纪初，拥有100万美元资产的大公司已经比较普遍，资产达1亿美元的也近 100 家（沙依贝等，1983：92）。其中 1899 年建立的新泽西美孚石油公司和 1901 年改组的美国钢铁公司是这些巨型公司的典型。1901 年，摩根收购和改组后的美国钢铁公司生产全国钢轨和生铁的 50%，供应全国 60% 的构造钢材和铁丝。到 1900 年，托拉斯代表的企业已包括了纺织工业的 50%、玻璃制造业的 54%、造纸印刷业的 60%、食品工业的 62%、酿酒业的 72%、有色金属业的 77%、化学工业的 81%、钢铁工业的 84%（布哈林，1983：44～45）。

在德国，雇工人数在 50 人以上的被列为大企业。最初大企业集中在制盐业、马口铁制造业和钢轨制造业中，19 世纪 70 年代中期后迅速扩展到煤矿业、重冶金业、电力工业和化学工业。1909 年以前，大约 30 家大钢铁企业控制了全国 43%～44% 的钢铁产量，垄断着钢铁的销售价格。同期，包括 47 家企业的制糖辛迪加垄断了全国消费量的 70% 和出口量的 80%（宋则行、樊亢，1995：319）。表 10 - 6 是 1913 年德国排名前 13 位的最大型企业，其中排名第一的克虏伯公司在整个 19 世纪都垄断着德国钢铁业，克虏伯公司 1873 年底雇有 7000 名工人，1913 年增加到 7 万名；在 19 世纪末 20 世纪初的时候蒂森联合钢铁公司紧随其后，在 20 世纪 70 年代以前是德国钢铁工业的中心。电气总公司在 1911 年控制了 175～200 家公司，雇有 6 万名工人。1908 年该公司与西门子公司联合后，与美国通用电气公司瓜分了世界市场。

表 10 - 6　1913 年德国排名前 13 位的最大型企业

单位：百万马克

排名	公司	产业	1913 年总资产
1	克虏伯公司	重工业	587.2
2	蒂森联合钢铁公司	重工业	504.2
3	AEG	电器	462.8
4	GBAG	煤炭	394.9
5	西门子 - 舒克特	电器	313.6
6	德国 - 卢森堡公司	重工业	278.2
7	GDK	重工业	249.9
8	菲尼克斯	重工业	224.0
9	西门子 - 赫尔舒克	电器	187.3

排名	公司	产业	1913 年总资产
10	哈伯纳贝尔格堡	煤炭	185.9
11	贺罕劳希	煤炭	134.1
12	希伯尼亚	煤炭	131.9
13	GHH	重工业	130.5

资料来源：托马斯·K.麦格劳，2000：248。

1932 年，美国经济学家阿道夫·A.贝利（Adolf A. Berle）与 G. C. 米恩斯（Gardiner C. Means）出版《现代公司与私人财产》一书，提出一个在当时几乎是革命的结论，即当公司所有权较广泛的分散后，所有权便与经营权分离。贝利在《没有财产权的权利》一书中指出："公司制度的兴起，以及随之而来的由于工业在公司形式下的集中而产生的所有权与管理权的分离，乃是 20 世纪中头一个重要变化。在 30 年期间，它导致了自主的公司管理权的兴起。"

并购造成了所有权和控制权的急剧分离。并购的过程把更多的人（他们具有不同的背景）带进了高管理阶层。在新的合并企业中，一个家族或一个单一的合伙人集团很少能够占有全部具有投票权的股份。股份已被分散到各组成公司的老板和金融家以及促成了合并企业的发起人等的手中。当公司为了进行改组和统一利用各种设施、通过出售股票而筹措资本时，股份的持有情况就更为分散。在所有权分散的情况下，一个新的经理阶层已承担起协调当前生产和销售以及为未来生产和分配、进行资源分派的责任。股东的权利仅限于总体规划和评估经理的绩效，聘用和提拔管理人员，没有或只有少量股份的管理人员来担任新的职能部门和总部办事处的主管。对价格、产量、交货、工资和所雇用人员等，除非董事在同一企业内有长期经验和经过培训，否则他们既缺乏信息，也缺乏经验来提出正确的抉择方案。公司所有者和经营者的职能明确地分开了。

在横向和纵向并购中，美国工业中第一次出现了经理式的企业。在一家经理式的公司中，高阶层管理和中阶层管理全由专职的支薪主管所掌握。对于各大股东，他们不再像过去那样控制公司了。两权分离造成的企业制度变迁最早出现在运输和通信领域。大量铁路、通信领域的股票和债券的发行使它们拥有众多的股东，每一个股东亲自去管理企业显然是不现实的。同时，这些行业的管理工作不仅繁多而且复杂，需要特别的技巧和训练才能胜任，只有专职的支薪经理是适当的人选。股东只有在筹集资本、分配资金、制定公司长远规划、选举高层经理时，才发挥作用。股东和经理的目标并非总是相同的。经理人员很少拥有大量股份，他们考虑的是公司长远的发展与成长，因为这是他们的职责所在，而且也是他们将为之奉献整个职业生涯的理想所在。他们宁愿减少股息来确保长远的稳定。另一方面，股东的代表则把能够确保合理和持续的投资利率的股息放在首位。因此，投资人不愿花费大量资本扩充设备规模，因为这种支出通常会拖延、减少股息。委托代理问题在经营权和所有权分离的情况下凸显出来。

铁路行业是最早因遇到复杂技术问题而不得不建立起清晰管理组织的产业。19 世纪 50 年代的企业经理们，如纽约的丹尼尔·C. 麦克卡伦（Daniel C. McCallum），巴尔的摩和俄亥俄的伊利、本杰明·拉特罗布（Erie，Benjamin Latrobe），宾夕法尼亚铁路的 J. 埃德加·汤姆森（J. Edgar Thomson）等，已认识到他们必须对高速增长的运输需求做出迅速反应，为此，他们开始设计能够测量和控制整个操作系统绩效的新方法，并根据责任层次设计安排雇员工作的组织图表和手册，从而使每个人的责任清晰。他们设计创造的线路和人员组织后来成为整个 19 世纪制造业大企业的应用模型（钱德勒，1987）。在涉及企业长远发展战略方面，美国铁路企业的高层经理决定何时加入卡特尔组织，以及加入多久，并在 19 世纪 60 年代和 70 年代确定买进、租赁或修建小支线的时间和地点，他们又在 80 年代和 90 年代决定建立庞大的、跨领域的自给系统的地点和时间，简言之，高层经理决定着企业的长远目标，并分配实现这些目标所需要的人力资源、货币资源和设备资源。

对铁路的基本政策及发展战略做出决策的高层人士包括三种完全不同类型的人：以铁路为终身职业的经理人员、投资于铁路的企业家或金融家和投机商。一个大型铁路公司内专职支薪的高层人士包括董事长、财务主管、总经理、运输部门和交通部门的主管。其中后三者几乎都是职业经理人员。董事长和财务主管通常是主要投资者或其代表，政策和策略需经董事会，尤其是董事会主席的批准。这些董事会成员以兼职方式服务于铁路业，基本是大投资商或其代理人。美国铁路公司从 19 世纪 50 年代到 19 世纪末，董事长和财务主管的身份发生了变化。最初，投资者都是铁路沿途城市和区域的商人、农场主和制造商，他们出资修建铁路是为了改善经营条件。当铁路规模逐渐扩大，需要更多资本，必须在全国范围内筹措资金时，董事长和董事会越来越多地代表有能力筹集资本的人。铁路公司开始依赖东部资本家的资金，比如范德比尔特家族等。后来，当铁路开始建造跨领域的系统时，又日益依赖于有英国和欧洲资本支持的专业投资银行家。在 19 世纪后期，著名的投资银行家 J. P. 摩根、奥古斯特·贝尔蒙特等人支配了新铁路系统的董事会。决定着铁路发展战略，并成为董事会成员或董事长或财务主管的还有另一种类型的人，这些人就是投机商。投机商与经理和投资者不同，他们对自己的企业没有长远利益的考虑，并不打算经由运输服务的提供来维持生计或取得收入，而是通过附带的经营取得铁路沿线的土地和矿产所有权，以及最常见的操纵铁路股票的价格来盈利。在决定铁路发展战略的三种类型的人中，投资商的作用是被动的，经理和投机商人的作用则是主动的。如果有一定的扩充计划，通常由投机商说服投资人士，使后者同意经理人员实行此种战略。一旦投资商和经理人员商定了扩充战略后，经理人员就加以规划并付诸执行。铁路企业高阶层管理人员中支薪经理、投资商和投机商之间的相互作用不但影响铁路总的发展战略，也影响铁路的组织结构。在设计管理这些新的巨型公司的组织结构时，经理人员、投资商、投机商都在寻求各种不同的解决方案，这些方案反映了他们的不同经验和目标（钱德勒，1987：163 – 167）。

为了促进从铁路之间交通活动的便利，铁路行业的经理们聚集在一起讨论如何使铁路设备和容量标准化。他们还开发了保证每个企业所提供的服务都能够被正确记录的会计系统，按照一定的基本费率结构进行计算，并将数百种不同的货箱分成四种基本类型。然而，与 19 世纪早期的小企业不同，在铁路行业中交换信息是经理们的事，而不是股东。各条线路的经理们频繁会面，制定详细的费率结构或者讨论一种设备的优点，随着对职业经理身份认识的增长，他们的合作变得更加牢固。在国内战争后的一段时期里，经理们开始进入美国铁路管理者协会（American Society of Railroad Superintendents）之类的国内同业协会中来，在专业会议上就铁路行政管理问题的技术细节提交论文，并捐助铁路工程杂志之类的出版物。职业经理逐渐形成一个社会阶层。

　　除了铁路公司外，其他公司一旦管理集中化和纵向结合完成以后，管理权和所有权之间的分离就扩大了。广泛持有股票的、分散的所有者很少有机会参与任何一级的管理决策；而经理当中也只有少数几位拥有大量具有投票权的股份，这样企业的高阶层管理和铁路公司的情况就更为相似。不过非铁路公司中高阶层管理人员的组成与大铁路系统的情况有所不同。虽然投资银行家和其他金融家在合并中相当活跃，但与他们在铁路事务中的作用相比，他们在这些新工业企业的事务中起的作用还比较小。原因之一是许多原来拥有并经营自己公司的、有经验的制造业者，在合并之后通常都留在董事会，并继续对高阶层管理的决策具有影响力。原因之一是这些工业企业所需要的资本少于铁路公司所需要的。而且在多数情况下合并的企业能够产生高于铁路公司所能产生的利润。由于他们对外来资金的需求较小，所以进入它们的董事会的金融家也较少，那些进入董事会的金融家也不具有自己在铁路公司中所具有的权力（尽管还具有否决权）。只是在极少数情况下，因为急需大量外来资金，才会使金融家在董事会的名额超过经理人员。

　　垄断企业的效率高低是垄断利弊之争遇到的首当其冲的问题。古典经济学认为，在垄断市场条件下，企业的效率是低下的。只有在竞争市场条件下，企业的效率才是最高的。熊彼特（1979：110）批判了竞争企业具有高效率的观点，他说："很难设想是完全竞争一开始就会采用新生产方法和新产品，这就是说，我们所称为经济进步的东西，大部分和完全竞争不相容。""完全竞争的效率、尤其是就新技术效率而言，是低劣的。"因为企业只有建立大批量生产经营体系，才能利用规模经济效益，而大批量生产经营必然引起资本积累和资本集中产生垄断，这种在规模经济作用基础上形成的垄断，显然有着较高的效率。哈罗德·德姆塞茨进一步论述道，垄断企业的市场份额占据统治地位，是因为它们有更高的效率。集中水平导致的市场势力与垄断企业较高效率是密切相关的，一个大企业在该部门的市场份额较大，拥有效率较高，该企业必然凭借其效率高的优势，获取比其他企业更多的利润，从而进一步巩固其市场势力地位。德姆塞茨总结出如下良性循环模式：垄断企业—效率高—利润大—占有市场份额增加—促进企业发展（Demsetz，1987：310）。

在效率高低的评价标准上，观点对立的双方也争执不休。德姆塞茨认为，利润高低是衡量企业效率的主要指标。在垄断企业里，由于垄断企业拥有雄厚资本，能够进行大规模投资，增加生产规模，开展新兴科学研究，从而比一般企业的生产效率要高，正是大垄断企业有较高的生产效率，可以在原有基础上投资更多，使研究与开发更先进，从而获取更多的利润。贝思研究的结果，发现利润与集中程度之间存在着某种较弱的相关性，并说："利润率作为显示垄断势力……显而易见是绝对不可靠的。"（Bain，1941：271）由于不同行业的利润率是由许多因素决定的，垄断因素仅是其中之一，因此利润并不能完全体现垄断的效率。斯蒂格勒认为，由于市场的不均衡，企业利润率的测定都是暂时的。据此，完全竞争论主张者认为企业效率反映在产量与价格上，只有在竞争市场状态下企业的产量是最高的，价格是最低的，效率是最好的，一旦成为垄断企业，理所当然地减少产量，提高价格。

此外，反映企业效率的另外一个重要指标是成本，垄断企业成本高低也是经济学界争论的焦点之一。美国经济学家肯尼思·克拉克森（1993：174–175）在他的《产业组织：理论、证据和公共政策》一书中证明：垄断企业的成本比竞争企业的成本要高。而德姆塞茨（Demsetz，1987：312）研究了企业规模效益与企业扩大所形成的管理费用上限之间的关系后，认为垄断大企业的成本费用并不高。

垄断导致社会福利损失是有关垄断理论研究的一个重要问题，也就是说在经济发展过程中，形成垄断之后，究竟社会付出了多少代价。西方经济学界对这一问题的认识有很大的分歧。阿诺德·哈伯格利用"哈伯格三角形"计算了美国制造业垄断造成的福利损失，占美国国民收入的0.1%。后来一些经济学家修正了这个数据，卡默逊（Kamershen，1966）得出的结论是，垄断导致的社会福利损失占国民收入的6%。考林和米勒（Cosseling and Mueller，1978）的数据认为，美国大企业形成的福利损失占公司生产总值的13%。一些经济学家则认为由于垄断的产量减少，使得福利损失并不像某些人所说的那样多，它的数量被夸大了。威廉·布莱德温（Baldwin，1987：317）的观点是：一个垄断企业在形成生产者剩余与消费者剩余过程中，财富由消费者转移到生产者要比社会损失大得多。

　　垄断与技术创新之间的关系，是西方经济学有关垄断利弊争论的永恒主题。认为垄断阻碍了技术进步的学者列举了以下原因：第一，只有竞争的存在，才有开发新技术、创造新产品的积极性。而垄断企业有着稳定的市场势力，因而对技术开发的积极性不高。谢勒（Scherer，1980：424）说，"垄断减弱大公司的竞争压力，可能降低它们进行技术创新的积极性"。第二，垄断企业在提高生产率方面不占优势。第三，技术开发投资多、风险大，影响垄断企业从事技术创新的积极性。谢勒举出的典型实例是施乐公司对复印技术的采用，1938 年切斯特·肯尔森就发明了复印机，可是施乐公司花费了 21 年时间和 20 多万美元才正式投入批量生产。第四，关于技术投资收益率的问题。垄断企业投资于技术创新，并不是随着企业的集中程度提高，获得的收益率也随之增大。它从技术创新中所得到的净收益要比一个竞争性企业可能得到的收益小。第五，有一派经济学家认为垄断对技术进步的消极作用之一，就是对技术创新的压制，把技术开发的新产品搁置起来不予使用，从而阻碍了技术发展。在吉伯特和纽勃里的研究中，他们以专利的被搁置论证了这一观点。他们认为，垄断者处于垄断地位，它们获取专利权的主要目的并不是采用先进技术，促进技术的发展，而是提高进入壁垒，阻止竞争者进入，避免竞争，以维持自身的垄断势力（Gilbertand Newbery，1982）。

　　约瑟夫·熊彼特首先突破了市场结构与技术进步之间关系的禁区，反对竞争市场是技术创新的主要机制，竭力主张只有垄断市场机制才是促进技术变革的主要市场结构。追随他的思想的经济学家就垄断能促进技术创新做了说明。一些经济学家从技术创新的外溢性特点，分析了在技术垄断情况下，技术发明者有垄断保护，他们就会积极地进行大规模研究与开发的投入，不会受到这种外溢性的影响。其次，技术创新主要取决于对研究与开发投资的多少。一般来说，垄断者由于投入较多的研究费用，先于进入者占有专利，从而获得净利润，这表明垄断者具有更大的创新激励，这就决定了它们在研究与开发上愿意花费更多的投入。因而只有在大垄断企业里才有进行大规模技术创新投资的积极性。而在竞争市场条件下，企业对研究与开发的投资是不足的。因为，竞争市场的企业投入研发费用后，不能占有投资的收益，也不愿承担投资的风险，更不能从使用发明的递增收益中获取利益。再次，垄断企业还具有规模经济优势。一个企业必须达到一定的规模，才有可能采用某种新技术，否则的话，是不可能的。农场规模与采用收割机新技术过程之间的关系说明了这一问题。19 世纪 30 年代，美国就发明了收割机，它的效率比工人收割操作的效率要高好多倍，但长期以来没有为美国农民所采用，主要是因为农场规模过小。当时，美国中西部平均每个农场的小麦种植面积只有 25 英亩，而一个农场的小麦种植面积最少要有 44 英亩，采用收割机才能节约成本费用。20 年后，美国农场规模逐步扩大，改变了使用收割机成本费用与农场规模之间的关系，从而使收割机在美国农业中得到了广泛的推广（Satton，1998：45）。

不管理论上如何争论，这一时期垄断产生的垄断利润，极大地促进了科学技术研究的社会化。美国政府委员会在关于托拉斯的报告中指出，它们比竞争者优越，是因为它们的企业规模大，技术装备优良。它们大规模采用机器代替手工劳动，收买一切有关的专利发明权。托拉斯雇用改进技术的工程师专门从事发明和技术改良，这样使技术发明过程也社会化了。美国授予的专利权，从 1880 年的 14 万件上升到 1907 年的 36 万件。德国则从 1900 年的 9000 件上升到 1910 年的 12000 件。垄断与新技术的发明和应用互为条件。后来，大量的证据表明，大企业在技术创新中占有十分重要的地位。据有关资料表明，美、英、德、日等国家企业 R&D 总支出的 80% ～ 97% 是由 1000 人以上的企业完成的，62% ～ 90% 是由 5000 人以上的企业完成的。美国企业所掌握的专利，约有 51% 由 5000 人以上的企业占有，30% 由 1000 人 ~ 4000 人的企业所占有。与此同时，英国由于垄断程度落后于美国和德国，新技术的研究和应用缺少专门资金和人员的支持，技术中心从英国向美国和德国转移。从这个意义上说，垄断促进了技术进步（高德步、王珏，2001：317～318）。

五　小结

本章主要分析了社会能力和资源禀赋在国家能够实现技术追赶中的作用，说明技术扩散并不是一个自动的过程，在很大程度上要求接收方必须具备接纳能力和学习能力。同时全球化和丰富的自然资源对于后进国家的影响是复杂的，并不能一概而论。美国在技术上成功超越英国得益于技术创新需求和供给两方面的因素，丰富的自然资源和高昂的人力资本在国内庞大市场的支撑下，催生出了适应大规模标准化生产的、高能耗和节约劳动力特征的技术，以及适应这种技术的生产方式。在美国技术创新的过程中，正规教育、R&D 的投入才开始发挥作用。

第十一章　危机、战争与英美霸权更迭

一　英国自由贸易政策的破产

1. 19 世纪晚期欧洲贸易保护主义的复兴

1860～1879 年，欧洲国家的自由贸易政策随着国外粮食的涌入和农业萧条发生了逆转。19 世纪七八十年代，新大陆和俄罗斯的廉价粮食冲击着欧洲市场。从表 11－1 可以看出，这一时期，欧洲农业增长率明显放慢，并拖累了欧洲 GNP 增长率。欧洲在自由贸易阶段，农业生产每年仅增长 0.5%，而在保护主义阶段农业增长率达到 1.8%。在法国，小麦进口在 1851～1860 年占国内生产量的 0.3%，到 1888～1892 年上升到 19%。比利时小麦进口水平从 1850 年约占国内生产量的 6% 上升到 1890 的超过 100%。贝洛赫（1989）在排除了气候因素后认为，廉价谷物的涌入，影响了地租和农民收入水平。英国的实际地租在 1870～1913 年下降了 50%。几乎所有欧洲大陆国家的农民生活水平都停滞不前，甚至下降。农业人口占欧洲大陆总人口的 60%，农民生活水平的下降影响对工业产品和建筑产品的总需求，最终成为欧洲大陆国家经济增长率下降的主要因素。此时，政治家意识到开放农产品贸易的后果，开始制定保护农业的关税政策。后来发现一般性规则的保护主义措施不但有利于农业部门的复苏，也有利于这些国家政体经济的复苏。特别是与英国相比，欧洲在转向保护主义和保护主义阶段，GNP 增长率都出现了恢复性增长，而一直实行自由贸易的英国，其 GNP 增长率一直在下降。此外，19 世纪八九十年代的殖民扩张和不断兴起的新重商主义，都是引起贸易政策调整的因素。而且，事实证明贸易保护主义的这种回潮是永久性的。

表 11-1　各部门不同关税政策和不同经济阶段的年增长率

单位：%

项目	出口	GNP	工业	农业	人口
关税政策各阶段（欧洲）					
保护主义阶段（1830～1844/1846）	3.5	1.7	2.7	0.8	0.6
英国自由主义阶段（1844/1846～1858/1860）	6.0	1.5	2.3	0.9	0.7
欧洲自由主义阶段（1858/1860～1877/1879）	3.8	1.7	1.8	0.5	0.8
转向保护主义阶段（1877/1879～1890/1892）	2.9	1.2	2.2	0.9	0.9
再保护主义阶段（1890/1892～1913）	3.5	2.4	3.2	1.8	1.0
经济阶段					
欧洲					
缓慢增长阶段（1829/1831～1842/1844）	3.5	1.6	2.5	0.8	0.6
更快速增长阶段（1842/1844～1868/1870）	5.0	2.0	2.3	0.9	0.7
萧条阶段（1868/1870～1891/1893）	2.8	1.1	1.9	0.7	0.9
快速增长阶段（1891/1893～1911/1913）	3.8	2.4	3.4	1.7	1.0
欧洲大陆					
相当快增长阶段（1829/1831～1868/1870）	4.3	1.8	2.0	1.0	0.7
萧条阶段（1868/1870～1891/1893）	2.9	1.0	2.0	0.8	0.9
快速增长阶段（1891/1893～1911/1913）	4.0	2.6	3.8	1.5	1.1

　　资料来源：保罗·贝洛赫：《欧洲贸易政策》，载 M. M. 波斯坦，D. C. 科尔曼编《剑桥欧洲经济史》第八卷《工业经济：经济政策和社会政策的发展》，经济科学出版社，1989，第 40～41 页。

　　德国是第一个实行关税重大改变的重要国家，它于 1879 年 7 月制定了新关税法。"正如 1860 年的英法条约标志着自由贸易时期的开始，这个新的德国关税法标志着欧洲大陆自由贸易时期的结束并逐渐恢复到保护主义。"随后那些不需要议会批准就可以进行政策调整的国家第一批调整了关税政策，如俄国、奥匈帝国、西班牙和意大利。1885 年 6 月 3 日，俄国关税提高了 20%，1891 年，门捷列夫关税法又提高了 20%。奥匈帝国 1887 年的关税法表现出恢复到保护主义的明显迹象，谷物进口关税上升了 3 倍。西班牙 1892 年 2 月 1 日的双重关税导致了关税水平急剧上升，标志着西班牙真正回到了严格意义上的保护主义。纺织品最低关税上升了 80%～100%（甚至有时达 200%～300%），铁制品关税上升了 3～4 倍。意大利自由贸易时代终结的标志是 1878 年 5 月 30 日的关税法，这是一个比较温和的保护主义关税法案。1887 年 7 月 14 日，法国把所有布制品的关税提高了 15% ~ 20%，金属品关税提高了 40%，农产品关税上涨了 1 倍。这个关税法直接引发了意大利和法国的关税战。

虽然对法国 1881 年的关税法是否自由贸易终结的标志存在争议，但1892 年 1 月 11 日的梅林关税法代表的是明显的保护主义关税，结束了法国自由贸易的时代。法国大幅度提高了谷物进口关税，恢复了对一些重要原材料的进口征税，如一些非金属矿和氧化铁等。其贸易保护政策一直延续到 20 世纪 60 年代。法国是最后一个回归保护主义的欧洲大陆国家。

欧洲一些小国家也陆续采取了某种程度的贸易保护主义政策。到第一次世界大战前，瑞典的贸易保护程度最高，比利时和瑞士比较温和。

第一次世界大战后，欧洲大陆国家延续着贸易保护政策，以至于1927 年的国际经济会议议题之一就是纠正贸易保护主义的趋势。1920 ~ 1929 年，意大利、德国、匈牙利、西班牙等国提高了平均关税。1927年，国际经济会议之后，欧洲在 1928 ~ 1929 年采取了一些削减进口关税和实行自由贸易的措施。但是，随着大危机的到来，各国纷纷通过保护国内市场来克服经济萧条。尽管国际社会仍在努力起草国际协定，但各国的保护主义措施（尤其是固定配额）进一步加强了。再加上金本位崩溃后，货币不稳定加重了各国的隔阂，致使很大一部分贸易通过清算协定来完成，结果国际贸易量大幅萎缩。

与欧洲国家相比，美国一直坚持着贸易保护主义的传统。在拿破仑战争期间，美国的幼稚产业获得了发展，增强了北方主张高关税的说服力。美国进口棉纺织品的关税从 1816 年的 20%，提高到 19 世纪 40 年代的大约 60%。在南北双方的不断斗争中，南北战争之前，美国关税有下降的趋势。1846 年《沃克关税法案》将棉纺织品的从价关税降到了25%，1857 年又进一步降到了 24%。南北战争之后，随着北方的胜利，关税被设定在较高的水平上。美国不赞成无条件的最惠国待遇原则，这意味着美国没有义务向第三方减让关税。1890 年的麦金利关税法案进一步强化了美国的贸易保护政策，美国制造业平均关税在 1913 年高达 44%。

英国在 1846 年转向自由贸易之后，加拿大丧失了在英国的特惠地位，增强了对贸易的保护。1878 年保守派因保护主义的纲领当选，于是，1878 年规定对农产品征收 20%～50% 的关税，对工业品征收 20%～30% 的关税。随后几年，加拿大的关税率不断提高，加拿大在 19 世纪剩余的时间里也仍然坚持贸易保护主义（Bairoch，1989：148）。澳大利亚的维多利亚殖民地在 19 世纪 50 年代中期由于受到国内就业减少的压力，也开始倾向于贸易保护，最高从价关税率从 1865 年的 10% 提升到 1893 年的 45%。1906～1908 年，在工党的强硬态度下，澳大利亚的其他殖民地也改变了自由贸易政策，加强了贸易保护。新西兰的对外贸易政策比加拿大和澳大利亚都自由一些，直到 1888 年进口关税率才翻倍至 20% 左右，之后的关税法案也延续了关税攀升的趋势。

2. 英国自由贸易政策的困境

1892～1914 年，自由贸易理论遭到了现实的挑战，"简单地说，可以表现为下列等式：保护主义 = 经济增长 + 贸易扩张；自由主义 = 经济增长与贸易扩张的停滞"。从表 11-1 可以看出，恢复了贸易保护政策的欧洲实现了长时期的经济增长，在所有国家都加强贸易保护时，欧洲大陆的增长率达到了最高峰。而保持自由贸易的英国，其 GNP 和贸易增长明显放慢，这导致其出口占欧洲的比重从 1889～1891 年的 36.3% 下降到 1913 年的 32%。

在欧洲大陆的保护主义复兴、英国贸易扩张停滞和英联邦国家向贸易保护主义转向的情况下，英国也出现了一些质疑自由贸易政策的声音。1903 年，当时的英国殖民地大臣约瑟夫·张伯伦在伯明翰大学的演讲中，主张将大英帝国变成一个特惠贸易区，对非英联邦国家征收关税；通过征收关税提高收入，为社会政策提供资金；对工业品征税，为本国工业提供保护。这次演讲引发了英国关于贸易政策的激烈争论。1900～1904 年，英国人均 GNP 和实际工资显著下降、出口停滞，人们开始支持张伯伦的关税改革方案。但是在 1905 年，英国出口、GNP 和实际工资有了快速增长，自由主义的主张又重新赢回人心。然而，1910 年主张改革关税的保守党获得了更多的席位，为后来英国改变自由贸易政策奠定了基础。

在第一次世界大战期间，为了应对战争需要，英国放弃了自由贸易政策，实行关税保护。1921 年的《保护工业法》规定，在 5 年内对关键性产品，如光学玻璃、光学仪器、科学用具、高级化工产品、真空管以及类似的产品进口征收 33.3% 的从价税。受 20 世纪 30 年代大危机的影响，1932 年 2 月 29 日，英国政府通过《保护关税法》，除少数商品外，对绝大多数进口商品征收 10% 的普通从价税，工业制品的关税为 20% 以上，其中对多种钢征收 33.3% 的关税。这表明英国对自由贸易原则的彻底放弃。

1929 年经济危机爆发后，英国国际收支状况迅速恶化。1929 年英国的贸易结算（黄金移动除外）顺差超过 1 亿英镑，1930 年降为 2800 万英镑，1931 年更出现了 1.04 亿英镑的结算逆差。再加上奥地利、德国金融危机的影响，英国失去了用于补偿巨额贸易逆差的来源。英国得自自由贸易的收益迅速减少。与此相反，维持自由贸易体制的费用在各国的关税战中急剧升高，自由贸易对英国失去了吸引力。从 1931 年底开始，英国先后颁布了《禁止不正当进口法》和《1931 年农产品法》等临时法律。1932 年 2 月，通过《进口税法》，规定除少量商品外，对一切进口商品征收 10% 的关税，对那些对英国商品采取歧视性措施的国家的商品征收 100% 的关税。通过实行《进口税法》，英国保护了国内市场，对外贸易严重入超的状况有所改善。1932 年 2 月 29 日，英国政府通过《保护关税法》，规定：除英帝国商品及海关免税货物单上的少数商品和原料外，一般征收 10% 的进口普通从价税，但工业制品提高到 20% 以上，其中大多数钢征收 33.3% 的关税，奢侈品的关税提高到 20% ~30%。

1932 年 7 ~8 月，英国在加拿大首都渥太华主持召开了专门讨论经济问题的帝国特别会议。经过互相让步和妥协，英国与各自治领地签订了一系列双边贸易协定。在这些协定中，英国答应进入英国市场的自治领地商品除 20% 照章课税外，其余一律豁免征税；而自治领地则要豁免一系列英国商品的关税。这就是所谓的帝国特惠制。帝国特惠制的建立，使英国商品在自治领地市场享有较第三国商品更优越的地位。因此，渥太华会议不仅扩大了英国同帝国各成员的贸易，也加强了英国在国际市场上同其他国家的竞争力。这事实上是树立了英国和英帝国广大范围的关税壁垒，将其他国家排斥在外，等于向其他国家宣布了以关税为武器的商战。

至此，英国彻底放弃自由贸易原则。英国对自由贸易原则的抛弃，等于抽掉了最后一根维系国际自由贸易秩序的纽带，它标志着世界经济

全面混乱局面的到来，国际市场恶战无限制升级而不可遏止的时期已经
开始。

　　1929 年的大危机使各国实际收入和物价水平暴跌，减少了对进口商
品的需求，出口国出口锐减，降低了出口国家的外汇收入，而每一个国
家都难以做到相应地缩减国际开支并保护黄金和外汇储备。在这种情况
下，各国都争取多出口少进口甚至不进口，以求国际收支平衡，为此，
纷纷采取提高关税和贸易管制等手段（见表 11-2）。1930 年 6 月 17 日，
美国国会通过了《霍利-斯穆特关税法案》。该法案提高了 890 种商品的
进口税率，将进口税提高到平均占征税商品值的 60% 。结果 1931 年美国
纳税进口商品的平均税率比 1914 年高出 41.5% 。这是 100 多年来美国关
税史上的顶点。

　　美国这个新关税法案引发了一场世界性的关税大战。法案一经实施，
即有 33 个国家提出抗议，7 个国家采取报复措施，到 1931 年底，参加抵
制的国家达到 25 个。法国和意大利提高汽车的关税，印度提高布匹的关
税，古巴、墨西哥、澳大利亚和新西兰的立法机构也相应通过新的关税
法案。1931 年底，欧洲各国进口税比 1929 年提高 60% ~ 100% 。

表 11-2　欧洲国家的关税率（1913 年 = 100）

国别	食品		半成品		制成品	
	1927 年	1931 年	1927 年	1931 年	1927 年	1931 年
德国	125	380	95	153	190	183
法国	65.5	180	96	125	153	178
意大利	75	188	114	198	193	286
比利时	46	93	138	204	122	137
瑞士	146	288	157	208	189	236
瑞典	117	208	107	106	475	605

　　资料来源：宋则行、樊亢：《世界经济史》中卷，经济科学出版社，1998，第 197 页。

　　1931 年底 1932 年初，美国又先后颁布法令，对一些工业品和农产品
征收 10% ~ 100% 的进口税，致使关税抵制运动转变为关税混战，彻底
动摇了自由贸易体制。罗斯福在 1932 年的竞选中对此法案进行指责，认
为关税是造成大危机的一个原因，谴责美国没有采取一个债权国应有的

行动。因为高关税阻止其他国家用货物偿付它们的债务，从而迫使它们脱离金本位。

欧洲的关税壁垒逐年提高：1937～1938年，农业国对工业国的关税，匈牙利由31.8%增至42.6%，保加利亚由75%增至90%，西班牙由62.7%增至75.5%，罗马尼亚由48.5%增至55%；工业国对农业国的关税，德国由27%增至82.5%，法国由19.1%增至53%，意大利由24%增至66%，捷克斯洛伐克由36.3%增至84%。除关税以外，进口配额制和其他贸易数量控制形式也作为防御性手段被广泛应用。法国是第一个大规模使用进口配额作为反危机手段的国家，随后其他国家很快群起效仿。到1939年有28个国家（其中19个是欧洲国家）对大多数商品使用配额或许可制度。进行数量控制对黄金集团国家极为重要，因为它们坚持金本位，面对其他国家和地区通货贬值的压力，外汇管制起不到应有的作用，只有实施严格的进口管制以平衡贸易。在放弃金本位的国家，数量管制往往与外汇管制结合使用。因为，在大危机年代，外国严重的和不可预期的通货贬值压力所导致的商品倾销，仅用关税已不足以保护本国产业，只有进口配额才能保证严格限制进口并减少对国内生产的损害。数量限制比关税对国际贸易的损害更大，它使价格机制失灵，不能充分反映国内和国际的供求状况，导致国际贸易受阻，国家福利降低。

倾销是贸易战中重要的进攻性武器。日本在第一次世界大战前夕恢复关税自主权，这时期日本主要利用关税保护新建重工业，另一方面则向世界倾销纺织品。日本轻纺工业依靠工人工资低、劳动时间长等条件形成的低成本优势，加上政府补贴、汇兑贬值、货运费用不合理降低等，向外疯狂倾销纺织品。这种"蛮干的国家推销政策"使英国及其他国家蒙受重大损失。1927年，日本棉纺织品出口只有英国的33%，而到1935年竟为英国的140%。几年的光景，英国在其主要的棉纺织品海外市场上迅速溃败。日本向世界倾销的还有生丝、人造丝、纤维制品、食品、玩具、陶瓷器、鞋类、帽子等。面对日本的疯狂倾销，各国群起而攻之。印度从1930年起不断增加专门针对日本的差额关税，3年之间，对英、日税率的差额从5%扩大到50%。许多国家都实施了以日本为目标的贸易抵制措施。英国在整个殖民地范围内实施棉布和人造丝限额进口制。

先后宣布废除与日本通商航海条约或通商暂行协定的国家，1933 年有葡萄牙、哥伦比亚、秘鲁，1935 年有古巴、厄瓜多尔、埃及，1936 年又有土耳其等。1941 年 1 月 6 日，英国《曼彻斯特卫报》发表了对日货实行限制或提高关税的 27 个国家的名单，到同年年底，这个数字竟上升到 40 个。

这一时期经济决策的重要特点是单方面性，各国脱离金本位、提高关税和限制进口份额等政策的制定，都是在没有经过国际协商、没有考虑有关方面的影响下做出的，这直接破坏了针对保护主义的扩散而进行的国际协调。例如，1930 年召开的旨在解决关税混战协定的会议，由于《霍利－斯穆特法案》而失败，与会的 27 个国家中，只有 7 个国家（英国、比利时、瑞士和 4 个斯堪的纳维亚国家）在不提高关税的协定上签字。

二　金本位、国际协调失败和大萧条

20 世纪 30 年代危机爆发前金本位制运行平稳，各国汇率基本固定。奥地利自 1920 年以来，经济上一直依赖国际联盟的贷款。1931 年，奥地利最大的国家银行——奥地利信用银行被披露严重亏损，引起挤兑风潮。奥地利向国际联盟求救。国际清算银行首先从 11 个国家那里安排了 1400 万美元的贷款，1931 年 6 月 5 日信贷用完。奥地利国家银行要求另外的贷款。法国提出条件，要求奥地利放弃同德国的关税同盟。6 月 16 日英格兰银行总裁诺曼单方面给奥地利国家银行一笔为期一周的 5000 万先令的信贷，这笔贷款从 6 月起到 8 月每周更新一次，实际上回击了法国将政治和金融混在一起的做法。这笔贷款一方面加深了英国和奥地利危机的联系，另一方面加深了法兰西银行和英格兰银行的对抗。7 月，法兰西银行将它的英镑兑换成黄金，英镑受到压力。

奥地利的金融危机波及匈牙利、捷克斯洛伐克、罗马尼亚、波兰和德国等国，这些国家也出现了银行挤兑现象。德国同奥地利有密切的商业联系，在奥地利金融危机之后，德意志银行发生挤兑。6 月的前 6 天里德意志帝国银行流失了 1.64 亿帝国马克的黄金。6 月 10 日，德国政局发生动荡，社会党、共产党和中央党要求召开帝国议会以解除布吕宁政府的权力。尽管帝国银行将贴现率从 5% 提高到 7%，但是对德国政治前途的担忧，又使黄金流失了 14 亿德国马克，流失的黄金量超过它 5 月底全部黄金储量的一半，储备率从 60% 下降到 48%，德国的金本位制受到冲击。

为了阻止危机国黄金外流，美国胡佛政府提出"延期付款"的建议，经过紧急磋商，态度最强硬的法国终于在 7 月 6 日同意对所有政府之间的债务，给债务人为期两年的延期偿付的权利。6 月 25 日，德国得到由国际清算银行、英格兰银行、法兰西银行和纽约联邦储备银行各提供的 2500 万美元贷款。7 月 5 日这笔贷款全部用完，挤兑仍然没有停止，德国需要新的贷款。但是，英格兰银行已无能为力，诺曼认为为了防止出现金融危机贷给奥地利、匈牙利和德国的款项已达到完全适宜的程度。美国总统胡佛指出，美国在预期财政赤字 16 亿美元的情况下期望国会给德国更多的贷款是荒谬的，他建议以延期偿付权为替代办法。法国同意提供贷款的条件是，德国放弃关税同盟，取消建造中的装甲巡洋舰，不许炫耀武力，禁止国家社会党的武装示威。德国处于孤立无援的地步。

德奥金融风暴逐渐平息之后，英镑变得十分虚弱。1924~1938 年，英国每年三四亿英镑的贸易逆差，主要靠国外投资、航运业收入以及银行手续费和商业佣金等收入弥补。1929 年以后，国外投资收入和航运业等项收入锐减。20 世纪 20 年代后期，伦敦掌握的短期资金余额大大超过英国银行的国外债权加上黄金储备的总数，这迫使英格兰银行不得不保持较高的利率，而不能顾及国内失业和经济的低增长率。1929 年，法国各有关当局和初级产品生产国开始从伦敦市场抽走资金余额。1931 年 8 月，德国、奥地利和其他负债国的债款延期偿付，使 7000 万英镑左右的英国银行海外债权变得无法流动。英镑受到的压力还来自比利时、荷兰、瑞典和瑞士等小国的商业银行，这些银行由于德国封存信贷而丧失了流动性，不得不出售英镑以增加它们的黄金储备。英镑的压力使国内的意见发生分歧，希望外汇贬值，主张从面向世界经济转而面向大英帝国的意见占了上风。9 月 16 日，弗戈登的海军人员由于预期他们的收入将被削减而出现骚乱。这在风声鹤唳的年代使人们联想到了兵变，英国加快撤出维持外汇市场的资金。9 月 21 日，英国脱离了金本位。英镑从 1 英镑兑换 4.86 美元，几天之内跌落了 25%，达 3.75 美元。政府出于不干预的原则，任其滑落。12 月，英镑对美元的汇率跌到 3.25 美元的最低点。英国作为金本位制的维持者宣告拯救危机失败。

英镑贬值 30% 对其他国家迅速产生影响。大部分大英帝国的国家，以及大英帝国的贸易伙伴国——斯堪的纳维亚、东欧、阿根廷、埃及、葡萄牙等 25 个国家继英国之后也脱离了金本位，任它们的汇率自由浮动。日元在英镑贬值后受到冲击，日本银行在 3 个月内流失的黄金达 6.75 亿日元。12 月 14 日，日本禁止黄金出口，12 月 17 日正式退出金本位。1932 年末，2/3 的国家暂停黄金支付，在大国中只有法国和美国，在小国中只有比利时、荷兰和瑞士依然坚持金本位制。

英国放弃金本位后，国际恐慌转而以美国为中心。9 月 22 日，法兰西银行把 5000 万美元换成黄金，比利时国家银行把 1.066 亿美元换成黄金。美国联邦储备系统流失的黄金从 9 月中到 10 月底总计达 7.55 亿美元。其中比利时国家银行取走 1.31 亿美元，荷兰银行得到 0.77 亿美元，瑞士国家银行得到 1.88 亿美元，其余大部分流往法国。美国货币当局对黄金流失做出的反应是采用传统的提高贴现率的办法，但没能有效阻止银行倒闭的扩散。此时，联邦储备系统拥有的可动用的黄金储备已降到 4 亿美元。为了弥补黄金的不足，1932 年 3 月 27 日通过了《格拉斯－斯蒂格尔法案》，该法案使得联邦储备系统可以用政府债券和法偿纸币作为负债的准备金，希望以此来解除银行的压力。

英镑 9 月贬值后引起的美元升值，使美国出口盈余大幅增长，同期的经济指标却显示出相反的走势，商品价格、就业率等指标跌落的速度比英镑贬值之前更快。这说明，美元升值对国内经济产生了更大的紧缩作用。这使关注国内经济复兴的罗斯福断然选择放弃金本位。美国放弃金本位主要是为了摆脱国内金融和经济状况的危机，力图用美元贬值来促成国内物价的普遍上涨，从而达到扩张经济的作用，而不是像放弃金本位制的其他国家那样是因为国际收支困难。美国放弃金本位的做法遭到国际社会的非议，认为美国推卸了作为世界头号经济强国在危机中应负的责任。美国放弃金本位标志着金本位制的终结，原来的国际汇率体系在危机的冲击下彻底崩溃。

货币战是在各国相继放弃金本位的形势下展开的。20 世纪 30 年代以前，资本主义国家都以货币价值固定不变作为经济稳定的主要标志，不敢冒险采用货币贬值或降低汇率的办法对付竞争对手。后来政府实行货币贬值或降低汇率政策，以相对抬高别国商品的价格，从而削弱对手的竞争能力。货币手段的使用，使世界商战空前激烈。危机期间，很多国家采用货币贬值和提高关税作为反危机的措施。瑞典货币以比英镑更大的幅度贬值被看作经济复苏的首要因素，它的汇价从18克朗等于1英镑，降为19.5克朗等于1英镑。它是除日本之外世界各国中出口增长超过工业生产增长的国家，每月平均出口价值从1932年的7000万克朗增为1935年的1.08亿克朗。丹麦、芬兰也用同样的手段，在最困难的年份取得了出口的增长。英国脱离金本位，使得英镑贬值30%，这给用黄金、美元和其他未贬值货币计算的进口品和出口品的世界价格都施加了下跌的压力，但是货币贬值使英国成为第一个在工业生产方面超过1929年水平的大国。而且，英国的工人和职员1932年的收入在购买所需食品、饮料、香烟和服装以后，比1924~1927年多出2.5亿英镑，其中大部分花在住房方面，1931~1933年私人住房增加了70%。英镑贬值后，英国经济复苏，注重国内经济的罗斯福也让美元贬值，试图提高国内商品的价格。罗斯福认为，对于一个国家来说，健康的国内经济形势是比其货币价格更为重要的一个因素。1933年4月，1英镑兑换3.75美元，5月兑换3.85美元，8月美元同英镑的比价已到4.5美元兑换1英镑。但是罗斯福并不满意，为此，美国采取了不负责任的高价买进黄金和白银，提高商品价格的办法。这一措施最初收到了令人满意的效果。英镑同美元的比价提高到1英镑兑换5美元，股票和商品的价格也随着美元贬值而上升。后来，为了控制美元的黄金价格，美国继续在公开市场上购买新开采出来的黄金。美国的贬值措施加剧了国际金融市场的动荡，金集团国家的黄金储备受到威胁。美国宣布，只要物价水平没恢复，美元的价值就不会固定下来。

在英镑贬值后，德国马克没有贬值，其原因是多方面的：（1）德国受到扬格计划的约束，它的汇率要与黄金保持固定比例；（2）法国的威胁，如果马克贬值，它将收回对德国的贷款；（3）德国已经决定不使马克和英镑联系在一起，它的对外贸易支付手段已经有了创新；（4）背负巨额战争债务的德国，借马克的升值、经济遭受严重损害的时机，要求结束赔款。对于当时的布吕宁总理来说，只有通过实施紧缩政策，才能指望保持信誉，最终实现免除赔款。日元在英镑跌价后，立即贬值。在军费开支大规模增加的支持下，日本银行发行的纸币从 10 亿日元增加到 12 亿日元。随着外汇贬值，日本的对外倾销取得了新的进展。例如，日本在荷属东印度的进口额中所占的比例，由 1930 年的 12% 提高到 1933 年的 31%，迫使该地区采取贸易保护措施。

金集团国家都是在第一次世界大战后深受通货膨胀之苦的国家，法国的食利者阶层在 20 世纪 20 年代的大幅度货币贬值时损失惨重，因此他们决定捍卫金本位。英镑贬值后，通过两国零售物价对比，1935 年 2 月，法郎定值偏高 22%，这给法国的出口造成很大的压力。1932～1935 年，世界贸易扩大了，但是法国的贸易额下降了。法国指责英国推卸国际责任，强烈要求英国稳定货币。同时，美国高价购买黄金，使金集团国家黄金流失严重。1935 年，比利时终于不能承受压力，将比利时法郎贬值 28%。比利时货币贬值以后，生产、出口和黄金储备统统出现回升。荷兰和瑞士在事实面前也纠正了本国货币定值过高的情况，经济很快恢复到与整个世界经济相一致的水平。金集团国家只剩下法国，新上台的人民阵线继续执行紧缩政策，并把法兰西银行和铁路收归国有，同时为缓和阶级矛盾，制定了许多有关的改革措施，但是这些措施并没有使出口恢复，也没有使股票升值和阻止黄金外流，法郎贬值不可避免。金集团国家崩溃后，1936 年有 40 种左右通货贬值，其中多数通货的黄金平价比 1929 年低了 40%～60%。实行外汇管制的国家和地区 1930 年仅有土耳其，1931 年增为 19 国，1932 年为 23 国，1936 年多达 30 个。

1870 年以后，在自由贸易的基础上发展起来的多边支付体系，虽然没有取代双边结算在国际贸易中的支配地位，但是它使各国获得在双边基础上不可能获得的额外商品和劳务的国际支付手段，刺激了对外投资的增加，减少了为结算而进行的黄金流动。在大危机的威胁下，许多国家实施了外汇管制和贸易管制。外汇管制使外币十分短缺，这使贸易伙伴国为了保持账户平衡，或者尽量减少以黄金和稀缺外汇作结算，或者实行关税歧视、进口配额和其他贸易数量控制形式的贸易管制，或者制定支付协定。此外，由于英国的经济地位下降，已经无力维护这个多边支付体系。这一系列因素大大降低了多边支付的比例，贸易越来越多地以双边形式进行。

20 世纪 30 年代，贸易伙伴国为了尽量减少稀缺的外汇和黄金在贸易顺差或逆差时的流动，主要采取了三种支付手段。

第一，私人抵偿协定。抵偿协定是古老的物物交换的现代形式，它是没有货币参与的等价商品的直接交换。1932 年和 1933 年，德国相当一部分对外贸易是根据这些抵偿协定进行的，如价值约 9 亿马克的德国煤炭与巴西咖啡的交换。抵偿协定仍带有物物交换的落后性。

第二，清算协定。清算协定提供了一种更广泛的冲抵债权的技巧。根据这种安排，各国一致同意在其中央银行建立一种账户以清算所有进口支付。例如，根据德国和南斯拉夫的清算协定，德国进口商进口南斯拉夫商品就向设在德意志银行的账户支付马克，在该账户上，南斯拉夫清算机构记入贷方；德国出口商向南斯拉夫出口商品则从该账户支取马克，在南斯拉夫账户上记作借方。在南斯拉夫的中央银行发生着相反的运作，南斯拉夫进口商向清算机构支付第纳尔，而出口商从该账户上支取第纳尔。第一个清算协定是德国与匈牙利在 1932 年签订的，到 1937 年德国已与除英国和阿尔巴尼亚以外的欧洲各国以及阿根廷、智利、乌拉圭和哥伦比亚签订了清算协定。这些清算协定不仅包括由商品贸易引起的支付，而且包括利息和分红、旅游支出、航运费用、汇款等其他各种支付。

第三，支付协定。这是 20 世纪 30 年代债权国和债务国维持债务本息偿付的一种权宜手段。在 20 世纪 30 年代的大危机中，由于延期偿付的实施，英国大量债权被冻结。1934 年 11 月签署的《英德协定》被看作支付协定的样板。《英德协定》指定专门用途的资金用于清算两国的交往，把每月德国从英国的进口限制在其对英国出口的 55% 以内，其余 45% 的指定资金用于偿付道威斯贷款和扬格贷款中英国份额的本息并支付其他费用。

双边支付协定使贸易双方能在外币短缺的困难条件下进行专业化的商品贸易，而且使债务冻结的解冻成为可能；双边贸易协定还能为一国垄断和控制其他遭到贸易歧视的小国提供机会。但是，与多边条件下进行的贸易相比，贸易参加国所获福利减少，最终引起 20 世纪 30 年代的贸易萎缩和世界实际收入的减少。同时，双边协定本身就意味着贸易保护和国别歧视，在这个过程中不可避免地会发生贸易扭曲。

面对 30 年代大危机后爆发的全面贸易战，国际社会也曾进行过协调。1933 年召开的世界经济会议就是这种国际协调的努力。这次会议主要讨论了以下几个问题。

第一，稳定货币问题。英国主要关心的是怎样才能提高商品价格，其他国家则担心英镑何时才会稳定下来。英国表示只要价格不提高，至少战争债务未清理前，就不可能把英镑稳定下来。随着美元脱离金本位，稳定货币的焦点集中在美元的稳定上，但是罗斯福很快就表明了立场。他认为：只图暂时地、多半是人为地稳定少数大国的汇率，纯属似是而非的谬论，这种谬论是不会使世界长时期得到平静和安宁的。也就是说美国在贬低汇率提高物价之前，无意缔结国际协定。稳定货币的计划破产了。大英帝国属下的各国举行正式会议，组成了英镑区。金集团国家也因此组织起来。

第二，关税问题。每个国家都要求破例对待。美国想提高根据农业调整法要课以加工税的农产品关税；英国在 1932 年渥太华会议后对提高蛋和熏肉的关税工作还没有完成；法国要看美国的物价上涨幅度是否完全与美元贬值相称，如果美国物价没有涨足，它就要被迫征收进口附加税（金德尔伯格，1986：242）。

第三，兴建国际公共工程问题。这里存在两个问题：一是资金来源。大会建议成立一个国际基金，美国鉴于过去的贷款总存在借方拖欠的风险，不参加这个基金。二是兴办公共工程是否真的有效。法国财政部长博内宣称，法国实行了好几年公共工程计划，但物价并没有显著提高，反而造成了让人担心的财政赤字。这项建议最终被搁浅。

第四，战争债务问题。法国在第一次世界大战中损失最严重，它对德国赔款问题毫不让步；美国要求英国和法国尽快偿还它们在战争期间的债务，英、法的赔款来源直接关系到德国的还债能力，而德国的还款能力，完全依靠其出口大于进口获取的外汇或黄金，而同盟国对德国的制裁，使其不可能通过每年的顺差来支付赔款。赔款成为一个复杂的问题，大会已经没有能力解决，最终不得不采取了回避的政策。

1933 年的世界经济会议就这样流产了。1936 年，金集团国家纷纷放弃金本位，人们再次提出了采取某些国际金融合作的必要性。1936 年 9 月，在法郎贬值以前，法国同英国、美国达成了三国货币协定，以免对方报复。后来比利时、荷兰和瑞士加入该协定。这项协定主要是技术上的合作：协定国内部自由兑换黄金，当国际游资从一国转移至另一国时，各国中央银行进行合作以维持汇率。它实际上是有管理的汇率制度下的国际合作。以后，有管理的汇率原则代替了金本位制度下的自由汇率原则。

三国货币协定发出了黄金不再值钱的信号，于是黄金持有者纷纷抛售黄金，购买有价证券。但是欧洲政局越来越不稳定和战争威胁的日益增长，使大部分的资本流向了美国寻求避难所。美国的黄金储备按1934年1月重新估价后的数目，共为68亿美元，到1936年10月达到110亿美元。1937年4月黄金恐慌达到高潮，欧洲货币竞相改为美元，当月黄金流入量达到2.16亿美元。随着黄金大量流向美国，三国货币协定中有管理的汇率原则也被冲垮。商战逐步升级，几次国际协调都以失败告终。国际关系既复杂混乱，又波动频繁，在所有手段都用尽后，仍不能解决矛盾，最后不得不付诸战争。

各国的关税战、倾销战、货币战在外汇管制和双边协定的刺激下，很快演化成为集团对抗的方式。英联邦集团、美元集团、金集团、德国集团、日元集团等逐步形成，世界经济失去了使它们结合为一体的内聚力。

根据1932年渥太华协定，英联邦国家一致同意扩大相互间的进口优惠。英联邦内部削减关税，提高对英帝国以外国家的关税。这就是帝国特惠制。一方面，它增加了帝国内部贸易，1938年，英国出口货物的62%都是卖给英联邦和英镑集团国家的，而1929年则为42%。另一方面提高了英国在英帝国国家贸易中所占的份额。英国放弃金本位制后，与英国有贸易和财政紧密联系的国家，如英帝国的大多数国家、瑞典、丹麦、挪威、葡萄牙和拉丁美洲的几个国家，使自己的货币与英镑保持一定的比例关系，各国以英镑作为主要的外汇储备，在国际结算中也以英镑作为清算手段，从而形成以英国为首的货币集团，即英镑集团。英联邦集团虽然是一个松散的非正式组织，但在当时是势力最大的，具有一定的排他性。

1934年，美国联合一些中美洲国家、菲律宾和利比里亚，组成美元集团。日本组建的日元集团包括其殖民地和它占领的中国地区。日本与日元集团之间的贸易发生了引人注目的变化，日本对集团内的出口从占日本出口总额的24%上升到55%，进口也从20%上升到41%。金集团紧随英镑贬值而形成。法国凭借其雄厚的黄金储备、巨大的贸易和预算盈余，成为金集团的首领。比利时、瑞士、荷兰、意大利等欧洲国家参加了金集团。它们企图维持金本位制，面对其他集团的货币贬值，它们希望通过通货紧缩来维持贸易平衡和保存黄金储备。

德国利用抵偿贸易协定和清算贸易协定，在东南欧市场上占据了垄断地位。东南欧国家是欧洲重要的农产品和原料供应国，它们的产品被英国和法国拒之门外，德国趁机利用抵偿贸易协定和清算协定与它们互通有无。20 世纪 30 年代，在东南欧国家的进出口中，德国所占的比例大都成倍或几倍地增长（见表 11－3）。

表 11－3　1932 年和 1938 年东南欧国家和德国的贸易

国家	自德国进口（百万马克）		进口中德国所占比重（%）		向德国出口（百万马克）		出口中德国所占比重（%）	
	1932 年	1938 年	1932 年	1938 年	1932 年	1938 年	1932 年	1938 年
保加利亚	20.8	56.4	26	48	34.5	84.3	26	52
希腊	23.5	111.1	10	29	58.9	93.6	15	39
匈牙利	47.4	110.0	23	30	36.4	109.7	15	28
罗马尼亚	64.2	148.8	25	35	74.4	140.4	12	21
土耳其	31.0	151.4	23	47	40.1	116.0	14	43
南斯拉夫	43.3	118.0	18	33	29.5	107.9	11	36

资料来源：宋则行、樊亢：《世界经济史》中卷，经济科学出版社，1998，第 194 页。

德国还用同样的办法与拉丁美洲若干国家进行贸易交往。1929～1938 年，在拉美 20 个国家的进出口贸易中，英、美两国的比重在下降，德国的比重显著上升，分别由 10.6% 和 8.1% 上升到 17.8% 和 10.3%。德国同拉丁美洲的贸易额几乎回升到 20 世纪 20 年代的水平。由于区域性货币集团的发展，贷款方向比以前受到了更多的限制。资本运动更集中于某些优惠的地区。例如，只有英联邦成员国和某些英镑区国家才能在伦敦发行债券；美国向加拿大提供贷款；瑞典向斯堪的纳维亚国家提供贷款以及比利时、荷兰和瑞士向法国提供贷款。区域性货币集团妨碍了资本在国际间的流动，这对 20 世纪 30 年代迫切需要资本应付危机的世界经济来讲是致命的。

20 世纪 30 年代，世界经济中利益集团的林立，是在国际经济原有秩序崩溃后，各方寻求经济合作的尝试，但是由于霸权主义和国家之间的矛盾，每个集团都谋求自身的利益，反而加剧了经济危机。

Reinhart and Rogoff（2004）关于二战之后固定汇率机制、浮动汇率机制以及混合汇率机制的研究则表明，实行一致性汇率规则（不管是固定还是浮动汇率规则）的国家，其经济表现（通货膨胀率和产出增长）优于汇率制度不断变化的国家。金本位的情况则比较复杂。

Chernyshoff，Jacks and Taylor（2009）研究了1875～1939年实际汇率的波动与金本位制度的兴衰。他们提出的问题是，国际性的金本位机制是否有助于减少宏观经济波动？其研究结果表明，从19世纪后期到20世纪初期的金本位制度抵挡住了贸易条件变化传导的冲击。但是，在两次世界大战之间，金本位制度却没能有效地反映出世界贸易条件的变化（国内及国际经济两个层面），从这一点来看，这一时期的金本位制度是一个失败的选择。

Eichengreen and Sachs（1985）、Bernanke and James（1991）、Eichengreen（1992）都提到，在大萧条期间，较早放弃金本位的国家从大萧条中更快地复苏。由于货币贬值，增加了货币供给，刺激了出口，扩大了产出，脱离金本位的国家迅速从大萧条中复苏（比如丹麦、英国、瑞典、挪威和芬兰）。而那些维持通货价值不变的国家（比如法国、德国、意大利和荷兰）则忍受了更长时期的经济萧条之苦。

大萧条期间，产出下滑、价格下跌的国家之所以坚持金本位制度，一般受到国内外政治因素以及当时主流经济思想的影响（Eichengreen，1992）。比如法国，它之所以不遗余力地坚持金本位制度是要维护国内各集团的利益，维护庞加莱执政时期的政治及社会稳定。此外当时流行的经济思潮认为：币值稳定以及紧缩的财政政策是根治大萧条的灵丹妙药。

如果大萧条时期国际性的金本位机制确实对产出的下降造成不利影响，是否就能得到名义因素将影响实际产出的结论呢？Bernanke and James（1991）分析了这种可能性。他们认为，也有可能在金本位机制下，国内货币供给的下降实际上是由当时的宏观经济形势所决定的。货币供给对金融和汇率的反应本身是不连续的，而金融以及汇率上的问题实际上是由20世纪20年代的政治格局及经济发展所造成的。

尽管不能断定是金本位制加深了大萧条，但是在大萧条期间坚持金本位制不是一个明智的选择。在国际性的金本位框架中，国内货币政策实施所能起到的效果更依赖于其他国家是否实行相同的货币政策。比如，在国际性金本位机制中，当法国宣称抛售英镑时，将对英国的通货价值带来不利影响。一旦英国进行干预时（英格兰银行必须从法国手中购买英镑），黄金储备的减少就会造成英国国内通货的紧缩。金本位作为一种国家之间有效的承诺，在一定程度上促进了各国货币政策的协调。然而，各国货币盯住黄金同样需要承担一定的成本。因为第一次世界大战的爆发，导致战后出现日益复杂的政治格局以及战后经济重组的举步维艰，结果使得维持金本位机制的政治及经济成本日益高昂。最终，各国出于经济及政治的需要，在维持国际性的金本位机制上分道扬镳，这一差异进而影响到各国从大萧条中复苏的速度。

Findlay and O'Rourke（2007）认为一战之后，失业的政治成本变得更为高昂。战后工会力量加强，劳动力市场变得更有刚性。一旦政府想维持战前的金本位制度，通常需要采取通货紧缩的货币政策，而紧缩会对劳动力市场造成极大的冲击。结果是，国内政治运动也许使得政府很难实施紧缩的货币政策。此外，战后的国际政治格局也使得很难维持国际性的金本位制度。维持国际性的金本位制度通常需要不同国家的央行较为协调一致的行动，但是，战争引起的猜疑、不满乃至仇恨使得战前的合作机制土崩瓦解。

三　贸易依存度、国家安全和战争

1. 贸易依存度与战争

早在 1909 年，Norman Angell 在其广为流传的著作《伟大的幻觉》中指出，大国之间经济上的相互依赖可以防止重大的国际性军事冲突的出现，或者说，一旦出现争端，大国之间因为经济上的紧密联系至少能够迅速就有关问题达成和解或者一致。但是，1913 年前加强了相互依赖的国家是爆发战争的国家。

自由主义观点（新自由主义观点）和现实主义都解释了贸易与战争之间可能存在的联系。自由主义观点的理论渊源是 18 世纪的古典自由主义，代表人物是斯密和小穆勒等。斯密从个人权利的自然性以及私有财产的合法性出发，认为个人在实现自身利益的时候，同时也促进社会福利的普遍提高，这也就是我们通常所说的"自利而利他"。边沁则为自由主义添加了"功利主义"原则，因为人的行为都是趋利避害的，所以正确的行事准则应该是去追求最大化程度的幸福。无论是从斯密的"看不见的手"这一思想出发还是基于边沁的"最大化幸福原则"，都可以得出这样的推论：个人拥有理性力量以及自身的独特天赋，在个人实现自身经济利益的过程中，也将增进整个社会的福利水平。自由竞争不仅在一国内部有利于生产发展以及社会化分工水平的提升，国家间的自由贸易对参与贸易的各方都具有潜在的好处。按照各自国家的比较优势来开展国际贸易，不仅会增进人类社会的普遍繁荣，而且将最终开创人类社会的持久和平。从贸易中获得的收益最终会惠及两国人民，一方面是在自由贸易前提下，各国都会致力于从事具有比较优势的商品生产，所以，贸易的普遍扩大将增进世界各国人民的福利。另一方面，基于比较优势的商品贸易会促进参与贸易各国生产的进一步专门化。结果是，在关于国家的理性假设之下，因为从贸易中可以获得巨大的经济利益，所以具有广泛贸易交往的国家之间很少会进行战争。

大卫·李嘉图认为，基于比较优势的国际贸易将促进国际范围内的分工协作，使得参与贸易的各方都能获得巨大的经济利益，从而将成为国家之间发展和平友好关系的基石。国家之间经济上的相互依存从而排除这些国家之间发生战争的可能性（J. 多尔蒂和R. 普法尔茨格拉夫，2002）。孟德斯鸠（2004：3）进一步阐述了被称为"贸易精神"的自由主义贸易所具有的深远影响。孟德斯鸠认为，"贸易的自然结果就是和平。两个国家之间有了贸易，就彼此互相依存。如果此方从买进中获利，则彼方由卖出获利，彼此之间的一切结合是以相互的需要为基础"。

现实主义则从成本的角度解释了贸易为什么会对战争的爆发产生抑制作用。一旦爆发战争，势必会割断与交战各国的贸易联系。如果割断贸易交往会带来巨大的机会成本，那么，这就有可能会对国家发动战争的动机产生抑制。尽管现实当中很多国家是较为贪婪的，只考虑自身的国家利益，但是，战争会对其贸易造成巨额机会成本这一外在约束使得国家不敢轻易对他国动武。特别是经济实力、军事实力等相当的国家，政府会进行理性决策，较为合理的策略是尽量避免战争的爆发。与此同时，国内政治力量出于自身经济利益考虑，通常也会对那些企图引起战争的政府施加压力。

Polachek（1980）的实证研究说明收益和成本都可能发挥作用。他从微观经济理论的视角来探讨国际贸易与冲突可能存在的联系，一旦两国贸易依赖程度上升，就会提升两国之间发生冲突之后产生的损失，也可以说更为紧密的贸易伙伴关系有利于减少双方的不信任。Polachek（1980）关于跨国贸易的实证结果表明，平均意义上来说，贸易总额每翻一番，有助于减少20%的国家之间发生冲突的概率。正如 Blainey（1973）所说的，"在拿破仑滑铁卢战役之后，欧洲保持了一段很长时期和平的原因在于世界范围内的商品交易及思想观念的跨国传播"。

英国经济外贸依存度呈现逐步提高趋势（见图11-1）。1864 年，英国经济外贸依存度达到 52.1%。这一时期也是英国自由贸易的黄金时代。1882 年，英国经济外贸依存度达到新高，为57.8%。稍后，随着世界范围不同程度的贸易保护主义以及新重商主义的兴起，英国经济外贸依存度略有下降。不过在一战前夕，英国经济外贸依存度超过了1882 年的水平。1912 年，英国经济外贸依存度接近61%，这也是1840～1913 年英国经济外贸依存度的最高水平。尽管德国及法国远不如英国，但是，这两个国家外贸依存度也很高（见图11-2）。1880～1913 年，整体上来看，法国外贸依存度略有下降，而德国外贸依存度上升的幅度则较大。

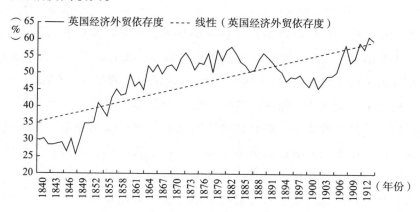

图 11-1　1840～1913 年英国经济外贸依存度

资料来源：B. R. 米切尔，2002。

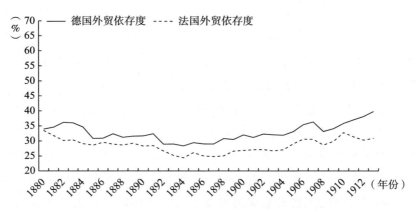

图 11 - 2　1880 ~ 1913 年法国及德国经济外贸依存度

资料来源：B. R. 米切尔，2002。

英国、德国、法国等卷入第一次世界大战的国家的贸易交往深入且持久。1880 ~ 1893 年，英国一直是德国最大的进口国。1894 年，英国作为德国最大进口国的地位让位给俄国，而到一战前夕，英国一直是德国最大的出口对象。与德国较为相似，1880 ~ 1913 年，英国是法国最大的贸易伙伴以及出口对象（B. R. 米切尔，2002）。

美国、日本和德国等新崛起的国家外贸依存度也存在差异。德国的外贸依存度在多数时间超过了 30%，这是一个比较高的比重。而且从 1895 年开始，德国的外贸依存度一直在上升。日本在从闭关锁国走向贸易立国的过程中，外贸依存度尽管起点较低，但是一直保持迅速上升势头，到 1914 年已经达到 30% 以上。可以说，德日两国经济对于海外市场和原料产地都有着比较强烈的要求。相比之下，美国的外贸依存度则一直在 10% 左右徘徊，甚至略有下降，这归因于美国国内资源丰富，市场广阔，对外贸易并不占据重要地位。

后来爆发的第一次世界大战说明，这几个国家外贸依存度及其之间存在的盘根错节的贸易关系并没有减少战争爆发的可能性。为此，一些学者认为在激烈的经济竞争中，有些国家希望通过政治手段以及增强自身的军事实力来确保自身的经济优势以及经济安全。1875 年，英国的军费支出为 133.2 百万美元。而法国的军费支出早在 1873 年就达到 137.4 百万美元，德国稍后也加入了与英国及法国的军备竞赛。俾斯麦时期的 1881 ~ 1882 年，德国的军费支出为 106.5 百万美元，而到 1908 年，德国的军费支出上升到 290.5 百万美元，稍低于同一时期的英国军费支出（291.8 百万美元），领先于法国的 243.7 百万美元。一战前夕，英国军费支出为 385 百万美元，德国军费支出为 352.7 万美元，法国的军费支出落后于以上两国，仅为 277.2 百万美元。

而且，贸易依存会与一国的对外政策产生联系。Gasiorowski（1986）说，尽管经济上的相互依存使得彼此从贸易交往中受益，但是，经济上的依存同样可能对国内宏观经济造成不利冲击，从而引发贸易禁运以及设立关税壁垒，甚至更为严重的冲突。新自由主义反思了自由主义无法解释一战爆发与国际贸易繁荣的困境，认为在国际经济交往中，每一个国家与另一个国家的充分竞争是确保贸易促进普遍经济繁荣的基础，参与贸易的双方应该具有较为对等的前提条件，而不是一国受制于另一国。但在现实的国际贸易中，一国与另一国之间充分的市场竞争并不存在。通常是经济实力及军事实力更为强大的国家主导国际经济交往，通过建立起有利于强大国家自身的关税体制和货币机制等来构建国际经济秩序，不同国家从经济交往中的受益程度也许并不一致。非对称的经济依赖通常给操纵政治杠杆提供便利条件，这一非对称的经济依赖通常也较为脆弱。而如果经济上相互依存对于两国而言较为对称，通过政治手段来操纵经济的空间将极大压缩。跨国的实证结果表明，非对称的经济依赖之下，因为国内经济容易受到拥有主动权一方（强势国家）经济政策变化的冲击，被动的一方通常会有选择性地顺从强势国家的对外政策（Richardson and Kegley，1980）。所以，Richardson and Kegley（1980）关于美国与其他国家贸易依存的实证结果表明，不对等性的贸易依存也许是导致他国与美国对外政策保持大体上一致的原因所在。

Broadberry and Harrison（2005）则认为，从经济的角度来看，战争是作为反抗全球化这一历史进程而出现的。1815～1914 年，贸易及资本流动有力地促进了世界生产率水平的提高，经济发展水平的上升倾向于减少地区性战争风险。然而，全球化同样也可能导致不利的后果。贸易及交通成本的下降使得农民、企业以及雇佣劳动者不得不面对参与全球性的国家和市场竞争所导致的不稳定以及风险。Broadberry and Harrison（2005）进一步推论说，从政治经济学的角度来看，如果政府和政治家们可以容纳这些不稳定及风险，那么，这样的自由竞争理念将有力地促进全球经济繁荣。但是，一旦政治家们发动民众来反对全球化进程，这一进程同样会遭遇阻碍。从这一意义上来说，拥护或者反抗全球化进程同样可以赢得民众，结果也许使得战争发生的可能性降低或者不可避免。然而，第一次世界大战的历史告诉我们，确实是那些经济具有紧密联系的欧洲国家首先开始战争，然后，非欧洲的参与者和殖民政体起到了次要作用，而另一些国家也逐渐被卷入（Eloranta and Harrison，2007）。

2. 一战前追求安全的策略与战争风险

是否过于依赖世界市场产生的危机感让德国发动了战争呢？确实，英国在资源丰富的中东排挤德国，法国威胁到德国铁矿石的供应，法国和俄国的高关税阻碍了德国经济不能像英国、美国那样扩张。德国认为只有战争能为德国取得欧洲经济支配权，以保障德国长期生存（Copeland，1996）。

19 世纪 90 年代德国对大英帝国能够维持世界贸易自由化产生了怀疑。90 年代主要的保护贸易的关税法案有美国麦金利关税法案（McKinley tariff，1890）和法国 Meline 关税法案（Meline tariff，1892）。自由贸易的大本营——英国在 1896 年入侵南非德兰士瓦地区，威胁到德国的商业利益。1897 年，加拿大对非大英帝国的产品实行差别关税，违反了 1865 年德国和英帝国签订的最惠国待遇原则。英国不顾德国的抗议，不仅不制止加拿大的做法，还在 1897 年 7 月中旬宣布废止 1865 年签订的德国和大英帝国的最惠国条约。随后英国国内开始质疑自由贸易政策，张伯伦提出建立帝国特惠制体系。

尽管帝国特惠体系最终没有建立，但是德国的担忧加重了。1897 年 7 月 31 日，普鲁士首相在慕尼黑对德国首相霍亨洛说，英国废止 1865 年条约意味着德国和英帝国的贸易关系即将终止。德国皇帝也认为，"废除 1865 年的最惠国条约意味着英国外贸政策的转向"，而且这是针对德国的，而不是针对美国的，这说明英国意识到了"德国的工业优势"，他相信英国会千方百计地摧毁德国的优势①。19 世纪 90 年代后期，德国领导人主要担心的是：美国极端的贸易保护主义关税和英国海关的计划

---

① German Diplomatic Documents, 1871–1914, vol. II, trans. ETS. Dugsdale, New York: Harper and Brothers, 1930, pp. 486–487.

（Fischer，1975：7）。1898 年德国扩张海军，部分原因就是为了保护德国的贸易，特别是一些重要的原材料和食品进口。当时，很多德国人认为，德国无法自己养活快速增长的人口，强大的海军是"免于挨饿的必要保障"（Cecil and Ballin，1967：149）。

1897 年，后英国和美国都分到了一部分原来西班牙的殖民地，但是德国什么也没有得到。在 1905 年和 1911 年两次摩洛哥危机中，英国帮助法国阻止了德国对非洲的经济渗透。1898～1913 年德国取得的殖民地只相当于美国的 1/7，而美国并不是一个殖民大国。

在中东地区，英国努力减少德国的经济渗透。1907 年，英国同意俄国对波斯的瓜分，限制德国通过柏林—巴格达铁路对中东的影响。1910 年 10 月，俄国大使向莫斯科汇报："英国对如何瓜分波斯不感兴趣，它只希望确保英俄这一地区的利益不被其他大国染指。"在大战爆发前，英国以承认美国对中美洲石油的特权为交换，控制了中东地区的石油。这对国内石油产量只能满足需求 10% 的德国来说，是莫大的威胁。

战争爆发前的 15 年，随着德国人口和经济增长，德国对重要物品的海外依赖也迅速增加。1900～1913 年，国内油产品产量增长了 140%，但是仅仅只能满足德国需求的 10%。1897 年下半年德国正式成为铁矿石净进口国，法国和瑞典都是对德铁矿石的出口大国。1913 年将近 30% 的铁矿石依靠进口，而同期国内产量增长了 120%。德国在法国北部有大量投资，到 1913 年时，德国控制了法国 10%～13% 的铁矿石储量。德国食品进口速度自 1890～1913 年以每年 4.8% 的速度增长，同期经济增长率是 3.9%。1913 年，德国进口品种超过 57% 的是原材料，1893 年和 1903 年则分别是 41% 和 44%。同时，德国对外贸易占 GNP 的比重也不断上升，1900 年为 32%，1910 年为 36%，1913 年为 40%（Mitchell，1981：514）。

英德之间的海军竞赛反映了双方对切断贸易的担心。Fischer（1975）的书中有很多史实反映了德国对贸易前景的悲观预期。这些悲观预期也与德国最初的战争目标相联系。1990 年新重商主义的代表人物 Gustav Schmoller 说，"俄国、英国和美国的世界帝国利用他们辽阔的领土，在海上和陆上的霸权、贸易把世界其他国家置于一件经济的紧身衣中，窒息了这些国家的发展"（Fischer，1975：35）。

1911 年，在第二次摩洛哥危机中遭受挫折的德国，在美国、英国和德国保护主义的逼迫下，采取了一种保守的战略——回归欧洲，希望建立一个中欧经济区（Copeland，1996：5－41）。对经济问题的担忧超越了意识形态和党派。1913 年国家自由党主席、未来的德国首相斯特莱斯曼说，德国要建立"一个能够自给自足的经济区，以确保德国对原材料的需求和保证出口"。1912 年 Stresemann 说，"在受到排挤的地区，我们的贸易下降得很厉害"，社会民主党的 Hildebrand 在 1911 年写到，"从一个社会主义者的观点看，殖民地对德国都是很有必要的"。1906 年后，社会民主党对德国殖民扩展的立场发生了转变，从反对到接受（Fischer，1975：234，250－253）。政府中也有类似观点。1914 年 8 月，作战部军事原料部门的领袖 Walter Rathenau 说，"德国的原料基地太小了，德国只有拥有了充分的原料来源，才能不仰仗世界市场的怜悯"。1914 年 4 月，Albert Ballin 说，"我们在拓展海外市场上遭受了很大困难，特别是在富含石油的近东地区，在一些重要的地区我们已经被排斥在外了"（Fischer，1975：238，450）。

1914 年 7 月德国领导层都弥漫着对外贸的悲观预期，从这个意义上说，战争出于德国的一种预防性动机。如果能够打败法国和俄国，德国将控制欧洲有价值的市场，确保德国未来发展中对原材料和市场的需求，从而满足德国的安全需求。德国对法国的铁矿石特别感兴趣。8 月 26 日，Bethmann 专门查看了法国洛林铁矿的储量，并同意将吞并法国铁矿写入"最终的和平条约"。如果不打仗，那么德国长期发展将受到不利的影响（Copeland，1996）。

德国追求经济安全的目的体现在德国首相 Bethmann Hollweg 的"九月计划"中。"九月计划"宣称，"战争的主要目的"是"确保德意志帝国在东方西方永久的安全"，将俄国的边界推得离德国越远越好，"让法国经济依赖德国，法国成为德国产品的市场"，法国 Briey 铁矿专供德国工业，建立欧洲经济联盟，包括中欧、法国、波兰、"可能还有意大利、瑞典和挪威"，成员国"形式上平等"，实际上德国管控着欧洲经济联盟，稳固德国在中欧的经济支配权（Fischer，1975：103－104）。"九月计划"中还写道，战败的法国不得再像现在这样歧视德国企业，德国企业在法国享有融资和经营等活动的自由。同时要求俄国取消战前的贸易限制，并实行低的工业品关税政策（Fischer，1975：104，538）。

　　这是一个直白的野心勃勃的计划，反映了德国战前对战争目标的预设。1914 年 8 月 1 日，执掌帝国原材料的 Rathenau，向 Bethmann 提交了一份长长的备忘录，其中写道"只有加强德国在中欧的地位，才能保证德国与英国、美国和俄国等列强抗衡"，而战争是实现这个"必要目标"的手段。德国希望在战后建立一个欧洲自由贸易区，以与世界其他列强抗衡。Delbruck 9 月 13 日向 Bethmann 提交的备忘录说，只有建立一个由德国掌控的消除了贸易障碍的欧洲才能有效应对大西洋彼岸（美国）的挑战。普鲁士农业部长 Von Falkenhausen 写道，拥有欧洲的经济霸权才能与强大的美国、英国和俄国匹敌。Delbruck 的顾问 Schoenebeck 也在 10 月说，"战争最终的目的"是建立一个能让德国与其他国家在竞争中获胜的中欧经济区，特别是面对日益封闭和独断的大英帝国、美国、俄国、日本和中国。

　　3. 英国与新兴国家[1]的争斗[2]

　　与德国一样，美国和日本同样担心各自的经济安全。那么英国是否真的束缚了当时这些新兴国家在国际市场的发展呢？为了实证地研究 1870～1913 年英国与新兴国家的贸易竞争，我们选取了与这些国家有重要贸易关系的三个代表性国家——中国、南非和阿根廷，来考察英国与新兴国家在中国、南非和阿根廷这三个国家的相互牵制关系。

　　中国在这一阶段是各个列强争相划分势力范围的国家，阿根廷是摆脱了西班牙的殖民统治获得独立的国家，南非则是受英国影响比较大并在 1910 年成为英国自治领地的国家。这三个不同类型的国家都与英国和新兴国家有较紧密的贸易联系，有利于分析列强之间的动态关系（很多殖民地国家仅仅和宗主国的贸易关系较为密切，体现了宗主国对于这个地区的独占性，但无法讨论不同国家之间的动态关系）。同时，这三个国家都是比较重要的经济体，经济总量较大，具有一定的代表性和影响力，而且这三个国家分处在亚洲、非洲和拉丁美洲（欧洲国家由于不容易排除一些相关因素，所以没有入选）。

　　在变量方面，着重考察英国、德国、日本、美国进口占中国、南非和阿根廷全部进口的比例。

---

[1]　新兴国家主要指德国、美国、日本和俄罗斯，由于俄罗斯的历史数据不全，在此主要分析德国、美国和日本的情况。

[2]　本部分内容得到南开大学经济学院冯志轩的支持。

　　分析方法是 VAR 方法。选择这一方法的原因之一在于它能充分适应数据形式。由于这一时期统计数据仅有比较主要的指标，VAR 这一时间序列方法可以充分利用数据中携带的信息进行计算和估计，不需要依赖太多的其他统计数据。原因之二，由于主要考查的是各个国家贸易比例的交互效应，VAR 将所有变量视为内生变量，可以充分考虑变量之间的交互效应。原因之三，在 VAR 框架下进行的格兰杰因果检验和方差分解可以说明各列强贸易比例变化在时间序列上的因果关系和不同变量在解释其他变量方面的重要性。当然 VAR 方法作为一种过度参数化方法本身会浪费大量的自由度，这对于时间跨度并不长的研究来说是有一定影响的，但是综合来看 VAR 仍然是最为妥当的方法。

　　在中国的外贸伙伴中，英国、日本、美国占据了主要地位。表 11 - 4、表 11 - 5 和图 11 - 3 反映了对日本、美国、英国进口占中国总进口比例的 VAR 分析结果。从表 11 - 4 和表 11 - 5 中可以看到，英国进口比例对日本的进口比例有显著负向影响，并且格兰杰因果检验表明，英国进口比例的波动是日本进口比例波动的格兰杰原因，反过来日本的进口比例对英国的进口比例也有显著负向影响并且是其格兰杰原因。此外，日本的进口比例也是美国进口比例的格兰杰原因，但其影响为正。

　　因此可以得出两点结论，英国和日本在对华出口方面存在着激烈的竞争，而日本同时对美国对华贸易存在影响，正向关系可能体现了二者都属于后起国家并试图打开中国市场，也体现了日本在对华事务上的影响力。结合图 11 - 3 方差分析来看，日本进口比例冲击对于解释其他两国的进口比例的方差没有特别大的作用，而英国进口比例冲击对于解释其他两国的进口比例方差有着重要的作用，因此可以认为，英国在对华出口中占据较为重要的地位，英国对于其他国家的对华出口有重要影响，尤其是对日本有重要的压制作用。

表 11 - 4　日本、美国、英国进口占中国总进口比例的 VAR 估计结果

	(1)	(2)	(3)
	日本	美国	英国
日本	0.736 ***	0.243 **	- 0.454 **
	(0.102)	(0.115)	(0.230)

续表

	（1）	（2）	（3）
	日本	美国	英国
美国	0.196	0.402 ***	-0.214
	(0.134)	(0.151)	(0.301)
英国	-0.106 *	-0.0695	0.282 **
	(0.0633)	(0.0714)	(0.142)
Constant	0.0376 **	0.0262	0.197 ***
	(0.0175)	(0.0198)	(0.0394)

表 11-5　日本、美国、英国进口占中国总进口比例的格兰杰因果检验结果

	被解释变量		
	日本	美国	英国
日本	4.86 *	4.45 **	3.91 **
美国	2.14	7.99 **	0.51
英国	2.80 *	0.95	12.79 ***

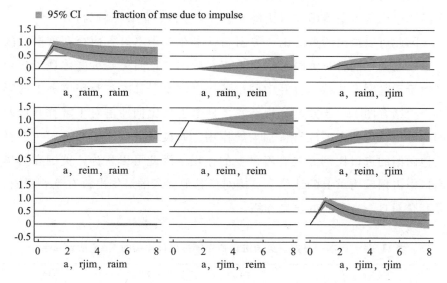

图 11-3　日本、美国、英国进口占中国总进口比例的 VAR 方差分解图

注：其中 rjim、raim、reim 分别代表日本、美国和英国的进口比例。

在南非对外贸易中，德国、美国和英国占据了主要地位，因此主要

分析这三个国家之间的关系。从表 11 - 6、表 11 - 7 和图 11 - 4 中可以看到，英国和德国的进口比例存在负向关系，且英国进口比例是德国进口比例的格兰杰原因，同时美国和德国的进口比例存在正向关系且德国是美国进口比例的格兰杰原因。另外结合方差分解结果可以看到，英国对于德国进口比例的影响和德国进口比例对于美国的影响都是比较重要的。

表 11 - 6　德国、美国、英国进口占南非总进口比例的 VAR 估计结果

	德国	美国	英国
德国	1. 005 ***	0. 260 ***	- 0. 210
	(0. 0673)	(0. 0839)	(1. 003)
美国	- 0. 0839	0. 780 ***	- 0. 448
	(0. 0571)	(0. 0712)	(0. 852)
英国	- 0. 0243 ***	0. 00202	0. 536 ***
	(0. 00823)	(0. 0103)	(0. 123)
Constant	0. 0209 ***	0. 00384	0. 325 ***
	(0. 00579)	(0. 00722)	(0. 0863)
Observations	47	47	47

表 11 - 7　德国、美国、英国进口占南非总进口比例的格兰杰因果检验结果

	被解释变量		
	德国	美国	英国
德国	11. 769 ***	9. 637 ***	0. 04393
美国	2. 1563	9. 7451 ***	0. 27655
英国	8. 7024 ***	0. 03881	1. 0498

与南非一样，在阿根廷的对外贸易当中，德美英三国占据了主要地位，因此也主要对这三个国家进行分析。

从表 11 - 8、表 11 - 9 和图 11 - 5 可以看到英国和德国的进口比例之间存在着负向关系，同时二者互为格兰杰因果，说明英国和德国之间在对阿根廷的出口上存在着互相竞争，但是结合方差分解结果可以看到，英国的进口比例对德国的进口比例的影响程度要比德国对英国的影响大得多，因此可以认为英国在南非进口方面更多的处于主导地位。另外美国的进口比例也是英国进口比例的格兰杰原因，这反映了美国在拉美国

家中的重要地位。

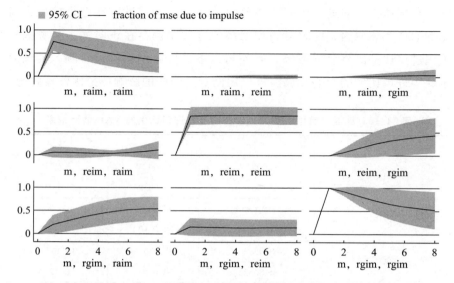

图 11 - 4　德国、美国、英国进口占南非总进口比例的 VAR 方差分解图

注：其中 rgim、raim、reim 分别代表德国、美国、英国的进口比例。

表 11 - 8　德国、美国、英国进口占阿根廷总进口比例的 VAR 估计结果

	德国	美国	英国
德国	0. 525 ***	0. 143	- 0. 849 **
	(0. 161)	(0. 164)	(0. 348)
美国	0. 293	0. 563 ***	0. 736 *
	(0. 186)	(0. 189)	(0. 402)
英国	- 0. 130 **	0. 0570	1. 013 ***
	(0. 0509)	(0. 0518)	(0. 110)
Constant	- 0. 0216	0. 00841	0. 00853
	(0. 0158)	(0. 0160)	(0. 0341)

表 11 - 9　德国、美国、英国进口占阿根廷总进口比例的格兰杰因果检验结果

	被解释变量		
	德国	美国	英国
德国	7. 5494 **	0. 76173	5. 9314 **
美国	2. 4781	3. 6406	3. 3533 *
英国	2. 4781 **	1. 2143	6. 1469 **

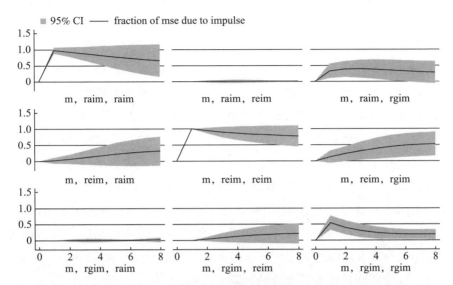

图 11－5　德国、美国、英国进口占阿根廷总进口比例的 VAR 方差分解图

注：其中 rgim、raim、reim 分别代表德国、美国、英国的进口比例。

综合上述三个国家的分析，可以得出以下几个共同点：第一，英国在多数情况下都对德国、日本和美国的进口比例有影响，存在着对这些国家的压制作用，影响着这些新兴国家在中国、南非和阿根廷的市场开拓。第二，英国和德国之间的矛盾最为突出，在多数分析中，英国对德国的压制都是非常显著的。第三，由于地缘的原因，一些新兴国家会有一些特殊的地位，如日本之于中国和美国之于阿根廷。

四　世界大战的经济后果

1. 一战罪责的认定

早在战争进行期间，交战双方就相互指摘，都把对方说成是招致灾难的作恶者，把自己进行的战争说成是抗击对方征服欲望和统治野心的保卫战。为了争取在威尔逊《十四点和平计划》的基础上认定战争责任，时任德国外交署国务秘书的社会民主党人卡尔·考茨基搜集并汇编了一系列有关7月危机和战争爆发阶段情况的档案文件，这就是考茨基文件。该文件发现，威廉二世及其政府在萨拉热窝谋杀事件发生后并没有积极筹划欧洲战争，反而一再试图维持和平。后来康特罗维茨曾断言，奥匈帝国对战争的爆发负有主要责任，德国是主要的同谋，俄国只承担有限的罪过。

但是战胜国并不这么认为。1919 年 1 月 18 日至 6 月 28 日，战胜国在法国巴黎召开和会，旨在处理善后问题，制定对德和约。根据《凡尔赛和约》第 231 款，德国被指责为对第一次世界大战的爆发负有明确和单独责任的国家。这一罪行宣判如果从司法考虑，就是从民法上认定德国要为战争损失承担责任，使战胜国的赔偿要求获得国际法的保障。

在《凡尔赛和约》签订后，德国学者对世界大战的爆发做出了与战胜国的罪行宣布完全不同的解释。为了驳斥德国学者的结论，1926 年起，英国也出版了 11 卷本的 *Britisch Documentson the Origins of the War* (*1898～1914*)。试图以此来重新确认《凡尔赛和约》的判决，强调德国推行过一种富有侵略性的帝国主义政策，认为它破坏了列强的国际平衡，并且一直故意地甘冒世界大战的风险。

第二次世界大战后，德国和欧洲的关系得到修复，对德国战争罪责的认定又出现波澜。1951 年在德法两国政府的协调下，两国历史学家在美因兹举行了一次学术会议。在此次会议上，格哈德·里特尔与皮埃尔·勒努万共同签署了一份关于世界大战爆发研究之现状的声明，并宣称，史料不支持"在 1914 年把有意识地进行一场欧洲战争的意愿归咎于某一个政府或某一个民族"，他们还特别表态说，"德国的政府在 1914 年并不是以挑起一场欧洲战争为宗旨的，它首先受制于对奥匈帝国的联盟义务"。按照这种解释，在很大程度上，帝国主义时代的国际关系本身和其他列强都负有战争罪责。

弗里茨·菲舍尔（孙立新，2008）激烈地反对这种观点，强调了德国对第一次世界大战所负的责任。其主要证据是：（1）第一次世界大战主要是由德国政治家经过慎重考虑有意地计划和策动的。德国皇帝威廉二世在 1912 年 12 月 8 日召开的所谓"作战会议"就是有力的证明。（2）德国的战争目标是用军事力量夺取对中欧、巴尔干半岛和近东地区的经济和政治统治权，并在中非建立一个殖民帝国。菲舍尔指出，1914 年 9 月 9 日正当马恩河战役达到白热化时，德意志帝国首相贝特曼·霍尔维格就在其所谓的《9 月纲领》（September-Programm）中把内容广泛的德国战争目标写了出来，这个纲领是世界大战期间整个德国战争目标政策坚定不移的准则。这一目标不是在战争过程中形成的，而是与那些早在战争之前就出现并在战争之后继续存在的利益集团的利益相适应的。（3）促成世界大战爆发的罪责首先应当由霍尔维格承担，而他又是德国扩张主义团体的政治代表。大规模的兼并主义的战争目标，不仅得到了泛德意志的极端分子，如鲁登道夫（Ludendorff）之流的拥护，而且也得到德国从极右分子到多数社会民主党人的一致支持。针对有些历史学家提出的把泛德意志极端分子和以霍尔维格为首的温和派政治家区别开来的观点，菲舍尔坚决地说，他们之间的区别只是程度和方法上的不同。（4）必须从一个长时段的连续性链条来看由霍尔维格表达出来的德国的侵略性强权政策与世界霸权政策的统一性，也就是说，要把这一统一性放到德国战前和战后历史的较大框架中来考察。威廉二世时期，德国帝国主义的"世界政策"是第一次世界大战的本来声明。

2. 一战后赔款问题的角逐

一战后，德国赔款问题经历了漫长的时期。表 11 – 10 显示，对赔款金额和赔款条件进行了多次磋商和多次修改，历经 20 世纪 30 年代大危机、法西斯上台、德国战败、德国分裂和两德统一，2010 年德国才最终赔完所有的本金和利息。

表 11 – 10　德国赔款金额和条件

	赔款总额	赔款年限及金额	赔款来源及其他	德国实际支付金额
《凡尔赛和约》1919 年 6 月 28 日签字 1920 年 1 月 10 日生效	交由赔款委员会确定	1921 年 5 月 1 日前，赔款 200 亿金马克		到 1921 年初支付了 80 亿金马克
1920 年 6 月赔款委员会	2690 亿金马克	确定了各国应得赔款数额的比例为：法国 52%，英国 22%，意大利 10%，比利时 8%，希腊、罗马尼亚、南斯拉夫共 6.5%，日本和葡萄牙各 0.75%		
1921 年 1 月赔款委员会	2260 亿金马克			

续表

	赔款总额	赔款年限及金额	赔款来源及其他	德国实际支付金额
1921 年 4 月赔款委员会	1320 亿金马克	分 30 年付清		
1921 年 5 月 5 日赔款委员会		每年支付 20 亿金马克和出口商品价值的 26% 5 月底赔付 1921 年的赔款 10 亿金马克		1921 年 8 月偿付了 10 亿金马克
1924 年 8 月批准道威斯计划，1924 年 9 月 1 日正式实施		第一年 10 亿，第二年 1.2 亿，第三年 15 亿，第四年 17.5 亿，第五年 25 亿（单位：金马克）	50% 来自关税收入和烟、酒、糖等消费间接税，26% 来自铁路运输收入，其余来自工业利润	1924～1929 年支付了 110 亿金马克
1930 年 1 月"扬格计划"	1139 亿金马克	59 年还清，前 37 年每年支付 19.888 亿，后 22 年平均支付 15 亿，无条件赔款占 1/3（单位：金马克）		
1931 年 6 月 20 日胡佛总统发表"延债宣言"，7 月生效		在一年期内，延付一切各政府间债务、赔款和救济借款的本利。7 月 23 日，美、英、法、比、日、意、德等国在伦敦会议上，通过了各国之间债务延期一年偿付的决定		
1932 年 6 月 7 日，美、英、法、德、意等国在洛桑召开会议，签署了《洛桑协定》	30 亿金马克	分数次支付	美国国会未批准《洛桑协定》	1932 年 1 月德国宣布无力支付赔款截至 1931 年，德国共偿还了 230 亿金马克
1953 年联邦德国首任总理阿登纳在伦敦协议上签字，同意联邦德国恢复赔偿二战前没赔完的债务		希特勒德国 1945 年倒台以后至此次谈判开始前的上述赔款产生的利息，协议规定，等德国统一后再偿还，并以统一后 20 年为期。当时，利息总额约为 251 亿金马克		西德到 1983 年支付了 140 亿金马克的赔款

续表

	赔款总额	赔款年限及金额	赔款来源及其他	德国实际支付金额
1990 年 10 月 3 日两德统一，2010 年 10 月 3 日还清赔款和利息				2010 年 10 月 3 日德国政府已还清赔款的利息，共计 9400 万美元。

英法美在德国赔款问题上产生了原则性的分歧。作为战争损失最严重的法国，期望最大限度地获得德国赔款并借此削弱瓦解德国经济。英国则从欧洲均势的战略大局出发与法国产生了分歧，美国基于威尔逊"十四点计划"同意不要采取"杀鸡取卵"的办法制裁德国，德国则充分借助了各国的争端力争减少赔偿。赔款问题成为了 19 世纪 20 年代国际经济关系中的重要问题。

战后初期，英美法的分歧具体表现在赔款范围、赔款金额和赔款所得的分配上（见表 11 - 11）。

表 11 - 11　英、法、美对待德国赔款问题的意见分歧

	原则	赔款范围①	赔款金额	赔款分配	结果
英国	欧洲均势、赔款与战债挂钩	广义	400 亿金马克	法 50%，英 30%，其他国家 20%	《凡尔赛和约》只在原则上要求德国承担战争责任，并对战胜国提供赔款，但赔款总额、交付方式、期限、各战胜国按什么比例分配等，和约没有解决。只规定成立特别的赔款委员会，在 1921 年前确定应在 30 年内付清的总额
法国	迦太基和平	广义	6000～8000 亿金马克	法 58%，英 25%，其他国家 17%	
美国	威尔逊"十四点计划"	狭义	2280 亿金马克	法 56%，英 28%，其他国家 16%	

注：① 广义上的赔款，即协约国进行战争而支出的一切费用；狭义上的赔款，即德国部队直接造成的战争损失。

在巴黎和会上，英国从恢复均势的角度出发，希望用"惩罚性的合约作为缓和的基础"，将德国作为牵制战后法国称霸欧洲大陆的力量，提出了 400 亿金马克的象征性赔款。这不仅与法国所要求的 6000 亿～8000

亿金马克的数额相差甚远，也远远低于美国的 2280 亿金马克。之后，考虑到英国对美国的负债，英国希望将战债和赔款问题一起解决，向美国施加压力。1921 年 8 月，英国外交大臣贝尔福在向美法等国发出的照会中提出：如果美国一笔勾销英国战债 44 亿美元，英国将放弃向欧洲各国和德国索取战债和赔款。

威尔逊总统的"十四点计划"以公开外交、民族自觉和国际联盟为支柱，是美国不同于以往孤立主义的新外交思想。"十四点计划"包括裁军、废止秘密外交、保护殖民地国家民众的权利、停止干涉沙俄事务和主张民族自决等项内容。威尔逊总统的"十四点计划"受到世界各地人民的欢迎，"无论他走到哪里，当地人民热烈欢迎的场面都呈现出前所未有的盛况，甚至达到了使英法等国领导者为之不安的地步。欧洲大陆的许多人都把建立一个更加美好世界的希望寄托在了这位美国总统的身上"（彼得·I. 博斯科，2006：182）。

但是，巴黎和会之后人们的"幻想破灭得如此彻底"，凯恩斯把威尔逊的失败形容为既聋又哑的唐吉诃德，不敌克雷孟梭和劳合·乔治握着的明晃晃的轻巧的剑（约翰·梅纳德·凯恩斯，2008：31）。克雷孟梭是巴黎和会的主席，他说："威尔逊的'十四点计划'使我厌烦得要死。哎，全能的神总共才提了十条戒规"（彼得·I. 博斯科，2006：184）。法国和英国的两位政治家凭借着精明、机敏、老练，让巴黎和会向着英法希望的轨道前行，而把威尔逊总统的"十四点计划"抛在脑后。对此，凯恩斯评论说："对政治家们来说，最保险的方法就是完全不提数字。"

巴黎和会后，成立了赔款委员会。该委员会由英、法、意、比各派一名代表组成。美国由于拒绝批准和约，仅派了一名半官方代表。法国代表任赔款委员会主席，他有权在表决各为两票的情况下做出最后裁决，从而使法国在德国赔款问题上处于实际的领导地位。

1921 年 9 月到 1922 年 8 月，沉重的赋税、物价和通货天文数字般地上升和膨胀，使德国各界对赔款充满了仇恨。1922 年 6 月 24 日，主张履行赔偿义务的德国外交部长拉特瑙，在街头遭人枪击毙命。1922 年 7 月，德国政府以财政危机为理由，向赔款委员会提出要求延期支付 1922 年的赔款。1922 年 11 月份上台的古诺政府，干脆公开不承认承担赔款的义务，要求无限期地延期偿付全部赔款。

英法美对德国的要求也出现了的分歧，本着各自的利益，英法美都提出了相应的策略（见表 11-12）。

表 11-12 英法美针对德国延期偿付赔款要求的策略选择

策略	英	法	美
策略1 战债与赔款挂钩	1921年8月，英国外交大臣贝尔福在向美法等国发出的照会中提出此策略：如果美国一笔勾销英国战债44亿美元，英国将放弃向欧洲各国和德国索取战债和赔款	这一策略不可行，英国是在哗众取宠	坚决反对将战债和赔款挂钩
策略2 同意延期但德国须交出"有效担保品"		法国总理普恩加莱提出，德国须以交出鲁尔矿区作为延期偿付的先决条件	
策略3 同意延期付款并减少赔款总额	在1923年1月2日赔款委员会巴黎会议上，提出新的延期赔款和减少赔款总额的方案，同意德国延期4年偿付，总额也降至500亿金马克，即减少3/5	坚决不同意减少赔款总额	主张成立国际专家委员会来确定德国的支付能力，减轻德国赔偿义务

英美都同意延期付款并减少赔款总额，但是法国一直试图摧毁德国的经济，对英美的这一策略持反对态度。法国组织一批人去检查德国支付赔款的项目，企图抓住德国的把柄。通过检查，果然发现德国欠交14万根电线木杆。1月9日，赔偿委员会以法、意、比3票赞成，英国1票反对通过决议，谴责德国蓄意不履行赔偿义务，声称协约国有权对此实施制裁。1923年1月11日，法军5个师，比利时2个师，共约10万名官兵，在法军将领德古特率领下，不顾英美的反对，占领了鲁尔矿区，从而酿成了当时欧洲最严重的国际事件——鲁尔危机。法比出兵占领鲁尔的行动，使赔款问题上的矛盾演变成了一场政治冲突。

鲁尔危机发生后，德国古诺政府宣布对法比占领军实行"消极抵抗"，停止偿付所有赔款和实物。在鲁尔矿区，官员拒绝遵守占领军的一切规定，企业一律停工，居民拒绝交纳捐税，工人举行总罢工。政府为了给"消极抵抗"企业支付补贴，有意开足马力印制钞票，通货膨胀达到天文数字，一个鸡蛋要卖24亿金马克，工人领工资，马克堆起来比人还高，简直没法拿回去。1～3 月食品价格平均上升了 300%～400%，工人每周的工资只能维持两天的生活。美元同马克的汇率，从 1922 年 8 月的 1:1000 亿升至 1923 年底的 1:42000 亿。

在这种情况下，德国国内爆发了 1923 年大规模的工农革命运动，迫使古诺政府于 8 月底下台。德国政局陷入动荡不定，法西斯势力乘机抬头，希特勒于同年 11 月在慕尼黑发动了"啤酒馆未遂政变"。分离主义倾向也进一步增长，在莱茵区出现了"莱茵共和国"，巴伐利亚当局开始同法国谈判。内外交困使德国工业生产急剧下降，资金大量外流。

德国的状况破坏了欧洲大陆的均势状态，使一直奉行大陆均势策略的英国积极发挥"离岸平衡手"的作用。英国一方面向法国发出了措辞强硬的照会，指出法比的行动决不是凡尔赛条约所授权的制裁，要求恢复占领前的情况，否则英国就不会在赔款问题上偏向法国。另一方面，英国认为经济实力最强的美国，应该在赔款问题上发挥更大的作用，试图借机实现战债和赔款挂钩的策略。

美国尽管没有参加赔款委员会，但是希望在评估德国偿还能力的基础上修正赔款总额。鲁尔危机发生后，美国认为法国无论如何不可能从德国得到超过其支付能力的东西，并利用法国财政困难急需得到美国援助的时机，向法国施加压力，提议让专家委员会确认德国的支付能力，为解决国际信贷问题扫清道路。这实际上是美国以断绝对法国提供财政援助为手段，迫使法国从鲁尔撤出，并交出赔款事务的领导权。法国"占领鲁尔是从经济上瓦解德国的手段"，"是法国从德国取得赔款的保证"，"其目的是为法国在欧洲的军事和经济领导权建立物质基础"，这自然为英美所不容。因此，英美支持德国采取"消极抵抗"的政策来对付法国的占领，这使法国不仅没有达到索取赔款的目的，反而受到巨大损失，财政状况更加恶化，英美趁机联合向法国施加压力，声称如果法国要得到英美贷款，就必须从鲁尔撤兵，并同意重新审查赔款问题。

从经济角度看，法国也没有从占领鲁尔矿区中得到好处。占领期间，法国支付了高达 10 亿法郎的占领费。但它从鲁尔矿区运出的煤和铁的价值远远抵不上这笔费用。这引起了法郎贬值和法国政局的不稳。法国的行动还在道义上受到国际舆论的谴责。为迫使法国做出让步，英美在国际金融市场上大量抛售法郎和法国有价证券，换回黄金，造成法郎急剧贬值，使法国财政形势更加恶化。同时，英国要求德国取消"消极抵抗"，接受美国在 1922 年就提出的建议，即召开国际专家委员会解决赔款问题。

在此压力下，德、法双方都难以坚持原来的立场。德国接替古诺上台的斯特莱斯曼政府，首先摒弃了前任的抗拒政策，改而采用与英、法、美合作的顺应政策，于 9 月 26 日宣布停止"消极抵抗"。法国则迫于财政困难，不得不向美国摩根银行乞求 1 亿美元的短期贷款，同意召开国际专家委员会重新审查德国的赔款问题。

1923 年 11 月 30 日，赔款委员会决定成立两个由美、英、法、意、比五国财政专家组成的专家委员会。第一委员会由美国芝加哥摩根银行经理道威斯任主席，负责研究稳定德国货币和平衡德国预算问题。第二委员会由英国金融家麦克纳任主席，负责研究德国外流资本数目及追回的途径。从此赔款问题的领导权落入了英美两国，特别是美国的手中。经过 9 个月讨价还价的艰苦谈判，1924 年 8 月，协约国伦敦会议正式批准了长达 200 页的"道威斯计划"。

"道威斯计划"的主要内容是，促使德国的经济恢复，以保证德国能够偿付赔款。首先要维持德国的币值，由英、美贷款给德国一年 8 亿金马克，其中英国提供 45%，美国提供 55%；暂不确定德国赔款总额和支付年限，偿付方式分期分批逐年提高，第一年 10 亿金马克，第二年12.2 亿金马克，第三年 15 亿金马克，第四年 17.5 亿金马克，从第 5 年起每年支付 25 亿金马克；规定德国赔款的 50% 来自关税收入和烟、酒、糖等消费间接税，26% 来自铁路运输收入，其余来自工业利润，设立和改组中央银行和发行银行，其董事会由 7 名德国人和 7 名外国人组成，主席由非德国人担任，有权在 40 年内发行纸钞，把专门用来赔款的钱存下来，不得挪作他用；国家铁路在 40 年内由一个国际股份公司经营，公司股金定为 4 亿金马克，其中 3 亿金马克的股票必须投入国际市场；规定德国的国家预算、货币、对外支付等财政经济以及与赔款有关的单位，均受到以赔偿事务总管为核心的外国代表的监督；规定由国际保证德国的经济统一和经济活动的自由，要求法比从鲁尔撤军。

对"道威斯计划"，德国的斯特莱斯曼政府立即表示接受，并在英国的调停下，德法双方达成法比在一年内撤军的协议。1924 年 9 月 1 日，

"道威斯计划"正式实施。1925 年 7 月，法比军队撤出鲁尔。此后，协约国军队也撤出杜塞尔多夫等三个城市。

鲁尔危机后，帝国主义国家在欧洲政治格局中的实力地位发生显著变化。法国在欧洲的霸权地位遭到严重的削弱，法国掌握的对德赔偿事务的监督权、控制权、领导权都被美国夺去。法国所获赔偿额大大减少，法国已无力迫使德国履行凡尔赛和约。法国冒险出兵鲁尔，是它战后骄横一时达到顶点的反映，也是它从优势转为劣势的起点，正如夏伊勒所言："法国对鲁尔的坚决行动是一个法国政府在与德国打交道时最后一次不顾英国的反对，按照自己的意愿行事。自此以后，法国只有在英国的支持下才能行动。"

美国虽然是战争物资和资金的主要供给者，而且是最大债权国，但是，经济实力并不意味着自动对应国际影响力。一个国家在国际经济体系中的地位或者对国际经济体系的影响并不会随着其经济实力的变化而即时调整，总是受到外交策略和技巧、政治家个人风格和能力、国家行为和思维习惯，以及国内外舆论的综合影响。

3. 一战筹集战款的方式和英美地位的转变

理论上说，战争费用的筹集有三种方式：发行货币、征税和借款。发行货币会引起通货膨胀，被认为是一种错误的战争融资方式。征税和借款之间的优劣很难评说，因此在当时引起了比较大的争议。

传统的观点，也是英国人的观点认为，征税比借款好。休谟和斯密认为税收更能从政治上督促政治家们尽快结束战争，因为征税会引起纳税人对战争的反感，从而促使政治家谨慎使用款项和降低战争成本。斯密还解释了用借款为战争融资会掩盖战争的实际成本。穆勒的观点相对温和，他可以接受一定限额的借款，前提条件是借款不能引起利率的上升，利率上升时表明借款达到最大限额。

当时英国最权威的经济学家庇古（1941）延续了传统观点，认为借款对经济的负面作用比较大，他非常厌恶战争期间借款引起的利率上升。他列举了利率上升的三宗罪：一是高利率是经济虚弱的表现；二是它不会使存款增加，只会为今后的经济发展制造麻烦；三是高利率使有钱的富人获益，造成社会不公。

当时美国著名的经济学家 Irving Fisher（1918）则认为有必要发行债

券，向公众借款。他说，公众应该通过削减消费，而不是向银行借款来购买债券。公众还应该持有债券，不到迫不得已时不出售债券。同时，他不赞同庇古关于发债会造成富人得益的观点，他鼓励穷人购买和持有债券，以获得债券收益，这样可以避免只有富人才能享受政府通过征税而支付给债券持有人收益的待遇。美国政府在推销战争借款债券——自由借款债券时反复强调 Fisher 的观点。

经济学家的说教并没有被各国政府采用，征税并不是筹集战债的主要方式。凯恩斯曾经在 1939 年夸张地总结了英法德的战款筹集方式，他说，英国给予人民的是纳税收据，法国给的是长期公债券，德国给的是货币。实际上，英国一战战款的一半靠征税，法国这一比例是 14%，德国是 13%（查尔斯·金德尔伯格，2010：395－396）。此外，战款筹集还有另外一种方式：让战败的敌人为战争付款，前提条件是战争很快结束。德国和法国在战前和战争初期都判断战争是短暂的，但是长达 4 年的第一次世界大战彻底粉碎了法国和德国最初的计划。

借款成为主要参战国筹集资金的主要方式。德国认为只要财政预算能够支付债券利息和年度还本，那么通过借款为战争筹资就是可行的。法国政府和法兰西银行在 1911 年取得了一致意见，一旦战争爆发，银行立即向政府贷款 29 亿法郎（查尔斯·金德尔伯格，2010：398）。

对外借款也成为筹集战款的主要方式，对外借款和偿还对国际经济秩序产生了重要影响。18 世纪英国充当"联盟银行家"，为拿破仑战争融资。第一次世界大战期间，英国同样在世界信贷市场上发挥着银行家和贷款筹集人的作用，英国不仅为自己，而且为俄、意、法的借款作担保。到 1917 年 4 月 1 日，协约国内部的战争贷款已增加到 43 亿美元，其中 88% 是由伦敦提供的（保罗·肯尼迪，2006：336）。

但是，华尔街的力量显现出来。战争起初，华尔街陷入恐慌。华尔街担心欧洲资本撤离，害怕纽约的黄金会被抽走并存放在伦敦。而且华尔街预测美元贬值和对大西洋贸易停顿会使美国不能及时偿还即将到期的欧洲债务。但是，情况并不像华尔街预测的那样。美国由于远离欧洲战场和强大的生产力，成为交战双方的军工厂和粮食仓库。不论是协约国的黄金储备，还是一战前美国欠欧洲的巨额债务都不能弥补美国向协约国提供的战略物资，欧洲人开始寻求美国的贷款。欧洲人在纽约和芝加哥货币市场上借款，用美元现钞支付给美国的供应商。

1914 年 8 月初，法国同摩根银行探讨 1 亿美元贷款的可能性。威尔逊总统基于中立声明，请求美国人"在思想和行动上"都不偏不倚。国务卿威廉·詹尼斯·布莱恩还谴责给交战双方提供贷款是"最恶劣的非法交易"，美国银行家给交战国贷款"与中立的精神背道而驰"。但是美国对欧洲出口的减少加剧了国内 1918 年前已经出现的衰退，"甚至连目光狭隘的农民也担心协约国会因为减少信贷而减少购买他们的粮食、肉类和棉花"（罗恩·彻诺，2003：200）。美国银行家和普通民众在为欧洲提供贷款上罕见地达成了一致。美国财政部长麦卡杜在 1915 年 8 月下旬说，美国的繁荣依赖于同协约国的贸易。这迫使威尔逊总统关于贷款的政策发生了逆转。取代布莱恩的国务卿罗伯特·兰辛说，如果没有贷款，"生产就会受到限制，工业就会萧条，资本和劳动力就会闲置，金融就会混乱，劳动阶级就会不安宁并受到损害"（罗恩·彻诺，2003：213）。最重要的是，他认为应该务实地把向国外战争提供贷款和向购买美国物资提供贷款区分开来，这终于使美国向欧洲国家贷款寻找到了法律上的支持。

1915 年 9 月，华尔街开始筹集历史上最大的一笔国外贷款——5 亿美元的英法贷款。这笔贷款比华尔街曾经在布尔战争中提供给英国的 1 亿美元贷款多 5 倍。61 个承销商和 1570 家金融机构销售这批债券（罗恩·彻诺，2003：215）。债券销售工作极其艰难，一方面，亲德的美国人（1/10 的美国人是德国人的后裔）和第一代爱尔兰移民反对英法债券，另一方面，在孤立主义盛行的中西部地区债券销售惨淡。尽管如此，英法贷款筹集成功了。英法贷款考验了纽约作为世界金融中心的能力，也标志着美国作为世界头号债权国的崛起。

在美国卷入战争前，仅摩根财团就为协约国筹集了 15 亿多美元的信贷（罗恩·彻诺，2003：215）。为了让欧洲人能够有钱购买美国的商品和避免欧洲国家相互竞争使美国商人抬高物价，华尔街的银行家不仅为美国出口商提供贷款，而且成为欧洲国家在美国采购商品的代理人。摩根的合伙人哈里·戴维森从战争一开始就嗅出可以使摩根大发其财的好机会，他努力促成摩根成为英国政府采购美国商品的代理人。1915 年 1 月 15 日，摩根公司同英国陆军委员会和海军部签订了《商务协议》，第一批采购的是当时急需的马匹，金额为 1200 万美元。1915 年春天，巴黎的摩根高级合伙人赫尔曼·哈耶斯与法国政府签订了采购合同。在战争期间，经摩根采购的物资达到 30 亿美元，相当于美国向协约国出售物资价值的一半（罗恩·彻诺，2003：202）。

因为参加对德作战的国家越来越多，使德国对外借款的机会很少，但是德国获取外国资产的手段更直接。战争爆发的时候，德国曾在斯堪的纳维亚发行了 300 万美元的汉堡市国库券。德国直接从占领区获取资源，如从比利时获取实物资源，吞并苏维埃的领土，利用长期购货合同控制土耳其和罗马尼亚等；德国还把黄金运到丹麦和挪威铸成金币，再出口瑞典兑换成黄金，以赚取差价（瑞典金币在战争期间升值了）。

1900 年，由于布尔战争的影响，中断了从南非运往伦敦的黄金，伦敦市场银根紧缩，在英国借款筹措的 3000 万英镑战争贷款中，有一部分来自纽约。当时英国人担忧，"纽约注定要取代伦敦成为世界市场的中心"，这种担忧随着布尔战争结束，南非黄金顺利抵达伦敦而消失了。一战中，英国人的这种担忧情绪再一次出现。1916 年 10 月，英国财政大臣警告说，"到明年 6 月，或更早些时候，美利坚合众国总统就会处于向我们发号施令的地位，如果他愿意的话"（保罗·肯尼迪，2006：336）。相反，美国人还没有信心相信，伦敦会永远地失去其世界金融中心的地位，纽约会取而代之。摩根的领导者杰克·摩根断定战争结束后"美国将重新把欧洲金融市场作为票据交换所"。但是，一战后，英国不再像 18 世纪一样充当"联盟银行家"的角色，美国的贷款和物资支撑着第一次世界大战。

1900 ~ 1905 年，美国海外的间接投资主要是贷款给英国政府，随着布尔战争的爆发，为与俄国对抗，又贷款给日本。美国政府出于外交政策的考虑，支持英国和日本发行公债。战争期间，欧洲不得不清偿美国债券换取美元以购买战争物资，这使美国的国际资产地位发生了改变。同时，出于现金的压力，欧洲交战国都在纽约市场发行了不同的公债。在 1915 年末和 1917 年初，美国投资商购买了 9 亿美元的英国债券、7 亿美元的法国债券、2 亿美元的其他国家债券。美国参战后，第一个《自由贷款法》在 1917 年 4 月 24 日被采用，允许财政部购买同盟国家的债券。这使美国政府所有贷款总和超过了 1917 年开始的外国政府向美国投资人发行的债券总和的 3 倍。美国海外负债从 1914 年夏季的 50 亿美元下降到 1919 年末的 20 亿美元，而美国海外投资组合则超过了 70 亿美元（斯坦利·L·恩格尔曼、罗伯特·E·高尔曼，2008）。美国转变为债权国。

4. 战争对世界经济的影响

关于战争对经济的影响，主要可以区分为两种观点。一种观点认为，在战前，国际政治以及国内政治和经济结构等就出现重大转变的趋势，战争不过是加速了这些变化。另一种观点认为，战争通过对金本位制度、国际贸易、世界工业生产等造成冲击，深刻地改变了国际经济的本质（Eichengreen，1992）。正如 Findlay and O'Rourke（2007）所总结的，战争既可能激发又有可能加速世界经济的变化，战争所产生的激发或是加速作用在随后的 20 年间影响着世界经济的实际运行。

1890～1914 年，欧洲整体处于经济繁荣时期，GDP 平均年度增长率为 2.2%。特别是德国，这一时期 GDP 年平均增长率为 2.8%，每一年的平均通货膨胀率仅为 1%（Ferguson，1997）。然而，随着第一次世界大战的爆发，欧洲整体上的经济繁荣时代戛然而止。"第一次世界大战不仅深刻地改变了国内政治及国际政治的特质，而且也改变了每个经济体的结构。"（Findlay and O'Rourke，2007）根据 Aldcroft（1977）的估计，如果按照战前不变价格计算的话，战争导致的直接成本是 1914 年世界范围内各国债务总和的 5 倍。

如果把贸易对产出的比重作为全球化水平的衡量指标，那么，1870～1913 年这一阶段是经济全球化的繁荣时期，战争期间则是萧条期。战争对贸易的影响是多维度的：首先，世界大战导致数额巨大的人员伤亡以及生产设施的巨大破坏，既损害了人力资本又损害了实物资本，经济发展无疑会遭遇到巨大阻碍，经济的衰减会引起贸易数量的急剧减少。其二，战争会导致政府之间以及各国民众之间长久的不信任，人们参与国际贸易的热情将受到抑制。第三，因为战争破坏了世界贸易的结构，中立国家也会遭遇不利影响（Glick and Taylor，2005）。Glick and Taylor（2005）利用引力模型分析战争对交战国及中立国贸易产生的即期和滞后影响，其研究结果发现，交战国贸易的减少使得世界贸易总额下降 14%～18%，战争同样会对中立国参与国际贸易产生影响，中立国家贸易的减少又进一步使得国际贸易总额下降 10% ~ 15%。

战争对贸易的影响是长期的还是短期的，对此也存在争论。很多基于自由主义观点及现实主义观点的政治学家认为，国际贸易只是在战争期间会出现暂时下降，战后，国际贸易通常会恢复到战前水平（Barbieri and Levy，1999）。另一些学者则认为战争对贸易的影响具有持久性，因为贸易成本的上升（战后的不信任以及各种商业政策等导致国际贸易条件出现恶化），战后很多年，世界贸易总额都很难恢复到战前的水平。Findlay and O'Rourke（2007）就认为，不管第一次世界大战对国际贸易造成什么样的直接冲击，其长期结果都是灾难性的。

战争还在一定程度上改变了各国工业发展路径。欧洲本来向全世界出口制造业产品，但是，因为参战使得欧洲国家对其他地区的出口锐减，这为别的地区实施进口替代策略提供了契机，同时也给像美国和日本这样的国家进行出口扩张创造了条件（Findlay and O'Rourke，2007）。从这一意义上来说，第一次世界大战给欧洲之外的很多地区的经济发展提供了契机。比如印度的棉纺织业得到发展，日本对很多地区的出口都出现上升等。拉丁美洲的情况要复杂一些。战争确实激发了诸如智利及乌拉圭这样国家的工业化进程，包括纺织业在内的一些工业在拉美国家开始发展起来（Aldcroft，1977）。但是，拉美不同国家的工业化进程存在较大差异。比如阿根廷，其 1918 年的实际国内生产总值低于 1913 年的水平。而在 1914 ~ 1918 年，墨西哥的工业几乎就没有出现增长（Findlay and O'Rourke，2007）。尽管欧洲对拉丁美洲的出口减少了，然而，拉美建立在进口替代基础上的工业还是在与欧洲之间的竞争中处于下风。第一次世界大战从整体上促进非欧洲国家的工业化进程的加速，但是拉美地区的替代进口工业发展的状况并不太好，拉美一些国家的工业发展仍然集中在一些依赖当地原材料的行业上。

一战期间，非欧洲国家向欧洲众多交战国大量出口初级农产品及工业原料。战争期间，欧洲粮食种植面积急剧减少（如匈牙利、波兰以及俄国这样传统上的小麦出口国家，因为受战争影响，其小麦种植面积急剧下降），很多欧洲国家的粮食产量也出现显著下降（如法国及德国）。面对持续上涨的需求，非欧洲国家，特别是美国和加拿大加大了对欧洲的小麦出口，澳大利亚、阿根廷等南半球国家也增加了粮食供给。但是，随着战后欧洲国家农业生产的正常化，世界粮食市场出现供给过剩，粮食价格不断下降（Eichengreen，1992；Findlay and O'Rourke，2007）。因为粮食贸易引发的冲突成为战后国际贸易的一个重要特征（Feinsteine-tal.，1997），很多传统上的农业国家（比如印度、澳大利亚、阿根廷等）因为面临出口市场的萎缩以及自身工业化进程的缓慢，不得不继续采取在战前实施的贸易保护措施（Findlay and O'Rourke，2007）。一战后农业从繁荣兴旺转向衰退（Temin，1989），很多经济学家甚至认为农业供给的过剩对大萧条的出现具有实际影响。[①]

　　此外，第一次世界大战引起复杂的政治后果，深刻地改变了国际政治和国内政治的本质（Eichengreen，1992），从而对国际贸易政策和金本位产生了影响。战后，很多新国家诞生了，尤其是苏联的诞生，正如列宁所言，在帝国主义的薄弱链条上缔造了社会主义国家苏联，而苏联的共产主义实践对全球经济及政治格局产生了深远的影响（Findlay and O'Rourke，2007）。战后，欧洲范围内的失业将持续很长一段时期（Feinstein et al.，1997），经济恢复到战前的正常水平或者超出战前水平，也需要很长时期（Glick and Taylor，2005）；再加上战后工会力量的增强，不仅会给国内政治带来巨大的压力，还有可能对贸易自由化和金本位的恢复造成不利影响。新国家的出现可能强化帝国内部的保护政策，也可能通过实行自由贸易政策来彰显其政治上的自由（Alesina and Spolaore，1997）。但是，在 20 世纪早期，实行自由贸易的成本相当高昂，一般国家都会转向贸易保护政策。因为，一旦实行贸易自由化，因为经济重组的步履维艰，在面对来自世界范围内的产品竞争时，因为战时经济结构发展的失衡，政府有可能要承受急剧攀升的失业率。国际和国内政治的压力成为金本位解体的重要原因。Eichengreen（1992）认为，国内失业率的上升、国家之间的猜疑以及缺乏协调，使战前各国央行存在的合作在战后变得更为困难，这些因素导致维持金本位的机会成本上升，造成金本位解体。

------

① Federico（2005）对此观点提出质疑，他认为 1918～1921 年农业的繁荣，使得美国农民向乡村银行大肆举债，银行恐慌的出现使得乡村银行不堪重负。金融上的灾难才最终导致大萧条，农业生产的过剩以及世界粮食市场贸易的恶化并不需要为大萧条承担全部责任。

第一次世界大战还被认为种下了第二次世界大战爆发的苦果。第一次世界大战的失利以及《凡尔赛条约》在德国人心目中种下了复仇的种子。战后巨额赔款、经济重组的混乱无序以及大萧条的到来加深了德国人的仇恨。很多国家，包括日本坚信，"经济体系的自给自足对于保证任何一场战争的胜利都是十分必要的"（Findlay and O'Rourke，2007）。出于对经济安全的强烈需求以及军国主义思想的涌现，日本也不可避免地走向法西斯道路。从这一角度来看，德国在一战后经济重组的混乱、经济状况的恶化以及战后日本对经济安全的忧虑分别催生了德国和日本法西斯主义。

5. 战时经济政策及其影响

战时经济政策会导致什么样的后果，被越来越多的经济学家以及经济史学家们拿来作为宏观经济政策（特别是财政政策）的自然实验，因为在战争进行期间，财政政策会出现极其显著的变化，如果政府购买在经济运行中起到决定性的作用，那么就可能较为准确地讨论政府购买的增加是如何对产出产生影响的（Braun and McGrattan，1993）。20世纪的两次世界大战给我们提供了政府支出如何影响总产出的历史证据。

战争期间，欧洲国家普遍对经济进行干预，交战国家通常会动用财政政策来增加国内产出。1914年，德国政府支出仅占国民净收入的18%。而到1917年，德国作为轴心国的核心，政府支出占到国内生产总值的59%（Ferguson，1997）。在第一次世界大战中，英国的军费支出约占国内生产总值的40%，美国的军费开支也接近其国内生产总值的16%。英国政府在战争期间，动用政府资金来支持诸如钢铁等关键行业的扩张，而美国则全力支持航运业的发展，使得其可以支持同盟国的军事行动。战后，许多欧洲参战国家延续了干预经济的措施。在德国为了支付赔款，政府不得不持续干预经济。这也使得欧洲范围内的经济生产方式及消费方式发生了显著的变化。

但是，政府投资的增加同样会挤出私人投资。随着政府支出在战争期间的急剧扩张，英国的劳动投入以及私人投资都出现下降，这也是战争给很多参战国家带来的直接影响（Aldcroft，1977；Miron and Romer，1990；Broadberry and Howlett，2005）。

此外，战时干预政策加剧了经济波动。最为突出的是，战时交战国家大力发展的钢铁以及船舶制造工业，使其生产能力大幅提高。战后，相对需求急剧下降，这些工业很难实现迅速转型，供给出现过剩（Feinstein，Temin and Toniolo，1997）。与此同时，战争期间被毁坏的重工业工厂，在战后修复后又重新投入诸如钢铁这样的行业生产中，这进一步刺激了欧洲范围内很多国家重工业生产能力的过剩（Findlay and O'Rourke，2007）。在德国，战争期间重工业急剧扩张，轻工业的生产能力滑坡。战后，德国就不得不面临重工业生产过剩以及轻工业发展不足的两难困境（Ritschl，2008；Findlay and O'Rourke，2007）。战争还会对交战国家生产率产生十分不利的影响，特别是战败国在战后经历了生产率显著下降的过程。Ritschl（2008）利用改进过的数据①的研究结果表明，一战之前，尽管德国不同部门生产率之间有巨大差异，但是德国工业生产效率显著领先于英国。按照基准模型，德国生产率领先英国 20~28 个百分点。然而，战后德国丧失了生产率的领先地位。

政府支出增加对总产出以及劳动投入的影响较为复杂。Miron and Romer（1990）的研究表明，美国的工业产出在 1914~1919 年增加了50%。不过，在战争结束之后的 1920~1921 年，月度工业产出指数表明美国的工业出现下滑。Calpan（2002）就指出，需要区分发生在国外的战争和发生在国内的战争的不同影响。他的研究结果表明，相比和平时期的真实产出增长，主战场在国土之外的战争会导致更高的真实产出增长。但是，主战场在国内的战争，会使真实产出的增长低于和平时期的增长。

五　凯恩斯计划和怀特计划

第二次世界大战使各国实力对比发生了巨大变化。英国经济在战争中遭到重创，实力大为削弱。相反，美国经济实力却急剧增长，并成为世界最大的债权国。从 1941 年 3 月 11 日到 1945 年 12 月 1 日，美国根据"租借法案"向盟国提供了价值 500 多亿美元的货物和劳务。

---

① 建立在 Broadberry and Burhop（2007）的研究基础上，他们利用基准模型与时间序列的差距推断在一战之前，德国的生产率与英国相比，领先优势并不突出。

黄金源源不断流入美国，美国的黄金储备从 1938 年的 145.1 亿美元增加到 1945 年的 200.8 亿美元，约占世界黄金储备量的 59%。这为美元霸权地位的形成创造了有利条件。因此，早在第二次世界大战期间，美国就企图取代英国，建立以美元为中心的国际货币体系。但当时英国在货币金融领域里还有一定的实力。长期形成的英镑区和 20 世纪 30 年代建立的帝国特惠制仍然存在，国际贸易的 40% 仍用英镑结算，英镑仍然是主要国际储备货币。英国也不甘心放弃英镑的地位。因此，1943 年 4 月 7 日，英国财政部顾问凯恩斯和美国财政部官员怀特分别从本国利益出发，设计战后国际货币金融体系，提出了两个不同的计划，即"凯恩斯计划"和"怀特计划"。

"凯恩斯计划"是英国财政部顾问凯恩斯拟定的"国际清算同盟计划"。凯恩斯计划是凯恩斯将自己于 1930 年在《货币论》一书中提出的计划进行完善的结果。主要内容是：（1）建立国际清算同盟。采取"透支制"，透支总额定为 260 亿美元，会员国在"同盟"的份额，以战前 3 年进出口贸易平均额的 75% 来计算。（2）创造一种国际信用货币——"班柯"（Bancor）作为国际清算单位。会员国可用黄金换取"班柯"，但不可以用"班柯"换取黄金。（3）会员国中央银行在"同盟"开立往来账户，各国官方对外债权债务通过该账户用转账的方法进行清算。（4）应由债权国一方负责调整国际收支不平衡。（5）"同盟"在行使监督权时，应注意不使债权国干预债务国的各项政策。（6）"同盟"总部设在伦敦和纽约，理事会会议在英、美两国轮流举行。"凯恩斯计划"建议成立的清算同盟可以作为世界性的中央银行，它发行和创造的信用货币作为各国之间的清算货币并在各贸易国之间分配。赤字国可按一定的份额申请透支或提存。这个计划是从经常发生赤字的英国的立场出发的，注重为国内充分就业政策提供一个国际保障，货币的国外价值可以根据国内政策的需要进行调整，国内货币价值不受国外货币价值的束缚。凯恩斯计划是基于英国当时的困境，尽量贬低黄金的作用。这个计划实际上主张恢复多边清算，取消双边结算。当然，这也暴露出英国企图同美国分享国际金融领导权的意图。

"怀特计划"是美国财政部长助理怀特提出的"联合国平准基金计划"。美国从债权国的立场出发，希望对贸易限制、贸易差别待遇、过分自由地使用国际信贷等采取措施。美国认为"凯恩斯计划"的透支条款有通货膨胀的倾向，于是"怀特计划"采取了存款原则。"怀特计划"的主要内容有：（1）建立国际货币基金，用以稳定各国货币，定额资本为 50 亿美元，由各会员国以黄金、本国货币或政府债券的形式按照规定份额缴纳，认缴份额取决于各会员国的黄金储备、国民收入及国际收支差额的变化。（2）基金规定使用的货币单位为"尤尼它"（Unita），每 1 "尤尼它"等于 10 美元或纯金 137 格令（1 格令 = 0.0648 克纯金），可在会员国之间相互转移。（3）会员国货币都要与"尤尼它"保持固定比价，不经"基金"会员国 3/4 的投票权通过，会员国货币不得贬值。（4）会员国在应付临时性国际收支逆差时，可用本国货币向"基金"购买所需的外币，但数额要受一定的限制。（5）取消外汇管制、双边结算和复汇率等歧视性措施。（6）"基金"的管理由会员国投票决定，根据各国的份额确定在"基金"内的投票权。（7）"基金"的办事机构设在拥有最多份额的国家。"怀特计划"企图由美国控制"联合国平准基金"，通过"基金"使会员国的货币"钉住"美元。这个计划还立足于取消外汇管制和各国对国际资金转移的限制。显然，美国凭借实力可以控制基金，基金是与英国"凯恩斯计划"中提出的清算同盟完全不同的组织。清算同盟是自主营业的，因而不允许成员国政府在国际收支政策方面有足够的处置权，而"怀特计划"是要建立一个在成员国政府控制之下的国际机构。由于美国所具有的经济优势，"怀特计划"的这个建议成为讨论的基础。

从 1943 年 9 月到 1944 年 4 月，美英两国政府代表团在国际货币计划问题上展开了激烈的争论。"怀持计划"和"凯恩斯计划"虽然都以设立国际金融机构、稳定汇率、扩大国际贸易、促进世界经济发展为目的，但两者的运营方式是不同的。由于英国经济、军事实力不如美国，双方于 1944 年 4 月达成了基本反映"怀特计划"内容的"关于设立国标货币基金的专家共同声明"。事实上，英美达成的是一个充满妥协的方案。这种妥协主要体现在以下方面。

第一，在汇率上兼顾了稳定性和灵活性。货币平价再次被采用，但是，货币平价可以在成员国出现重大经济失衡时改变。货币平价照顾了美国的利益。美国预见到它在第二次世界大战后的债权国地位，希望通过稳定的汇率提供还款的保证，并要求全世界都自觉维护固定汇率。但是，英国担心国内推行扩张性财政政策引起的通货膨胀，会因为在货币平价条件下不能及时调整汇率，而使英国在国际市场上失去竞争力。因此，在货币平价的基础上可以根据会员国的建议调整汇率的规定打消了英国的顾虑。

第二，在帮助会员调节国际收支失衡上，英国向美国让步。英国和美国都认为，当某个国家由于临时性的投机干扰，或周期性和短期性的经济失衡造成国际收支出现不平衡时，为了维持整个系统的稳定，应该给予这个国家必要的帮助。但是，在提供帮助的基金中美国应占多大份额，双方存在争议。"凯恩斯计划"认为在新基金中，主要债权国美国应出资 200 亿美元，占最大的份额。但在美国的坚持下，新基金中美国只有 27.5 亿美元的份额。凯恩斯认为美国这种推卸责任的做法会使第二次世界大战后的经济恢复很困难，但迫于美国的经济优势，他只能说，真正重要的不是国际货币基金组织的条款或借贷协定的文字，而是美国保证如果事情变坏就会承担起责任这一点。

第三，双方同意取消贸易和外汇管制。美国主张取消贸易和外汇管制的原因是不希望受到大萧条和战争期间形成的货币集团的差别对待，但是为了照顾英国等债务国的利益，对资本项目下的外汇管制并不限制。为了预防资本流动对一国国际收支的扰乱，在某些情况下，特别是当一种货币被确定为稀缺货币时，成员国可以对这种货币实行差别性外汇管制。

1944 年 7 月，在美国新罕布什尔州的布雷顿森林召开了由 44 个国家参加的联合国与联盟国家国际货币金融会议，通过了以"怀特计划"为基础的"联合国家货币金融会议的最后决议书"以及"国际货币基金组织协定"和"国际复兴开发银行协定"两个附件，总称为"布雷顿森林协定"。这样，一个以美元为中心的世界货币体系即布雷顿森林体系建立起来。布雷顿森林体系的实质是建立一种以美元为中心的国际货币体系。其基本内容是美元与黄金挂钩，其他国家的货币与美元挂钩，实行固定汇率制度。

第二次世界大战后重建国际经济秩序的另一举措是《关税与贸易总协定》（以下简称《关贸总协定》）的签订和谈判。第二次世界大战期间，美国及其他国家的国际政治学家及经济学家认为，两次大战之间的贸易保护主义，不仅导致了经济灾难，也带来了国际性战争。因此，国家间必须进行国际合作和政策协调，建立一个开放的贸易体系，必须创造出反对经济民族主义和减少贸易管制性的国际机制。1941 年，美英两国在《大西洋宪章》中提出："希望达到各国在经济合作方面的充分合作，致力于促进所有国家，不论大小、战胜或战败，在同等条件下，都享受进行贸易或获取用以发展经济繁荣所需原料的途径。"1943 年，美国和英国在研究组建国际货币基金组织时，也注意到国际货币基金组织对贸易管制无能为力，而贸易管制会将国际货币基金组织建立的多边支付体系击溃。于是，美国、英国和加拿大提出将国际贸易包含在国际组织的原则中。按美国的设想，拟设立一个处理国际贸易与关税的专门组织，以铲除贸易限制和关税壁垒，促进贸易自由化。

1945 年 11 月，美国建议缔结一个制约和减少国际贸易限制的多边公约，以补充布雷顿森林会议决议。该方案被称为"扩大世界贸易与就业方案"，或称"国际贸易与就业会议考虑方案"。1946 年 2 月，美国以上述方案为基础，正式拟定《国际贸易组织宪章草案》，并提请联合国经济与社会理事会第一次会议通过决议。1946 年 10 月，第一次筹备会议在伦敦召开。会议邀请了包括当时中国政府在内的 19 个国家，即美国、英国、苏联、中国、法国、澳大利亚、比利时、荷兰、加拿大、巴西、卢森堡、古巴、捷克和斯洛伐克、印度、挪威、智利、南非、新西兰、黎巴嫩等，共同组建成立国际贸易组织的筹备委员会，起草该组织宪章，并拟举行世界范围的关税减让谈判。

筹委会于 1946 年 10～11 月和 1947 年 1～2 月分别在伦敦和纽约，两次共 13 周讨论和审议了《国际贸易组织宪章草案》。但这项草案没有被参加国采纳，只是决定成立一个宪章起草委员会进行工作。纽约会议除对伦敦会议所草拟的宪章草案做了内容及文字上的修改外，还补充了若干条款，同时还由与会国选派的专家起草并通过了一项关税与贸易协定纲要，该协定纲要即关税与贸易总协定的雏形。

1947 年 4～10 月，筹委会的主要会议在日内瓦召开。美国、英国、中国、法国等 23 个国家根据会议的安排进行了关税减让的谈判，双边关税谈判共进行了 123 项，涉及大约 5 万种商品，使应征税进口值 54% 的商品平均降低了 35% 的关税，影响了近 100 亿美元的贸易额。这些协议与联合国经社理事会第二次筹备会通过的国际贸易组织宪章草案中有关商业政策的部分加以合并。为区别于上述的双边协议，将合并修改后的协议取名为《关税与贸易总协定》（General Agreementon Tariff and Trade, GATT）。1947 年 10 月 30 日，会议在日内瓦结束，23 个缔约国签订了《关税与贸易总协定》。

《关贸总协定》原来只是被当作《国际贸易组织宪章》实施之前的临时性条约，它以国际贸易组织的建立为存在的前提，其内容旨在成为国际贸易的一部分而得以实施。而《国际贸易组织宪章》则设立了一个更高的目标，号召各成员国和签约国政府在经济和贸易政策上进行合作，采取行动维持充分就业及有效需求的大幅度及稳定增长。宪章包括了限制性商业惯例、国际商品协定、国际投资、发展中国家之间的互惠、公平的劳动力标准及秘书处工作等内容。1947 年 11 月，56 个国家的代表团抵达古巴首都哈瓦那，召开联合国世界贸易和就业会议，本想讨论、修改国际贸易组织宪章"日内瓦草案"并最终签署，但由于宪章涉及经济发展、国际投资、就业等国内外多方面的问题，使缔结国际贸易新秩序的协议比缔结国际金融秩序的协议要困难得多。会议经过 4 个月的讨论于 1948 年 3 月 24 日结束，53 个国家签署了使《哈瓦那宪章》生效的提案。但由于美国国内政治力量的变化，在拖延了 3 年以后，杜鲁门政府于 1949 年决定不再将《哈瓦那宪章》提交国会讨论。《哈瓦那宪章》终于胎死腹中。

尽管《关贸总协定》作为临时性协议而实施，但在国际贸易组织没有正式成立前，其在国际上提供了一套调整国际贸易关系的规划和程序，并对缔约方之间的权利和义务做了具体规定。在近半个世纪的历程中，几经修订和充实，演变成为一个事实上的国际贸易组织。

六　小结

本章主要阐述了 19 世纪末 20 世纪前半期的贸易保护复兴、大危机、金本位崩溃、两次世界大战等历史事件和国家地位之间的关系。英国凭借结盟、外交和惯性在技术领先地位丧失后还维持了很长时间领导国的地位。在先进国家发展不平衡和担忧国家安全的情况下，金本位赖以成功的国际协调机制失败了，要求以外部平衡优先的金本位有可能加剧了大危机的严重程度。第一次世界大战遗留的赔款问题成为第二次世界大战的经济根源，而在战争期间的计划经济实验也为战后实行宏观管理政策打下了基础。两次世界大战促使美国从债务国变为债权国，英国在第二次世界大战中彻底丧失了霸权国家的地位。布雷顿森林体系的"凯恩斯计划"和"怀特计划"的竞争是英美角逐世界领导地位的缩影，"怀特计划"的胜出标志着美国世界领导地位的确立。

参考文献

陈德珍、吴新智：《河南长葛石固早期新石器时代人骨的研究（续)》，《人类学学报》1985 年第 4 期。

陈方正：《继承与背叛——现代科学为何出现于西方》，中国出版集团、生活·读书·新知三联书店，2011。

陈晓律：《全球化进程中的民族主义》，《世界历史》2001 年第 4 期。

费孝通：《江村经济》，上海人民出版社，2006。

冯天瑜：《中国文化史》，上海人民出版社，2005。

高德步、王珏：《世界经济史》，中国人民大学出版社，2001。

高德步：《中国价值的革命》，人民出版社，2016。

高德步：《西方世界的衰落》，中国人民大学出版社，2016。

黄枝连：《亚洲的华夏秩序：中国与亚洲国家关系形态论》，中国人民大学出版社，1992。

李伯重：《江南早期工业化》，社会科学文献出版社，2000。

李迪编《中国数学史大系》第 1 卷，北京师范大学出版社，1998。

李金明、廖大珂：《中国古代海外贸易史》，广西人民出版社，1995。

林毅夫：《李约瑟之谜：工业革命为什么没有发源于中国》，载林毅夫：《制度、技术与中国农业发展》，格致出版社、上海三联出版社、上海人民出版社，2014。

彭信威：《中国货币史》，上海人民出版社，2007。

入江昭：《20 世纪的战争与和平》，李静阁、颜子龙、周永生译，世界知识出版社，2005。

邵象清：《人体测量手册》，上海辞书出版社，1985。

石啸冲：《战后世界殖民地问题》，新中出版社，1964。

宋则行、樊亢：《世界经济史》上卷，经济科学出版社，1995。

孙立新：《德国史学家关于第一次世界大战战争责任问题的争论》，《史学史研究》2008 年第 4 期总第 132 期。

田小惠：《德国战败赔偿政策研究（1939—1949）：兼与日本赔偿政策的比较》，中央编译出版社，2012。

王珏：《走出统一增长模型的史实困境——基于技术创新的社会分层和文化分析》，《政治经济学评论》2016 年第 5 期。

王永豪、翁嘉颖、胡滨成：《中国西南地区男性成年由长骨推算身高的回归方程》，《解剖学报》1979 年第 1 期。

韦森：《从哈耶克"自发—扩展秩序"理论看经济增长的"斯密动力"与"布罗代尔钟罩"》，《东岳论丛》2006 年第 27 卷第 4 期。

韦森：《斯密动力与布罗代尔钟罩》，《社会科学战线》第 1 期，2006。

魏光明：《霸权及其理论研究》，暨南大学博士学位论文，2002。

夏炎德：《欧美经济史》，上海三联书店，1988。

萧公权：《中国政治思想史》，辽宁教育出版社，1998。

许田波：《战争与国家形成：春秋战国与近代早期欧洲之比较》，上海人民出版社，2009。

姚定尘编《英国与其殖民地》，正中书局，民国二十三年（1934）。

原海兵、李法军、张敬雷、盛立双、朱泓：《天津蓟县桃花园明清家族墓地人骨的身高推算》，《人类学学报》2008 年第 4 期。

张建新：《霸权体系与经济增长》，复旦大学博士学位论文，1999。

张全超：《内蒙古和林格尔县新店子墓地人骨研究》，吉林大学博士学位论文，2005。

张振标：《现代中国人身高的变异》，《人类学学报》1988 年第 2 期。

赵鼎新：《国家、战争与历史发展前现代中西模式的比较》，浙江大学出版社，2015。

郑家馨、何芳川：《世界历史——近代亚非拉部分》，北京大学出版社，1990。

A·G·肯伍德、A·L·洛赫德：《国际经济的成长：1820～1990》，王春法译，经济科学出版社，1997。

B．R．米切尔编《帕尔格雷夫世界历史统计：欧洲卷（1750—1993）》，贺力平译，经济科学出版社，2002。

C．A．麦克唐纳：《美国、英国与绥靖（1936—1939）》，何抗生等译，中国对外翻译出版公司，1987。

E. A. 里格利：《延续、偶然与变迁：英国工业革命的特质》，侯琳琳译，浙江大学出版社，2013。

E. H. 卡尔：《两次世界大战之间的国际关系》，徐蓝译，商务印书馆，2009。

H. J. 哈巴库克、M. M. 波斯坦编《剑桥欧洲经济史　第六卷　工业革命及其以后的经济发展：收入、人口及技术变迁》，王春法、张伟、赵海波译，经济科学出版社，2002。

J. 休斯、L. P. 凯恩：《美国经济史》，邱晓燕、邢露等译，北京大学出版社，2011。

K. J. 霍尔斯蒂：《国际政治分析架构》，李伟成、谭溯澄译，台湾幼狮文化事业公司，1988。

E. E. 里奇、C. H. 威尔逊主编《剑桥欧洲经济史　第五卷　近代早期的欧洲经济组织》，高德步、蔡挺、张林等译，经济科学出版社，2002。

阿诺德·托因比、维罗尼卡·M. 托因比：《大战和中立国》，上海译文出版社，1981。

阿萨·勃里格斯：《英国社会史》，陈叔平等译，中国人民大学出版社，1991。

艾瑞克·霍布斯邦：《帝国的年代（1875—1914）》，贾士蘅等译，国际文化出版公司，2006。

爱德华·米勒：《政府的经济政策》，载 M. M. 波斯坦、E. E. 里奇、爱德华·米勒：《剑桥欧洲经济史　第三卷　中世纪的经济组织和经济政策》，周荣国、张金秀译，经济科学出版社，2002。

安德烈·贡德·弗兰克：《白银资本》，刘北成译，中央编译出版社，2000。

巴里·埃森格林：《嚣张的特权》，陈召强译，中信出版社，2011。

巴里·艾肯格林：《资本全球化国际货币体系史》，彭兴韵译，上海人民出版社，2009。

保罗·贝洛赫：《欧洲贸易政策：1815-1914》，载彼得·马赛厄斯、悉尼·波拉德主编《剑桥欧洲经济史　第八卷　工业经济　经济政策和社会政策的发展》，王宏伟、钟和译，经济科学出版社，1989。

保罗·肯尼迪：《大国的兴衰》，陈景彪译，国际文化版公司，2006。

彼得·I. 博斯科：《美国人眼中的第一次世界大战》，孙宝寅译，当代中国出版社，2006。

滨下武志：《近代中国的国际契机——朝贡贸易体系与亚洲经济圈》，朱荫贵等译，虞和平校，中国社会科学出版社，2004。

波梁斯基：《外国经济史（资本主义时代）》，郭吴新等译，三联书店，1963。

布哈林：《世界经济和帝国主义》，蒯兆德译，中国社会科学出版社，1983。

查尔斯·P·金德尔伯格：《1929—1939 年世界经济萧条》，宋承先、洪文达译，上海译文出版社，1986。

查尔斯·金德尔伯格：《西欧金融史》，徐子健、何健雄、朱忠译，中国金融出版，2010。

大卫·兰德斯：《解除束缚的普罗米修斯》，谢怀筑译，华夏出版社，2007。

戴尔·科普兰：《大战的起源》，黄福武译，北京大学出版社，2008。

戴维·N. 韦尔：《经济增长》，王劲峰等译，中国人民大学出版社，2011。

戴维·赫尔德：《全球大变革》，杨雪冬等译，社会科学文献出版社，2001。

丹尼·罗德里克：《全球化的悖论》，廖丽华译，中国人民大学出版社，2011。

道格拉斯·诺斯、罗伯特·托马斯：《西方世界的兴起》，厉以平、蔡磊译，华夏出版社，2009。

德隆·阿西莫格鲁、詹姆斯·A. 罗宾逊：《国家为什么会失败》，李增刚译，湖南科学技术出版社，2015。

菲利普·李·拉尔夫、罗伯特·E. 勒纳、斯坦迪什·米查姆、爱德华·波恩斯：《世界文明史》下卷，赵丰等译，商务印书馆，2001。

费尔南·布罗代尔：《15 至 18 世纪的物质文明、经济和资本主义》第一卷《日常生活的结构：可能和不可能》，顾良、施康强译，生活·读书·新知三联书店，2002。

费尔南·布罗代尔：《15 至 18 世纪的物质文明、经济和资本主义》第二卷《形形色色的交换》，顾良译，生活·读书·新知三联书店，1993。

费尔南·布罗代尔：《15 至 18 世纪的物质文明、经济和资本主义》第三卷《世界的时间》，施康强、顾良译，生活·读书·新知三联书店，2002。

费正清编《剑桥中国晚清史（1800—1911 年）》，中国社会科学院历史研究编译室译，中国社会科学出版社，1985。

弗朗西斯·福山：《政治秩序的起源：从前人类时代到法国大革命》，毛俊杰译，广西师范大学出版社，2012。

弗朗西斯·培根：《培根论说文集》，水天同译，商务印书馆，1983。

弗朗西斯·福山：《信任：社会美德与创造经济繁荣》，彭志华译，海南出版社，2001。

赫尔弗里德·明克勒：《统治世界的逻辑——从古罗马到美国》，阎振江、孟翰译，中央编译出版社，2008。

赫尔曼·M·施瓦茨：《国家与市场》，徐佳译，凤凰传媒出版集团、江苏人民出版社，2008。

加里·M·沃尔顿、休·罗考夫：《美国经济史》，王珏等译，中国人民大学出版社，2011。

贾雷德·戴蒙德：《枪炮、病菌与钢铁：人类社会的命运》，谢延光译，世纪出版股份有限公司、上海译文出版社，2006。

杰奥瓦尼·阿锐基：《漫长的 20 世纪：金钱、权力与我们社会的根源》，姚乃强、严维明、韩振荣译，江苏人民出版社，2001。

杰弗里·巴勒克拉夫：《当代史导论》，张广勇、张宇宏译，上海社会科学院出版社，2011。

杰克·戈德斯通：《为什么是欧洲？世界史视角下的西方崛起（1500—1850）》，关永强译，浙江大学出版社，2010。

杰克·斯奈德：《帝国的迷思》，于铁军等译，北京大学出版社，2007。

卡列维·霍尔斯蒂：《和平与战争》，王浦劬等译，北京大学出版社，2005。

卡洛·M.奇波拉：《欧洲经济史》第二卷《十六和十七世纪》，贝昱、张菁译，商务印书馆，1988。

考特：《简明英国经济史（1750 年至 1939 年）》，方廷钰等译，商务印书馆，1992。

克鲁格曼：《萧条经济学的回归》，朱文晖、王玉清译，中国人民大学出版社，1999。

肯尼思·克拉克森、米勒：《产业组织：理论、证据和公共政策》，华东化工学院经济发展研究所译，上海三联书店，1989。

孔飞力：《中国现代国家的起源》，陈兼、陈之宏译，生活·读书·新知三联书店，2013。

库钦斯基：《资本主义世界经济史研究》，陈东旭译，三联书店，1955。

李侃如：《治理中国：从革命到改革》，中国社会科学出版社，2010。

李中清、王丰：《人类的四分之一：马尔萨斯的神话与中国的现实，1700－2000》，生活·读书·新知三联书店，2000。

理查德·W·布利特：《20 世纪史》，陈祖洲译，江苏人民出版社，2001。

莉莉安·诺尔斯：《英国海外殖民地史》，袁绩藩译，上海人民出版社，1966。

列宁：《民族和殖民地问题提纲初稿》，人民出版社，1953。

罗伯特·L. 海尔布罗纳、威廉·米尔博格：《经济社会的起源》，李陈华、许敏兰译，格致出版社、上海三联书店、上海人民出版社，2012。

罗伯特·艾伦：《近代英国工业革命揭秘》，毛立坤译，浙江大学出版社，2012。

罗伯特·达尔：《多头政体——参与和反对》，谭君久、刘慧荣译，商务印书馆，2003。

罗伯特·杜普莱西斯：《早期欧洲现代资本主义的形成过程》，龚晓华、张秀明译，辽宁教育出版社，2001。

罗伯特·吉尔：《世界政治中的战争与变革者》，宋新宁、杜建平译，上海人民出版社，2007。

罗伯特·金·艾伦：《十七世纪英格兰的科学、技术与社会》，范岱年等译，商务印书馆，2012。

罗恩·彻诺：《摩根财团：美国一代银行王朝和现代金融业的崛起》，金立群校译，中国财政经济出版社，2003。

罗纳德·芬德利、凯文·奥洛克：《强权与富足：第二个千年的贸易、战争和世界经济》，华建光译，中信出版社，2012。

马克斯·韦伯：《经济通史》，姚曾廙译，上海三联书店，2006。

马克斯·韦伯：《经济与社会》下卷，林荣远译，商务印书馆，1997。

迈克·亚达斯、彼得·斯蒂恩、斯图亚特·史瓦兹：《喧嚣时代 20
世纪全球史》，大可、王舜舟、王静秋译，生活·读书·新知三联书
店，2005。

迈克尔·赫德森：《金融帝国》，嵇飞、林小芳译，中央编译出版
社，2008。

迈克尔·帕金：《走近经济学大师》，梁小民译，华夏出版社，2001。

门德尔逊：《经济危机和周期的理论与历史》第 1 卷上册，斯竹等
译，生活·读书·新知三联书店，1975。

孟德斯鸠：《论法的精神》（下），许明龙译，商务印书馆，2012。

米歇尔·博德：《资本主义史（1500—1980）》，吴艾美等译，东方
出版社，1986。

莫顿·卡普兰：《国际政治的系统和过程》，薄智跃译，中国人民公
安大学出版社，1989。

莫尔顿：《人民的英国史》，谢琏造等译，三联书店，1976。

莫世泰：《华南地区男性成年人由长骨推算身高的回归方程》，《人
类学学报》1983 年第 3 期。

尼尔·弗格森：《货币崛起》，高诚译，中信出版社，2012。

尼尔·弗格森：《巨人》，李晨恩译，中信出版社，2013。

尼尔·弗格森：《帝国》，雨珂译，中信出版社，2012。

彭慕兰：《大分流：欧洲、中国及现代世界经济的发展》，史建云
译，江苏人民出版社，2003。

乔尔·莫基尔：《富裕的杠杆：技术革新与经济进步》，陈小白译，
华夏出版社，2008。

芮乐伟·韩森：《开放的帝国：1600 年前的中国历史》，梁侃、邹劲
风译，江苏人民出版社，2007。

塞缪尔·E·芬纳：《统治史》第一卷，王震、马百亮译，华东师范
大学出版社，2014。

塞缪尔·P·亨廷顿：《第三波：20 世纪后期的民主化浪潮》，欧阳

景根译，中国人民大学出版社，2013。

塞武凯特·帕穆克、简－卢坦恩·范·赞登：《生活水平》，载斯蒂芬·布劳德伯利、凯文·H·奥罗克编《剑桥现代欧洲经济史：1700－1870》第一卷第九章，何富彩、钟红英译，中国人民大学出版社，2015。

沙依贝等：《近百年美国经济史》，彭松建译，中国社会科学出版社，1983。

施坚雅：《中国农村的市场和社会结构》，史建云、徐秀丽译，中国社会科学出版社，1998。

斯·但特林：《帝国主义殖民体系的瓦解表现在哪里》，赖余译，江西人民出版社，1957。

斯坦利·L·恩格尔曼、罗伯特·E·高尔曼主编《剑桥美国经济史》第三卷《20 世纪》，蔡挺等译，中国人民大学出版社，2008。

索罗斯比：《文化政策经济学》，易昕译，东北财经大学出版社，2013。

泰勒：《原始文化》，连树声译，上海文艺出版社，1992。

特里芬：《黄金与美元危机：自由兑换的未来》，雷达译，商务印书馆，1997。

王国斌，《转变的中国——历史变迁与欧洲经验的局限》，李伯重、连玲玲译，江苏人民出版社，1998。

韦伯：《新教伦理与资本主义精神》，于晓、陈维纲译，三联书店，1987。

维克多·李·伯克：《文明的冲突：战争与欧洲国家体制的形成》，王晋新译，上海三联书店，2006。

西摩·马丁·李普塞特：《政治人：政治的社会基础》，张绍宗译，上海人民出版社，2011。

小艾尔弗雷德·D. 钱德勒：《看得见的手》，重武译，商务印书馆，1987。

小罗伯特·E. 卢卡斯：《为何资本不从富国流向穷国》，罗汉、应洪基译，江苏人民出版社，2005。

熊彼特：《经济发展理论》，何畏、易家详等译，商务印书馆，1990。

亚当·斯密：《国民财富的性质和原因的研究》，郭大力、王亚南译，商务印书馆，1972。

扬·卢腾·范赞登：《通往工业革命的漫长道路：全球视野下的欧洲经济 (1000 – 1800 年)》，隋福民译，浙江大学出版社，2017。

伊曼纽尔·沃勒斯坦：《现代世界体系》第二卷《重商主义与欧洲世界经济体的巩固 (1600 – 1750)》，尤来寅等译，高等教育出版社，1998。

英国皇家国际关系学会：《世界原料与殖民地问题》，商务印书馆，民国二十六年 (1936)。

尤多·卡梅伦：《世界经济史》，河南大学出版社，1993。

约翰.穆勒：《政治经济学原理》，金镝、金熠译，华夏出版社，2009。

约翰·S·戈登：《伟大的博弈》，祁斌译，中信出版社，2005。

约翰·劳尔：《英国与英国外交 (1815 – 1885)》，刘玉霞、龚文启译，上海译文出版社，2003。

约翰·梅纳德·凯恩斯：《和约的经济后果》，张军、贾晓屹译，华夏出版社，2008。

约瑟夫·格里科、约翰·伊肯伯里：《国家权力与世界市场：国际政治经济学》，王展鹏译，北京大学出版社，2008。

约瑟夫·斯特雷耶：《现代国家的起源》，华佳、王夏、宗福常译，格致出版社、上海人民出版社，2001。

约瑟夫·熊彼特：《资本主义、社会主义和民主主义》，绛枫译，商务印书馆，1979。

詹姆斯·W.汤普逊：《中世纪晚期欧洲经济社会史》，徐家玲等译，商务印书馆，1992。

Abramovitz, M., 1986. "Catching Up, Forging Ahead, and Falling Behind". *Journal of Economic History* 46 (2).

Abramovitz, M., 1989. *Thinking About Growth and Other Essays on Economic Growth & Welfare*. Cambridge University Press.

Abramovitz, M., 1993. "The Search for the Sources of Growth: Areas of Ignorance, Old and New". *Journal of Economic History* 53 (2).

Abramovitz, M., David, P. A., 2001. "Two Centuries of American Macroeconomic Growth: From Exploitation of Resource Abundance to Knowledge-driven development". Stanford Institute for Economic Policy Research

Discussion Paper No. 01 – 05.

Abramovitz, M. , David, P. , 1973. "Reinterpreting Economic Growth: Parables and Realities". *American Economic Review* 63 (2).

Abramovitz, M. , David, P. , 1996. "Convergence and Deferred Catch-up". In Landau, T. , Taylor, T. , Wright, G. (ed.), *The Mosaic of Economic Growth*. Stanford University Press.

Accominotti, O. , Flandreau, M. , 2006. "Does Bilateralism Promote Trade? Nineteenth Century Liberalization Revisted". CEPR Working Paper-NO. 5423.

Acemoglu, D. , 2002. "Directed Technical Change". *Review of Economic Studies* 69 (4).

Acemoglu, D. , Johnson S, Robinson J. , 2005. "From Education to-Democracy". *American Economic Review* 95 (2).

Acemoglu, D. , Johnson, S. , Robinson, J. , 2001. "The Colonial Origins of Comparative Development: Anempirical Investigation". *American Economic Review* 91 (5).

Acemoglu, D. , Johnson, S. , Robinson, J. , 2003. "An African Success Story: Botswana". In: Rodrik, D. (ed.), *In Search of Prosperity: Analytic Narratives on Economic Growth*. Princeton University Press.

Acemoglu, D. , Johnson, S. , Robinson, J. , 2005. "The Rise of Europe: Atlantic Trade, Institutional Change and Economic Growth". *American Economic Review* 95 (3).

Acemoglu, D. , Johnson, S. , Robinson, J. , 2012. "The Colonial Origins of Comparative Development: An Empirical Investigation: Reply". *American Economic Review* 102 (6).

Acemoglu, D. , Johnson, S. , Robinson, J. , 2005. "Institutions as a Fundamental Cause of Long-Run Growth". in Aghion, P. , Steven Durlauf, S. N. (ed.), *Handbook of Economic Growth*, Volume 1A. Amsterdam and Boston: Elsevier, North-Holland.

Acemoglu, D. , Zilibotti, F. , 2001. "Productivity Differences". *Quarterly Journal of Economics* 116 (2).

Acemoglu, D. , Johnson, S. Robinson, J. A. , 2002. "Reversal of Fortune: Geography and Institutions in the Making of the Modern World Income Distribution". *Quarterly Journal of Economics* 117 (4).

Acemoglu, D. , Robinson, J. A. , 2012. *Why Nations Fail: The Origins of Power, Prosperity and Poverty.* Crown Publishers.

Aghion, P. , Akcigit, U. , Howitt, P. , 2014. "What do We Learn from Schumpeterian Growth Theory". *Handbook of Economic Growth.* B Chapter 1.

Aghion, P. , Howitt, P. , 2006. "Appropriate Growth Policy: A Unifying Framework". *Journal of the European Economic Association* 4.

Aghion, P. , Howitt, P. , 1997. *Endogenous Growth Theory.* MIT Press.

Aldcroft, D. , 1977. *From Versailles to Wall Street, 1919 – 1929.* London: Allen Lane.

Alesina, A. , Spolaore, E. , 1997. "On the Number and Size of Nations". *The Quarterly Journal of Economics* 112 (4).

Alexander, A. 2002. "Geometrical Landscapes: The Voyages of Discovery and the Transformation of Mathematical Practice". Stanford University Press.

Algan, Y. , Pierre, C. 2014. "Trust, Growth, and Well-Being: New-Evidence and Policy Implications". *Handbook of economic growth.* A. Chapter2.

Allen, R. 1979. "International Competition in Iron and Steel, 1850 – 1913". *Journal of Economic History* 39 (3).

Allen, R. 2001. "The Great Divergence in European Wages and Prices from the Middle Ages to the First World War". *Explorations in Economic History* 38 (4).

Allen, R. 2011. "Why the Industrial Revolution Was British: Commerce, Induced Invention, and the Scientific Revolution". *The Economic History Review* 64 (2).

Allen, R. , 2003. *Farm to Factory: A Reinterpretation of the Soviet Industrial Revolution.* Princeton University Press.

Allen, R., 2011. *Global Economic History*: *A Very Short Introduction*. Oxford University Press.

Allen, R., Bassino, J., Ma, D., Mollmurata, C., Van Zanden, J., 2011. "Wages, Prices, and Living Standards in China, 1738 – 1925: In Comparison With Europe, Japan, and India". *The Economic History Review* 64, No. S1, Asia In The Great Divergence.

Allen, R., 2009. *The British Industrial Revolution in Global Perspective*. Cambridge University Press.

Angeles, L., 2017. "The Great Divergence and the Economics of Printing". *Economic History Review* 70 (1).

Arasaratnam, S., 1980. "Weavers, Merchants and Company: The Handloom Industry in Southeastern India, 1750 – 1790", *Indian Economic and Social History Review* 17 (3).

Arat, Z. F., 1988. "Democracy and Economic Development: Modernization Theory Revisited". *Comparative Politics* 21 (1).

Arrow, K., 1962. "The Economic Implications of Learning by Doing". *The Review of Economic Studies* 29 (3).

Arthur, W., 1987. "Self-reinforcing Mechanisms in Economics", in Anderson, P., Arrow, K., Pines, D. (eds.) *The Economy as An Evolving Complex System*. Addison-Wesley Publishing Coporation.

Ashraf, Q., Galor, O., 2013a. "The 'Out-of-Africa' Hypothesis, Human Genetic Diversity, and Comparative Economic Development". *American Economic Review* 103 (1).

Ashraf, Q., Galor, O., 2013b. "Genetic Diversity and the Origins of Cultural Fragmentation". *American Economic Review* 103 (3).

Ashraf, Q., Michalopoulos, Stelios, 2011. *The Climatic Origins of the Neolithic Revolution*: *Theoryand Evidence*. Brown University, Mimeo.

Ashraf, Q., Galor, O., 2011a. "Dynamicsand Stagnation in the Malthusian Epoch". *American Economic Review* 101 (5).

Ashtor, E., 1976. *A Social and Economic History of the Near East in the Middle Age*. University of California Press.

Ashworth, W. 1986. "Catholicism and Early Science." InLindberg, D., Ronald L., Numbers, R. (eds) *God and Nature: Historical Essays on the Encounter between Christianity and Science.* University of California Press.

Bacon. , 1999. "The Great Instauration". In Sargent, R. M. (ed.), *Indianapolis.* Hackett Publishing.

Bain, J., 1941. "The Profit Rates as a Measure of Monopoly Power". *Quanterly Journal of Economics* 55 (2).

Bairoch, P., 1982. "International industrialization levels from 1750 to 1980". *Journal of European Economic History* 11 (2).

Bairoch, P., 1993. *Economics and World History: Myths and Paradoxes.* University of Chicago Press.

Bairoch, P., 1972. "Free Trade and European Economic Development in the 19th Century". *European Economic Review* 3 (3).

Baldwin, W. 1987. *Market Power, Competition and Antitust Policy.* Richard D. Irvin Inc. Homeword Illinois.

Barbieri, K., Levy, J., 1999. "Sleeping with the Enemy: The Impact of War on Trade". *Journal of Peace Research* 36 (4).

Barro, R., 1999. "Notes on Growth Accounting". *Journal of Economic Growth* 4 (2).

Barro, R., McCleary, R., 2003. "Religion and Economic Growth". *American Sociological Review* 68 (5).

Barro, R., Sala-i-Martin, X., 1997. "Technological Diffusion, Convergence, and Growth". *Journal of Economic growth* 2 (1).

Barro, R., 1997. *Determinants of Economic Growth: A Cross-Country EmpiricalStudy.* MIT Press.

Barror, R., 1999. "Determinants of Democracy". *Journal of Political Economy* 107 (6).

Basu, S., Weil, D. N., 1998. "Appropriate Technology and Growth". *Quarterly Journal of Economics* 113 (4).

Baten A., Crayen., 2010. "New Evidence and New Methods to Measure Human Capital Inequality Before and During the Industrial Revolution: France and the US in the Seventeenth to Nineteenth Centuries". *The Economic History Review*, New Serie 63 (2).

Baten, J. , Hira, S. , 2008. "Anthropometric Trends in Southern China, 1830 – 1864". *Australian Economic History Review* 48 (3).

Baten, J. , Murray, J. , 2000. "Heights of Men and Women in Nineteenth-century Bavaria: Economic, Nutritional, and Disease in Fluences". *Explorations History* 37.

Baten, J. , van Zanden, J. , 2008. "Production and the Onset of Modern Economic Growth". *Journal of Economic Growth* 13 (3).

Becker, G. , Barro, R. , 1988. "A Reformulation of the Economic Theory of Fertility". *The Quarterly Journal of Economics* 103 (1).

Becker, G. , Murphy, K. , Tamura, R. , 1990. "Human Capital, Fertility, and Economic Growth", *Journal of Political Economy* 98 (5).

Becker, S. , Woessmann, L. , 2009. "Was Weber Wrong? A Human Capital Theory of Protestant Economic History". *Quarterly Journal of Economics* 124 (2).

Bendix, R. , 1974. *Work and Authority in Industry : Ideologies of Management in the Course of Industrialization.* University of California Press.

Benhabib, J. , Spiegel, M. , 2005. "Human Capital and Technology Diffusion." In Aghion, P. , Durlauf, S. N. eds. , *Handbook of Economic Growth.* Vol. 1A. Amsterdam: North Holland.

Berg, M. , 2007. "The Genesis of Useful Knowledge." *History of Science* 45 (148).

Bernanke, B. , James, H. , 1991. "The Gold Standard, Deflation and Financial Crisis in the Great Depression: An International Comparision" . in Hubard, R. G. ed, *Financial Markets and Financial Crisis*, University of Chicago Press.

Bhagwati, J. , 1971. "The Generalized Theory of Distortions and Welfare". In: Bhagwati, J. , Jones, R. , Mundell, R. , Vanek, J. (Eds.), *Trade, Balance of Payments and Growth: Papers in International Economics in Honor of Charles P. Kindleberger.* North-Holland, Amsterdam.

Birse, R. M. , 1983. *Engineering at Edinburgh University*: *A Short History*, 1673 – 1983. Edinburgh: School of Engineering, University of Edinburgh.

Bisin, A. , Verdier, T. , 1998. "On the Cultural Transmission of Preferences for Social Status". *Journal of Public Economics* 70 (1).

Bisin, A. , Verdier, T. , 2001. "The Economics of Cultural Transmission and the Dynamics of Preferences". *Journal of Economic Theory* 97 (2).

Blainey, G. , 1973. "A Theory of Mineral Discovery: A Rejoinder". *The Economic History Review* 26 (3).

Blattman, C. , Clemens, M. , Williamson, J. , 2002. *Who Protected and Why? Tariffs the World Around* 1870 – 1938. Mimeo. Department of Economics Harvard University.

Blattman, C. , Hwang, J. , Williamson, J. , 2003. "The Terms of Trade and Economic Growth in the Periphery, 1870 – 1938". *NBER Working Paper*, No. 9940.

Bloom, D. , Sachs, J. , 1998. "Geography, Demography, and Economic Growth in Africa". *Brookings Papers on Economic Activity* 2.

Bodde, D. , 1991. *Chinese Thought, Society, and Science.* University ofHawaii Press.

Bogart, D. , Drelichman, M. , Gelderbloom, O. , Rosenthal, J. , 2010. "State and Private Institutions". In: Broadberry, S. , O'Rourke, K. (Eds.), *The Modern Economic History of Europe*: *1700 – 1870.* Vol. 1. Cambridge University Press, Cambridge.

Bolt, J. , van Zanden, J. , 2013. "The First Update of the Maddison project: Re-estimating Growth before 1820". Maddison Project Working Paper 4. Data Available at < http: //www. ggdc. net/maddison/maddisonproject/data/mpd_2013 – 01. xlsx >.

Boomgaard, P. , 1986. "Buitenzorg in 1805; The Role of Money and Credit in a Colonial Frontier Society. " *Modern Asian Studies* 20 (1).

Boppart, T. , Falkinger, J. , Grossmann, V. , Woitek, U. , Wiithrich, G. , 2007. *Qualifying the Impact of Religion*: *The Role of Plural Cultural Identities for Educational Production*, mimeograph, University of Zurich.

Bordo, M. , Meissner, C. , 2011. "Foreign Capital, Financial Crises and Incomes in the First Era of Globalization", *European Review of Economic History* 15 (1).

Botticini, M. , Eckstein, Z. , 2007. "From Farmers to Merchants, Voluntary Conversions and Diaspora: A Human Capital Interpretation of Jewish History", *Journal of the European Economic Association* 5 (5).

Botticini, M. , Eckstein, Z. , 2005. "Jewish Occupational Selection: Education, Restrictions, or Minorities?" *Journal of Economic History* 65 (4).

Boucekkine, R. , de la Croix, D. , Peeters, D. , 2008. "Demographic, Economic, and Institutional Factors in the Transition to Modern Growth in England: 1530 – 1860". Population and Development Review, Supplement to Volume 34: Population Aging, Human Capital Accumulation, and Productivity Growth.

Bourguignon, F. , Morrisson, C. , 2002. "Inequality among World Citizens: 1820 – 1992". *American Economic Review* 92 (4).

Bowles, S. , Gintis, H. , 2011. *A Cooperative Species: Human Reciprocityand Its Evolution*. Princeton University Press.

Boyd, R. , Richerson, P. , 2005. *The Origin and Evolution of Cultures*. Oxford University Press.

Brandt, L. , Ma, D. , Rawski, T. , 2014. "From Divergence to Convergence: Re-evaluating the History behind China's Economic Boom". *Journal of Economic Literature* 52 (1).

Braudel, F. R, Spooner, K. , 1967. "Prices in Europe from 1450 to 1750", in Rich, E. , Wilson, C. eds. *The Cambridge Economic History of Europe*, vol. iv: *The Economy of Expanding Europe in the Sixteenthand Seventeenth Centuries*. Cambridge university press.

Braun, R. , McGrattan, A. , 1993. "The Macroeconomics of War and Peace." Olivier Blanchard, O. , Fische, S. (eds), *NBER Macroeconomics Annual*, Volume 8. MIT Press.

Bray, F. , 1984. Agriculture. In Needham, J. ed. , *Science and Civilizationin China*. Cambridge University Press, Vol. 6, part 2.

Bray, F. , Métailié, G. , 2001. " Who was the author of the Nongzhen Quanshu?" In Jami, C. Engelfriet, P. , Blue, G. (ED) *Statecraft and Intellectual Renewal in Late Ming China*: *the Cross-cultural Synthesis of Xu Guangqi* (1562 – 1633), Leiden: Brill.

Breinlich, H. , Gianmarco, I. , Ottaviano, J. , Temple, R. , 2014. Regional Growth and Regional Decline. *Handbook of Economic Growth*. B. CHAPTER 4.

Brennig, J. , 1986. "Textile Producers and Production in Late Seventeenth-century Coromandel", *Indian Economic and Social History Review* 23 (4).

Brezis, E. S. , Krugman, P. R. , Tsiddon, D. , 1993. "Leapfrogging in International Competition: A Theory of Cyclesin National Technological Leadership". *American Economic Review* 83 (5).

Broadberry, S. , 1994. "Technological Leadership and Productivity Leadership in Manufacturing since the Industrial Revolution: Implications for the Convergence Debate" . *Economic Journal* 104 (423).

Broadberry, S. , 1997. "Forging Ahead, Falling Behind and Catching-Up: A Sectoral Analysis of Anglo American Productivity Differences, 1870 – 1990" . *Research in Economic History* 17.

Broadberry, S. , 1998. "How Did the United States and Germany Overtake Britain? A Sectoral Analysis of Comparative Productivity Levels, 1870 – 1990". *The Journal of Economic History* 58 (2).

Broadberry, S. , 2013. "Accounting for the Great Divergence" . lSE Economic History Working Papers No: 184.

Broadberry, S. , Burhop, C. , 2010. "Real Wages and Labor Productivity in Britain and Germany, 1871 – 1938: A Unified Approach to the International Comparison of Living Standards" . *The Journal of Economic History* 70 (2).

Broadberry, S. , Gupta, B. , 2006. "The Early Modern Great Divergence: Wages, Prices and Economic Development in Europe and Asia, 1500 – 1800". *The Economic History Review*, New Series 59 (1).

Broadberry, S. , Burhop, C. , 2007. "Comparative Productivity in British and German Manufacturing Before World War II: Reconciling Direct Benchmark Estimates and Time Series Projections". *The Journal of Economic History* 67 (2).

Broadberry, S., Harrison, M., 2005. *Economics of the World Wars I*. Cambridge: Cambridge University Press.

Broadberry, S. N., Campbell, B., Klein, A., Overton, M., et al., 2011. *British Economic Growth*, 1270 – 1870. File: British GDP Long Run 9b. doc.

Broadberry, S., Campbell, B., Klein, A., Overton, M., van Leeuwen, B., 2015. *British Economic Growth*, 1270 – 1870. Cambridge University Press.

Broadberry, S., Custodis, J., Gupta, B., 2015. "India and the Great Divergence: An Anglo-Indian Comparison of GDP per Capita, 1600 – 1871". *Explorations in Economic History* 55.

Brokaw, C., 1994. "Tai Chen and Learning in the Confucian Tradition." In Woodside, A., Elman, B. eds., *Education and Society in Late Imperial China, 1600 – 1900*. Berkeley: University of California Press.

Bruhn, Miriam, Gallego, Francisco A., 2012. "Good, Bad, and Ugly Colonial Activities: Do They Matter Foreconomic Development?" *Review of Economics and Statistics* 94 (2).

Burke, P., 2000. *A Social History of Knowledge*. Cambridge: Polity Press.

Cain, L., Paterson, D. G., 1986. "Biased Technical Change, Scale, and Factor Substitution in American Industry: 1850 – 1919". *Journal of Economic History* 46 (1).

Cain, P., Hopkins, A., 1987. "Gentlemanly Capitalism and British Expansion Overseas II: New Imperialism, 1850 – 1945". *The Economic History Review* 40 (1).

Cain, P., Hopkins, A., 1986. "Gentlemanly Capitalism and British Expansion Overseas I. The Old Colonial System, 1688 – 1850". *The Economic History Review* 39 (4).

Calpan, B., 2002. "How Does War Shock the Economy?" *Journal of*

International Money and Finance 21 （2）.

Carson, S. A. , 2007. "Statures of 19th Century Chinese Males in America", *Annals of Human Biology* 34.

Caselli, F. , Coleman, W. , 2001. "The U. S. Structural Transformation and Regional Convergence: A Reinterpretation". *Journal of Political Economy* 109 （3）.

Catão, L. , 1998. Mexico and Export-led Growth: The Porfirian Period Revisited. *Cambridge Journal of Economics* 22 （1）.

Caton, Hiram, 1988. *The Politics of Progress: The Origins and Development of the Commercial Republic*, 1600 – 1835. Gainesville: University of Florida Press.

Cecil, L. , Ballin, A. , 1967. *Business and Politics in Imperial Germany*, Princeton: Princeton University Press.

Cervellati, M. , Sunde, U. , 2005. "Human Capital Formation, Life Expectancy, and the Process of Development". *The American Economic Review* 95 （5）.

Chanda, A. , Craig, L. , Treme, J. , 2008. "Convergence (and Divergence) in the Biological Standard of Living in the USA, 1820 – 1900", *Cliometrica* 2 （1）.

Chandler, A. , 1977. *The Visible Hand: The Managerial Revolution in American Business*. Cambridge, MA: Harvard University Press.

Chandler, A. , 1990. *Scale and Scope: The Dynamics of Industrial Capitalism*. Cambridge, MA: Harvard University Press,

Chen S, Kung J. K. , 2012. "A Malthusian Quagmire? Maize, Population Growth, and Economic Development in China". Available at SSRN 2102295.

Chernyshoff, N. , Jacks, D. , Taylor, A. , 2009. "Stuck on Gold: Real Exchange Rate Volatility and the Rise and Fall of the Gold Standard, 1875 – 1939" . *Journal of International Economics* 77 （2）.

Chinese Immigration Records, 1885 – 1949, Series RG76 – D – 2, Library and Archives Canada, Canada Government.

Choucri, N. , North, R. , 1975. *Nations in Conflict: National Growth and International Violence.* San Francisco, Gordon Hill Press.

Chow, Kai-Wing, 2004. *Publishing, Culture, and Power in Early Modern China.* Stanford: Stanford University Press.

Clark, G. , 2005. "The Condition of the Working Class in England, 1209 – 2004". *Journal of Political Economy* 113 (6).

Clark, G. , 2014. "The Industrial Revolution". *Handbook of Economic Growth.* A. CHAPTER 5.

Clark, G. , 1988. "The Cost of Capital and Medieval Agricultural Technique", *Explorations in Economic History* 25 (3).

Clark, G. , 2007. *A Farewell to Alms: A Brief Economic History of the World.* Princeton University Press, Princeton, NJ.

Clark, G. , 2010. "The Macroeconomic Aggregates for England, 1209 – 1869". *Research in Economic History* 27.

Clark, W. , 1988. "Understanding Residential Segregation in American Cities: Interpreting the Evidence, A Reply to Galster". *Population Research and Policy Review* 7 (2).

Clemens, M. , Williamson, J. , 2004a. "Wealth Bias in the First Global Capital Market Boom, 1870 – 1913". *The Economic Journal* 114 (495).

Clemens, M. , Williamson, J. , 2004b. "Why did the Tariff-growth Correlation Change after 1950?" *Journal of Economic Growth* 9 (1).

Cohen, M. , 1989. *Health and the Rise of Civilization.* New Haven/London.

Cohen, M. , Armelagos, G. 1984. *Palaeopathology at the Origins of Agriculture.* Orlando/London.

Collingwood, R. G. , 1945. *The Idea of Nature*, Oxford.

Collins, R. , 1986. *Weberian Sociological Theory.* Cambridge University Press.

Comin, D. , Hobijn, B. , Rovito, E. , 2006. "Five Facts You Need To Knowabout Technology Diffusion". NBER Working Paper 11928. http://www. nber. org/papers/w11928.

Comin, D. , Mestieri, M. , 2014. "Techonology Diffusion Measurement Causes and Consequences". *Handbook of Economic Growth*. B Chapter 2.

Comin, D. , Easterly, W. , Erick Gong, 2010. "Was the Wealth of Nations Determined in 1000 BC?" *American Economic Journal: Macroeconomics* 2 (3).

Comin, D. , Hobij, B. , 2009. "The Chat Dataset", NBER Working Paper 15319, September, http: //www. nber. org/papers/w15319.

Comin, D. , Hobijn, B. , 2006. "An Exploration of Technology Diffusion", NBER Working Paper 12314, June http: //www. nber. org/papers/w12314.

Comin, D. , Mestieri, M. , 2010. "The Intensive Margin of Technology Adoption", Harvard Business School BGIE Unit Working Paper No. 11 – 026.

Copeland, D. , 1996. "Economic Interdependence and War: A Theory of Trade Expectations", *International Security* 20 (4).

Corden, W. , Neary, J. , 1982. "Booming Sector and De-Industrialisation in a Small Open Economy". *The Economic Journal* 92 (368).

Cosseling, K. , Mueller D. , 1978. The Social Costs of Monopoly Power. *Economic Journal* 88 (352).

Costa, D. , Steckel, R. , 1997. "Long-term Trends in Health, Welfare, and Economic Growth in the United States". In Steckel, R. , Floud, R. (eds.), *Health and Welfare during Industrialization*. Chicago, IL: University of Chicago Press.

Crafts, N. , 1985. *British Economic Growth During the Industrial Revolution.* Oxford: Oxford University Press.

Crafts, N. , 1997. "The Human Development Index and Changes in Standards of Living: Some Historical Comparisons". *European Review of Economic History* 1 (3).

Crafts, N. , 1997b. "Some Dimensions of the 'Quality of Life' during the British Industrial Revolution". *Economic History Review* 50 (4).

Crafts, N. , 1998. "Forging Ahead and Falling behind: The Rise and Relative Decline of the First Industrial Nation". *The Journal of Economic Perspectives* 12 (2).

Crafts, N. , 2002. "The Human Development Index, 1870 – 1999: Some

Revised Estimates". *European Review of Economic History* 6 (3).

Crafts, N., Harley, C., 1992. "Output growth and the British Industrial Revolution: A Restatementof the Crafts-Harley View". *Economic History Review* 45 (4).

Crafts, N., Mills, T., 2005. "TFP Growth in British and German Manufacturing: 1950 – 1996". *Economic Journal* 115 (505).

Crafts, N., Mulatu, A., 2006. "How did the Location of Industry Respond to Falling Transport Costs in Britain before World War I?" *Journal of Economic History* 66 (3).

Crafts, N., O'Rourke, K., 2014. "Twentieth Century Growth". Chapter 6. In Getz, K., Gilbert, M., Aghion, P. *Handbook of Economic Growth*. SYBEX Inc.

Crafts, N., Toniolo, G., 1996. "Postwar Growth: An Overview". In: Crafts, N., Toniolo, G. (Eds.), *Economic Growth in Europe since* 1945. Cambridge University Press, Cambridge.

Crafts, N., 2000. "Globalization and Growth in the Twentieth Century". IMF Working Paper no. 00/44.

Crafts, N., O'Rourke, K., 2014. "Twentieth Century Growth". CHAPTER SIX. Handbook of Economic Growth.

Crafts, N., Toniolo, G., 2008. "European Economic Growth: 1950 – 2005: An Overview. " CEPR Discussion Paper No. 1095. www. cepr. org/active/publications/discussion_ papers/dp. php? dpno = 1095.

Crafts, N., Venables A., 2001. "Globalization in History: A Geographical Perspective" . *NBER Working Paper c*9592. http: //www. nber. org/chapters/c9592.

Cranmer-Byng, J., Levere, T., 1981. "A Case Study in Cultural collision: Scientific Apparatus in the Macartney Embassy to China, 1793". *Annals of science* 38 (5).

Croutez, F., 1985. *The First Industrialists: The Problem of Origins*, Cambridge University Press.

Cullen, C., 1990. "The Science/Technology Interface in Seventeenth-century China: Song Yingxing on Qi and the Wu Xing". Bulletin of the School of Oriental and African Studies (University of London) 53 (2).

Cutright, P. , 1963. "National Political Development: Measurement and Analysis". *American Sociological Review* 28 (2).

Dalmond, G. , Coleman, J. , 1960. *The Politics of Developing Areas.* Princeton: Princeton University Press.

Darnton, R. , 1979. *The Business of Enlightenment.* Cambridge, MA: Harvard University Press.

Daudin, G. , 2004. "Profitability of Slave and Long-Distance Trading in Context: The Case of Eighteenth-Century France". *The Journal of Economic History* 64 (1).

Daudin, G. , Mokyr, M. , O'Rourks, K. , 2010. "Globalization, 1870 – 1914", in Broadberry, O'Rourke, (ed.) *The Cambridge Economic History of Modern Europe*, Volume 2, *1870-present*, Cambridge University Press.

David, P. , 1975. *Technical Choice, Innovation and Economic Growth.* Cambridge, Cambridge University Press.

David, P. , 1988. "Path-dependence: Putting the Past into the Future of Economics". IMSSS Technical Report No. 533. Stanford University.

David, P. , 1991. "Computer and Dynamo: The Modern Productivity Paradox in a Not-Too Distant Mirror. " In OECD, Technology and Productivity. OECD: Paris.

Davis, L. , Huttenback, R. , 1986. *Mammon and the Pursuit of Empire.* Cambridge University Press, New York.

de la Croix, D. , Dottori, D. , 2008. "Easter Island's Collapse: A Tale of a Population Race". *Journal of Economic Growth* 13 (1).

de Vries, J. , 1994. "The Industrial Revolution and the Industrious Revolution", *Journal of Economic History* 54 (2).

De Vries, J. , 2008. *The Industrious Revolution: Consumer Behavior and the Household Economy*, 1650 *to the Present.* Cambridge: Cambridge University Press.

Deaton, A. , 2011. "Aging, Religion, and Health. " In David A. Wise, ed. , *Explorations in the Economics of Aging*. Chicago：University of Chicago Press.

Deaton, A. , Muellbauer, J. , 1980. *Economics and Consumer Behaviour*. Cambridge：Cambridge University Press.

Demsetz, H. , 1987. "The Market Concentration Doctrine". In Baldwin, W. , *Market Power, Competition and Antitrust Policy*. Richard D. Irvin Inc. Homeword Illinois.

Deng, K. , 2009. "Movers and Shakers of Knowledge in China during the Ming Qing Period". In：Inkster, Ian, (ed.) *Technology in China. History of technology* (29). Continuum, London, UK.

Dennett, D. , 1948. "Pirenne and Muhammad", *Speculum* 23 (2).

Desmet, K. , Parente, S. , 2009. "The Evolution of Markets and the Revolution of Industry：A Quantitative Model of England's Development, 1300 – 2000". University of Illinois Department of Economics.

Devos, I. , 2010. "Introduction to Special Section on the Biological Standard of Living", *History of the Family* 15 (1).

Devroey, J. , 2001. "The Economy". In McKitterick, R. (ed.) *In the Early Middle Ages, Europe* 400 – 1000. Oxford University Press.

Diamond L. , 1992. "Economic Development and Democracy Reconsidered". *American Behavioral Scientist* 35 (1).

Diamond, J. , 1997. *Guns, Germs, and Steel：The Fates of Human Societies*. W. W. Norton, NewYork.

Diamond, L. , 2008. *The Spirit of Democracy：The Struggle to Build Free Societies Throughout the World*. New York：Henry Holt and Company.

Dixit, A. , Stiglitz, J. , 1977. "Monopolistic Competition and Optimum product Diversity". *The American Economic Review* 67 (3).

Doepke, M. , 2004. "Accounting for Fertility Decline During the Transition to Growth," *Journal of Economic Growth* 9 (3).

Doepke, M. , Zilibotti, F. , 2014. "Culture, Entrepreneurship, and Growth. " A. Chapter1. In *Handbook of Economic Growth*. A.

Doepke, M. , Zilibotti, F. , 2008. "Occupational Choice and the Spirit of

Capitalism," *Quarterly Journal of Economics* 123 (2).

Domar, E. , 1970. "The Causes of Slavery or Serfdom: A Hypothesis". *Journal of Economic History* 30 (1).

Doms, M. , Dunne, T. , Troske, K. , 1997. "Workers, Wages, and Technology". *The Quarterly Journal of Economics* 112 (1).

Donaldson, D. , 2010. "Railroads of the Raj: Estimating the Impact of Transportation Infrastructure. " *NBER Working Paper.* w16487.

Drukker, J. , Tassenaar, V. , 2000. "Shrinking Dutchmen in a Growing Economy: The Early Industrial Growth Paradox in the Netherlands", *Economic History Yearbook* 41 (1).

Duranton, G. , Puga, D. , 2014. "The Growth of Cities" . *Handbook of Economic Growth.* B. Chapter 5.

Dutton, H. , 1984. *The Patent System and Inventive Activity.* Manchester: Manchester University Press.

Easterlin, R. , 1981. "Why Isn't the Whole World Developed?" *Journal of Economic History* 41 (1).

Easterly, W. , Levine, R. , 2003. "Tropics, Germs, and Crops: How Endowments Influence Economic Development. " *Journal of Monetary Economics* 50 (1).

Eaton, J. , Kortum, S. , 2002. "Technology, Geography, and Trade". *Econometrica* 70 (5).

Edelstein, D. , 2004. Occupational Hazards: Why Military Occupations Succeed or Fail. *International Security* 29 (1), pp. 49 – 91.

Edelstein, M. , 1982. *Overseas Investment In the Age Of High Imperialism: The United Kingdom, 1850 – 1914.* New York: Columbia University Press.

Eichengreen, B. , 1992. *Golden fetters: The Gold Standard and the Great Depression, 1919 – 1939.* New York: Oxford University Press.

Eichengreen, B. , Sachs, J. , 1985. "Exchange Rates and Economic Recovery in the 1930s" . *Journal of Economic History* 45 (4).

Elbaum, B. , Lazonick, W. , 1986. " An Institutional Perspective on British Decline. " In Elbaum, B. , Lazonick, W. (ed.), *The Decline of the*

British Economy. Oxford：Oxford University Press.

Elman, B. , 2005. *On Their Own Terms：Science in China , 1550 – 1900.* Cambridge, MA：Harvard University Press.

Elman, B. , 2006. *A Cultural History of Modern Science in China.* Cambridge, MA：Harvard University Press.

Elman, B. , 2010. "The Investigation of Things, Natural Studies, and Evidential Studies in Late Imperial China. " In Vogel, H. , Dux, G. eds. , *Concepts of Nature：A Chinese-European Cross-Cultural Perspective.* Leiden and Boston：Brill.

Eloranta, J. , Harrison, M. , 2007. *War and Dislocation , 1914 – 1950. Unifying the European Experience.* Vol. 2 , Chapter 6. Cambridge：Cambridge Universiry Press.

Elvin, M. , 1973. *The Pattern of the Chinese Past.* Stanford, CA：Stanford University Press.

Engelfriet, P. , 1998. *Euclid in China：The Genesis of the First Chinese Translationof Euclid's Elements.* Leiden：Brill.

Engerman, S. , Sokoloff, K. , 1997. "Factor Endowments, Institutions, and Differential Paths of Growth among New World Economies：A View from Economic Historians of the United States. " In：Haber, S. （ed. ） *How Latin America Fell Behind：Essays on the Economic Histories of Brazil and Mexico , 1800 – 1914 ,* Stanford：Stanford University Press.

Engerman, S. , Sokoloff, K. , 2002. "Factor Endowments, Inequality, and Paths of Development Among New World Economies", *NBER Working Paper* 9259.

Epstein, S. , 2000. *Freedom and Growth：The Rise of States and Markets in Europe , 1300 – 1750.* London：Routledge.

F Hsiao-Tung, 1953. *China's Gentry.* the University of Chicago Press.

Federico, G. , 2005. "Not Guilty? Agriculture in the 1920s and the Great Depression" . *The Journal of Economic History* 65 （4）.

Feenstra, R. , 1994. "New Product Varieties and the Measurement of International Price". *The American Economic Review* 84 （1）.

Feinstein, C. , 1981. "Capital Accumulation and the Industrial Revolution". In: Floud, R. , McCloskey, D. (Eds.), *The Economic History of Britain since* 1700. vol. 1. Cambridge University Press, Cambridge.

Feinstein, C. , Temin P. , Toniolo, G. , 1997. *The European Economy between The Wars.* Oxford: Oxford University Press.

Ferguson, N. , Schularick, M. , 2006. "The Empire Effect: The Determinants of Country Risk in the First Age of Globalization, 1880 – 1913". *Journal of Economic History* 66 (2).

Ferguson, N. , Schularick, M. , 2006b. "The Thin Film of Gold: The Limits of Monetary Commitments". *Harvard Business School Working Paper.*

Ferguson, N. , 1997. "The German Inter-War Economy: Political Choice Versus Economic Determinism". in Fulbrook, M. (eds.) *German History Since* 1800. London: Arnold.

Findlay, R. , Jones, R. , 2001. "Input Trade and the Location of Production." *The American Economic Review* 91 (2).

Findlay, R. , O'Rourke, K. , 2003. "Commodity Market Integration, 1500 – 2000". In: Bordo, M. , Taylor, A. , Williamson, J. (eds.), *Globalization in Historical Perspective.* University of Chicago Press, Chicago.

Findlay, R. , O'Rourke, K. , 2007. *Power and Plenty: Trade, War, and the World Economy in the Second Millennium.* Princeton: Princeton University Press.

Findlay, R. , 1990. "The 'Triangular Trade' and The Atlantic Economy of The Eighteen Century: A Simple Gerenal Equilibrium Model". *Essay in International Finance No.* 177, Princeton University.

Fischer, F. , 1975. *War of Illusions: German Policies from* 1911 *to* 1914, trans. Marian Jackson (New York: W. W. Norton,).

Fishlow, A. , 1985. "Lessons from the Past: Capital Markets during the 19th Century and the Interwar Period". *International Organization* 39 (3).

Flora, P. , Kraus, F. , Pfenning, W. , 1983. *State, Economy and Society in Western Europe 1815 – 1975*, Vol. I, Chicago: St. James Press, 1983.

Floud, R. , Harris, B. , 1997. "Health, Height, and Welfare: Britain,

1700 – 1980". In Steckel, R. H., Floud, R. (eds.), *Health and Welfare during Industrialization.* Chicago, IL: University of Chicago Press.

Floud, R., 1994. "The Heights of Europeans since 1750: A New Source or European Economic History". in Komlos, J. (Eds). *Stature, Living Standards, and Economic Development.* Chicago: U. of Chicago Press.

Fogel, R., 1964. *Railroads and American Economic Growth: Essays in Econometric History.* Johns Hopkins Press, Baltimore.

Fogel, R., 1989. *Without Consentor Contract.* New York: Norton.

Frankel, J., Romer, D., 1999. "Does Trade Cause Growth". *The American Economic Review* 89 (3).

Freedman, M., 1966. *Chinese Lineage and Society : Fukien and Kwangtung.* Athlone Press, University of London, Humanities Press.

Gallman, R., 1960. "Commodity Output, 1839 – 1899". In Parker, W. (Eds), *Trends in the American Economy in the Nineteenth Century.* Princeton: National Bureau of Economic Research.

Galor, O., 2005. "From Stagnation to Growth: Unified Growth Theory." In Aghion, P., Durlauf, S. (ed), *Handbook of Economic Growth*, Volume 1A. Amsterdam and Boston: Elsevier, North-Holland.

Galor, O., Moav. O., 2002. "Natural Selection and the Origin of Economic Growth." *Quarterly Journal of Economics* 117 (4).

Galor, O., Mount, A., 2008. "Trading Population for Productivity: Theory and Evidence". *The Reviewof Economic Studies* 75 (4).

Galor, O., Weil, D., 2000. "Population, Technology, and Growth: From Malthusian Stagnation to the Demographic Transition and Beyond". *American Economic Review* 90 (4).

Galor, O., 2004. "From Stagnation to Growth: Unified Growth Theory". In: Durlauf, P. (eds.), *Handbook of Economic Growth.* North-Holland.

Gamble, S., 1943. "Daily Wages of Unskilled Chinese Laborers, 1807 – 1902", *Far Eastern Quarterly* 3 (1).

Gasiorowski, M., 1986. "Dependency and Cliency in Latin America". *Journal of Interamerican Studies and World Affairs* 8 (3).

Gastil, R. , 1991. "The Comparative Survey of Freedom: Experiences and Suggestions. " InInkeles, A. (ed) , *On Measuring Democracy: Its Consequences and Concomitants*, New Brunswick, New Jersey: Transaction Publishers.

German Diplomatic Documents, 1871 – 1914, vol. II, trans. ETS. Dugsdale, New York: Harper and Brothers, 1930.

Gerschenkron, A. , 1962. *Economic Backwardness in Historical Perspective: A Book of Essays.* Harvard University Press, Cambridge Massachusetts.

Gibson, M. , 2000. *Conflict and Consensus in American Trade Policy.* Georgetown University Press, Washington, D. C.

Gilbert, M. , Kravis, I. , 1954. *An International Comparison of National Productsand the Purchasing Power of Currencies.* Paris: Organisation for European EconomicCo-operation,

Gilbert, R. , Newbery, D. , 1982. "Preemptive Patening and the Persistence of Monopoly". *American Economic Review* 72 (3).

Gilboy, E. , 1934. *Wages in Eighteenth Century England*, Cambridge, Mass.

Gilpin, R. , 1983. War and Change in World Politics, Cambridge University Press.

Glaeser, E. , La Porta, R. , Lopez-de-Silanes, F. , Shleifer, A. , 2004. "Do Institutions Cause Growth?" *Journal of Economic Growth* 9 (3).

Glick, R. , Taylor, A. , 2005. "Collateral Damage: Trade Disruption and the Economic Impact of War". *NBER Working Paper*, No. 11565.

Goldstone, J. , 2002. "Efflorescences and Economic Growth in World History: Rethinking the 'Rise of the West' and the Industrial Revolution". *Journal of World History* 13 (2).

Gort, M. , Klepper, S. , 1982. "Time Paths in the Diffusion of Product Innovations", *Economic Journal* 92.

Gourinchas, P. , Jeanne, O. , 2006. "The Elusive Gains from International Financial Integration". *Review of Economic Studies* 73 (3).

Gregory, P. , 1991. "The Role of the State in Promoting Economic Development: The Russian Case and Its General Implications". In: Sylla, R. , Toniolo, G. (Eds.), *Patterns of European Industrialization: The 19th Century.* Routledge, London.

Greif, A. , 1993. "Contract Enforceability and Economic Institutions in Early Trade: the Maghribi Traders' Coalition". *American Economic Review* 83 (3).

Greif, A. , 1994. "Cultural Beliefs and the Organization of Society: A Historical and Theoretical Reflection on Collectivist and Individualist Societies". *Journal of Political Economy* 5 (102).

Greif, A. , Iyigun, M. , Sasson, D. , 2012. "Social Institutions and Economic Growth: Why England and Not China Became the First Modern Economy". SSRN 1783879.

Grennes, T. , 2007. "The Columbian Exchange and the Reversal of fortune" . *Cato Journal* 27 (1).

Griliches, Z. , 1957. "Hybrid Corn: An Exploration in the Economics of Technological Change", *Econometrica* 25 (4).

Grossman, G. , Helpman, E. , 1991b. *Innovation and Growth in the Global Economy.* Cambridge, Massachusetts: MIT Press.

Grossman, G. , Helpman, E. , 1990. "Trade, Innovation and Growth". *American Economic Review* 80 (2).

Grossman, G. , Helpman, E. , 1991a. "Trade, Knowledge Spillovers, and Growth" . *European Economic Review* 35 (2).

Grove, J. , 2002. "Climatic Change in Northern Europe over the Last Two Thousand Yearsand its Possible Influence on Human Activity" . In: Wefer, G. et al. (eds.), Climate Development and history of the North Atlantic Realm. Hanse Conference on ClimateHistory. Heidelberg.

Guiso, L. , Sapienza, P. , Zingales, L. , 2003. "People's Opium? Religion and Economic Attitudes," *Journal of Monetary Economics* 50 (1).

Guiso, L. , Sapienza, P. , Zingales, L. , 2006. "Does Culture AffectEconomic Outcomes?" *The Journal of Economic Perspectives* 20 (2).

Habakkuk, H. , 1962. *American and British Technology in the Nineteenth*

Century. Cambridge: Cambridge University Press.

Hagen, E. , 1964. *On the Theory of Social Change: How Economic Growth Begins*. London: Tavistock Press.

Hall, A. , 1974. "What did the Industrial Revolution in Britain Owe to Science?", *in McKendrick, N. ed. , Historical Perspectives: Studies in English Thought and Society*. London: Europa Publications.

Hall, R. , Jones, C. , 1999. "Why do Some Countries Produce So Much More Output Per Worker than Others?" *Quarterly Journal of Economics* 114 (11).

Hanley, S. , 1983. "A High Standard of Living in Nineteenth-century Japan: Fact or Fantasy?". *The Journal of Economic History* 43 (1).

Hansen, G. , Prescott, E. , 2002. "Malthus to Solow". *American Economic Review* 92 (4).

Hanushek, E. , Kimko, D. , 2000. "Schooling, Labor Force Quality, and the Growth of Nations". *American Economic Review* 90 (5).

Harley, C. , McCloskey, D. , 1981. , "Foreign Trade: Competition and the Expanding International Economy". In Floud, R. , McCloskey, D. (ed), *The Economic History of Britain since* 1700, vol. 2, 1800 to the 1970s, New York: Cambridge Univ. Press.

Harrod, R. , 1948. *Towards a Dynamic Economics*. London: Macmillan.

Hatton, T. , Williamson, J. , 1994. "What Drove the Mass Migrations from Europe in the Late Nineteenth Century?" *Population and Development Review* 20 (3).

Heckman, J. , Rubinstein, Y. , 2001. "The Importance of Noncognitive Skills: Lessons from the GED Testing Program". *The American Economic Review* 91 (2).

Heckman, J. , Stixrud, J. , Urzua, S. , 2006. "The Effects of Cognitive and Noncognitive Abilities on Labor Market Outcomes and Social Behavior," *Journal of Labor Economics* 24 (3).

Held, D. , 1989. *Political Theory and the Modern State*. Cambridge: Polity Press; Stanford: Stanford University Press.

Helpman, E., Krugman P., 1985. *Market Structure and Foreign Trade*. Cambridge, Mass. MIT Press, 1985.

Henisz, W., 2002. "The Institutional Environment for Infrastructure Investment". *Industrial and Corporate Change* 11 (2).

Herrendorf, B., Valentiny, R., 2014. "Growth and Structural Transformation". *Handbook of Economic Growth*. B. Chapter 6.

Hersh, J., Voth, H., 2009. "Sweet Diversity: Overseas Trade and Gains from Variety after 1492". *Economics Working Papers* 1163, Department of Economics and Business, Universitat Pompeu Fabra.

Hilaire-Pérez, L., 2007. "Technology as Public Culture. " *History of Science* 45 (148).

Holmes, T., Levine, D., Schmitz, J., 2012. "Monopoly and the Incentive to Innovate When Adoption Involves Switchover Disruptions". *American Economic Journal: Microeconomics* 4 (3).

Homer, S., Sylla, R., 1996. *A History of Interest Rates*. New Brunswick: Rutgers U. P.

Houthakker, H., Taylor, L., 1970. *Consumer Demand in the United States: Analyses and Projections*. 2d ed. Cambridge, MA: Harvard University Press.

Howlett, P., Broadberry, S., 2005. "The United Kingdom during World War I: Business as Unusual?" In Broadberry, S., Harrison, M. (ed.), *The Economics of World War I*, 2005. Cambridge University Press.

Hunter, M., 1981. *Science and Society in Restoration England*. Cambridge: Cambridge University Press.

Hunter, M., 1989. *Establishing the New Science: The Experience of the Early Royal Society*. Woodbridge, UK: Boydell Press.

Hunter, M., 1995a. "The Debate over Science. " In *Science and the Shape of Orthodoxy: Intellectual Change in Late Seventeenth-Century Britain*. Woodbridge, UK: Boydell Press.

Huntington, S., 1991. *The Third Wave: Democratization in the Late TwentiethCentury*. Norman: Univ. Oklahoma Press.

Hyde, C. , 1977. *Technological Change and the British Iron Industry*, *1700 – 1870*, Princeton, N. J. .

Inkeles, A. (ed.), 1991. *On Measuring Democracy*: *Its Consequences and Concomitants*. New Brunswick, N. J. : Transaction.

Irwin, D. , 1988. "Welfare Effects of British Free Trade: Debate and Evidence from 1840s" . *Journal of Political Economy* 96 （6）.

Irwin, D. , 1993. "Multilateral and Bilateral Trade Policies in the World Trading System: An Historical Perspective," in de Melo, J. , Panagariya, A. (eds.), *New Dimensions in Regional Integration*, New York: Cambridge University Press.

Irwin, D. , 2002. "Interpreting the Tariff-growth Correlation of the Late Nineteenth Century". *American Economic Review* 92 （2）.

Irwin, D. , 2010. "Trade Restrictiveness and Deadweight Losses from US Tariffs". *American Economic Journal*: *Economic Policy* 2 （3）.

Irwin, D. , Tervio, M. , 2002. "Does Trade Raise Income?: Evidence from the Twentieth Century". *Journal ofInternational Economics* 58 （1）.

Isham, J. , Woolcock, M. , Pritchett, L. , Busby, G. , 2005. "The Varieties of Resource Experience: Natural Resourceexport Structures and the Political Economy of Economic Growth". *World Bank Economic Review* 19.

J Seong Ho, Lewis, J. B. , 2006. Wages, Rents, and Interest Rates in Southern Korea, 1700 to 1900. *Research in Economic History* 24.

Jablonka, E. , Lamb, M. , 2005. *Evolution in Four Dimensions*: *Genetic*, *Epigenetic*, *Behavioral*, *and Symbolic Variation in the History of Life*. Cambridge, MA: MIT Press.

Jacks, D. , 2006. "What Drove 19th Century Commodity Market Integration?" *Explorations in Economic History* 43 （3）.

Jacks, D. , Meissner, C. , Novy, D. , 2011. "Trade Booms, Trade Busts and Trade Costs". *Journal of International Economics* 83 （2）.

Jacks, D. , Meissner, C. M. , Novy, D. , 2010. "Trade Costs in the First Wave of Globalization" . *Explorations in Economic History*, 47 （2）.

Jacob, M. , 1997. *Scientific Culture and the Making of the Industrial*

West. 2nd ed. , NewYork: Oxford University Press.

Jacob, M. , 1998. "The Cultural Foundations of Early Industrialization. " InBerg, M. , Kristin Bruland, K. , eds. Technological Revolutions in Europe, Cheltenham, UK: Edward Elgar.

Jacob, M. , 2014. *The First Knowledge Economy*. Cambridge: Cambridge University Press.

Jacob, M. , Stewart, L. , 2004. *Practical Matter: Newton's Science in the Service of Industry and Empire, 1687 – 1851*. Cambridge, MA: HarvardUniversity Press.

Jami, C. , Engelfriet, P. , Blue, G. 2001. "Introduction. " In Jami, C. , Engelfriet, P. , Blue, G. eds. , *Statecraft and Intellectual Renewal in late Ming China: The Cross-Cultural Synthesis of XuGuangqi (1562 – 1633)*. Leiden: Brill.

Jha, S. , 2008. *Trade, Institutions and Religious Tolerance: Evidence from India*. Stanford University, Mimeo.

Jia, R. , 2014. "The Legacies of Forced Freedom: China's Treaty Ports". *Review of Economics and Statistics* 96 (4).

Jia, R. , 2014. "Weather Shocks, Sweet Potatoes and Peasant Revolts in Historical China". *Economic Journal* 124 (575).

Jones, E. , 1988. *Growth Recurring: Economic Change in World History*. Oxford; New York; Toronto and Melbourne: Oxford University Press, Clarendon Press.

Jones, C. , Romer, P. , 2009. "The New Kaldor Facts: Ideas, Institutions, Population, and Human Capital". *NBER Working Paper* 15049.

Joshua S. , Goldstein, 1988. *Long Cycles: Prosperity and War in the Modern Age*, Yale University Press.

Kamarck, A. , 1976. *The Tropics and Economic Development*. Baltimore and London: Johns Hopkins University Press.

Kamershen, D. , 1966. "An Estimation of the "Walfare Losses" from Monopoly in American Economy". *West Economic Journal*, Summer.

Kaohane, R. , 1984. *After Hegemony: Cooperation and Discord in Wold*

Political Economy, Princeton University Press.

Karz, M. , Shapiro, C. , 1985. "Network Externalities, Competition, and Compatability," *American Economic Review* 75 (3).

Keay, I. , 2007. "The Engine or the Caboose? Resource Industries and Twentieth Century Canadian Economic Performance". *Journal of Economic History* 67 (1).

King, M. H. , 1966. *Medical Care in Developing Countries*, Nairobi: Oxford U. Press.

Kishtainy, N. , 2011. *Social Orders, Property Rights and Economic Transition: A Quantitative Analysis.* Ph. D. thesis, University of Warwick.

Klein, A. , Crafts, N. , 2012. "Making Sense of the Manufacturing Belt: Determinants of US Industrial Location: 1880 – 1920". *Journal of Economic Geography* 12 (4).

Klenow, P. , Rodriguez-Clare, A. , 1997. "The Neoclassical Revival in Growth Economics: Has it Gone Too Far?" A Chapter in NBER Macroeconomics Annual 1997, Volume 12, 1997.

Koepke, N. , Baten, J. , 2005. "The Biological Standard of Living in Europe during the Last Two Millennia", *European Review of Economic History* 9 (1).

Kogut, B. , 1992. "National Organizing Principles of Work, and the Erstwhile Dominance of the American Multinational Corporation", *Industrial and Corporate Change* 1.

Komlos J. , 1985. "Stature and Nutrition in the Habsburg Monarchy: The Standard of Living and Economic Development in the Eighteenth Century", *The American Historical Review* 90 (5).

Komlos, J. , 2007. "On English Pygmies and Giants: The Physical Stature of English Youth in the Late 18th and Early 19th Centuries", *Research in Economic History* 25.

Komlos, J. , 1998. "Shrinking in a Growing Economy? The Mystery of Physical Stature during the Industrial Revolution", *Journal of Economic History* 58 (3).

Kremer, M. , 1993. "Population Growth and Technological Change: One Million B. C. to 1990". *Quarterly Journal of Economics* 108 (3).

Kuhn, T. , 1976. "Mathematical vs. Experimental Traditions in the Development of the Physical Sciences. " *Journal of Interdisciplinary History* 7 (1).

Lagerlöf, Nils-Petter, 2006. "The Galor-Weil Model Revisited: A Quantitative Exercise" . *Review of Economic Dynamics* 9 (1).

Landes, D. , 1969. *The Unbound Prometheus: Technological Change and Industrial Development in Western Europe from 1750 to the Present* (Cambridge,).

Landes, D. , 1980. "The Creation of Knowledge and Technique: Today's Task and Yesterday's Experience," *Daedalus* 109 (1).

Landes, D. , 1983. *Revolution in Time: Clocks and the Making of the Modern World.* Cambridge, MA: Harvard University Press.

Lehmann, S. , O'Rourke, K. , 2011. The Structure of Protection and Growth in the Late 19th Century. *Review of Economics and Statistics* 93 (3).

Leunig, T. , 2001. "New Answers to Old Questions: Explaining the Slow Adoption of Ring Spinning in Lancashire: 1880 – 1913". *Journal of Economic History* 61 (2).

Levy, J. , 1983. *War in the Modern Great Power System, 1495 – 1975.* Lexington: University Press of Kentucky.

Li, Bozhong, 1998. *Agricultural Development in Jiangnan, 1620 – 1850.* New York, Palgrave Macmillan.

Li, Bozhong, van Zanden, J. L. , 2012. "Before the Great Divergence? Comparing the Yangzi Delta and the Netherlands at the Beginning of the Nineteenth Century". *The journal of economic history* 72 (4).

Lin, Yifu, 1995. "The Needham Puzzle: Why the Industrial Revolution DidNot Originate in China. " *Economic Development and Cultural Change* 43 (2).

Lindberg, E. , 2009. "Club goods and Inefficient Institutions: Why Danzig and Lübeck Failed in the Early Modern Period". *Economic History Review*

62 (3).

Lindert, P. , 1986. "Unequal English Wealth Since 1670," *Journal of Political Economy* 94 (6).

Lipset, S. , 1959. "Some Social Requisites of Democracy: Economic Development and Political Legitimacy". *American Political Science Review* 53 (1).

Lloyd-Jones, R. , Le Roux, A. , 1980. "The Size of Firms in the Cotton Industry: Manchester 1815 – 41". *Economic History Review*, February 33 (1).

lopez, R. , 1943. "European Merchants in the Medieval Indies: The Evidence of Commercial Documents". *The Economic History Association* 3 (2).

Lucas, R. , 2000. "Some Macroeconomics for the 21st Century". *Journal of Economic Perspectives* 14 (1).

Lucas, R. , 2002. "The Industrial Revolution: Past and Future". In: Lucas, R. (Ed.), *Lectures on Economic Growth*. Harvard University Press, Cambridge.

Lucas, R. , 2003. *Lectures on Economic Growth*, Cambridge: Harvard University Press.

Lucas, R. , 2009. "Trade and the Diffusion of the Industrial Revolution". *American Economic Journal: Macroeconomics* 1 (1).

Maat, G. , 2003. "Male Stature. A Parameter of Health and Wealth in the Low Countries, 50 – 1997 AD". In: *Wealth, Health and Human Remains in Archaeology*. Symposium Nederlands Museum Anthrop. Praehist. Amsterdam.

Machiavelli, N. , 2009. *Discourses on Livy*. Oxford and New York: Oxford University Press.

MacLeod, C. , 2007. *Heroes of Invention: Technology, Liberalism and BritishIdentity*. Cambridge: Cambridge University Press.

Maddison, A. , 2010. "Statistics on World Population, GDP and Per Capita GDP, 1 – 2008 AD". Available at < http: //www. ggdc. net/maddison/Historical_ Statistics/vertical-file_ 02 – 2010. xls >.

Maddison, A. , 1995. *Monitoring the World Economy, 1820 – 1992*. Paris：OECD.

Magee, G. , 2004. "Manufacturing and Technological Change. " In：Floud, R. , Johnson, P. （eds. ）, *The CambridgeEconomic History of Modern Britain*, vol. 2. Cambridge University Press, Cambridge.

Malcolm, L. , 1974. "Ecological Factors Relating to Child Growth and Nutritional Status", In：Roche A. , Falkner F. , eds. *Nutrition and Malnutrition：Identification and Measurement. Advances in Experimental Medicine and Biology*, vol 49. New York：Plenum Press.

Mann, C. , 2011. *1493：Uncovering the New World Columbus Created.* Alfred A. Knopf, NewYork.

Mansfield, E. , 1961. "Technical Change and the Rate of Imitation", *Econometrica* 29 （4）.

Marshall, A. , 1890. *Principles of Economics.* London：Macmillan.

Marshall, M. , Jaggers, K. , 2002. "Polity IV Project：Political Regime Characteristics and Transitions, 1800 – 2002". http：//www. cidcm. umd. edu/inscr/polity/.

Masters, W. , McMillan, M. , 2001. "Climate and Scale in Economic Growth". *Journal of Economic Growth* 6 （3）.

Mathias, P. , 1979. "Who Unbound Prometheus?" In The Transformation of England, 45 – 72. New York：Columbia University Press.

Matsuyama, K. , 1992. "Agricultural Productivity, Comparative Advantage, and Economic Growth". *Journal of Economic Theory* 58 （2）.

Matsuyama, K. , 2004. "Financial Market Globalization, Symmetry-breaking and Endogenous Inequality of Nations". *Econometrica* 72 （3）.

Matthews, R. , Feinstein, C. , Odling-Smee, J. , 1982. *British Economic Growth*, 1856 – 1973. Clarendon Press.

Mayall, J. , 1990. *Nationalism and International Society.* New York：Cambridge University Press.

McCloskey, D. , 1970. "Did Victorian Britain Fail?" *Economic History Review* 23 （3）.

McCloskey, D. , 2006. *The Bourgeois Virtues：Ethics for an Age of Com-*

merce. Chicago: University of Chicago Press.

McCloskey, D., 2016a. *Bourgeois Equality: How Ideas, Not Capital or Institutions, Enriched the World*. Chicago: University of Chicago Press.

McCloskey, D., Nash, J., 1984. "Corn at Interest: The Extent and Cost of Grain Storage in Medieval England", *American Economic Review* 74 (1).

McCloskey, D., 1980. "Magnanimous Albion: Free Trade and British National Income, 1841 – 1881". *Explorations in Economic History* 17 (3).

McCloskey, D., 2010. *Bourgeois Dignity: Why Economics Can't Explain the Modern World*. University of Chicago Press, Chicago.

McDermott, J., 2006. *A Social History of the Chinese Book*. Hong Kong: HongKong University Press.

McKercher, B., 1999. *Transition of Power: Bristain's loss of Global Pre-eminence to the United States, 1930 – 1945*, Cambridge Unibersity Press.

McLean, I., 2004. "Australian Economic Growth in Historical Perspective". *The Economic Record* 80 (250).

McNei, W., 1982. *The Pursuit of Power: Technology, Armed Force, and Society since AD* 1000. University of Chicago Press.

Mehlum, H., Moene, K., Torvik, R., 2006. "Institutions and the Resource Curse." *Economic Journal* 116 (508).

Meissner, C., 2014. "Growth from Globalization? A View from the Very Long Run". in Aghion, P., Durlauf, S. (ed.) *Handbook of Economic Growth*. Volume 1 charpter 8.

Meissner, M., 2002. "A New World Order: Explaining the Emergence of the Classical Gold Standard". *NBER Working Paper* 9233.

Melchior, A., Telle, K. and Wiig, H., 2000. *Globalization and Inequality: World Income Distribution and Living Standards, 1960 – 1998*. Oslo: Royal Norwegian Ministry of Foreign Affairs.

Melitz, M., 2003. "The Impact of Trade on Intra-industry Reallocations and Aggregate Industry Productivity". *Econometrica* 71 (6).

Merton, R., 2001. *Science, Technology, and Society in Seventeenth Century England*. New York: Howard Fertig Press.

Mingay, G. , 1963. "The Agricultural Revolution in English History: A Reconsideration". *Agricultural History* 37 (3).

Miron, J. , Romer, C. , 1990. "A New Monthly Index of Industrial Production, 1884 –1940". *The Journal of Economic History* 50 (2).

Mitch, D. , 1999. "The Role of Education and Skill in the British Industrial Revolution". In: Mokyr, J. (Ed.), *The British Industrial Revolution: An Economic Perspective*, second ed. Westview Press, Oxford.

Mitchell, B. , 1981. *European Historical Statistics, 1750 – 1975*, 2nd rev. ed. New York: Facts on File.

Mitra, D. , 1978. *The Cotton Weavers of Bengal 1757 – 1833* (Calcutta).

Miyamoto, M. , 1963. *Kinsei Osaka No Bukka to Rishi, Prices and Interest Rates in Early Modern Osaka*. Tokyo: Sobunsha.

Mokyr, J. , 1993. "Editor's Introduction: The New Economic History and the Industrial Revolution", in J. Mokyr, ed. , *The British Industrial Revolution: an Economic Perspective*. New York : Westview Press.

Mokyr, J. , 2002. *The Gifts of Athena: Historical Origins of the Knowledge Economy*, Princeton University Press.

Mokyr, J. , 2005. "Long-Term Economic Growthand the History of Technology. " In Aghion, P. , Durlauf, S. (ed.), *Handbook of Economic Growth*, Volume IB. Amsterdamand San Diego: Elsevier, North-Holland.

Mokyr, J. , 2009. *The Enlightened Economy: An Economic History of Britain, 1700 –1850*. Princeton University Press, Princeton, NJ.

Mokyr, J. , 2014. "Culture, Institutions, and Modern Growth. " In Sened, I. ed. , *Economic Institutions, Rights, Growth, and Sustainability: The Legacy of Douglass North*. Cambridge: Cambridge University Press.

Mokyr, J. , O 'Grada, C. , 2002. "What Do People Die of During Famines? The Great Irish Famine in Comparative Perspective". *European Review of Economic History* 6 (3).

Mokyr, J. , 2016. *A Culture of Growth*. Princeton University Press.

Montesquieu, Charles de Secondat, 1748. *The Spirit of the Laws*. Cambridge and New York: Cambridge University Press, 1989.

Moore, J. , 1986. "Geologists and Interpreters of Genesis in the Nine-teenthCentury" In Lindberg, D. , Numbers, R. eds. , *God and Nature: Historical Essays on the Encounter between Christianity and Science*. Berkeley: University of California Press.

Moosvi, S. , 2001. "The Indian Experience, 1600 – 1900: A Quantitative study", in Panikkar, K. , Byres, T. , Patnaik, U. eds. , *The Making of History: Essays Presented to Irfan Habib* (New Delhi).

Morgan, S. L. , 2004. "Economic Growth and the Biological Standard of Living in China, 1880 – 1930", *Economics and Human Biology* 2 (2).

Morgan, S. L. , 2006. "The Biological Standard of Living in South China during the 19th Century: Estimates Using Data from Australian Immigration and Prison Records", Paper prepared for the Asia/Pacific Economic and Business History Conference, Brisbane, February.

Morgan, S. L. , 2009. "Stature and Economic Development in South China, 1810 – 1880", *Explorations in Economic History* 46 (1).

Morrison, C. , 1993. *A Microeconomic Approach to the Measurement of Economic Performance: Productivity Growth, Capacity Utilization, and Related Performance Indicators*. Springer-Verlag, NewYork.

Mote, F. , 1999. *Imperial China: 900 – 1800*. Cambridge, MA: Harvard University Press.

Mowery, D. , Rosenberg, N. , 2000. "Twentieth-century Technological Change" . In: Engerman, S. L. , Gallmann, R. E. (Eds.), *The Cambridge Economic History of the United States. The Twentieth Century*. Vol. 3, Cambridge University Press, Cambridge.

Murphy, K. , Shleifer, A. , Vishny, R. , 1989. "Industrialization and the Big Push". *Journal of Political Economy* 97 (5).

Musson, A, Robinson, E. , 1969. *Science and Technology in the Industrial Revolution*. Manchester: Manchester University Press.

Myrdal, G. , 1968. *Asian Drama: An Inquiry into the Poverty of Nations*. New York: Twentieth Century Fund.

Needham, J. , 1954. "Plan of the Work. " In Needham, J. ed. , *Science and Civilization in China.* Cambridge：Cambridge University Press，Vol. 1.

Needham，J.，1959. "Mathematics and the Sciences of the Heavens and the Earth". In Needham，J. ed.，*Science and Civilization in China*，Cambridge：Cambridge University Press，Vol. 3.

Needham，J.，1969a. *The Grand Titration.* Toronto：University of Toronto Press.

Needham，J.，1969b. *Within the Four Seas：The Dialogue of East and West.* London：London，George Allen and Unwin Limited，1969.

Needham，J.，1986. "Chemicals and Chemical Technology". In Needham，J. ed.，*Scienceand Civilization in China*，Cambridge：Cambridge University Press Vol. 5.

Nelson，R.，Winter，S.，1982. *An Evolutionary Theory of Economic Change.* Cambridge，MA：Harvard University Press.

Nelson，R.，Wright，G.，1992. "The Rise and Fall of American Technological Leadership：The Postwar Era in Historical Perspective. *Journal of Economic Literature* 30 （4）.

Nelson，R.，Phelps，E.，1966. "Investment in Humans，Technological Diffusion，and Economic Growth." *American Economic Review* 56.

Ng，Yew-Kwang，2005. "Division of Labour and Transaction Costs：An Introduction"，*Division of Labour & Transaction Costs* 11 （1）.

Nicholas，T.，2010. "The Role of Independent Invention in US Technological Development：1880－1930". *Journalof Economic History* 70 （1）.

North，D.，1981. *Structure and Change in Economic History.* New York：Norton.

North，D.，1990. *Institutions，Institutional Change and Economic Performance.* Cambridge；New York and Melbourne：Cambridge University Press.

North，D.，Thomas，R.，1973. *The Rise of the Western World：A New Economic History.* Cambridge and New York：Cambridge University Press.

North，D.，Wallis，J.，Weingast，B.，2009. *Violence and Social Orders：A Conceptual Framework forInterpreting Recorded Human History.* Cambridge University Press，Cambridge.

North, D. , Weingast, B. , 1989. "Constitutions and Commitment: The Evolution of Institutions Governingpublic Choice in Seventeenth-century England". *Journal of Economic History* 49 (4).

Nunn, N. , 2008a. "The Long-term Effects of Africa's Slave Trades". *Quarterly Journal of Economics* 123 (1).

Nunn, N. , Qian, N. , 2010. "The Columbian Exchange: A History of Disease, Food, and Ideas". *Journal of Economic Perspectives* 24 (2).

Nunn, N. , 2014. Historical Development. Aghion, P. , Durlauf, S. (ed.) *Handbook of Economic Growth*. Volume 1 Charpter 7.

Nunn, N. , Wantchekon, L. , 2011. "The Slave Trade and the Origins of Mistrust in Africa". *American Economic Review* 101 (7).

Nunn, N. , Qian, N. , 2011. "The Potato's Contribution to Population and Urbanization: Evidence from a Historical Experiment". *Quarterly Journal of Economics* 126 (2).

Nye, J. , 1991. , "The Myth of Free-Trade Britain and Fortress France: Tariffs and Trade in the Nineteenth Century". *The Journal of Economic History* 51 (1).

O'Rourke, K. , 2000. "Tariffs and Growth in the Late 19th Century". *Economic Journal* 110 (463).

O'Rourke, K. , Taylor, A. , Williamson, J. , 1996. "Factor Price Convergence in the Late Nineteenth Century". *International Economic Review* 37 (3).

O'Rourke, K. , Williamson, J. , 1999. *Globalization and History: The Evolution of a Nineteenth-Century Atlantic Economy*. MIT Press, Cambridge.

O'Rourke, K. , 1997. "The European Grain Invasion, 1870 – 1913". *Journal of Economic History* 57 (4).

O'Rourke, K. , Williamson, J. , 1994. "Late 19th Century Anglo-American Factor Price Convergence: Were Heckscher and Ohlin Right?" *Journal of Economic History* 54 (4).

Obstfeld, M. , Taylor, A. , 2003. "Sovereign Risk, Credibility, and the Gold Standard: 1870 – 1913 Versus 1925 – 1931". *Economic Journal* 113

(487).

Obstfeld, M., Taylor, A., 2004. *Global Capital Markets: Integration, Crisis, and Growth.* Cambridge University Press, NewYork.

Offer, A., 1993. *The British Empire, 1870 - 1914: A Waste of Money? The Economic History Review*, New Series 46 (2).

Ogilvie, S., Carus, A., 2014. "Institutions and Economic Growthin Historical Perspective", Charpter8, *Handbook of Economic Growth.*

Ogilvie, S., 2007. "Whatever is, is Right"? Economic Institutions in Pre-industrial Europe". *Economic History Review* 60 (4).

O'Kane, H., 2004. *Paths to Democracy: Revolution and Totalitarianism.* London and New York: Routledge.

Olmstead, A., Rhode, P., 2008. *Creating Abundance.* Cambridge University Press, Cambridge, New York.

Olsen, E. 1968. "Multivariate Analysis of National Political Development". *American Sociological Review* 33 (5).

Olson, M., 1993. "Dictatorship, Democracy, and Development". *American Political Science Review* 87 (3).

Olsson, O, Hibbs, Jr., Douglas A., 2005. "Biogeography and Long-Run Economic Development". *European Economic Review* 49 (4).

O'Rourke, K., Williamson, J., 2002. "When did Globalisation Begin?", *European Review of Economic History* 6 (1).

Özmucur, S., Pamuk, S., 2002. "Real Wages and the Standards of Living in the Ottoman Empire, 1469 - 1914", *The Journal of Economic History* LXII.

Parente, S., Prescott, E., 1994. "Barriers to Technology Adoption and Development". *Journalof Political Economy* 102 (2).

Parthasarathi, P., 1998. "Rethinking Wages and Competitiveness in the Eighteenth Century: Britain and South India", *Pastand Present* 158 (1).

Parthasarathi, R., 2001. *The Transition to A Colonial Economy: Weavers, Merchants and Kings in South India, 1720 - 1800.* Cambridge: Cambridge University Press.

Payne, P. , 1988. *British Entrepreneurship in the Nineteenth Century*. London and Basingstoke: Macmillan Education Ltd.

Pérez-Ramos, A. , 1988. *Francis Bacon's Idea of Science and the Maker's Knowledge Tradition*. Oxford: Oxford University Press.

Perkin, H. , 1969. *The Origins of Modern English Society, 1780 – 1880*. London: Routledge.

Perkin, H. , 1985. *The Origins of Modern English Society 1780 – 1880*. London: Ark Paperbacks.

Peterson, W. , 1975. "Fang-I-Chih: Western Learning and the 'Investigationof Things'". In W. Theodore De Bary, ed. , *The Unfolding of Neoconfucianism*. New York: Columbia University Press.

Peterson, W. , 1979. *Bitter Gourd: Fang I-Chih and the Impetus for Intellectual Change*. NewHaven, CT: Yale University Press.

Pirenne, H. , 1939. *Mohammed and Charlemagne*, New York: W. W. Norton.

Polachek, S. , 1980. "Conflict and Trade". *The Journal of Conflict Resolution* 24 (1).

Pomeranz, K. , 2000. *The Great Divergence: China, Europe, and the Making of the Modern World Economy*. Princeton, NJ: Princeton University Press.

Porter, R. , Teich, M. , 1992. *The Scientific Revolution in National Context*. Cambridge: Cambridge University Press.

Poynder, N. , 1999. "Grain Storage in Theory and History", Paper Presented at Third Conference of European Historical Economics Society, Lisbon.

Pradhan, M. , Sahn, D. , and Younger, S. , 2002. "Decomposing World Health Inequality". Paper Presented to the First International Conference of Economics and Human Biology. Tübingen 2002.

Prados de la Escosura, L. , Rosés, J. , 2009. The Sources of Long-run growth in Spain, 1850 – 2000. *Journal of Economic History* 69 (4).

Prakash, O. , 1985. *The Dutch East India Company and the Economy of Bengal*, Princeton, N. J.

Pritchett, L. , 2000. "Understanding Patterns of Economic Growth: Searching for Hills among Plateaus, Mountains, and Plains". *World Bank Economic Review* 14 (2).

Puga, D. , Trefler, D. , 2012. *International Trade and Institutional Change: Medieval Venice's Responseto Globalization.* University of Toronto, Mimeo.

Putterman, L. , Weil, D. , 2010. "Post-1500 Population Flows and the Long-Run Determinants of Economic Growth and Inequality". *Quarterly Journal of Economics* 125 (4).

Qian, Wen-yuan, 1985. "The Great Inertia: Scientific Stagnation in Traditional China". London: Croom Helm.

Rancière, R. , Tornell, A. , Westermann, F. , 2008. "Systemic Crises and Growth". *The Quarterly Journal of Economics* 123 (1).

Rankin. M. , 1986. *Elite Activism and Political Transformation in China: Zhejiang Province*, 1865 – 1911. Stanford University Press.

Rappaport, J. , Sachs, J. , 2003. "The United States as a Coastal Nation." *Journal of Economic Growth* 8 (1).

Reinhart, C. , Rogoff, K. , 2004. "The Modern History of Exchange Rate Arrangements: A Reinterpretation." *The Quarterly Journal of Economics* 119 (1).

Richardson, N. , Kegley, C. , 1980. "Trade Dependence and Foreign Policy Compliance: A Longitudinal Analysis". *International Studies Quarterly* 24 (2).

Ritschl, A. , 2008. "The Anglo-German Industrial Productivity Puzzle, 1895 – 1935: A Restatement and a Possible Resolution". *The Journal of Economic History* 68 (2).

Robertson, D. , 1934. "Mr. Harrod and the Expansion of Credit". *Economica* 1 (4), new series.

Robinson, J. , Torvik, R. , Verdier, T. , 2006. "Political Foundations of the Resource Curse". *Journal of Development Economics* 79 (2).

Rodrik, D. , 1997. "TFPG Controversies, Institutions and Economic Performance in East Asia". *CEPR Discussion Paper* No. 1587.

Romer, P. , 1996. "Why, Indeed, in America? Theory, History, and the Origins of Modern Economic Growth". *The American Economic Review* 86 (2).

Romer, P. , 1990. "Endogenous Technological Change". *Journal of Political Economy* 98 (1).

Romer, P. , 1986. "Increasing Returns and Long-run Growth". *Journal of Political Economy* 94 (5).

Romer, P. , 1994. "New Goods, Old Theory, and the Welfare Costs of Trade Restrictions". *Journal of Development Economics* 43 (1).

Ronan, C. , Needham, J. , 1978. *The Shorter Science and Civilisation in China*. Cambridge: Cambridge University Press Vol. 1.

Rosenstein-Rodan, P. , 1961. "How to Industrialize an Underdeveloped Area". *Regional Economic Planning* 89 (34).

Rosenthal, J. L. , R. Wong, R. B. , 2011. *Before and Beyond Divergence*: *The Politics of Economic Change in China and Europe*. Cambridge, MA: Harvard University Press.

Rosés, J. , 2003. "Why isn't the Whole of Spain Industrialized? New Economic Geography and Early Industrialization, 1797 – 1910". *Journal of Economic History* 63 (4).

Ross, M. , 2005. *Booty Futures*. Mimeo. Department of Political Science, University of California, Los Angeles.

Rowe, W. , 2001. *Saving the World*: *Chen Hongmou and Elite Consciousness in Eighteenth-century China*. Stanford, CA: Stanford University Press.

Rowe, W. , 1984. *Hankow*: *Conflict and Community in a Chinese City*, 1796 – 1895. Stanford, Stanford University Press.

Roy, T. , 2006. *The Economic History of India 1857 – 1947*. 2nd, Delhi: Oxford University Press.

Rubinstein, W. , 1981. *Men of Property*: *The Very Wealthy in Britain since the Industrial Revolution*. London: Croom Helm.

Sachs, J. , 2001. "Tropical Underdevelopment." NBER Working

Paper 8119.

Sachs, J. , 2012. "Review: Government, Geography, and Growth: The True Drivers of Economic Development". *Foreign Affairs* 91 (5).

Sachs, J. , Malaney, P. , 2002. "The Economic and Social Burden or Malaria." *Nature* 415 (6872).

Sachs, J. , Mellinger, A. , John L. , 2001. "The Geography of Poverty and Wealth." *Scientific American* 284 (3).

Sachs, J. , Warner A. , 1995. "Natural Resource Abundance and Economic Growth". *NBER Working Paper* No. 5398. December.

Sachs, J. , Warner, A. , 2001. "The Curse of Natural Resources". *European Economic Review* 45 (4 –6).

Sachs, J. , Warner, A. , 1995. "Economic Reform and the Process of Global Integration". *Brookings Papers on Economic Activity* 195 (1).

Sandberg, L. , 1981. "The Entrepreneur and Technological Change." In Roderick C. Floudand Donald N. McCloskey, eds. , *The Economic History of Britain since* 1700, volume 2. Cambridge: Cambridge University Press, 99 – 120.

Satton, J. , 1998. *Techology and Market Structure: Theory and History*. The MIT Press, Cambridge MA.

Schäfer, D. , 2011. *The Crafting of the* 10, 000 *Things*. Chicago: University of Chicago Press.

Scherer, F. , 1980. *Industrial Market, Structure and Economic Performance*. Rand Meally, Chicago

Schularick, M. , Solomou, S. , 2011. "Trade and Growth: Historical Evidence". *Journal of Economic Growth* 16 (1).

Schularick, M. , Steger, T. , 2010. "Financial Integration, Investment, and Economic Growth: Evidence from Two Eras of Financial Globalization." *The Review of Economics and Statistics* 92 (4).

Schumpeter, J. , 1947. *Capitalism, Socialism, and Democracy*. 2d ed. New York: Harper.

Segal, C. , 2006. "Misbehavior, Education, and Labor Market Outcomes," mimeograph, Harvard Business School.

Sharpe, P. , 1999. "The Female Labour Market in English Agriculture during the Industrial Revolution: Expansion or Contraction?" *Agricultural History Review* 47 (2).

Singer, J. , Small, M. , 1990. *National Material Capabilities Data File*, "*Correlates of War*" *Project*, University of Michigan, July

Sivin, N. , 1975. "Wang Hsi-shan. " In Gillispie, C. ed. , *Dictionary of Scientific Biography.* New York: Charles Scribner's Sons, Vol. 14.

Sivin, N. , 1982. "Why the Scientific Revolution did not Take Place in China Or Didn't It?" Chinese Science 5.

Skinner, G. , 1977. *The City in Late Imperial China.* Stanford, Stanford University Press.

Smith, Adam, 1976. *An Inquiry into the Nature and Causes of the Wealth of Nations*, Edwin Cannan, ed. Chicago, IL: The University of Chicago Press.

Smith, Adam, 1976. *The Wealth of Nations.* Harmondsworth: Penguin

Sokoloff, K. , Engerman, S. , 2000. "History Lessons: Institutions, Factor Endowments, and Paths of Development in the New World". *Journal of Economic Perspectives* 14 (3).

Sokoloff, K. , Zolt, E. , 2007. "Inequality and the Evolution of Institutions of Taxation: Evidence from the History of the Americas". In: Edwards, S. , Esquivel, G. , Márquez, G. (Eds.), *The Decline of Latin American Economies: Growth, Institutions, and Crises.* University of Chicago Press, Chicago.

Spolaore, E. , Wacziarg, R. , 2013. "How Deep are the Roots of Economic Development?" *Journal of Economic Literature* 51 (2).

Spolaore, E. , Wacziarg, R . , 2014. "Long-Term Barriers to Economic Development". *Handbook of Economic Growth.* A. Chapter3.

Steckel, R. , 1995. "Stature and the Standard of Living", *Journal of Economic Literature* 33 (4).

Steve D. , Bradford, J. , 2001. "Globalization and Convergence". *NBER Working Paper* 9589.

Stewart, L. , 1992. *The Rise of Public Science: Rhetoric, Technology, and*

Natural Philosophy in Newtonian Britain, *1660 – 1750*. Cambridge: Cambridge University Press.

Stolz, Y. , Baten, J. , Reis, J. , 2013. "Portuguese Living Standards, 1720 – 1980, in European Comparison: Heights, Income, and Human Capital", *Economic History Review* 66 (2).

Summer, R. , Heston, A. , 1991. "The Penn World Table (Mark 5): An Expanded Set of International Comparisons, 1950 – 1988". *Quarterly Journal of Economics* 106 (1991).

Tabellini, G. , 2008. "The Scope of Cooperation: Values And Incentives". *Quarterly Journal of Economics* 123 (3).

Tabellini, G. , 2010. "Culture and Institutions: Economic Development in the Regions of Europe". *Journal of the European Economic Association* 8 (4).

Tanner, J. , 1966. "Growth and Physique in Different Populations of Mankind" in Baker, P. , Weiner, J. (ed.), *The Biology of Human Adaptability*. Oxford: Oxford U. Press.

Tanner, P. , Eveleth, J. , 1976. *World-wide Variation in Human Growth*, *International Biological Programme*. Cambridge University Press, Cambridge, England.

Teichova, A. , Matis, H. , 2003. *Nation*, *State and the Economy in History*, Cambridge: Cambridge University Press.

Temin, P. , 1989. *Lessons from The Great Depression*. MIT Press, Cambridge.

Temin, P. , 1997. "Two Views of the British Industrial Revolution". *Journal of Economic History* 57 (1).

Throsby, D. , 2001. *Economics and Culture*. Cambridge University Press.

Tilly, C. , Ardant, G. , 1975. *The Formation of National States in Western Europe*. Princeton Univ. Press.

Tilly, C. , 1990. *Coercion*, *Capital and European States*, *A. D.* 990 – 1990. Cambridge: Basil Blackwell.

Valdés, B. , 1999. *Economic Growth*: *Theory*, *Empirics and Policy*.

Edward Elgar Publishing In.

Vamvakidis, A. , 2002. "How Robust is the Growth-openness Connection? Historical Evidence". *Journal ofEconomic Growth* 7 (1).

Van Zanden, J. , 2009. "The Skill Premium and the 'Great Divergence'". *European Review of Economic History* 13 (1).

Van Zanden, J. , 2013. "Explaining the Global Distribution of Book Production before 1800. " In Prak, M. , van Zanden, J. eds. , *Technology, Skills and the Pre-modern Economy.* Leiden: Brill.

Van Zanden, J. , 2009. *The Long Road to the Industrial Revolution: The European Economy in a Global Perspective,* 1000 – 1800. Brill, Leiden.

van Zanden, J. , 1999. "Wages and Standard of Living in Europe, 1500 – 1800". *European Review of Economic History* 3 (2).

von Mises, L. , 1963. *Human Action: A Treatise on Economics.* New Haven, CT: Yale University Press.

von Tunzelmann, G. , 1978. *Steam Power and British Industrialization to* 1860. Oxford: Oxford University Press.

Wacziarg, R. , Welch, K. , 2003. "Trade Liberalization and Growth: New Evidence". *NBER Working Paper.* No. 10152.

Wadsworth, A. , Mann, J. , 1968. *The Cotton Trade and Industrial Lancashire,* 1600 – 1780. Harvard University Press.

Weil, D. , 2014. "Health and Economic Growth". *Handbook of economic growth.* B. CHAPTER 3.

Westfall, R. , 1980. *Never at Rest: A Biography of Isaac Newton.* Cambridge: Cambridge University Press.

White, L. , 1978. *Medieval Religion and Technology.* Berkeley: University of California Press.

Wiener, M. , 1981. *English Culture and the Decline of the Industrial Spirit, 1850 – 1990.* Cambridge: Cambridge University Press.

Williamson, J. , 1964. *American Growth and the Balance of Payments.* University of North Carolina Press, Chapel Hill, NC.

Williamson, J. , 1996, "Globalization, Convergence, and History", *The*

Journal of Economic History 56 （2）.

Williamson, J. , 2011. *Trade and Poverty：When the Third World Fell Behind.* MIT Press.

Williamson, J. , 1986. "The Impact of the Corn Laws Just Prior to Repeal". Discussion Paper NO. 1279. Harvard University.

Wong, R. , 1997. *China Transformed：Historical Change and the Limits of European Experience.* Cornell University Press.

Woodside, A. , Elman, B. , 1994. "Afterword：The Expansionof Education in Ch'ing China. " In Woodside, A. , Elman, B. eds. , *Education and Society in Late Imperial China*, 1600 – 1900. University of California Press.

Wright, G. , 1990. "The Origins of American Industrial Success, 1879 – 1940". *American Economic Review* 80 （4）.

Young, A. , 1995. "The Tyranny of Numbers：Confronting the Statistical Realities of the East Asian Growth Experience". *Quarterly Journal of Economics* 110 （3）.

Zagorin, P. , 2003. *How the Idea of Religious Toleration Came to the West.* Princeton University Press.

Zak, P. , Knack, S. , 2001. "Trust and Growth". *Economic Journal* 11 （470）.

Zurndorfer, H. , 2009. "China and Science on the Eve of the 'Great Divergence' 1600 – 1800". *History of Technology* 29.

图书在版编目（CIP）数据

技术与国家地位：1200~1945 年的世界经济 / 王珏

著 . -- 北京 ：社会科学文献出版社，2018.4

国家社科基金后期资助项目

ISBN 978 - 7 - 5201 - 2490 - 4

Ⅰ.①技…　Ⅱ.①王…　Ⅲ.①技术革新 - 影响 - 世界

经济 - 经济发展 - 研究 - 1200 - 1945　Ⅳ.①F119

中国版本图书馆 CIP 数据核字（2018）第 059706 号

国家社科基金后期资助项目

技术与国家地位：1200 ~1945 年的世界经济

著　　者 / 王　珏

出 版 人 / 谢寿光

项目统筹 / 陈凤玲

责任编辑 / 陈凤玲

出　　　版 / 社会科学文献出版社·经济与管理分社（010）59367226

　　　　　　地址：北京市北三环中路甲 29 号院华龙大厦　邮编：100029

　　　　　　网址：www. ssap. com. cn

发　　　行 / 市场营销中心（010）59367081　59367018

印　　　装 / 三河市龙林印务有限公司

规　　　格 / 开　本：787mm × 1092mm　1/16

　　　　　　印　张：28.5　字　数：448 千字

版　　　次 / 2018 年 4 月第 1 版　2018 年 4 月第 1 次印刷

书　　　号 / ISBN 978 - 7 - 5201 - 2490 - 4

定　　　价 / 98.00 元

本书如有印装质量问题，请与读者服务中心（010 - 59367028）联系